Tratados y relaciones de alianza en la Grecia clásica (siglos V–IV a.C.)

Víctor Alonso Troncoso

Tratados y relaciones de alianza en la Grecia clásica (siglos V-IV a.C.)

EDITORIAL UNIVERSIDAD DE SEVILLA

Sevilla 2024

Colección Historia
Núm. 414

La publicación de este libro cuenta con la financiación del grupo de investigación HADOC (UDC).

Motivo de cubierta: Renovación del tratado de alianza entre Atenas y Leontinos. EM 6855 (*IG* I³ 54): Museo Epigráfico, Atenas. © Hellenic Ministry of Culture / Hellenic Organization of Cultural Resources Development (HOCRED).

© Editorial Universidad de Sevilla 2024
   C/ Porvenir, 27 - 41013 Sevilla.
   Tfnos.: 954 487 447; 954 487 451
   Correo electrónico: info-eus@us.es
   Web: https://editorial.us.es

© Víctor Alonso Troncoso 2024

Impreso en papel ecológico
Impreso en España-Printed in Spain

ISBN 978-84-472-2616-0
Depósito Legal: SE 2003-2024

Diseño de cubierta: notanumber
Maquetación y realización de cubierta: Dosgraphic s.l. (dosgraphic@dosgraphic.es)
Impresión: Podiprint

Para el Departamento de Historia Antigua
de la Universidad de Sevilla

ÍNDICE

INTRODUCCIÓN

En este libro reúno mis trabajos sobre tratados y relaciones de alianza en la Grecia clásica que fui publicando a lo largo de veinte años, desde 1997 hasta 2017. Mi dedicación a esta materia, sin embargo, viene de bastante más atrás. Poco antes del citado periodo, en 1995, había presentado en el concurso de méritos para optar a la plaza de catedrático de Historia Antigua de la Universidad de La Coruña el proyecto de investigación «La evolución de la *symmachía* en el siglo IV (404-338 a. C.). Contribución al estudio del sistema de alianzas en la Grecia clásica». De este periodo anterior a 1997 nacerían dos artículos que aquí no se reeditan por considerarlos ya superados[1]. Para decirlo todo, mi estudio de la diplomacia y las relaciones internacionales en la Grecia antigua dio comienzo hace ahora más de cuarenta y cinco años, el curso académico 1977/78, en Santiago de Compostela, con motivo de la preparación de mi tesina de licenciatura[2]. Fue a finales de los setenta, en efecto, cuando empecé a familiarizarme con autores desconocidos para los no especialistas en la historia del derecho internacional griego antiguo, como Coleman Phillipson, Victor Martin, Stélio Séfériadès y Georges Ténékidès. Poco después llegaría a mi biblioteca Georg Busolt, cuya *Griechische Geschichte*

---

1. «Algunas consideraciones sobre la evolución y naturaleza de la *symmachía* en época clásica», en J. Mª Blázquez, J. Martínez-Pinna (ed.), *Estudios sobre la Antigüedad en homenaje al Prof. Santiago Montero Díaz*. Madrid 1989, 165-179, primero de toda la serie, de finales de los ochenta; y «El pacto defensivo en las relaciones internacionales del siglo IV (404-338 a. C.)», en P. Carlier (ed.), *Le IVe siècle av. J.-C. Approches historiographiques*. Nancy 1996, 223-239. A estos debo sumar «La *koiné eirene* del 371, Ifícrates y la guerra de sanción», en S. Crespo, A. Alonso (ed.), *Scripta Antiqua in honorem Ángel Montenegro et José María Blázquez*. Valladolid 2002, 147-153, que en realidad fue un esbozo preparatorio del artículo que ahora se publica de nuevo sobre esa misma paz común.

2. *La condición de neutral en la guerra del Peloponeso*. Santiago de Compostela 1979, después desarrollada como tesis doctoral por la Universidad Autónoma de Madrid (1984), bajo la dirección de José Mª Blázquez, y finalmente publicada como libro, *Neutralidad y neutralismo en la guerra del Peloponeso (431-404 a. C.)*. Madrid 1987.

no solo constituye una obra maestra de historia política, típica del siglo XIX (el siglo de la Historia), sino también un alarde de análisis en términos jurídico-diplomáticos. Y junto a él, Elias Bikerman, de la mano de Fritz Gschnitzer[3]. En España estos especialistas solo habían sido leídos y trabajados por Javier Fernández Nieto, en su monografía *Los acuerdos bélicos en la antigua Grecia* (1975)[4].

A este respecto conviene precisar algo que muchos estudiosos siguen sin comprender: no todos los especialistas en historia política son competentes en materia de historia diplomática y derecho de gentes, con toda la merma que ello supone para sus análisis de las relaciones interestatales. Precisamente, una tesis que se repite a lo largo de estos doce *sparsa collecta* es que las interacciones entre las polis, las federaciones y los reinos de la Antigüedad griega no se produjeron en un vacío legal, sino en el marco de una cultura normativa interhelénica. Sin conocer dichas reglas de juego, por mucho que estas fuesen vulneradas –hoy se sigue vulnerando el derecho internacional y no por ello dejamos de exigirlo–, resulta difícil explicar la trayectoria y peculiaridades de la historia político-militar del mundo helénico, incluidas sus relaciones con Persia y con Roma. Un ejemplo de las graves consecuencias que puede acarrear la ignorancia de esas reglas de juego lo ofrezco en el artículo «395-390/89 a. C., Atenas contra Esparta: ¿de qué guerra hablamos?», donde retraso en varios años el inicio del *phaneròs pólemos* entre ambas polis. Por lo demás, mi posición general sobre la importancia del derecho está expuesta, mejor que nada, en un estudio que no ha sido incluido en este volumen, entre otras cosas porque ya ha sido reeditado: «War, Peace and International Law in Ancient Greece»[5]. La he reiterado, por si no fuese suficiente, en las reseñas de tres libros que se enmarcan temáticamente en este campo de estudios[6]. Mi reivindicación de la importancia y relativa autonomía de lo jurídico –en el sentido defendido, entre otros, por Tomás y

---

3. Ya en 1980 Gschnitzer leyó y anotó mi tesina de licenciatura, antes de discutir conmigo los capítulos de mi tesis doctoral durante su elaboración y reelaboración en Heidelberg (entre 1981 y 1985).

4. Para medir el reconocimiento internacional de esta obra, pueden leerse las reseñas, todas extranjeras, de Mastrocinque (*Athenaeum* 56, 1978, 427-429), Mosley (*JHS* 100, 1980, 251-252), Vattuone (*RSA* 8, 1978, 175-177), Vélissaropoulos (*RD* 55, 1977, 647-649), Ziegler (*ZRG* 97, 1980, 330-335) y Will (*RH* 102, 1978, 213-214).

5. En K. Raaflaub (ed.), *War and Peace in the Ancient World*. Oxford 2007, 206-225, reeditado en T. Gazzini, N. Tsagourias (ed.), *The Use of Force in International Law*. London and New York 2016, 3-22.

6. Recensiones de P. Ducrey, *Gerre et guerriers dans la Grèce antique*. Fribourg 1985, *Gerión* 5 (1987) 380-383; P. Low, *Interstate Relations in Classical Greece. Morality and Power*. Cambridge 2007, *Sehepunkte* 9 (2009); y M.-K. Drauschke, *Die Aufstellung zwischenstaatlicher Vereinbarungen in griechischen Heiligtümern*. Hamburg 2019, *Klio* 102 (2020) 740-744. Las tres están en línea, y las dos primeras en abierto.

Valiente[7]– se sitúa al margen de los dos paradigmas historiográficos más influyentes en el siglo XX, el marxismo y la escuela de los *Annales*, y entronca más con la historia de las instituciones, tal y como esta se ha mantenido en las facultades de Derecho y también en algunas cátedras de Historia Antigua, sobre todo en Alemania e Italia. No creo, desde luego, que lo jurídico-político fuese una simple superestructura (*Überbau*) ni tampoco un fenómeno evenemencial (*événementiel*). Y celebro, en todo caso, que las nuevas generaciones de historiadores hayan redescubierto la historia política, en la que algunos nos formamos antes de que se pusiese nuevamente de moda.

Los autores magistrales que me han marcado como helenista –Tucídides aparte–, están homenajeados en el listado de abreviaturas: amén de los citados Busolt, Fernández Nieto y Gschnitzer, destacaré a Russell Meiggs, Geoffrey de Ste. Croix y Édouard Will. A ellos añadiría, aunque su presencia no sea tan explícita en el presente volumen, Louis Gernet y Moses I. Finley[8].

Doy las gracias a los editores y editoriales a cuyo cuidado fueron publicados en su día estos doce estudios por los permisos concedidos para su actual reedición. Como es norma, referencio a continuación esas primeras ediciones por orden cronológico, sin perjuicio de volver a hacerlo en la nota final de cada uno de dichos estudios:

«Καθότι ἂν ἐπαγγέλλωσιν / παραγγέλλωσιν. Sobre una cláusula del derecho griego de los tratados», en F. J. Presedo *et al.* (ed.), *Χαῖρε. II Reunión de historiadores del mundo griego antiguo. Homenaje al Prof. F. Gascó.* Sevilla 1997, 181-191.

«Tratados y relaciones de alianza en la guerra de Corinto (395-386 a. C.)», *Rivista Storica dell'Antichità* 27 (1997) 21-71.

«395-390/89 a. C., Atenas contra Esparta: ¿de qué guerra hablamos?», *Athenaeum* 87 (1999) 57-77.

«Die neutralen Staaten in den Perserkriegen und das griechische Völkerrecht», en D. Papenfuss, V. M. Strocka (Hrsg.), *Gab es das griechische Wunder? Griechenland zwischen dem Ende des 6. und der Mitte des 5. Jahrhunderts v. Chr.* Tagungsbeiträge des 16. Fachsymposiums der Alexander von Humboldt-Stiftung April 1999, Freiburg i. B. Mainz 2001, 365-377.

---

7. «La historia del derecho es historia, pero no debe confundirse con otras ramas de la misma ni perder su identidad al relacionarse con la historia política o la económica», *Historia del derecho español*, 4ª ed. Madrid 1984, 27.

8. La política traductora en España es ambiciosa e inclusiva, pero no siempre ha sido acertada en materia de historia y arqueología griegas, con algunos autores vertidos casi *ad nauseam*, si no irrelevantes, y otros ignorados, tardíamente traducidos o mal seleccionados en su bibliografía. Por ejemplo, se tradujo *Class Struggle in the Ancient World*, de G. E. M. de Ste. Croix, pero no su auténtica obra maestra, *The Origins of the Peloponnesian War*, la cual pudo haber sido un modelo inspirador de buena metodología para nuestros jóvenes helenistas, engarzando perfectamente la historia política con la historia social y económica.

«Para un corpus de los tratados de alianza de la Grecia clásica», *Dike* 4 (2001) 219-232.

«La cláusula de la hegemonía en la liga délica (Th. 3,10,4; 11,3)», *Ktema* 27 (2002) 57-63.

«L'institution de l'hégémonie : entre la coutume et le droit écrit», en G. Thür, F. J. Fernández Nieto (Hrsg. / ed.), *Symposion 1999. Vorträge zur griechischen und hellenistischen Rechtsgeschichte / Comunicaciones sobre historia de derecho griego y helenístico*, Pazo de Mariñán, La Coruña, 6-9 septiembre de 1999. Köln 2003, 339-354.

«La KOINH EIPHNH del 371 en Atenas y el sistema griego de alianzas», *Les Études Classiques* 71 (2003) 353-377.

«The Idea of the Peloponnese in the Spartan Diplomatic Tradition», en N. Birgalias, K. Buraselis, P. Cartledge (ed.), *The Contribution of Ancient Sparta to Political Thought and Practice*. Athens 2007, 63-74.

«El espacio marítimo en los tratados internacionales de la Atenas clásica», en J. Santos Yanguas, B. Díaz Ariño (ed.), *Los griegos y el mar*. Revisiones de Historia Antigua VI. Vitoria 2011, 237-251.

«Olympie et la publication des traités internationaux», *Rivista di Diritto Ellenico* 2 (2012) 3-25.

«Filipo II, Atenas y el derecho griego de alianzas», *Revista Jurídica de Buenos Aires* 42 (2017) 369-389.

El orden en que se agrupan y reeditan estos doce trabajos en el presente libro no sigue la secuencia cronológica de su aparición. Han sido reordenados en dos bloques temáticos: los seis primeros abordan materias transversales a todos los periodos y alianzas, mientras que los otros seis, a partir del estudio sobre los neutrales en la segunda guerra médica, abordan ciclos bélicos concretos y sucesivos en el tiempo. Si bien algunos estudios se remontan al siglo VI y otros llegan al siglo II, la época historiada es fundamentalmente la clásica. Todos ellos se reeditan con mejoras de forma y correcciones de errores, con adaptaciones para unificar los criterios de redacción y cita, con resúmenes previos en inglés, y en algunos casos con adiciones de nuevas fuentes y toma en consideración de nuevos corpus, amén de los índices finales[9]. Por lo demás, no se han realizado cambios de fondo importantes ni actualizaciones bibliográficas. Así y todo, me ha parecido pertinente agregar al concluir el libro una bibliografía complementaria, bien posterior a la fecha de los estudios en cuestión, bien inadvertida por mí en su momento. En dicho listado

---

9. Las colecciones incorporadas para esta reedición son las de Schmitt *Stv.*, Chaniotis, *VkP.* y Errington, *Stv.*, de época helenística. Asimismo, el índice final de términos y locuciones en griego pretende ser una contribución al estudio del vocabulario de los tratados y relaciones de alianza.

recojo mayormente a autores que han abordado aspectos del sistema normativo interhelénico relacionados con el derecho de alianzas, con un enfoque diacrónico, más allá de tal o cual periodo bélico.

En la génesis y desarrollo de un proyecto de investigación como este, de unos treinta y cinco años de duración (1989-2023), han cooperado determinadas instituciones y personas. Amén de mi propia universidad (UDC), con un eficiente servicio de préstamo interbibliotecario, debo mencionar las bibliotecas de las Universidades de Münster, Madrid (Complutense) y Nottingham. Como entidades financiadoras más importantes no puedo olvidar a la Fundación Alexander von Humboldt ni al grupo de investigación catalogado del que yo mismo soy coordinador, el HADOC (G000493). En el recuerdo están asimismo algunos colegas que como impulsores o revisores contribuyeron a la aparición de estos doce estudios: Nikos Birgalias (†), Emiliano Buis, Kostas Buraselis, Pierre Carlier (†), Paul Cartledge, Silvio Cataldi, Evangelos Chrysos, Pietro Cobetto Ghiggia, Klaus Freitag, Peter Funke, Alberto Maffi, Elisabetta Poddighe, Jim Roy y Gerhard Thür.

En fin, el presente libro está dedicado, por gratitud y reconocimiento, al Departamento de Historia Antigua de la Universidad de Sevilla. El único que queda en España con la denominación de nuestra área de conocimiento, todo un síntoma. Quiero dejar constancia de mis relaciones productivas, ayer y hoy, con cuatro de sus catedráticos integrantes: Francisco Presedo, Genaro Chic, Luis Ballesteros y Antonio Caballos. A este último, además, debo su constante apoyo en el proceso de preparación de la obra que ahora entrego a la editorial de dicha universidad (EUS).

NOTA DE LECTURA

En líneas generales se mantiene la forma de cita preexistente en la primera edición de cada uno de estos estudios. Ello quiere decir que los autores y los títulos de las obras se van dando en su completitud a pie de página a medida que van apareciendo. Cuando se cita por segunda vez una obra dentro del mismo trabajo, se abrevia el nombre del autor, dando solo el apellido o apellidos, al igual que el título en cuestión (evitando así el *op. cit.*). El lector solo tendrá que verificar en nota más arriba, siempre dentro del mismo trabajo, la referencia íntegra de que se trate. Cada trabajo da completa toda la bibliografía que maneja, esto es, no hay títulos abreviados que haya que localizar en trabajos anteriores o posteriores del libro.

Hay algunas obras, sin embargo, que siempre se dan en abreviatura. Son las siguientes:

AcB. = Fernández Nieto, F. J. (1975): *Los acuerdos bélicos en la antigua Grecia (época arcaica y clásica). I: Texto. II: Los instrumentos materiales de los convenios.* Santiago de Compostela.

Alonso, *Neutralidad* = Alonso Troncoso, V. (1987): *Neutralidad y neutralismo en la guerra del Peloponeso (431-404 a. C.).* Madrid.

Baltrusch, *Symmachie und Spondai* = Baltrusch, E. (1994): *Symmachie und Spondai. Untersuchungen zum griechischen Völkerrecht der archaischen und klassischen Zeit (8.-5. Jahrhundert v. Chr.).* Berlin und New York.

Busolt, *GG.* = Busolt, G. (1893-1904): *Griechische Geschichte bis zur Schlacht bei Chaeroneia*, I; III 2. Gotha.

CAH = *The Cambridge Ancient History.*

Meiggs, *Ath. Empire* = Meiggs, R. (1972): *The Athenian Empire.* Oxford.

Meyer, *GdA.* = Meyer, E. (1913-1984): *Geschichte des Altertums*, V. Stuttgart und Berlin; VIII Essen (9ª ed.).

ML = Meiggs, R., Lewis, D. (ed.) (1969): *A Selection of Greek Historical Inscriptions to the End of the Fifth Century B.C.* Oxford.

Staatsv. = Scala, R. v. (1898): *Die Staatsverträge des Altertums.* Leipzig.

Ste. Croix, *Origins* = Ste. Croix, G. E. M. de (1972): *The Origins of the Peloponnesian War*. London.

Stv. =

Bengtson, H. (1975): *Die Statsverträge des Altertums. II. Die Verträge der griechisch-römischen Welt von 700 bis 338 v. Chr.* (nº 101-347). München.

Schmitt, H. H. (1969): *Die Statsverträge des Altertums. III. Die Verträge der griechisch-römischen Welt von 338 bis 200 v. Chr.* (nº 401-586). München.

Errington, R. M. (2020): *Die Statsverträge des Altertums. IV. Die Verträge der griechisch-römischen Welt von ca. 200 v. Chr. Bis zum Beginn der Kaiserzeit.* (nº 601-816). U. r. M. v. I. Mossong. München.

Tod = Tod, M. N. (1959): *A Selection of Greek Historical Inscriptions. II: From 403 to 323 B.C.* Oxford.

VkP. = Chaniotis, A. (1996): *Die Verträge zwischen kretischen Poleis in der hellenistischen Zeit.* Heidelberg.

Will, *Monde grec* = Will, É. (1980): *Le monde grec et l'Orient, I : Le Ve siècle (510-403).* Paris.

En los corpus y colecciones, tras la abreviatura (*Stv.*, ML, Tod, etc.), se cita por el número del documento dentro de la obra (por ej., *Stv.* 152), salvo que se remita de manera explícita a la página (por ej., *Stv.* p. 68).

Los autores y obras griegos son referenciados siguiendo las abreviaturas del *Diccionario Griego-Español*, I-VIII (Madrid 1989-2019) (http://dge.cchs. csic.es/lst/lst4.htm). Los autores latinos siguen las abreviaturas del *Thesaurus Linguae Latinae* (Leipzig 1990). Los títulos de las revistas son indicados de acuerdo con las abreviaturas de l'*Année Philologique*, cuando constan en su listado.

Las versiones españolas del griego antiguo, cuando no se menciona el traductor, son del autor.

PARA UN CORPUS DE LOS TRATADOS DE ALIANZA EN LA GRECIA CLÁSICA

ABSTRACT: Notes for the elaboration of a corpus of the alliance treaties in Classical Greece. This paper illustrates the need for a new and complete collection of the diplomatic instruments articulating *symmachia* relations between the Greek states. In particular, it argues in favour of replacing Bengtson's *Staatsverträge* with a more coherent, complete and specialized corpus. To this effect, the author proposes additional criteria for gathering information on *symmachia* relationships and brings forward a list of 42 overlooked treaties intended for a future corpus (5th-4th centuries BC).

La labor de estudio y recopilación de los tratados internacionales de paz y alianza en la Grecia antigua tuvo un pionero ilustrado en la persona de Jean Barbeyrac[10], obra que para su tiempo supuso una meritoria pieza de erudición, pero que en la actualidad representa poco más que una curiosidad bibliográfica. Como en tantos otros campos, los estudiosos del siglo XIX fueron los que desbrozaron el camino de acceso más seguro por la selva de la documentación disponible, en este caso de carácter fundamentalmente literario y epigráfico.

Más que el meritorio estudio de Emile Egger[11], que no fue concebido como colección sistemática, debe subrayarse la positiva contribución realizada por Rudolf von Scala[12], en el apogeo del positivismo decimonónico. La compilación de Scala, que pese a la intención manifestada por el autor llega solo hasta la batalla de Queronea (338), retiene bastante interés y utilidad para el periodo clásico, en especial porque las fuentes de las que se hace a veces generoso acopio pueden incluso en algún caso sobrepasar a las ofrecidas por *Die*

---

10. *Histoire des anciens traitez ou recueil historique et chronologique des traitez répandus dans les auteurs grecs et latins et autres monuments de l'antiquité, depuis les temps les plus reculez, jusques à l'empereur Charlemagne*, I-II. Amsterdam – Le Haye 1739.

11. *Études historiques sur les traités publics chez les grecs et chez les romains depuis les temps les plus anciens jusqu-aux premiers siècles de l'ère chrétienne*. Paris 1866.

12. *Die Staatsverträge des Altertums*. Leipzig 1898.

Statsverträge des Altertums (II), de Hermann Bengtson, y porque el editor incorporó a su estudio un número de tratados de paz y alianza que de manera incomprensible no figuran en el corpus de Bengtson. Dicho lo cual, debe advertirse que el comentario histórico (jurídico-político) que Scala adjunta a los instrumentos diplomáticos adolece de una extrema simplicidad, cuando existe. Sobre la base de esta colección Franz Hampl[13], presentó un elenco de instrumentos diplomáticos de la cuarta centuria, desde la paz de Antálcidas hasta la liga de Corinto, que vienen analizados individualmente y acompañados de un estudio final de síntesis histórica. La obra de Hampl debe seguir manejándose, en especial por lo que se refiere a la «paz común» (*koiné eirene*), aunque su relevancia sea mucho más limitada para el estudio de la casuística general de coaliciones y alianzas durante ese siglo.

Si estos precedentes son de gran valor, y en algún caso de obligada consulta, lo cierto es que en la actualidad la base más sólida y comprensiva para el estudio de los instrumentos de paz y alianza entre los Estados griegos de época clásica está en la aludida colección de Bengtson, *Die Verträge der griechisch-römischen Welt von 700 bis 338 v. Chr.*[14], que para la época helenística debe ser completada con los dos volúmenes siguientes, editados por Hatto H. Schmitt, *Die Verträge der griechisch-römischen Welt von 338 bis 200 v. Chr.*, y R. Malcolm Errington, *Die Verträge der griechisch-römischen Welt von ca. 200 v. Chr. bis zum Beginn der Kaiserzeit*[15]. El corpus de Bengtson ostenta una primogenitura editorial que no se corresponde con el orden histórico de precedencia: el primer volumen planeado de esta serie, titulada *Die Staatsverträge des Altertums*, debería ofrecernos los tratados internacionales del Oriente antiguo, pero este sigue aún sin ver la luz. De manera que, además de privar del debido realce a las instituciones diplomáticas del Asia anterior, se dificulta al helenista un análisis más perspectivo y atento a los préstamos griegos del próximo Oriente (Hatti, Mitanni, Siria, Egipto, etc.).

La compilación de Bengtson, de acuerdo con el plan general de la obra, tiene unas características que conviene explicar. Se trata, en principio, de una colección completa y sistemática de los instrumentos materiales de los tratados conocidos hasta la última fecha de publicación del estudio (1975²), y de acuerdo con unos criterios editoriales de carácter restrictivo que no conviene olvidar: no todos los tratados conocidos han sido registrados, sino tan solo aquellos de los que conocemos al menos una de sus condiciones o de los cuales la tradición nos ha preservado algún tipo de referencia a su conclusión o bien algún fragmento epigráfico por incompleto que este sea. De ello se deriva, como el propio autor se apresura a reconocer, que del repertorio quedasen

---

13. *Die griechischen Staatsverträge des 4. Jahrhunderts v. Christi Geb.* Leipzig 1938.

14. 2ª ed., München 1975.

15. München 1969 y München 2020, respectivamente.

excluidos multitud de convenios de los que no conservamos memoria de su contenido o de su data o coyuntura de nacimiento, pero cuya existencia viene demostrada con toda claridad por las relaciones convencionales operantes en la historia de las relaciones internacionales. Por si fuera poco, a esta limitación, que impide una visualización integral de las constelaciones políticas reinantes en cada periodo, se añade el hecho de que Bengtson tampoco logró con su publicación dar entrada a todos los tratados de alianza de los cuales se conserva al menos alguna de sus estipulaciones, por más que ese haya sido el plan anunciado de la obra: en el listado que adjunto aparece algún ejemplo de esta categoría insoslayable en cualquier corpus (ver por ej. nuestros n° 5, 9, 13, 15, 21). Pero es que además el autor consideró oportuno recoger, por su supuesta importancia, algunos tratados de paz, amistad, hospitalidad o alianza de los cuales las fuentes solo mencionan el hecho de su cierre (por ej., *Stv.* 108, 117, 118, 137, 140, 191, 197, 198, 222, 236, 273), pero sin ulteriores referencias a sus cláusulas o formulación textual, con lo que no se entiende el porqué de la discriminación de otros muchos casos no peor documentados y desde luego no menos importantes que los seleccionados a criterio de Bengtson.

A mi juicio, no tiene demasiado sentido incluir en una colección de tratados internacionales negociaciones frustradas de paz o alianza, como la argivo-espartana del 420 (*Stv.* 192), la púnico-ateniense del 406 (*Stv.* 208), la beocio-persa del 367 (*Stv.* 282); o algún que otro acto de sinecismo, como el de Orcómeno y Euaimon c. 360-350 (*Stv.* 297), pero sin pretensión de exhaustividad por lo que a estas instituciones internacionales se refiere; o solo unos cuantos acuerdos de asistencia judicial (*Stv.* 146, 149, 209, 235, 279); o algunos convenios de tregua, capitulación y armisticio, pero también aquí sin alcanzar en absoluto la totalidad de los preservados; o una sola convención monetaria de las varias conocidas, la foceo-mitilenia (*Stv.* 228); o la fundación del Estado federal arcadio en el 370 (*Stv.* 272), como si fuera el único *koinón* cuyo nacimiento está atestiguado, etc.; y, sin embargo, pasar por alto un conjunto tan significativo de actos internacionales como los que voy a enumerar a continuación, que fueron pactos bélicos en toda regla y a todos los efectos jurídico-políticos. Por último, en una actitud casi fetichista, como si la piedra confiriese al documento un valor histórico añadido, el editor recoge inscripciones alusivas a pactos militares que en realidad no proporcionan información en lo tocante a sus cláusulas y condiciones de negociación o aplicación (*Stv.* 150, 250, 278, 337), por no decir que son mucho menos interesantes que cantidad de fuentes literarias desechadas de acuerdo con los mencionados criterios editoriales.

En consecuencia, y siempre a reserva de las objeciones que se me pudieran hacer, me atrevo a decir que en el haber de esta modesta aportación está la identificación de un conjunto de instrumentos diplomáticos que deberían figurar en una futura edición de los tratados de alianza de la Grecia clásica, y por otra, la reconstrucción, más o menos hipotética según los casos, de toda una serie de alianzas que, aun careciendo de partida de nacimiento o carta de identidad entre la masa de documentación disponible, no por ello tienen un perfil menos definido, apareciéndosenos vivas y operantes en la historia política de los siglos V y IV.

Por último, y ello no deja de ser un estímulo y una justificación adicional para emprender la realización de un futuro corpus, Bengtson reconoce otra carencia en su colección: «die Sammlung als Ganzes ist als ein Textbuch angelegt, eine historisch-juristische Auswertung der Verträge ist hier nicht vorgesehen» (*Stv.*, p. vii). Es una laguna superada por la historiografía jurídica posterior, que ofrece toda una serie de corpus monográficos consagrados a las instituciones de derecho internacional y pertrechados de comentarios exhaustivos. Ahí están las contribuciones de P. Ducrey[16], L. Piccirilli y A. Magnetto[17], Ph. Gauthier[18], F. J. Fernández Nieto (*AcB.*), F. Gawantka[19], M. Moggi[20], S. Cataldi[21], S. L. Ager[22], K. J. Rigsby[23], o el trabajo de G. Panessa[24], de especial relevancia para el trabajo que nos ocupa, habida cuenta el hecho de que muchos tratados de alianza fueron a la vez, y de manera explícita, tratados de amistad (*philía*)[25].

El estudio jurídico-político de las formas y estructuras de la *symmachía* en los siglos V-IV debería ser, por tanto, objeto de esa futura compilación a cuya realización pretendo animar y contribuir con estas líneas. A este respecto, he de decir que estoy pensando sobre todo en el análisis de los pactos menos atendidos por la bibliografía, que se ha centrado en los grandes sistemas hegemónicos operantes: la liga del Peloponeso, la liga helénica, la liga ático-délica, la segunda liga marítima ateniense, la liga de Corinto, etc.[26].

Como botón de muestra, y sin ninguna pretensión por mi parte de completitud, voy a recoger aquí los siguientes acuerdos de sociedad bélica, alguno de los cuales por cierto ya había sido incluido por Scala en su compilación:

---

16. *Le traitement des prisonniers de guerre dans la Grèce antique.* Paris 1968.

17. Respectivamente, *Gli arbitrati interstatali greci. I. Dalle origini al 338 a. C.* Pisa 1973, y *Gli arbitrati interstatali greci. II. Dal 337 al 192 a. C.* Pisa 1997.

18. *Symbola. Les étrangers et la justice dans les cités grecques.* Nancy 1972.

19. *Isopolitie. Ein Beitrag zur Geschichte der zwischenstaatlichen Beziehungen in der griechischen Antike.* München 1975.

20. *I sinecismi interstatali greci.* Pisa 1976.

21. *Symbolai e relazioni tra le città.* Pisa 1983.

22. *Interstate Arbitrations in the Greek World, 337-90 B.C.* Berkeley and Los Angeles 1996.

23. *Asylia. Territorial Inviolability in the Hellenistic World.* Berkeley and Los Angeles 1996.

24. *Philiai. L'amicizia nelle relazioni interstatali dei Greci. I. Dalle origini alla fine della guerra del Peloponneso.* Pisa 1999.

25. Ver en el corpus de Panessa los n° 30, 40, 68, 70.

26. Lógicamente no voy a citar aquí la extensa bibliografía al respecto.

1. El importante hallazgo epigráfico que recoge una *symmachía* entre los lacedemonios y la rama etolia de los erxadieos, cuya primera edición debemos a W. Peek[27].

2. Pactos argivo-ateniense y ático-tesalio del 461 (Th. 1,102,4; 107,5-7; D.S. 11,80), el primero de los cuales seguía vigente a comienzos de la guerra del Peloponeso, en clave puramente defensiva (Th. 2,22,2-3) (*Staatsv.* 51, 52).

3. Relación de alianza, con el *casus foederis* perfectamente conservado, entre la colonia ateniense de Brea y las ciudades tracias vecinas, c. 445: IG I³ 46, l. 17ss.

4. Alianza entre Esparta y las ciudades dorias de Sicilia (a excepción de Camarina), la cual no se hizo efectiva a comienzos de la guerra arquidámica (Th. 3,86,2), pero de cuya conclusión y primeras providencias tenemos precisa información (Th. 2,7,2; D.S. 12,1, incluyendo también a las comunidades italiotas). Su vigencia o su renovación explica el hecho de que durante la expedición ateniense a Sicilia los siracusanos recibiesen primero el apoyo y asesoramiento militar del espartiata Gilipo, al frente de un contingente de hilotas y neodamodas (Th. 6,93,1ss; 104; 7,1ss; 58,3; D.S. 13,7-8; 32,4-6) y, a la recíproca, que Siracusa se emplease a fondo en la guerra de Jonia (D.S. 13,34,4; 39,4; 40,5; 61,1; 63,1; 81,2; 106,8). Esta alianza tuvo su correlativa con algunas ciudades itálicas, como Tarento (v. g., D.S. 13,45,1).

5. Liga tripartita del 421, integrada por Argos, Élide y Mantinea, cuya existencia y estipulación fundamental conocemos textualmente por Th. 5,48,2. No se debe confundir, como hace Bengtson (*Stv.* 190), con los pactos bilaterales de tipo epimaquia concluidos inicialmente por Argos con los propios eleos y mantineos (Th. 5,29,1; 31,1 y 5), además de los corintios y calcídicos de Tracia (Th. 5,31,6); tampoco debe asimilarse esta coalición argiva a la famosa cuádruple alianza formada en 420 a resultas de la incorporación de Atenas (*Stv.* 193).

6. Adhesión de Orcómeno en el 418 a la cuádruple alianza (Th. 5,61,5), aunque probablemente en condiciones de desigualdad contractual respecto de argivos, eleos, mantineos y atenienses, como se deduce de su exclusión del consejo de guerra, formado en pie de igualdad por los cuatro miembros nucleares de la coalición (Th. 5,62). Ello

---

27. *Ein neuer spartanischer Staatsvertrag*. Berlin 1974. Estado de la cuestión editorial, identificación étnico-geográfica y dataciones propuestas: F. Gschnitzer, *Ein neuer spartanischer Staatsvertrag und die Verfassung des peloponnesischen Bundes*. Meisenheim am Glan 1978, con ulterior bibliografía en L. Santi Amantini, «Semantica storica dei termini greci relativi alla pace nelle epigrafi anteriori al 387/6 a.C.», en M. Sordi (ed.), *La pace nel mondo antico*. Milano 1985, 48 ss.

significó probablemente para los orcomenios la exclusión del derecho a la hegemonía (Th. 5,47,7)[28].

7. Alianza de Catana con Atenas por decreto de la asamblea popular en el 415 (Th. 6,51,1ss; D.S. 13,4,2ss; Plu. *Alc.* 20,2; And. 3,30) y efectos militares subsiguientes (Th. 6,98,1; 7,14,2; 57,11). Cabe suponer que el patrón jurídico-diplomático seguido fuera el mismo que con Turios (ver nº 9).

8. Alianza de Atenas con Metaponto, invocada por Demóstenes y Eurimedonte durante la última fase de la expedición ateniense a Sicilia (Th. 7,33,5). Probablemente en los mismos términos que la cerrada con la vecina Turios (ver nº 9), como sugiere el contexto de su negociación mencionado por Tucídides (7,57,11).

9. Alianza de Atenas con Turios en el 413, cuya cláusula típica de «tener a los mismos por amigos y enemigos que los atenienses» recoge de manera explícita Tucídides (7,33,5-6), pero que de manera inconsecuente ignora Bengtson (como ya antes Scala, lo que ciertamente da que pensar). Esta sinmaquia tendría efectividad, pero corta vida (Th. 7,35,1; 57,11), y ello a raíz de la victoria de Siracusa.

10. Alianza de la confederación etolia con Élide, atestiguada al filo del 400 (D.S. 14,17,9), durante la guerra de Esparta contra los eleos, y de larga y fértil vida, a juzgar por su entrada en juego todavía en época helenística (v. g., Plb. 4,77,6ss; 5,3,1).

11. Relación convencional de amistad y alianza entre la confederación beocia y Lócride (opuntia u ozola), explícita en X. *HG* 3,5,4; 4,3,15 y Paus. 3,9,10; implícita en *Hell.Oxy.* 21,4 (ed. Chambers), y vigente en tiempos de la guerra de Corinto; fecha de conclusión desconocida, aunque probablemente anterior al 431 (Th. 4,96,8, refiriéndose a la rama opuntia)[29].

12. Alianza entre Esparta y Fócide, también en vigor durante la guerra de Corinto (X. *HG* 3,5,4 y 6; D.S. 14,81,1-2), y muy probablemente regida por la cláusula *hepomai / akoloutheo* (deducible de X. *HG* 3,5,23), al igual que en la *symmachía* con los etolios erxadieos; fecha de conclusión y renovación desconocidas, aunque con toda seguridad antes del 431 (Th. 2,9,2), según cabe deducir de Tucídides (1,107,2).

13. Sinmaquia que ligaba a la confederación aquea con Esparta durante la guerra de Corinto, con la suerte de que tenemos el *casus foederis*

---

28. Sobre cuyo ejercicio, consultar, en este mismo volumen, «L'institution de l'hégémonie (ήγεμονία): entre la coutume et le droit écrit».

29. Para los nº 11-17 que se listan a continuación, ver un análisis detallado en «Tratados y relaciones de alianza en la guerra de Corinto (395-386 a. C.)», más abajo en este volumen.

íntegramente reproducido por Jenofonte (*HG* 4,6,2), y el contexto casi seguro de su negociación en tiempos de la paz de Nicias, año 418/17 (Th. 5,82,1).

14. Alianza de Esparta con Dionisio I de Siracusa, vigente desde la guerra de Corinto hasta el 364 como mínimo, y materializada en forma de contingentes así navales (X. *HG* 5,1,26ss; 6,2,33ss; D.S. 15,47,7, con indicación de los efectivos movilizados), como terrestres (X. *HG* 7,1,20ss,28; Plu. *Ages.* 33,3). A esto habría que añadir un historial de datos jurídico-políticos nada menospreciables: la negociación diplomática del *casus foederis* (X. *HG* 6,2,4), la contraofensiva diplomática ateniense (Lys. 19,19-20), la renovación dinástica de la alianza en la persona del sucesor (X. *HG* 7,4,12), el ejercicio recíproco de la hegemonía (*HG* 5,1,26-28; D.S. 14,63,4;70) y, sobre todo, la existencia de una limitación temporal para la prestación de la ayuda militar (X. *HG* 7,1,29; D.S. 15,70,1).

15. Cierre o renovación del pacto ateniense con Argos, hacia el otoño del 395, para el cual resulta crucial, amén de D.S. 14,82,1, el testimonio de Andócides (3,22 y 26), que se hace eco de la cláusula principal del pacto bélico enunciando el *casus foederis*.

16. Tratado de alianza de Atenas con los corintios, también hacia el otoño del 395, mencionado por D.S. 14,82,1. Tenemos sobre todo constancia epigráfica indirecta en el pacto ateniense con los locros (*Stv.* 224, l. 2-3), el cual se modela a imagen y semejanza del corintio. El testimonio de la epigrafía cobra más valor si tenemos en cuenta no solo la serie tipológica de cariz defensivo en que se inscribe (como el beocio o el argivo), sino también la tradición literaria paralela que lo documenta (*HG* 3,5,2; 4,2,1; D.S. 14,82,1, etc.), incluida la referencia explícita de Lisias (2,67) a la condición de aliados de Atenas reconocida a los corintios.

17. Tratado de alianza de la confederación beocia con Argos (D.S. 14,82,1), de la misma fecha que los anteriores, y del que tenemos constancia directa de su aplicación bilateral en el año 388 (X. *HG* 4,7,6), con toda seguridad conforme a un *casus foederis* redactado en los mismos términos de defensa territorial que los dos pactos anteriores.

18. Establecimiento de un pacto militar entre el sátrapa Farnabazo y la coalición corintia en el 394 (D.S. 14,84,5).

19. Alianza de Dionisio I con el dinasta sículo Agiris en el 392 (D.S. 14,95,3-96,1), mencionando su negociación, una de sus provisiones y su entrada inmediata en vigor.

20. Tratados de alianza de la confederación acarnania con beocios y atenienses (D.S. 14,82,3; X. *HG* 4,6,4 y 14).

21. Tratado de paz y alianza entre Esparta y Tebas, en 386, del que Bengt-son (*Stv.* 243), sin embargo, no recoge la cláusula de obligado segui-miento (ἀκολουθέω) mencionada a propósito de los atenienses por Isócrates (14,28).

22. Relación convencional de alianza entre Esparta y Mantinea, c. 385/84, tras el acuerdo de capitulación de esta última (*AcB.* 131), con el verbo clave (συστρατεύω) recogido por Jenofonte (*HG* 5,2,7), pasaje que a su vez ha de ser interpretado a la luz del articulado impuesto por Es-parta en el tratado de alianza pactado pocos años después con Olinto (*HG* 5,3,26).

23. Tratado de alianza, c. 379-375, entre Jasón de Feras y la confederación beocia, implícita una posible atribución de la hegemonía al primero en el supuesto de ataque contra Esparta (X. *HG* 6,1,10), y atesti-guado el supuesto defensivo de alianza tras Leuctra (*HG* 6,4,20ss; Plu. *Mor.* 193B).

24. Tratado de alianza de Atenas con el rey Alcetas de los molosos, con adhesión a la segunda liga marítima y derecho a voto en el sinedrio (*Staatsv.* 144).

25. Tratado de alianza entre Atenas y Jasón de Feras, c. 375-373 (D. 49,10; *Stv.* 257, B 15), a pesar del carácter ambiguo de las fuentes (Nep. *Ti-moth.* 4,2-3), cuando no contradictorio (X. *HG* 6,1,10).

26. Sinmaquia instaurada por la *koiné eirene* del 371 y vigente en el 370/69. Tanto a Scala (*Staatsv.* 148), como a Bengtson (*Stv.* 270), les había pasado inadvertido el efecto más revelador política y militar-mente de la «paz común» jurada en Atenas después de la batalla de Leuctra, a saber, la ejecución de la cláusula de garantía que instau-raba la guerra de sanción (X. *HG* 6,5,2). Tuvo esta su cumplimiento ya en el invierno del 369, mediante un decreto aprobando el envío de Ifícrates al Peloponeso (X. *HG* 6,5,33-34 y 49ss; D.S. 15,63; 66,6; Plu. *Pelop.* 24,5; Polyaen. 3,9,28; Nep. *Iph.* 2,5; Paus. 9,14,6-7; D. 16,11-12), antes de la retirada de Epaminondas del Peloponeso y antes de que los atenienses y los espartanos junto con sus aliados negociasen un nuevo instrumento diplomático de carácter exclusivamente sin-maquial, en la primavera o a comienzos del estío de ese mismo año (*Stv.* 274)[30].

27. Tratado de alianza entre Jasón de Feras y el rey Amintas III de Ma-cedonia, antes de 375 (D.S. 15,60,2), que a juzgar por las palabras del propio Jasón (X. *HG* 6,1,11) debió de incluir alguna cláusula de suje-ción o de atribución de la hegemonía a su favor. Sus efectos militares,

---

30. Con más detalle, «La *koiné eirene* ateniense del 371, la cláusula de garantía y el sistema griego de alianzas», en este mismo volumen.

de haberlos, quedaron limitados por la muerte del *tagos* tesalio en 370 (X. *HG* 6,4,31; D.S. 15,61,2ss).

28. Tratado de alianza entre la confederación beocia (Tebas) y los argivos en 370 (X. *HG* 6,5,23 y 50; 7,1,18 y 41; D.S. 15,62,3ss; 64,2; 66,1; D. 16,12; Paus. 9,14,4), con la atribución de la hegemonía a los beotarcas por el estado mayor aliado (arcadios, argivos, eleos y demás coaligados, aún más explícito en X. *HG* 7,1,20 y 22ss, y D.S. 15,68,1). Probablemente a resultas de la radicalización democrática y de la *stasis* del 470: D.S. 15,58; Plu. *Mor.* 814 B; Isoc. 5,52; D.H. 7,66,5. Esta sinmaquia surte también efecto en la batalla de Mantinea (D.S. 15,85,2), y ello en la medida en que los argivos reconocen la hegemonía a un beocio, Epaminondas.

29. Tratado de alianza entre la confederación beocia y los eleos en el 370, cabe suponer que de las mismas características que el anterior. Vale buena parte de las fuentes citadas para el caso precedente (nº 28), así como X. *HG* 6,5,30; D.S. 15,64,6.

30. Tratado de alianza de la confederación arcadia (Mantinea) con Argos, vigente al menos desde el 370 (X. *HG* 6,5,16; 7,1,25; 7,2,8 y 10; 7,4,27 y 29-30; D.S. 15,62,3: acción diplomática concertada; 64,2). Otros autores (Plu. *Mor.* 193C-D; 810F; Nep. *Epam.* 6,1-3) se hacen eco del debate diplomático suscitado por la negociación de este pacto. Ver también fuentes para los dos pactos anteriores.

31. Tratado de alianza de la confederación arcadia (Mantinea) con Élide, vigente al menos desde el 370 hasta al menos la batalla de Mantinea (X. *HG* 6,5,19; 7,1,26; 7,2,5; D.S. 15,64,6; 84-85). Súmese a las fuentes ya citadas para los números anteriores D.S. 15,68,1.

32. Tratados de alianza de Mesenia con los tebanos, los arcadios y los argivos, con toda probabilidad en el momento de acceder a la independencia en el invierno del 369 (Paus. 4,28,1-2; Polyaen. 2,3,5). Es de destacar la tutela diplomática asumida desde el primer momento por Tebas (X. *HG* 7,1,27; D.S. 15,81,3). Una acción militar conjunta de estos aliados se evidencia en el asedio y botín de Cromno, contra los lacedemonios, con participación del ejército mesenio (X. *HG* 7,4,27). Los mesenios fueron, asimismo, seguros aliados en la cuarta expedición de Epaminondas al Peloponeso (*HG* 7,5,5), estando presentes en Mantinea (D.S. 15,85,2). Tenemos igualmente testimoniada la inclusión de los mesenios en la paz común del 362, como polis ya soberana y actora de vida internacional, con pleno asenso y apoyo de sus aliados (D.S. 15, 89,1-2; Plb. 4,33,9; Plu. *Ages.* 35). La alianza bélica se mantuvo años después, como es natural, por causa de la perduración del peligro espartano, según prueba la defensa de Megalópolis en el 353/52 (D.S. 16,39,2).

33. Tratado de alianza de la confederación aquea con Esparta en el 366 (X. *HG* 7,1,43; 5,18), con excepción inicial de Pelene (*HG* 7,2,11), aunque después también incluida esta en el bando lacedemonio (*HG* 7,2,18). Su comparecencia conforme a tratado está atestiguada en Mantinea (D.S. 15,85,2) (*Staatsv.* 163).

34. Tratados de alianza entre Eufrón de Sición y los arcadios, argivos y beocios en el 366 (X. *HG* 7,1,44ss; 3,2; 3,4 y 8ss; 4,1). Están documentados el contexto de su negociación (votación), el intercambio de juramentos y, sobre todo, la cláusula de obligado seguimiento (ἕπομαι / ἀκολουθέω) al ejército aliado (deducible de 7,1,46; 2,11), obligación esta última que está en perfecta consonancia con la imposición de una guarnición tebana estacionada en la plaza aliada. No menos interesante es la disposición relativa al retorno de los exiliados (7,3,11). Los sicionios militan en el bando beocio en Mantinea (D.S. 15,85,2).

35. Tratado de alianza de Pelene con Esparta, con posterioridad al de los aqueos, hacia el 366/65 (X. *HG* 7,4,17-18). Resulta estratégicamente relevante en los prolegómenos del choque de Mantinea (*HG* 7,5,9).

36. Tratado de alianza de Pisa con los arcadios, concebido contra los eleos, c. 364 (D.S. 15,78,2-3; 82,1; X. *HG* 7,4,28-29) (*Staatsv.* 170).

37. Tratado de alianza entre la confederación aquea y Élide, en el año 365 (X. *HG* 7,4,17 y 28-30; 5,18; *Staatsv.* 167), casi con toda seguridad en pie de igualdad y *casus foederis* defensivo, esto es, ceñido a la defensa de la *chora* aliada. Cabe destacar la atribución de la hegemonía a la parte combatiente en su propio territorio (a juzgar por X. *HG* 7,4,30), hecho que a su vez está en correspondencia con la práctica cada vez más aceptada entre las ciudades peloponesias (*Stv.* 290, 291), en buena medida como reacción contra los abusos imperialistas de Esparta y Tebas. No cabe duda de que pactos como éste debieron de servir de modelo diplomático en la negociación del texto de alianza de Atenas con Arcadia, Acaya, Élide y Fliunte en 362/61 (*Stv.* 290).

38. Tratado de paz y alianza de Élide con Esparta en el 365, a juzgar por el testimonio de Jenofonte (X. *HG* 7,4,19-20), lo más probable sobre los mismos principios jurídico-diplomáticos que el precedente.

39. Tratado de alianza entre Fócide y los lacedemonios, en 356, al declararse la guerra sagrada contra la primera (D.S. 16,27,3-5; 29; 37,3; 57,4; 59,1; 63,1; Paus., 3,10,4) (*Staatsv.* 190).

40. Tratado de alianza de Mesenia con los atenienses concluido en el momento de estallar la tercera guerra sagrada y vigente en el 353 (Paus. 4,28,1-2; D. 16,8-10), recogiendo el *casus foederis* defensivo ante una eventual invasión espartana del espacio territorial aliado.

Debe completarse con la sinmaquia del 342 (*Stv.* 337), que probablemente renueva en parecidos términos los acuerdos del 356.

41. Tratados de alianza de Filipo con Argos, Mesenia, Megalópolis y Élide –algunas de estas poleis enfrentadas a Esparta–, como muy tarde del 343, sin duda de *casus foederis* defensivo (D. 18,156-158; 19,260ss; Isoc. 5,73-74; Paus. 4,28,2), y que constituyen la presunta razón de su abstención bélica en Queronea.

42. Pacto de Atenas con Bizancio (y Abido), en el 341, ante el asedio de la ciudad por Filipo, también con un supuesto de alianza de tipo defensivo (D. 8,14-15; 18,88;230;244;302; Aeschin. 3,256; D.S. 16,77,2) (*Staatsv.* 213).

Hasta aquí una relación de tratados internacionales de alianza que no pretende ser exhaustiva, pero que creo debería formar parte de ese futuro corpus cuya realización considero pendiente y necesaria para una comprensión del funcionamiento de la historia política de la Grecia clásica con todas sus singularidades. Conocer la naturaleza jurídica de una *symmachía* requiere no solo estudiar el articulado *verbatim* de un texto diplomático (conservado en piedra o citado por un autor clásico); tanto o más importante es el seguimiento de su historia político-militar, esto es, el análisis de las condiciones y coyunturas de su aplicación, de su extinción o de su renovación[31]. Porque no todos los aspectos y actuaciones inherentes a la relación de alianza estaban disciplinados de manera explícita por el instrumento jurídico; consciente o inconscientemente, eran muchos los *casus omissus*, muchas las cosas que quedaban sobreentendidas, que se interpretaban después a la luz de la costumbre o de acuerdo con la discrecionalidad política de las partes, negociación incluida[32]. La comprensión de esta característica peculiar del derecho internacional griego antiguo debería obligarnos, en consecuencia, a plantear una nueva metodología de clasificación jurídica y de compilación sistemática de los tratados, más atenta a la evolución concreta de las relaciones de alianza entre las partes, a las virtualidades y aplicaciones de cada pacto, y no solo a la letra del acuerdo. Conoceremos mejor una *symmachía*, y estaremos en mejor disposición de reconstruir su articulado y desentrañar su tipología, cuantos más *casus foederis*

---

31. Ver los estudios reeditados en la segunda parte de este volumen, desde la segunda guerra médica hasta el ascenso de Macedonia, con la casuística relacional de los distintos tratados en vigor.

32. La fundamentación por extenso de esta afirmación la he llevado a cabo en dos trabajos anteriores, recogidos ahora en el presente libro: «Καθότι ἂν ἐπαγγέλλωσιν / παραγγέλλωσιν. Sobre una estipulación del derecho griego de los tratados internacionales» y «L'institution de l'hégémonie: entre la coutume et le droit écrit». Nótense, además, las consideraciones al respecto de A. Heuss, *Stadt und Herrscher des Hellenismus in ihren staats- und völkerrechtlichen Beziehungen*. Leipzig 1937, 8.

podamos verificar y en general cuanto más dilatada sea la historia diplomática que podamos seguir, hasta la extinción o denuncia de la relación convencional. Es esta la metodología que subyace en la modesta contribución que aquí presento para la elaboración de un futuro corpus de los tratados de alianza en la Grecia clásica[33].

___

33. Este artículo fue publicado primeramente en *Dike* 4 (2001) 219-232. Desde esa fecha han aparecido dos corpus que modifican nuestros criterios de elaboración al respecto, y nada como las palabras de Errington, *Stv.* p. vi, para reafirmarme en mi discrepancia con la colección de Bengtson señalada al principio de este artículo: «Vorliegender Band IV der Staatsverträge des Altertums unterscheidet sich von seinen vor ca. 50 Jahren erschienenen Vorgängern auf mehrfache Weise. Am auffälligsten ist wohl *die Aufnahme von Verträgen, deren Existenz nur aus Hinweisen in den Quellen bekannt ist, ohne dass eine spezifische Bedingung überliefert ist*. Dies schien mir aus Gründen der Nutzung der Sammlung vorwiegend durch Historiker vorteilhaft zu sein, wobei mir die Gefahr klar ist, dass Beispiele dieser Kategorie übersehen worden sein können» (subrayado mío).

OLYMPIE ET LA PUBLICATION DES TRAITÉS INTERNATIONAUX

ABSTRACT: This essay analyses the publication of international treaties in Olympia's sanctuary from the late archaism to the 4th century. The survey includes the following case studies: the arrangement of Elis with the Ewaoioi; the entente between the Anaitoi and the Metapioi; the *philotes* between the Sybarite and the Serdaioi; the agreement between Zankle and another nearby polis; the pact between Selinus and a group of exiles; the treaty between Sparta and Tegea; the Thirty Year's Peace; the Peace of Nicias and the resulting Quadruple Alliance; and also the alliance of the Arkadian *koino*n with Pisa and Akroreia and that of Pisans with Messene and Sikyon. The present study is primarily intended to be a contribution to the history of Greek law, without overlooking the political and diplomatic junctures in which the legal documents are inserted.

Abbreviations

IGFGP = R. Koerner, *Inschriftliche Gesetzestexte der frühen griechischen Polis*. Wien 1993.

IvO = W. Dittenberger, K. Purgold, *Die Inschriften von Olympia*. Berlin 1896.

LSAG = L. H. Jeffery, *The Local Scripts of Archaic Greece*[2]. Oxford 1998.

Nomima = H. v. Effenterre, F. Ruzé, *Nomima. Recueil d'inscriptions politiques et juridiques de l'archaïsme grec*, I-II. Rome 1994-1995.

Quand le sanctuaire d'Olympie commence à s'exprimer par écrit en sentant le besoin de l'écriture comme λήθης φάρμακα, comme « remèdes contre l'oubli »[34], au Vᵉ siècle, on voit toute une catégorie assez bien définie d'inscriptions qui sont à notre disposition depuis longtemps: il s'agit de traités internationaux

---

34. C'est l'expression employée par Euripide (fr. 578 Nauck) dans son ouvrage perdue *Pallamades*, que je croie pertinente dans ce contexte.

et de certains décrets de proxénie montrant l'existence d'une vie internationale assez importante entre les cités et les peuples grecs de l'époque[35]. Au début, c'étaient des tablettes de bronze avec les trous pour l'affichage, de taille variable, mais qui ne dépassaient pas les petites dimensions. Rédigés en dialecte éléen, ce qui montre la supervision des autorités locales, ces textes constituent les documents originaux les plus anciens pour retracer l'histoire diplomatique de la cité grecque – car rien d'équivalent n'est apparu à Delphes.

Le témoignage probablement le plus ancien, et « le plus ancien document de la diplomatie européenne » (Egger), est une inscription bien connue, un pacte des Éléens avec les Héréens d'Arcadie ou, selon la leçon la plus récente, avec les *Ewaoioi*, gens d'une communauté villageoise ou d'une cité inconnue, de nom *Ewa*[36]. Daté vers 500, il est présenté comme une *réthra* qui consacre une relation d'alliance pour cent ans entre les deux parties contractantes ; le texte nous offre en même temps la première attestation du terminus technicus *symmachia* dans la langue diplomatique grecque, dans un document officiel : συνμαχία κ'ἔα ἑκατὸν Ϝέτεα. Il convient de souligner que le traité introduit une clause de sanction contre n'importe laquelle des deux parties qui faille à la relation d'alliance (αἰ δὲ μὰ συνέαν), consistant à payer une amende d'un talent d'argent au Zeus Oympien. La dernière clause est aussi très importante pour le sujet de notre travail : elle établit que « si quelqu'un cause un quelconque dommage à cette inscription, simple particulier, magistrat, ou peuple, qu'il soit soumis à l'amende sacrée inscrite ci-dessus »[37]. On remarquera que l'amende

---

35. Ils s'insèrent d'ailleurs dans une tradition juridique et dans une pratique épigraphique assez riches, dans l'Élide et particulièrement à Olympie : voir H. Taeuber, « Elische Inschriften in Olympia », en A. D. Rizakis (Hrsg.), *Achaia und Elis in der Antike*. Athènes 1991, 111-113 ; P. Siewert, « Eine archaische Rechtsaufzeichnung aus der antiken Stadt Elis », en G. Thür (Hrsg.), *Symposion 1993*. Köln 1994, 29 ; K.-J. Hölkeskamp, *Schiedsrichter, Gesetzgeber und Gesetzgebung im archaischen Griechenland*. Stuttgart 1999, 97 ss ; M. Scott, *Delphi and Olympia. The Spatial Politics of Panhellenism in the Archaic and Classical Periods*. Cambridge 2010, 33, 159.

36. *IvO* nº 9 ; *LSAG*, 219-220, 408 (pl. 42,6) ; *Stv.* 110 ; *Nomima* nº 52 ; S. Minon, *Les tablettes éléennes du VIᵉ et du Vᵉ siècle : étude dialectologique et historique*, thèse de doctorat, École Pratique des Hautes Études. Paris 1994, 85-96 (*non vidi*). État de la question et nouvelle interprétation chez J. Roy, D. Schofield, « IvO 9 : A New Approach », *Horos* 13 (1999) 155-165, suivis par Th. H. Nielsen, *Arkadia and its Poleis in the Archaic and Classical Periods*. Göttingen 2002, 188 ; M. Nafissi, « Elei e Pisati. Geografia, storia e istituzioni politiche della regione di Olimpia », *GeogAnt* 12 (2003) 25, 41 n. 139, et *passim*. Avant ces auteurs, E. Egger, *Études historiques sur les traités publics chez les grecs et chez les romains depuis les temps les plus anciens jusqu-aux premiers siècles de l'ère chrétienne*. Paris 1866, 28.

37. La protection du texte sous peine pécuniaire revient à *IvO* nº 16.19-20 (*Nomima* nº 56, *IGFGP* nº 44). Voir aussi à Argos, c. 575-500 (IG IV 506 = *Nomima* nº 100.1-3 ; *IGFGP* nº 29), ainsi que dans les *Dirae Teiae*, vers 475, les lignes contre quiconque effacerait les stèles ou en martèlerait les lettres : *Nomima* nº 104.35-41 ; *IGFGP* nº 78.35-41. Aussi *cf.* M. Detienne, « L'espace de la publicité : ses opérateurs intellectuels dans la cité », en id. (éd.), *Les savoirs de l'écriture en Grèce ancienne*. Lille 1988, 49 ss ; S. Georgoudi, « Manieres d'archivage et archives de

infligée à qui briserait la plaque est la même que celle qui frapperait celui qui ne respecterait pas les obligations du traité. Rappelons à cet égard que la rupture de la stèle du traité fut une forme habituelle à l'époque classique de dénoncer ouvertement une relation d'alliance[38]. En tout cas, le souci de préserver le document au grand jour constitue une preuve incontestable de l'importance reconnue déjà à l'écriture dans la formalisation des traités internationaux, qui à ce niveau suivent le mouvement général de la publication du droit dans la polis grecque[39].

Qui décidait sur la violation du traité entre les Éléens et les Ewaoioi ? Assurément les autorités olympiennes, même si le traité ne le dit pas d'une façon explicite. Mais ces autorités, qui étaient-elles ? La réponse dépendra de la conception que chacun aura du statut politique du sanctuaire à ce moment : si l'on défend l'existence d'une amphictyonie régionale autour d'Olympie, le pouvoir de sanction pourrait être plus représentatif et plus neutre, et par conséquent l'alliance deviendrait raisonnablement paritaire[40]. Par contre, si l'on croit

---

cités », en Detienne, *Les savoirs*, 1988, 245 ; R. Thomas, *Oral Tradition and Written Record in Classical Athens*. Cambridge 1989, 52-53 ; G. Camassa, « Verschriftung und Veränderung der Gesetze », en H.-J. Gehrke (Hrsg.), *Rechtskodifizierung und soziale Normen im interkulturellen Vergleich*. Tübingen 1994, 101, 103 ; H. v. et M. Effenterre, « Écrire sur les murs », en H.-J. Gehrke (Hrsg.), *Rechtskodifizierung und soziale Normen im interkulturellen Vergleich*. Tübingen 1994, 92 ; K.-J. Hölkeskamp, « Tempel, Agora und Alphabet », en Gehrke (Hrsg.), *Rechtskodifizierung*, 140-141 ; id., « (In-)Schrift und Monument. Zum Begriff des Gesetzes im archaischen und klassischen Griechenland », *ZPE* 132 (2000) 87.

38. *Stv.* 289.30-32 ; 293.39-40 ; Isoc. 4,176 ; D. 16,27 (*Stv.* 273) ; D.S. 16,24,4 ; Arr. *An.* 2,1,4 (*Stv.* 406) ; Arist. *Panath.* 173 (*Stv.* 243). Voir A. Heuss « Abschluss und Beurkundung des griechischen und römischen Staatsvertrages », *Klio* 27 (1934) 253-254 ; V. Martin, *La vie internationale dans la Grèce des cités (VIe-IVe s. av. J.-C.)*. Paris 1940, 404, 459 n. 5 ; G. Klaffenbach, « Bemerkungen zum griechischen Urkundenwesen », *SDAW* 6 (1960) 33 ; C. Préaux, « La paix à l'époque hellénistique », en *La Paix*, I, Rec. Soc. J. Bodin. Bruxelles 1962, 296 ; G. V. Lalonde, *The Publication and Transmission of Greek Diplomatic Documents*. Diss. Washington 1971, 44, 183 ; F. Adcock, D. J. Mosley, *Diplomacy in Ancient Greece*. London 1975, 223 ; *VkP.*, p. 78-79. Le rôle de l'écriture était assurément très important, de même que la publication au grand jour du texte, mais je ne dirai pas, comme J.-M. Bertrand, *Inscriptions historiques grecques*. Paris 1992, 37, que « les accords internationaux, en Grèce, à quelque époque que ce soit, ne sont valides que dans la mesure où ils sont affichés : le signifiant est aussi important que le signifié, détruire les stèles, c'est, ainsi, détruire l'accord lui-même ». La perfection d'un traité arrive avec le serment : voir Heuss, « Abschluss und Beurkundung », 16, 24, 31, 233-234, 248, et *VkP.* p. 78 et n. 424.

39. Voir *infra* n. 80.

40. *Cf.* U. Kahrstedt, « Zur Geschichte von Elis und Olympia », *NGG* 19 (1927) 162 ; P. Siewert, « Staatliche Weihungen von Kesseln und anderen Bronzegeräten in Olympia », *MDAI(A)* 106 (1991) 81-84 ; id., « Eine archaische Rechtsaufzeichnung aus der antiken Stadt Elis », en G. Thür (Hrsg.), *Symposion 1993*. Köln 1994, 29 ; id., « Symmachien in neuen Inschriften von Olympia », en L. A. Foresti *et al.* (a c.), *Federazioni e federalismo nell'Europa antica*, I. Milano 1994, 258 ss, 262 ; id., « Die wissenschaftsgeschichtliche Bedeutung der Bronze-Urkunden aus Olympia », en H. Kyrieleis (Hrsg.), *Olympia 1875-2000. 125 Jahren Deutsche Ausgrabungen*. Mainz 2002, 360 ; J. Ebert, P. Siewert, « Eine archaische Bronzeurkunde aus Olympia mit

que la polis éléenne exerçait le contrôle d'Olympie et la *prostasie* des jeux au détriment des Pisates, l'interprétation du traité serait assez différente : sous la réciprocité et l'égalité formelles de l'instrument diplomatique, se cacherait une situation de forces favorables aux Éléens, sortis victorieux de leur guerre avec les gens de Pisa vers 572[41]. Enfin, une nouvelle ligne de recherche vient de contester la tradition de l'identité ethnique pisate et son association au sanctuaire comme une invention tardive, en même temps qu'elle défend l'articulation fédérale (*koinon*) de l'État éléen, le site d'Élis étant le centre politique de l'*ethnos* pendant l'archaïsme et Olympie le lieu de publication des décrets en tant que lieu symbolique de l'identité collective[42].

Vorschriften für Ringkämpfer und Kampfrichter », en A. Mallwitz, H. Herrmann (Hrsg.), *XI. Bericht über die Ausgrabungen in Olympia*. Berlin 1999, 404, 412 ; J. Taita, « Un'anfizionia ad Olimpia? Un bilancio sulla questione nell'interpretazione storiografica moderna », en D. Foraboschi (a c.), *Storiografia ed erudizione*. Milano 1999, 149-186, où elle offre une histoire très complète de la recherche ; ead., « Gli Αἰτωλοί di Olimpia. L'identità etnica delle comunità di vicinato del santuario olimpico », *Tyche* 15 (2000) 162, 171-172, 187-188 ; ead., « Rapporti fra il santuario di Olimpia e lo stato di Elide », en V. De Angelis (a c.), *Sviluppi recenti nella ricerca antichistica*. Milano 2002, 131-161 ; ead., « Πρόξενοι "santuariali" all'oracolo di Zeus ad Olimpia. Profilo giuridico e funzioni », *Min. Ep. Papyr.* 7-8 (2004-2005) 87-114. De leur côté, ML, p. 32 ; K. Tausend, *Amphiktyonie und Symmachie*. Stuttgart 1992, 152-153, 178-179 ; et F. J. Fernández Nieto, « Un tratado de época arcaica. (¿Alianza entre Élide y Herea?) », *Lengua e Historia* 12 (1995) 113-124, qui parlent d'un allié arcadien et considèrent comme un fait acquis la supervision éléenne d'Olympie à cette époque, qualifient la relation d'alliance de parfaitement égalitaire. Pour leur parte, M. H. Hansen, T. Fischer-Hansen, « Monumental Political Architecture in Archaic and Classical Greek Poleis. Evidence and Historical Significance », en D. Whitehead (ed.), *From Political Architecture to Stephanus Byzantius*. Stuttgart 1994, 89, argumentent que l'amende prévue « would not be fair to the Heraians if the sanctuary of Zeus Olympios was just a part of Elis and had no separate status ».

41. Ainsi déjà B. Niese, « Drei Kapitel eleischer Geschichte », en *Genethliakon. Carl Robert zum 8. März 1910*. Berlin 1910, 20 n. 1, et aussi Baltrusch, *Symmachie und Spondai*, 9 ss, qui pense aux Héraiens de l'Arcadie, tandis que J. Roy, « The *Perioikoi* of Elis », en M. H. Hansen (ed.), *The Polis as an Urban Centre and as a Political Community*. Copenhagen 1997, 293-294 ; id., « Thucydides 5.49.1-50.4 : the Quarrel between Elis and Sparta in 420 B.C., and Elis' Exploitation of Olympia », *Klio* 80 (1998) 367-368 ; id., « The Synoikism of Elis », en Th. H. Nielsen (ed.), *Even More Studies in the Ancient Greek Polis*, Stuttgart 2002, 253 ; id., «The Pattern of Settlement in Pisatis. "The Eight *Poleis*"», en Th. H. Nielsen (ed.), *Even More Studies in the Ancient Greek Polis*. Stuttgart 2002, 244 n. 49 ; id., « Elis », en M. H. Hansen, Th. H. Nielsen (ed.), *An Inventory of Archaic and Classical Poleis*. Oxford 2004, 490-491, 495, 499, considère les Ewaoioi probablement périèques liés aux Éléens par une alliance inégale, « hegemonial alliance ».

42. Cf. U. Walter, *An der Polis teilhaben*. Stuttgart 1993, 121-122, et A. Möller, « Elis, Olympia und das Jahr 580 v. Chr. Zur Frage der Eroberung der Pisatis », en R. Rollinger, Ch. Ulf (Hrsg.), *Griechische Archaik. Interne Entwicklungen – Externe Impulse*. Berlin 2004, 256-257, de même que Th. H. Nielsen «Triphylia. An Experiment in Ethnic Construction and Political Organisation», en id. (ed.), *Yet More Studies in the Ancient Greek Polis*. Stuttgart 1997, 129-161, pour la Triphylie, et surtout Nafissi, « Elei e Pisati », 28 ss, 40 ss, avec l'état de la question et la discussion la plus approfondie. Il ne faut pas oublier non plus qu'il y a des auteurs, comme Effenterre, Ruzé, *Nomima*, 214, qui considèrent Élis après 572 comme une « confédération », une

Mais laissons de côté maintenant les hypothèses en présence et concentrons-nous dans les faits institutionnels qui se dégagent avec sûreté des sources. La première constatation est l'existence à cette époque d'une alliance régionale sous l'hégémonie d'Élis, dont la dénomination officielle οἱ Ϝαλεῖοι καὶ ἁ συμμαχία est bien attestée dans le langage diplomatique internationale, étant la formule « les Lacédémoniens et leurs alliés » probablement le modèle le plus proche[43]. La deuxième constatation, généralement admise, est la prépondérance de la cité d'Élis à Olympie dans le tournant du siècle[44], soit dans le cadre d'une organisation encore amphictyonique[45], soit contrôlant le sanctuaire en tant que symbole de l'identité collective de l'*ethnos*[46]. Troisième constatation : pendant la deuxième guerre médique, à peu près vingt-cinq ans après les dates de ces inscriptions, et avant déjà l'accomplissement du synécisme (471), toute la région éléenne fonctionnait à niveau international comme un État unifié, c'est-à-dire, Élis était le seul sujet de droit international et le membre exclusif de la coalition grecque de cette région[47]. Quatrième constatation : dans

---

hypothèse pas trop loin du « Verband von Gemeinden » (*damoi*) autonomes jusqu'au synécisme postulé par Busolt *GG*, I, 235-236 ; id., *Griechische Staatskunde*, I. München 1920, 148-149. Voir aussi M. Moggi, *I sinecismi interstatali greci*. Pisa 1976, n° 25.

43. Voir Ebert, Siewert, « Eine archaische Bronzeurkunde ». La dénomination officielle de la ligue du Péloponnèse était d'ailleurs bien visible à Olympie dans les inscriptions votives, p. ex. Paus. 5,10,4 (*IvO* n° 253, ML 36). *Cf.* d'ailleurs C. Ruggeri, *Gli stati intorno a Olimpia. Storia e costituzione dell'Elide e degli stati formati dai perieci elei (400-362 a. C.)*. Stuttgart 2004, 18 n. 5.

44. Walter, *An der Polis teilhaben*, 118 ss ; Baltrusch, *Symmachie und Spondai*, 11 ; Roy, « The *Perioikoi* of Elis », 282, 294 ss, 298 ; id., « Thucydides 5.49.1-50.41 », 362 n. 11 ; id., « Elis », 495 ; N. B. Crowther, « Elis and Olympia: City, Sanctuary and Politics », en D. J. Phillips, D. Pritchard (ed.), *Sport and Festival in the Ancient Greek World*. Swansea 2003, 61-73 ; Möller, « Elis, Olympia und das Jahr 580 », 257. *Cf.* aussi Tausend, *Amphiktyonie*, 152-153, 167, 172.

45. La position éminente d'Élis vers 500 fut déjà envisagée par U. Kahrstedt, « Zur Geschichte von Elis und Olympia », *NGG* 19 (1927) 167, suivi par R. Koerner, « Vier frühe Verträge zwischen Gemeinwesen und Privatleuten auf griechischen Inschriften », *Klio* 63 (1981) 202-203 (voir aussi Hölkeskamp, *Schiedsrichter*, 102), et Ebert, Siewert, « Eine archaische Bronzeurkunde », 404, qui admettent : « die Formel [celle de la *symmachia*, c. 525-500] demonstrierte aller Welt die hegemoniale Stellung der Eleer über die Kultmitglieder ». *Cf.* aussi P. Siewert « Zwei Rechtsaufzeichnungen der Stadt Elis », en V. Mitsopoulos-Leon (Hrsg.), *Forschungen in der Peloponnes*. Athen 2001, 247-248. Néanmoins J. Taita « Rapporti fra il santuario di Olimpia e lo stato di Elide », en V. De Angelis (a c.), *Sviluppi recenti nella ricerca antichistica*. Milano 2002, 154-155 ; ead., « Proxenoi "santuariali" », 108-109, insiste pour dater à partir du synécisme la conquête graduelle d'une position de force des Éléens au sein de l'amphictyonie, ayant lieu l'abolition de l'institution dans la deuxième moitié du Vᵉ siècle.

46. Walter, *An der Polis teilhaben*, 121-122 ; Nafissi, « Elei e Pisati », 48. Notons, enfin, que dans le décret pour Patrias (*IvO* n° 2) les Éléens se considèrent souverains pour ordonner de façon unilatérale la publication et consécration du décret à Olympie, sans que nous trouvions rien de similaire dans les autres *rhetrai* (Nafissi, « Elei e Pisati », 44), ce qui renforce l'idée du contrôle du lieu par Élis.

47. Par exemple, ML 27.9 ; Hdt. 8,72 ; 9,77,3. Dans ce sens il y a une différence importante avec la ligue du Péloponnèse vers 480 : tandis que celle-ci comprenait des alliés indépendants,

cette guerre seulement Lépreon est mentionné comme polis indépendante capable de fournir des contingents à la ligue hellénique (ML 27 ; Hdt. 9,28), par conséquent le processus de formation de la *perioikis* éléenne était assez avancé à cette époque, assurément à couvert de « l'alliance éléenne ». C'est dans ce processus évolutif qu'à mon avis il faut interpréter la fonction d'Olympie comme centre de publication de traités internationaux, ainsi que les instruments diplomatiques qui ont survécu jusqu'à nos jours.

Nous avons un deuxième traité de cette époque qui est aussi présenté comme une *rhetra*. C'est l'accord d'amitié (*philia*) pour cinquante ans des Anaitiens et Métapiens[48]. Inscrit sur une plaque de bronze avec des trous de fixation aux quatre angles, le texte fut trouvé dans le prytanée, il a pu être fixé sur un de ses murs[49]. Le pacte, comme celui des Éléens et Ewaoioi, appartient à la catégorie des documents légaux soumis à la juridiction du sanctuaire, car encore une fois l'exécution des sanctions stipulées dans l'instrument diplomatique retombe directement sur les autorités religieuses d'Olympie[50]. En effet on lit dans le bronze : « au cas où les uns ou les autres ne s'y tiendraient pas, que les proxènes et les devins les écartent de l'autel ; au cas où ils violeraient le serment, que les prêtes d'Olympie décident » (tr. Gauthier, *Symbola*, 42). Le texte du traité se réfère explicitement au serment (*horkos*), sans en mentionner la formule jurée, mais il n'y a pas de doute que le Zeus olympien était la divinité invoquée, au moins en tant que témoin. Nous découvrons ici un fait qui était implicite dans le pacte entre les Éléens et les Ewaoioi : le rôle du sanctuaire n'est pas à caractère simplement arbitral, auquel il serait facultatif de faire appel, bien au contraire, les prêtres olympiens apparaissent investis d'un pouvoir juridictionnel ; les *proxenoi,* les *manteis* et les *hiaromaoi* sont à la fois une instance de décision et de sanction, de garantie. Cette configuration juridique du pacte s'explique sans doute par le fait que les deux parties contractantes étaient étroitement liés au vénérable sanctuaire olympien comme intégrantes

---

différents des périèques lacédémoniens, qui d'ailleurs étaient aussi *symmachoi* des Spartiates, mais sans autonomie en politique extérieure (Ruggeri, *Gli stati intorno a Olimpia*, 18 n. 5), dans le cas de la symmachie éléenne nous ne voyons plus de sujets de droit international.

48. *IvO* n° 10 ; *Stv.* 111 (vers 550 ?) ; *LSAG*, 220 (c. 500-475 ?) ; *Nomima* n° 51 (475-450 ?) ; G. Panessa, *Philiai. L'amicizia nelle relazioni interstatali dei greci.* Pisa 1999, n° 29 (fin VIe siècle), avec discussion de la chronologie.

49. B. Virgilio, « A proposito della Ϝράτρα tra Aneti e Metapî e su alcuni uffici pubblici e religiosi ad Olimpia », *Athenaeum* 50 (1972) 68, sans oublier que le premier prytanée remonte aux années 500-480 : voir Hansen, Fischer-Hansen, « Monumental Political Architecture », 33, 35, 87.

50. Voir surtout Virgilio, « A proposito della Ϝράτρα », 72-73. D'ailleurs, Panessa, *Philiai*, 104, a souligné correctement le rôle du sacerdoce olympien dans la rédaction de ce traité, c'est-à-dire, le fonctionnement « di un centro scrittorio il cui personale specializzato disponeva di un formulario linguistico idoneo e delle necessarie conoscenze del rito in un misto di profano (le trattative diplomatiche) e religioso (giuramenti e complessi rituali con questi connesi) ».

de la région éléenne *lato sensu*, soit en tant que communautés de la *perioikis*, soit en tant que communautés pas encore annexées à la cité d'Élis[51]. Il y a encore un aspect de ce pacte qui nous paraît révélateur : la *sanctio* prévue dans le même (interdiction de culte) contraste avec la *sanctio* (amende pécuniaire) du traité précédent, ce qui montre l'intervention et la partialité des Éléens dans la gestion d'Olympie ; ceux-ci n'auraient jamais admis comme sanction leur exclusion des rites sacrés au cœur de l'Altis. Enfin, il me paraît assez probable que les Anaitiens et les Métapiens aient été *symmachoi* (et périèques aussi ?) des Éléens, lesquels auraient pu imposer leur diktat pacificateur en qualité de *hegemones*[52]. L'accord pourrait correspondre à une situation antérieure au synécisme, dans laquelle Élis exerçait et montrait son influence sur toute la région au moyen du centre olympien, mais sans être capable encore d'éviter les petites guerres locales ni de supprimer l'autonomie politique extérieure de toutes les communautés de l'Élide[53].

---

51. L'identification avec les Messapiens d'Italie (ainsi, *Stv.* 111) doit être écartée. Je ne suis pas d'accord non plus avec Ph. Gauthier, *Symbola. Les étrangers et la justice dans les cités grecques.* Nancy 1972, 45, pour qui ces deux peuples, bien qu'appartenant au Péloponnèse, ne seraient à Olympie que des étrangers, ni plus ni moins que telle communauté arcadienne ou achéenne. *Cf.* Virgilio, «A proposito della Ϝράτρα», 70-71, et Effenterre, Ruzé, *Nomima*, 210, pour lesquels le rôle joué par le personnel religieux d'Olympie plaide en faveur de communautés proches du sanctuaire (aussi Minon *Les tablettes éléennes : non vidi*). En effet, Anaitiens et Métapiens pourraient constituer de petites communautés ignorées de nous, dans les alentours d'Olympie, en Pisatide ou même en Triphylie : pour la bibliographie précédente sur ce point voir Panessa, *Philiai*, 105, qui parle de deux communautés «clientes» du sanctuaire et donc sous son contrôle. De son côté Roy, «The *Perioikoi* of Elis», 296, 313 n. 31 ; id., «The Pattern of Settlement», 244 n. 49 ; id., «The Synoikism of Elis», 253 ; id., «Elis», 490-491, 494, 500, s'exprime avec prudence et laisse ouverte la question du statut politique des contractants : périèques ou même intégrés dans l'État éléen. Ce dernier est l'avis de Walter, *An der Polis teilhaben*, 121-122 (et n. 44), si bien l'auteur parle d'une «Teilgemeinde» du «föderaler Staat» Elis, avec le droit de négocier «Bündnisse oder Verträge mit anderen Gemeinden». Enfin, Taita, «Rapporti», 143 ss ; ead., «Proxenoi», 88 ss, 104 ss, défend leur statut de membres autonomes de l'amphictyonie. Pour ma part, j'écarterais l'appartenance des deux à l'État d'Élis, mais du reste il me paraît difficile de trancher, car si en époque classique les périèques lacédémoniens ou thessaliens n'étaient pas des sujets de droit international, dans ce cas un compromis put s'imposer: Anaitiens et Métapiens purent jouir d'un certain marge pour se faire la guerre, mais à condition de se soumettre finalement à la tutelle olympienne, c'est-à-dire, sans défier la volonté des Éléens ; mais, en même temps, on ne saurait pas exclure la possibilité qu'ils soient des alliés non périèques de la région agissant sous l'hégémonie éléenne.

52. Nafissi, «Elei e Pisati», 41 n. 139, 42 n. 146, les considère plus vraisemblablement des *perioikoi* d'Élis et même suggère qu'il s'agissait d'une *rhetra* éléenne imposée aux deux parties.

53. La date du bronze reste discutée : deuxième moitié du VIe siècle pour quelques auteurs (Guarducci, Panessa, Virgilio), premier quart du Ve siècle (Jeffery) ou deuxième quart du Ve siècle pour d'autres (Minon et, avec des doutes, Effenterre, Ruzé). Si l'on préfère la chronologie basse, la probabilité qu'ils soient périèques devient plus forte, car le synécisme était déjà accompli et c'était à la périphérie où les Éléens devaient encore pacifier ou même châtier les résistances (Hdt. 4,148).

Si l'alliance et l'amitié que je viens de commenter nous parlent du rayonnement régional d'Olympie, il y a un autre document publié aussi dans le sanctuaire qui nous renvoie aux liens de celui-ci avec les Grecs d'Occident : c'est le traité d'amitié (*philotes*) des Sybarites et leurs alliés avec les Serdaioi, qui selon l'hypothèse la plus vraisemblable seraient un peuple indigène de l'Italie méridionale[54]. Il s'agit d'une autre lame de bronze, avec deux trous des clous nécessaires à l'affichage sur une porte ou sur un mur, peut-être ceux du *thesaurus* de Sybaris[55]. Découverte dans un remblai du IVe siècle, au stade olympique, l'épigraphe présente une écriture en alphabet des colonies achéennes de l'Ouest, mais il est rédigé en dialecte dorien de la région d'Olympie – ce qui probablement suggère l'intervention du sacerdoce olympien dans la copie du texte originel, leur autorisation pour l'affichage étant en tout cas de rigueur[56]. Outre l'écriture, le seul élément de datation est la destruction de Sybaris en 510, normalement accepté comme le *terminus ante quem* pour l'inscription.

La publication de la *philotes* sybarite dans l'enceinte sacrée de l'*Altis* présente néanmoins certaines caractéristiques qui marquent la différence par rapport aux deux traités antérieurs (en plus du type d'écriture). Tout d'abord, le document manque d'en-tête avec la typification légale, le terme *rhetra* étant écarté de manière manifeste. Deuxièmement, à la différence du traité entre Anaitiens et Métapiens (et entre Élis et Ewa aussi), le texte qui nous occupe n'inclut pas l'autorité sacerdotale comme garant ni comme pouvoir de sanction, ce qui corresponde au fait que l'accord fut conclu en Italie de façon autonome par les deux parties[57]. Troisièmement, et en correspondance avec cela, les dieux

---

54. Ainsi, M. Giangiulio, « La ΦΙΛΟΤΗΣ tra Sibariti e Serdaioi (ML 10) », *ZPE* 93 (1992) 31 n. 2. Voir également E. Kunze, « Eine Urkunde der Stadt Sybaris », *VII Bericht über die Ausgrabungen in Olympia*. Berlin 1961, 207-210 ; *LSAG*, 456 (pl. 77.2) ; ML 10 ; *Stv.* 120 ; *Nomima* n° 42 ; Panessa, *Philiai*, n° 28.

55. Le « Schatzhaus VI », comme le suggérait Kunze, « Eine Urkunde », 210, suivi de Virgilio, « A proposito della Ϝράτρα », 71, mais voir H.-V. Herrmann, *Olympia*. München 1972, 98-99 et n. 390. Plutôt sur la porte que sur un mur, car la vision du trésor était frontale : *cf.* Scott, *Delphi and Olympia*, 167.

56. Lalonde, *The Publication*, 44-45, 180-181, approbation aussi nécessaire pour le placement des statues et des offrandes en général, étant donné que le trésor comme offrande au dieu formait un tout avec ses objets, les affiches y inclus : *cf.* W. W. Hyde, *Olympic Victor Monuments and Greek Athletic Art*. Washington 1921, 27 ; H.-V. Herrmann, *Olympia*. München 1972, 98 ; A. Hönle, *Olympia in der Politik der griechischen Staatenwelt*. Bebenhausen 1972, 168, et R. Thomas, « Written in Stone? Liberty, Equality, Orality and the Codification of Law », en L. Foxhall, A. D. E. Lewis (ed.), *Greek Law in its Political Setting. Justifications not Justice*. Oxford 1996, 28-29. D'ailleurs, notez la valeur différentielle du bronze comme matériel scriptoire digne de consécration tant à Olympie (Th. 5,47,11) qu'au Capitole (Memnon *FGrHist* 434 F 18).

57. Virgilio, « A proposito della Ϝράτρα », 71, 77, pense que cette fonction fut attribuée par les parties contractantes justement au sanctuaire de Poseidonia, plus proche et par conséquent avec une capacité de garantie majeure. Notons en passant que Poseidonia était colonie de l'achéenne Sibaris.

sont ici invoqués au même niveau que la cité de Posidonia comme *proxenoi*, témoins de l'accord[58], mais Zeus n'est pas qualifié explicitement d'olympien, ce qui contraste avec la pratique normale dans des documents émanés des organes éléens et soumis à la juridiction du sanctuaire[59]. Finalement, soulignons que le mot choisi dans ce cas n'est pas *philia*, comme dans le traité antérieur, peut-être dicté ou suggéré par l'autorité sacerdotale, mais *philotes* : ἐπὶ φιλότατι πιστᾶι κἀδόλοι. C'est une expression de goût homérique qui renvoie aux idées de foi, de serment et d'absence de dol dans le cérémoniel de conclusion des accords internationaux et qui marque en même temps une différence dans le langage diplomatique à cause de sa sonorité archaïsante. Plus que dictée ou suggérée par les prêtes d'Olympie, comme on a dit, je vois dans ce cas une élection propre des colons italiens, des « Homeric Akhaians », qui marque la différence avec la terminologie employée dans l'accord entre les Metaipoi et Anatoi[60].

On voit, par conséquent, que l'affichage de la tablette au *Altis* répond à une volonté politique de publicité et de propagande, « per conoscenza »[61]. N'oublions pas à cet égard que le trésor sybarite était construit à côté de ceux de Géla, Métaponte, Sélinonte, Syracuse, les lecteurs naturels de l'inscription et

---

58. Et en même temps ses garants : *cf.* Hönle, *Olympia*, 191 n. 4 ; *Nomima*, 174 ; K.-H. Ziegler, « Conclusión and Publication of International Treaties in Antiquity », *Israel Law Review* 29 (1995) 241 ; Panessa, *Philiai*, 97 ; R. Thomas « Writing, Law, and Written Law », en M. Gagarin, D. Cohen (ed.), *The Cambridge Companion to Ancient Greek Law*. Cambridge 2005, 55.

59. Voir p. ex. *IvO* nº 1.8 ; 2.4 ; 9.6 ; 12.5 ; 16.4,5,7,8. Selon une hypothèse pas improbable de Gauthier, *Symbola*, 34, la mention d'Apollon pourrait même suggérer le placement d'une autre lame à Delphes. En tout cas il me paraît presque sûr l'avis de Virgilio, « A proposito della Fράτρα », 71, qu'à Posidonia une autre copie du traité ait été déposée.

60. Ainsi déjà Giangiulio, « La ΦΙΛΟΤΗΣ », 35-36. « Acheens homériques » : lire J. M. Hall, *Hellenicity: Between Ethnicity and Culture*. Chicago 2002, 58 ss. Panessa, *Philiai*, 96, 98 et n. 40, voit une inspiration sacerdotale dans ce style homérique, « una scelta da parte del ceto sacerdotale », selon la « funzione normativa del santuario olimpico ». Cette fonction créatrice et même directrice au niveau juridique et diplomatique doit être postulée surtout pour le milieu éléen, mais pas toujours pour les autres cités hors du contrôle politique éléen. En faveur d'une certaine tradition diplomatique propre des Grecs d'Occident, comme Silvio Cataldi m'a suggéré dans la rencontre de Sosipolis (Olympie, 2005), plaide la réapparition du terme *philotes* dans les négociations de Syracuse avec Athènes en 415 (And. 3,30 ; Panessa, *Philiai*, nº 74), de même que la clause d'éternité du traité, non attestée dans les métropoles grecques avant le IVᵉ siècle (mais voir, de façon révélatrice, *Stv.* 162.15 : ἐς ἀΐδιον). Enfin, le désir d'affirmer l'identité coloniale est aussi montré par l'emploi de l'alphabet achéen des colonies de la Grande Grèce et par le style architectural de ces trésors occidentaux : *cf.* L. J. Gerasimova, « The Artistic Design of Olympia as an Aesthetic Expression of Greek Unity and the Idea of Peace between Greek States », en V. I. Kuzishchin (dir.), *Les jeux olympiques dans l'Antiquité* (*Mésogeios* 24, 2004). Paris 2005, 36 ; et d'ailleurs Ch. Morgan, « The Origins of Pan-Hellenism », en N. Marinatos, R. Hägg (ed.), *Greek Sanctuaries. New Approaches*. London and New York 1993, 20.

61. Virgilio, *Philiai*, 77. *Cf.* aussi Lalonde, *The Publication*, 186, et Thomas, « Writing », 55. On ne comprend pas pourquoi Effenterre, « Ecrire sur les murs », 92 n. 17, disent que « dans le cas de plaques de bronze fixées aux murs, c'est plus probablement l'intérieur que l'extérieur du monument qui était concerné ».

l'un d'eux même appartenant au groupe de ces *symmachoi* de la puissante colonie achéenne[62]. Une inscription dans laquelle on parlait avec emphase de
l'alliance hégémonique des Sybarites (οἱ Συβαρῖται κοί σύμμαχοι), selon une
formule diplomatique qui pouvait évoquer et émuler des expressions contem-
poraines comme « les Lacédémoniens et leurs alliés » ou « les Éléens et leur alliance ». L'*agon* olympien, en effet, n'était pas seulement de nature athlétique,
littéraire ou musicale ; il y avait en même temps une dimension d'exhibition-
nisme politique et diplomatique, à couvert de la trêve sacrée. À cet égard notre
texte annonçait le renforcement de la position internationale de Sybaris grâce
à la conclusion d'une *philotes* avec les Serdaioi[63].

Peut-être à cette deuxième catégorie des traités internationaux publiés à
Olympie par des cités indépendantes de l'État éléen appartient un fragment
très lacunaire daté par Jeffery autour de 500-494 (?)[64]. La présence du nom de
la cité de Zancle (l. 7) a conduit à y reconnaître une convention passée entre
Zancléens et une polis voisine : il est en effet question d'alliés (συνμάχοις),
d'ennemis (πολεμίος), d'emploi de la force (βιαζόμενος), de victoires (νικεθε͂)
et peut-être de conquêtes territoriales – mais on ne peut guère en dire plus.
D'autre part, l'accord sur les exilés de Sélinonte, vers 500, conservé dans huit
fragments de plaques de bronze[65], ne constitue pas un traité international, mais
il s'inscrit dans la même série de documents des États tiers qui ont voulu uti-
liser le sanctuaire comme caisse de résonance de leur politique extérieure. Le
texte proclame un accord de réintégration (donc de réconciliation) intéressant des bannis ou des exilés de Sélinonte, un accord qui concerne d'une part
la cité de Sélinonte et d'autre part des gens qui en sont partis. La polis de Sélinonte avait son propre trésor à Olympie[66], sa présence dans le sanctuaire était
donc institutionnalisée et il ne serait pas rare que la colonie sicilienne ait af-
fiché, comme les Sybarites, d'autres textes diplomatiques semblables sur leur
propre bâtiment.

En conclusion, je crois que ces bronzes du VIe siècle nous offrent déjà
les deux modalités fondamentales de publication des traités internationaux

---

62. C'était probablement le cas de Métaponte : voir Tausend, *Amphiktyonie*, 129 ss.

63. Alliance hégémonique : Baltrusch, *Symmachie und Spondai*, 12, et évocatrice : Giangiulio, « La ΦΙΛΟΤΗΣ », 32-33. Outre les démonstrations indirectes de pouvoir militaire dans
les offrandes des cités (Hönle, *Olympia*, 108 ss, 143 ss ; Herrmann, *Olympia*, 107 ss), le sanctuaire accueillit des conférences et des rencontres internationales aussi importantes que celles
de 476 (Plu. *Them.* 17,2) ou celle de la ligue du Péloponnèse en 428 (Th. 3,8-15) : voir p. ex.
U. Sinn, *Olympia. Cult, Sport, and Ancient Festival*. Princeton 2000, 54 ss, et Scott, *Delphi and
Olympia*, passim.

64. *IvO* nº 24 ; *SEG* 1954, nº 1180 ; *LSAG*, 247, 410 (pl. 49,5), « a treaty against aggres-
sion » ; *Nomima* nº 58, dont nous suivons le commentaire.

65. *IvO* nº 22 ; *LSAG*, 277 (c. 484 ?) ; *Nomima* nº 17.

66. Paus. 6,19,10 : c'est l'édifice tout entier qui était consacré au Zeus d'Olympie.

dans le sanctuaire olympien que nous verrons se répéter à l'époque classique. D'une part, une majorité de textes légaux appartenant aux Éléens et au reste des communautés de l'Élide, qui avaient dans le sanctuaire le lieu par excellence de publication de leur production normative, les documents diplomatiques y compris[67]. Je crois, par exemple, que le traité entre Sparte et Élis de l'époque archaïque fut assurément publié dans le sanctuaire[68], de la même façon que le disque d'Iphitos, s'il est vrai que l'objet date de ces siècles[69]. D'autre part, on voit à Olympie une catégorie d'entrées appartenant à autres États, intégrée surtout par des accords et des dispositions de politique extérieure, qui ont été déposés dans l'enceinte sacrée avec la permission des autorités locales. Ces documents proviennent exclusivement des colonies occidentales, tandis que les autres Péloponnésiens et le monde égéen y brillent par leur absence[70]. Ce qui ne veut pas dire qu'autres cités du Péloponnèse n'aient pas déposé leurs traités à Olympie dans certaines occasions. À cet égard je voudrais me référer

---

67. Même si Élis fonctionnait déjà avant le synécisme comme capitale politique, selon l'avis de Siewert, «Eine archaische Rechtsaufzeichnung» ; id., «Zwei Rechts-aufzeichnungen», 246 ss, car certains textes légaux étaient publiés dans son agora depuis la première moitié du VIe siècle, personne n'a pensé au placement des stèles des traités dans deux lieux différents, à Elis et à Olympie, ce qui se heurte à Th. 5,47,11 et aux données archéologiques. Voir aussi Walter, *An der Polis teilhaben*, 119, et Hansen, Fischer Hansen «Monumental Political Architecture», 86 ss, qu'il faudra nuancer suivant Roy, «The Synoikism of Elis», 257. Par contre, il serait normal que dans les archives de la cité d'Élis restât un exemplaire de chaque document diplomatique, selon une pratique d'enregistrement double assez répandue : voir Klaffenbach, «Bemerkungen», 28-29, qui nuance dans ce point l'analyse de Heuss, «Abschluss und Beurkundung», 252 ss, 256-257, et Chaniotis, *VkP*, p. 78. A propos, je crois que dans le débat sur la relation de la stèle avec le document archivé (voir p. ex. J. P. Sickinger, «Inscriptions and Archives in Classical Athens», *Historia* 43 (1994) 286-296), il faudrait tenir compte aussi de la nature d'objet consacré à la divinité ou placé sous sa protection que a le texte inscrit depuis son apparition à l'époque archaïque, c'est-à-dire, il faudrait savoir évaluer le caractère conceptuellement incontournable et historiquement précoce du texte offert, inviolable et visualisé. A mon avis ces qualités font de l'inscription, au moins pendant l'archaïsme, beaucoup plus qu'une simple «copie» (ἀντίγραφον) d'un prétendu «originel» supérieur du point de vue documentaire. Le texte d'un traité publié à Olympie au VIe-Ve s. avait une valeur au moins équivalente du texte conservé dans l'archive de la capitale (simple copie de sécurité pour l'administration éléenne ?).

68. Sur cet accord, voir P. Cartledge, *Sparta and Lakonia*[2]. London and New York 2002, 119-120, et Tausend, *Amphiktyonie*, 167, 172. Erronément Hönle, *Olympia*, 160.

69. Contre son historicité Sinn, *Olympia*, 5, et surtout Nafissi, «Elei e Pisati», 32-33.

70. Peut-être Olympie fut «le centre privilégié de la conscience internationale aux temps archaïques» (*Nomima*, 210), mais tout au plus pour les régions occidentales, et si sa contribution à la création et surtout à la diffusion du langage diplomatique probablement ne fut pas mineure, l'impulsion décisive provint d'Ionie, en contact avec l'Orient : *cf.* Giangiulio, «La ΦΙΛΟΤΗΣ», 41 ss ; P. Karavites, *Promise-Giving and Treaty Making. Homer and the Near East*. Leiden 1992, *passim* ; Ziegler, «Conclusión and Publication», 238-239 ; R. Rollinger, «Die Verschriftlichung von Normen: Einflüsse und Elemente orientalischer Kulturtechnik in den homerischen Epen, dargestellt am Beispiel des Vertragswesens», en R. Rollinger, Ch. Ulf (Hrsg.), *Griechische Archaik. Interne Entwicklungen – Externe Impulse*. Berlin 2004, 369-425.

en particulier au traité entre Sparte et Tégée conclu vers le milieu du VIᵉ siècle (*Stv.* 112) ou bien au siècle suivant[71]. Aristote (Plu. *Mor.* 292B) dit que la stèle commune (στήλην κοινὴν) d'un accord (συνθήκας) entre Lacédémoniens et Tégéates, régulant aussi la situation des réfugiés Messéniens, fut placée sur l'Alphée (ἐπ᾽ Ἀλφειῷ), un fleuve qui selon Pausanias (8,54,1) faisait de frontière entre les deux peuples. Beloch pensait que l'expression « sur l'Alphée » signifiait Olympie[72], mais autres auteurs sont penchés pour un courant d'eau diviseur, probablement l'actuel Sarantapotamos[73]. Il n'est pas facile de décider, mais l'hypothèse olympienne paraît la plus probable : il est vrai que nous ne trouverons pas d'autres traités d'alliance des États tiers publiés à Olympie pendant l'époque classique – dans l'hypothèse de la chronologie haute nous aurions au moins le parallèle du traité de Sybaris –, mais dans le Péloponnèse Sparte était Sparte et au cinquième siècle des conjonctures diplomatiques ne manqueront pas pour s'imposer aux autorités du sanctuaire ; et, surtout, l'expression « stèle commune » nous renvoie à une pratique bien connue de publication conjointe dans le sanctuaire éléen[74].

---

71. *Cf.* Baltrusch, *Symmachie und Spondai*, 19, et Nielsen, *Arkadia and its Poleis*, 188 ss ; id., « Arkadia », en M. H. Hansen, Th. H. Nielsen (ed.), *An Inventory of Archaic and Classical Poleis*. Oxford 2004, 531, pour l'état de la question.

72. K. J. Beloch, *Griechische Geschichte*, 1²,1. Strassburg 1912, 334 n. 3, et du même avis D. M. Lewis, « A. Hönle, *Olympia*, Compte Rendu », *CR* 20 (1970) 254. Voir aussi Κ. Σ. Μειδάνη, *Ἀρχαϊκή Ἑλλάδα καί Πόλεμος*. Αθήνα 2010, 162 n. 651.

73. *Stv.* 112 ; K. W. Pritchett, *Studies in Ancient Greek Topography. Part I.* Berkeley and Los Angeles 1965, 125. De son coté, Cartledge, *Sparta and Lakonia*, 119-120, a proposé distinguer le premier traité d'alliance militaire entre Lacédémoniens et Tégéates, du VIᵉ siècle, de l'accord sur les fugitifs Messéniens. J. Christien, F. Ruzé, *Sparte. Géographie, mythes et histoire.* Paris 2007, 178-179, situent l'accord au même temps que l'alliance peu après l'affaire d'Oreste, c. 560. Laissant de coté la question de la chronologie, je voudrais préciser que ces *synthekai* ne régulaient pas seulement la situation des Mésseniens, car Plutarque (*Mor.* 292B) dit « entre autres choses », c'est-à-dire, elles comportaient un traité plus ample, possiblement établissant *spondai*, sinon *spondai* et *symmachia* : *cf.* Baltrusch, *Symmachie und Spondai*, 155-156.

74. Ainsi Th. 5,47,11 ; *Stv.* 480.26-28 (= *IvO* n° 40 ; G. Daverio Rocchi, *Frontiera e confine nella Grecia antica.* Roma 1988, n° 7) : *cf.* Heuss 1934, « Abschluss und Beurkundung », 256, et Lalonde, *The Publication*, 178, 181-182, qui souligne à juste titre le caractère ouvert à tous, « commun » (*koinos*), des sanctuaires panhélleniques. D'autre part, tandis qu'un traité d'alliance aurait du sens dans une enceinte sacrée, le fleuve diviseur pourrait constituer l'endroit parfait pour rappeler au moyen d'un monument la prohibition de mouvements de populations : *cf.* S. Lewis, *News and Society in the Greek Polis.* London 1996, 131. Mais dans les pratiques épigraphiques de frontière on ne trouve pas celle d'ériger des stèles avec ce type d'accords internationaux : *cf.* Daverio, *Frontiera*, 196, 199-200, qui n'inclut pas ce traité dans leur corpus, bien qu'elle traite le problème frontalier. Enfin, je voudrais ajouter un nouvel argument en faveur de Beloch : c'est l'emploi métonymique de l'expression « sur l'Alphée » pour Olympie chez les lyriques : Simon. 519 fr. 131 Campbell (Loeb), et Bacch. 6,3 ; 8,26-27 ; 12,42 ; 13,193 ; fr. 20C,9-10 Campbell (Loeb) ; voir aussi Bacch. 11,26 Campbell (Loeb).

Quant à l'Élide, après avoir réussi son synécisme en 471 elle continuera à plus forte raison à publier ses alliances et ses pactes internationaux de façon régulière dans l'*Altis* ou à proximité de celui-ci, tandis que quelques autres cités et fédérations grecques choisiront parfois ce sanctuaire entre autres possibles et concurrents, comme surtout Delphes et l'Isthme ou Dodone. Mais il me paraît assez significatif que le plus souvent les textes d'États tiers acceptés dans l'enceinte sacrée ne furent pas des alliances, mais des traités de paix ou des accords d'arbitrage[75]. À mon avis, cette discrimination confirme la politique de manipulation et de démagogie panhéllenique des autorités éléennes à l'époque classique, dans laquelle s'inscriraient l'interdiction des *tropaia* depuis le milieu du Ve siècle et l'appel à une prétendue neutralité sacrée pendant le siècle suivant, sans parler de la réponse des devins au roi Agis à la veille de la guerre décelique (X. *HG* 3,2,22)[76]. En tout cas, la règle générale en Grèce sera que chacune des *poleis* contractantes publie ses traités de paix, d'amitié ou d'alliance sous la protection d'un temple dans son propre territoire, la déposition d'une troisième copie dans un lieu neutre étant plus facultative. On choisissait τὸν ἐπιφανέστατον τόπον chez soi[77], c'est-à-dire un endroit très visible pour assurer au maximum sa publicité, le caractère de monument accordé à la stèle étant fondamental[78], en même temps que le placement de ces textes dans les lieux sacrés en assurait en plus leur inviolabilité, sinon la garantie des dieux et d'une certaine opinion publique panhellénique[79]. Il s'agit d'ailleurs d'habitudes épigraphiques qui suivent les traits généraux de la publication du droit dans la Grèce archaïque[80].

---

75. Pour l'époque hellénistique *cf.* S. L. Ager, *Interstate Arbitrations in the Greek World, 337-90 B.C.* Berkeley 1996, n° 69, 116, 137, 159 (= *IvO* n° 50, 46, 47, 52), et les *App.* n° 4, 17, 31, 36 (= *IvO* n° 48, 51, 49). Sur les habitudes de publication des arbitrages voir L. Piccirilli, *Gli arbitrati interstatali greci*, I. Pisa 1973, 95-96, et Ager, *Interstate Arbitrations*, 204, 313.

76. Lire Scott 2010, 191 ss, 224-225 et Alonso, *Neutralidad*, 487, 504-505.

77. Sur le *topos* de publication voir K. J. Rigsby, *Asylia. Territorial Inviolability in the Hellenistic Period*[2]. Berkeley 1996, n° 4.27-29 : « où il paraît plus beau » ; n° 109, b.12-13 ; n° 125, b.8: « dans l'agora sur la place la plus visible ». *Cf.* Lalonde, *The Publication*, 164-165. Par contre, la difficulté, sinon l'impossibilité, de choisir un lieu préférentiel pour l'inscription quand il s'agissait d'un sanctuaire qui, comme Olympie, dépendait d'un État tiers, a été soulignée par Scott, *Delphi and Olympia*, 30-31.

78. Detienne, « L'espace de la publicité », 49 ; Hölkeskamp, « Tempel », 156 ; id., « (In-) Schrift und Monument », 88 ss ; J. Whitley, « Literacy and Law-Making. The case of archaic Crete », en N. Fischer, H. v. Wees (ed.), *Archaic Greece: New Approaches*. London 1998, 317, 322-323. Pour Athènes, voir Thomas, *Oral Tradition*, 49 ss, très bien expliqué.

79. Martin, *La vie internationale*, 403-404 ; G. Ténékidès, « Droit international et communautés fédérales dans la Grèce des cités », *ADI, R. des C*. 90, II (1957) 528 ; *AcB*. I, p. 129. En plus voir Thomas, « Written in Stone? », 31.

80. Voir M. Detienne, « L'écriture et ses nouveaux objets intellectuels en Grèce », en id. (éd.), *Les savoirs*, 14 ; id., « L'espace de la publicité », en id. (éd.), *Les savoirs*, 33, 41 ss ; Thomas, « Written in Stone ? », 31 ; Siewert, « Eine archaische Rechtsaufzeichnung », 26 ; Hölkeskamp,

Il faudrait ajouter que la publication des premiers traités internationaux à Olympie revêtit la forme primitive, qui était la plus simple, dite « non psephismatique », sans préambules ni indications de procédure[81]. Si cette forme subsista dans la pratique épigraphique postérieure du sanctuaire[82], cela fut dû au fait que la stèle commune consacrée par les parties contractantes exigeait toujours la rédaction du texte pactisé (*Einigungsurkunde*) sans référence aux conditions politiques de production et approbation de l'accord dans chaque cité, ce qui aurait été superflu dans un document partagé[83]. Cela dit, on constate néanmoins des variations significatives entre les documents légaux éléens et les non éléens publiés dans le sanctuaire olympien à la fin de l'archaïsme : tandis que les premiers partagent la même forme d'en-tête[84], qui vient définie par le mot *rhetra* et apparaît aussi dans d'autres textes légaux de la même région publiés à Olympie (*IvO* n° 2, 7, 11, 16, 56), le pacte d'amitié des Sybarites manque de qualification légale préalable. Document de preuve (*Beweisurkunde*), le bronze des colons italiens était surtout un instrument de propagande, les termes du pacte étant l'objet prioritaire de publicité dans un endroit par excellence de communication ; d'où les références aux contenus dans le texte (accord : ἁρμόζω, et amitié : φιλότης), ainsi qu'aux témoins/ garants. Par contre, dans les bronzes éléens la qualification légale du document (Ϝράτρα) précède les contenus du pacte (συνμαχία, φιλία). *Rhetra* signifie déclaration (ou prononcé) de nature juridique, « das verbindliche Wort », mais à ce moment déjà dans l'acception de droit légal, étant la dénomination officielle et régulière des accords/lois pris par les Éléens[85]; elle contraste avec

---

« Tempel », 141, 154-155 ; Effenterre, « Écrire sur les murs », 88 ss ; Whitley « Literacy », 320 ; J. Signes Codoñer, *Escritura y literatura en la Grecia arcaica*. Madrid 2004, 69.

81. Heuss, « Abschluss und Beurkundung », 233 ss, 240 ss. Heuss est exceptionnellement cité dans ce contexte par Giangiulo « La ΦΙΛΟΤΗΣ », 36 n. 21. Pour les perdurations de cette manière d'attestation (*Beurkundung*), voir *Stv.* III, p. 415 (B a1), et *VkP.* 64, 79.

82. IG I² 86 (*Stv.* 193) : Heuss, « Abschluss und Beurkundung », 234.

83. La même idée est exprimée par Lalonde, *The Publication*, 182, qui ne connaît pas le travail de Heuss : « One result of the sharing of these Panhellenic publications of treaties was a version which in wording and content represented all of the parties equally, unlike the official local inscriptions which were essentially separate decrees of ratification and resolutions formulated from the point of view of each respective party ». Mais l'auteur parle à tort de ratification ; du point de vue juridique il s'agissait des documents de preuve (*Beweisurkunden*) : voir *supra* n. 38.

84. *IvO*, 23, « die Worte ἁ Ϝράτρα τοῖρ Ϝαλείοις καὶ τοῖς ἘρϜαοίοις bilden die Überschrift », ou bien, selon Baltrusch, *Symmachie und Spondai*, 10, et Hölkeskamp, *Schiedsrichter*, 101-102, « die Einleitungsformel », à l'égal de l'autre épigraphe : « accord (ἁ Ϝράτρα) entre les Anatoi et les Metapioi », le *titulus* : Virgilio, « A proposito della Ϝράτρα », 70.

85. « Le terme contraignant » : F. Gschnitzer, « Zur Terminologie von 'Gesetz' und 'Recht' im frühen Griechisch », en G. Thür, J. Vélissaropoulos-Karakostas (Hrsg.), *Symposion 1995*. Köln 1997, 5. En outre, *cf.* M. Ostwald, *Nomos and the Beginnings of the Athenian Democracy*. Wesport 1979, 7 ; Koerner, « Vier frühe Verträge », 205 ; *Nomima*, 100, 398 ; Hölkeskamp,

le caractère idiosyncrasique et assez aléatoire du verbe ἁρμόζω[86]. Par conséquent l'apparition du terme *rhetra* en tête de ces documents indiquait au pu-
blic l'origine et la validité du texte publié par renvoi explicite aux organes
de gouvernement légitimes créateurs de la norme écrite[87]. Étant donné que
les autorités olympiennes intervenaient comme instance de sanction, il était
nécessaire pour celles-là de montrer au grand jour la validité de l'accord en
montrant son insertion dans le cadre unitaire de la culture juridico-politique
régionale, éléenne[88].

Si nous envisageons maintenant l'époque classique, le groupe de traités d'États tiers est représenté à Olympie par la paix de trente ans conclue
entre Sparte et Athènes en 446-445 (*Stv.* 156). Selon Pausanias (5,23,4), qui
put encore la lire, la stèle en bronze du pacte fut placée dans un endroit de
choix près du *Bouleuterion*, en face (ou devant) de la statue de Zeus consacrée par la ligue des Hellènes en mémoire de la bataille de Platées : quel symbole devant le monde grec tout entier de la réconciliation entre les premières
puissances à la fin de la première guerre du Péloponnèse ![89]. L'histoire se ré-
pétera 25 années après, quand les mêmes cités accordèrent la paix de Nicias
(*Stv.* 188), dont une des clauses établissait que « on dressera des stèles à Olympie, à Pythô, à l'Isthme, à Athènes sur l'acropole et en territoire lacédémonien à

Schiedsrichter, 104 ; Thomas, « Writing », 50. Á noter également G. Busolt, *Griechische Staatskunde*, I. München 1920, 456 : « Seine Bedeutung umfasst jede rechtlich bindende Satzung, sowohl Vertrag als Gesetz ».

86. Sur l'emploi ici de ce verbe *cf.* Giangiulio, « La ΦΙΛΟΤΗΣ », 1992, 33-34.

87. De façon explicite à *IvO* nᵒ 7 (= *Nomima* nᵒ 109 ; *IGFGP* nᵒ 42) et déjà antérieurement
à ML 8, a.1-2. Voir *LSAG*, 218 ; P. J. Rhodes, D. M. Lewis, *The Decrees of the Greek States*. Oxford
1997, 95 ; Hölkeskamp, « Tempel », 147-148 ; id., *Schiedsrichter,* 100 ss ; id., « (In-)Schrift und
Monument », 82, 87 ; Walter, *An der Polis teilhaben*, 121. On pourrait poser la question si cette
qualification légale préalable, avec son renvoi à l'ordre politique de production de la norme, ne
fait pas de ces documents éléens un prototype archaïque de la forme du « abgekürzten Dekretes »
(Heuss, « Abschluss und Beurkundung », 236, 238).

88. Les conséquences qui s'en déduisent pour la constitution politique de l'Élide doivent
être considérées tenant compte de la discussion sur l'articulation régionale éléenne : voir *supra*
n. 44-47. Quoi qu'il en soit, il est clair que pour les Éléens, les Métapiens, les Anaitiens, les Cha-
ladriens, les Skilutiens, les Pisates, tous mentionnés dans ces bronzes, le terme *rhetra* constituait
une notion légale définie dans le cadre de leur culture juridico-politique partagée.

89. Bien compris aussi par Hönle, *Olympia*, 191 n. 5 ; Gerasimova, « The Artistic Design
of Olympia », 38-39, 41-42, et Scott, *Delphi and Olympia*, 182 fig. 7.1, 193, 201, qui néanmoins
dit à tort que l'inscription était « on the pedestal of the Plataian Zeus statue » : le Périégète écrit
πρὸ τοῦ Διός. Disons aussi que la conservation de ce document, consacré dans l'Altis, contraste
avec la pratique de la destruction des stèles après la dénonciation du traité, une exception que
Lalonde, *The Publication*, 183, n'attribue pas « to motives of political propaganda, but more probably to a continuous reverence for the sanctuaries of the gods, and some recognition of the historical value of these monuments as relics ». Par contre, Adcock, Mosley, *Diplomacy*, 223, ne
paraient pas comprendre cet aspect de la question.

l'Amyclaion »[90]. Rétrospectivement cette mesure prouve qu'en 446-445 Olympie ne dut être non plus l'unique sanctuaire panhellénique choisi par les Péloponnésiens et les Athéniens pour rendre l'*eirene* publique. Les temples d'Apollon et de Poséidon durent recevoir aussi des copies de ce pacte-là, comme Bengtson (*Stv.*, p. 76) avait noté. Mais je voudrais attirer l'attention sur le fait que les Éléens et les Corinthiens, qui contrôlaient deux de ces sanctuaires, s'étaient déclarés ouvertement contre la paix de Nicias et refusèrent de la voter et de la jurer, en restant en dehors des *spondai* (Th. 5,17,2) : se réalisa-t-il en cette occasion la disposition de la ligue du Péloponnèse concernant la publication du traité à Olympie ? Je me permets d'en douter. La politique extérieure d'Élis jusqu'à la guerre d'Agis en 400 et plus concrètement sa gestion de l'*agonothesia* vis-à-vis de Sparte font difficile de croire à l'application de la dite clause. Cela aurait signifié accepter comme offrande au Zeus olympien un texte diplomatique qui irritait profondément les Éléens à cause de Lépréon (Th. 5,31). D'ailleurs, cette disposition n'aurait pas été la seule de la paix de Nicias qui soit restée inaccomplie. Entre autres stipulations manquées, citons ici celle relative aux sanctuaires communs, Olympie et Delphes : « on pourra à son gré y offrir des sacrifices, y consulter les oracles et y envoyer des délégations selon les traditions en usage » (Th. 5,18,2). Il est bien connu que les autorités olympiennes interdirent aux Spartiates, en plus de la participation aux jeux, la consultation de l'oracle et les sacrifices, et justement par cette raison le traité de paix et d'alliance juré après la guerre d'Agis (*Stv.* 217) obligea les vaincus, selon Pausanias (3,8,5), à « permettre aux Lacédémoniens de sacrifier au dieu et de participer aux jeux »[91]. Peut-on croire vraiment à la publication de la paix de Nicias à Olympie dans ce contexte de haute tension diplomatique[92]?

Les alliances conclues après la paix de Nicias font la lumière sur le rôle d'Olympie dans la vie internationale de l'époque. En effet, si le texte de l'alliance postérieure (*Stv.* 189), négociée entre Athènes et Sparte en 421, prescrivait seulement que « chaque partie dressera une stèle : l'une, à Sparte, près du temple d'Apollon d'Amyclées, l'autre, à Athènes, près de celui d'Athéna sur

---

90. Th. 5,18,10, donc dans les trois sanctuaires « canoniques » du panhellénisme : P. Funke, « Gli ombelichi del mondo. Riflessioni sulla canonizzazione dei santuari panellenici », *GeogAnt* 12 (2003) 64.

91. Pour les événements et les sources après 421 et pendant la neutralité éléenne voir Alonso, *Neutralidad*, 479 ss. S. Hornblower, « Thucydides, Xenophon, and Lichas: were the Spartans excluded from the Olympic Games from 420 to 400 B.C.? », *Phoenix* 54 (2000) 212-225, limite la période d'exclusion des jeux à l'année 420, mais cette restriction temporelle n'affecterait pas notre argument.

92. L'*argumentum ex silentio* peut être dangereux, mais dans ce cas je crois qu'il serait bizarre que Pausanias, qui mentionne les stèles des pactes de 446/45 et 420 (voir *infra*), par contre ait passé sous silence l'existence d'un traité aussi important que la paix de Nicias. Par contre, Scott, *Delphi and Olympia*, 202, donne comme acquis la publication de la paix dans le sanctuaire.

l'Acropole » (Th. 5,23,5), en revanche la quadruple alliance née l'année 420, dont un de ses membres fondateurs était l'Élide, réglait dans le traité que « les conventions relatives au traité, aux serments et à l'alliance seront gravées sur une stèle de marbre placée, pour Athènes, sur l'acropole, pour Argos, dans le sanctuaire d'Apollon à l'agora, pour Mantinée, dans le sanctuaire de Zeus à l'agora. Une stèle de bronze sera également installée en commun à Olympie, aux jeux olympiques de cette année »[93]. En outre, Pausanias (5,12,8) précise que cette stèle était placée et était visible à l'intérieur du temple de Zeus. Plusieurs conclusions s'en déduisent : tout d'abord, comme J. de Romilly a signalé, étant Olympie en territoire éléen, cela explique pourquoi les Éléens eux-mêmes n'ont pas à dresser une stèle[94] ; mais, en même temps, la publication de la stèle à Olympie est considérée quelque chose de toutes les parties contractantes (κοινῇ), pas seulement des maîtres du sanctuaire, ce qui souligne le caractère panhellénique du site ; troisièmement, l'utilisation politique d'Olympie se fait de nouveau évidente, en particulier l'opportunisme propagandiste des coalisés, qui voulaient profiter du grand effet de résonance qu'avait la *panegyris* devant tout le monde grec assemblé[95] ; finalement, le choix du monument plus important dans l'enceinte sacrée pour exhiber le bronze illustre l'importance accordée par les Éléens au pacte contre Sparte.

La quadruple alliance était une *symmachia*, un pacte militaire de la polis éléenne, à l'égal de l'alliance avec Ewa. Mais si nous nous rendons compte, nous n'avons trouvé que des traités d'amitié et de paix en s'agissant d'États tiers, pas d'alliances dont la publication a été autorisée à Oympie. On a l'impression que la polis éléenne, avec le droit d'admission des offrandes au sanctuaire, se réserva aussi la prérogative d'ériger sur place avant tout ses propres *symmachiai* : pourrait-on parler d'une politique, postérieure au synecisme d'Élis, de discrimination et de sélection des publications en vertu de laquelle les traités étrangers de nature militaire, les *symmachiai*, y étaient généralement exclus ? La mienne est seulement une hypothèse qui peut reposer sur le hasard des trouvailles et sur l'argumente *ex silentio*, mais qui en tous cas n'inclut pas le VIe siècle – les traités de Sybaris et Zancle, sans parler d'une possible alliance entre Sparte et Tégée, invitent à la précaution. Je n'oserais pas faire des jugements tranchants, mais les sources disponibles pour le IVe siècle paraissent

---

93. 5,47,11, tr. J. de Romilly, *Thucyidide. Livres IV-V*. Paris 1973.

94. *Thucyidide. Livres IV-V*, 139 n. 1. Sur Paus. 5,12,8, voir Scott 2010, 202, fig. 7.1/7.

95. Cette pratique fera école : en 324, pendant la célébration des jeux Olympiques, Nicanor de Stagire proclamera le retour des exilés aux cités au nom d'Alexandre, de même qu'aux jeux Isthmiques de 196 le consul romain Flamininus annoncera la liberté des Grecs au nom de la République. D'ailleurs, l'utilisation de l'amphictyonie et du sanctuaire de Delphes par les Étoliens comme une sorte de « vitrine publicitaire » est aussi un fait constaté pendant le IIIe siècle : voir P. Sánchez, *L'Amphictionie des Pyles et de Delphes*. Stuttgart 2001, 362.

confirmer la prévalence ce critère préférentiel dans la publication des traités internationaux.

Cinq fragments d'inscriptions découverts par Emil Kunze et Alfred Mallwitz, en 1961 et 1979, correspondants à deux stèles en *marbre,* nous ont permis de connaître l'existence de nouveaux *symmachiai* exposés dans le sanctuaire entre 365-363 : il s'agit de l'alliance du *koinon* arcadien avec Pisa et Akroreia et de l'alliance des Pisates, gardiens d'Olympie sous la protection arcadienne, avec Messénie et Sicyone[96]. Dépouillés de l'*agonothesia*, les Éléens durent voir comment les Pisates faisaient le même usage partisan de l'enceinte sacrée dans ces années troubles. D'autre part, la confédération arcadienne osa faire ce que Sparte n'avait pas voulu faire après sa victoire sur les Éléens en 398, publier dans le sanctuaire le traité d'alliance en employant une formule psephismatique inhabituelle et surtout en consacrant l'hégémonie des Arcadiens, mentionnés dans la première ligne du décret inscrite dans l'Altis : [Ἔδοξε τᾶι βουλᾶι τῶν Ἀρκάδων καὶ τοῖς] μυρίοις [.......]. C'était la culmination, jusqu'à l'excès, d'un processus qui s'était initié au VIᵉ siècle avec le contrôle d'Olympie par les Éléens[97].

---

96. E. Kunze, « Zwei Marmorstelen des arkadischen Bundes », *VII Bericht über die Ausgrabungen in Olympia.* Berlin 1961, 211-217 ; Siewert, « Symmachien », 262 ss ; E. Ringel, P. Siewert, H. Taeuber, « Die Symmachien Pisas mit den Arkadern, Akroreia, Messenien und Sikyon », en A. Mallwitz (Hrsg.), *XI. Bericht über die Ausgrabungen in Olympia.* Berlin 1999, 420 : « Für Pisa als neuen Veranstalter der Olympien kam hinzu, seinen politischen Rückhalt in der Hellenenwelt durch die Veröffentlichung der Bündnisse in Olympia zu dokumentieren ».

97. Cet article a été publié à l'origine dans la *Rivista di Diritto Ellenico* 2 (2012) 3-25.

L'INSTITUTION DE L'HÉGÉMONIE (ἡγεμονία) : ENTRE LA COUTUME ET LE DROIT ÉCRIT

ABSTRACT: The institution of hegemony (ἡγεμονία), between customary law and written law. This study is divided into two parts. The first part analyses the structure and the sources of the Greek international law, basically the complementary relationship between custom, which provided the oldest set of norms to regulate the relations *inter gentes*, and written law, which emerged throughout the 6th century in the form of treaties negotiated politically and bilaterally. The second part studies the leadership (*hegemonia*) within a military alliance (*symmachia*) as an institution of international law. Being a *de jure* reality, not a mere *de facto* power, *hegemonia* was regulated both by written rules, usually the leadership clause in the treaty of alliance, and by traditional and unwritten rules. The latter served as a subsidiary source to know the guiding principles of the institution, as well as the rights and duties of the *hegemon*, not detailed in full by the text of alliance. The present paper examines this series of normative concepts and practices.

1. STRUCTURE ET SOURCES DU DROIT INTERNATIONAL GREC

En premier lieu, il nous faut rappeler quelque chose d'aussi évident, même si l'on ne l'a pas toujours pris en compte, qui est que les relations entre les cités grecques furent régies par un ensemble de normes et d'institutions qui firent de ces siècles une société internationale assez organisée. A sa façon, avec des valeurs propres, différentes en grande mesure de l'ordre juridique international moderne, avec des défauts et des incohérences, avec de flagrantes violations et abus de pouvoir, il s'agissait d'une société internationale consciente de sa pluralité, ainsi que de l'autonomie et de l'égalité de ses composants. Il semble indispensable également de souligner la virtualité et l'efficacité de cette structure normative dans laquelle ont fonctionné les relations entre les *poleis* et les *ethne*, car sans celle-ci, on priverait l'histoire politique grecque – dont le fil conducteur, comme beaucoup d'autres époques, fut encore la rivalité et la lutte pour la prépondérance – de la grammaire qui lui était propre.

En second lieu, et comme d'autres systèmes historiques inter-étatiques, la Grèce classique connut deux formes de production de droit international, nous entendons par là, de droit positif d'une validité reconnue par tous les membres de la communauté panhellénique, par l'ensemble de ses cités et fédérations. Ces formes de production en question furent la coutume et les traités, cela ne pouvant être autrement, car chez les Hellènes, il n'existait pas d'instances ou d'organe judiciaire de rang supérieur et permanent, dotés d'une capacité à émettre des sentences et dicter des arbitrages liés aux parties concernées qui, d'une certaine façon, fixassent un précédent juridique, un matériau de jurisprudence (c'est le cas auparavant de la Société des Nations, de nos jours le Tribunal de la Haye et d'une certaine façon également de la ONU); il n'existait pas non plus logiquement de corps de doctrine élaboré par des juristes et reconnu par les états souverains dans leurs relations mutuelles (les Vitoria, Grotius, Vynkershoek ou Vattel de l'Europe moderne). Par conséquent le mode jurisprudentiel de création du droit (judiciaire et doctrinal) ne prévalait pas.

Les deux autres modes de production de la norme juridique, tant au niveau étatique qu'inter-étatique ont toujours été – ils l'étaient également dans la Grèce antique –, le droit coutumier et le droit légal ou écrit. Dans les deux cas, on retrouve les sources du droit des gens chez les Grecs[98].

Le droit coutumier était constitué par la coutume juridique, un patrimoine normatif plus primitif et également plus proche de la sphère religieuse, de transmission et d'élaboration orale, c'est à dire, panhellénique et anonyme, comme l'*epos*. Il comprenait un ensemble de règles non négociées au préalable et non consensuées par un pacte oral ou écrit, mais dont l'existence et la virtualité était connue des Hellènes : la loi non écrite, les lois communes à tous les grecs ou à tous les hommes[99], ou si l'on préfère le dire dans la langue typiquement précise de Thucydide (1,98,4 ; 3,9,1 ; *cf.* 4,78,2), ce qui est établi (τὸ καθεστηκός)[100]. Le langage des traités internationaux se réfère fréquemment à cet ensemble normatif avec l'aide de l'expression κατὰ τὰ πάτρια : «conforme

---

98. Pour ces lignes d'introduction on lira aussi avec profit L. Gernet, «Le droit grec ancien : notions générales», en H. Lévy-Bruhl (éd.), *Conférences faites à l'Institut de Droit Romain en 1947*. Paris 1950, 41-54, qui néanmoins ne tient compte pas du droit des gens grec à l'égard de la guerre et la paix.

99. Sur l'*agraphos nomos* dans le droit international, *cf.* C. Phillipson, *The International Law and Custom of Ancient Greece and Rome*, I. Londres 1911, 51 ss, 58 ss ; Fernández Nieto, *AcB* I, p. 128 ss ; V. Ilari, *Guerra e diritto nel mondo antico*. Milan 1980, 332 ; J. De Romilly, *La loi dans la pensée grecque*. Paris 1971, 26 ss, 38 ss.

100. L'analyse juridique la plus approfondie de ce terme est celle de G. Ténékidès, *La notion juridique d'indépendance et la tradition hellénique*. Athènes 1954, 20-21. Voir aussi E. Baltrusch, *Symmachie und Spondai*, 60, 68.

aux traditions », « d'après les anciens usages »[101]. A ce substrat juridique appartenaient des notions, des règles de conduite, des institutions et des valeurs résolument basiques pour gérer la vie courante entre les cités et les fédérations. C'est le cas par exemple du principe même d'autonomie[102], du privilège de participer aux grands jeux[103], de l'institution de la *xenia* et puis de la proxénie[104], de la relation spéciale entre métropole et colonie[105], de la conception *sui generis* de la paix et de la guerre[106], du régime des hérauts et des ambassadeurs (et aussi des hôtes, des suppliants et des prisonniers qui ont fait reddition)[107], de l'ultimatum et la déclaration de guerre[108], du traitement infligé aux vaincus[109], de l'exercice de la neutralité dans un conflit armé[110], de l'idée de trêve et de suspension provisoire des hostilités pour le ramassage des cadavres[111], du statut d'inviolabilité des espaces et des temps sacrés[112], du droit de conquête comme procédure d'acquisition de la propriété[113], et quelques autres usages et institutions qui ne présupposaient, ni requéraient pour leur respect et exécution le nouage d'un lien conventionnel entre les parties concernées[114].

Il va de soi qu'une trêve constituait une des conventions entre belligérants (*acuerdos bélicos*) et en tant que telle revêtait un caractère conventionnel,

---

101. Par exemple, dans le traité conclu entre Lacédémoniens et Argiens (*Stv.* 194), les parties contractantes se réfèrent avec insistance à l'idée de précédent coutumier : *cf.* Ténékidès, *La notion juridique d'indépendance*, 17 ss ; id., « Droit international et communautés fédérales dans la Grèce des cités », *ADI, R. des C.* 90, II (1956) 547. Voir aussi, H. J. Wolff, « Gewohnheitsrecht und Gesetzesrecht in der griechischen Rechtsauffassung », en E. Berneker (éd.), *Zur griechischen Rechtsgeschichte.* Darmstadt 1968, 102, qui néanmoins ne considère pas le droit international dans cet article.

102. Ténékidès, *La notion juridique d'indépendance*, 17 ss, 26 ss.

103. M. Andronicos, « Panhellenic Games », en *The Olympic Games in Ancient Greece.* Athènes 1982, 72-73.

104. Voir Ph. Gauthier, *Symbola.* Nancy 1972, 17 ss.

105. *Cf.* D. Wogasli, *Die Normen des altgriechischen Völkerrechts* (ΝΟΜΟΙ ΚΟΙΝΟΙ ΤΩΝ ΕΛΛΗΝΩΝ). Diss. Fribourg 1895, 18 ss ; A. J. Graham, *Colony and Mother City in Ancient Greece.* Manchester 1964, *passim* ; W. Leschhorn, *Gründer der Stadt.* Stuttgart 1984, 95 ss.

106. Voir E. Bikerman, « Remarques sur le droit des gens dans la Grèce classique », *RIDA* 4 (1950) 102 ss, et ci-dessous notre étude : « 395-390/89 a. C., Atenas contra Esparta: ¿de qué guerra hablamos? ».

107. Y. Garlan, *War in the Ancient World.* Londres 1975 (tr. angl.), 44-45 ; D. J. Mosley, *Envoys and Diplomacy in Ancient Greece.* Wiesbaden 1973, 81 ss.

108. Voir V. Alonso Troncoso, « Ultimatum et déclaration de guerre dans la Grèce classique », en E. Frézouls, A. Jacquemin (éd.), *Les relations internationales.* Paris 1995, 211-295.

109. Lire P. Ducrey, *Le traitement des prisonniers de guerre dans la Grèce antique.* Paris 1968, 195 ss, 289 ss, 313 ss, 333 ss.

110. Droit à l'origine de formation coutumière : voir Alonso, *Neutralidad*, 75, 79 ss.

111. Fernández Nieto, *AcB.* I, 124 ss, 129-130.

112. Ducrey, *Le traitement des prisonniers*, 295 ss ; Fernández Nieto, *AcB.* I, 147 ss.

113. Voir A. Biscardi, *Diritto greco antico.* Varese 1982, 192-193.

114. Un ambassadeur, par exemple, qui argumente et parle sur la nature d'une relation d'alliance n'oublie pas cette culture juridique connue de tous les Grecs : Th. 1,41,1 ; 3,9,1 ; 55 ; etc.

car les belligérants devaient négocier et prêter serment solennellement à la convention. Objectivement et subjectivement, cependant, il s'agissait d'un droit doté duquel tout grec pouvait entrer en guerre sans nécessité préalable d'adhérer à une charte ou un pacte international, comme le Traité de la Haye ou la Convention de Genève. Le respect unanime de certaines pratiques associé à ce consensus réitéré donnait à la coutume une force de norme positive inter-hellénique[115].

En plus de la coutume, le droit légal produit par les organes souverains de la polis ou à défaut par les magistrats compétents, constituait l'autre source normative indiscutable. Il s'agissait par définition d'un droit pactisé et fixé par écrit, c'est à dire, un ensemble d'accords et de traités octroyés très librement par les parties concernées, obtenus par le biais de la négociation et rédigés nécessairement par écrit et exposés au grand jour sur des inscriptions commémoratives[116]. Ces accords créaient un lien juridique en tout règle entre les états assermentés et à partir du VIe siècle ce fut monnaie courante qu'entre les cités grecques existent ces modèles de procédures, dès que l'occasion se présentait, pour contrôler et intensifier le plus positivement possible leurs relations bilatérales ou multilatérales. Il s'agit, pour ne citer que les plus courants et les plus connus, des traités de paix et amitié, des traités d'alliance, des traités de paix commune, des accords d'assistance judiciaire, des conventions de guerre les plus avancés (en particulier, les capitulations), des conventions d'arbitrage, des traités bilatéraux de concession de citoyenneté en bloc, des traités de dépôt entre cités en temps de guerre, quelques accords commerciaux, certains contrats de cession territoriale par le biais de contrat d'achat et de vente, etc.

Ce qui a été porté et explicité à l'écrit résulte pour le chercheur contemporain plus évident et intelligible ; ce qui au contraire n'a pas été repris par les auteurs classiques parce que tacite et sous-entendu n'en était pas moins précieux et impérieux pour les Hellènes, on pourrait dire, bien au contraire, que dans une certaine mesure il persistait en tant que ciment inamovible, bien qu'encourant le risque de passer inaperçu à nos yeux désaccoutumés aux recoins obscurs et aux silences du monde antique. L'ordre normatif inter-hellénique

---

115. Selon J. Triantaphyllopoulos, *Das Rechtsdenken der Griechen*. Munich 1985, 4, «haben die Griechen nie die Gewohnheit als Rechtsquelle anerkannt» (voir aussi Wolff, «Gewohnheitsrecht», *passim*), une affirmation valable peut-être pour le droit interne, mais non pour le droit international. Le caractère coutumier était aussi un trait essentiel du droit de commerce, international par excellence : voir U. E. Paoli, «L'autonomia del diritto commerciale nella Grecia classica», *Riv.Dir.Comm.Dir.Gen.Obblig.* 33 (1935) 36 ss, et Gernet, «Le droit grec ancien», *passim*.

116. Voir par exemple Fernández Nieto, «Un tratado de la época arcaica (alianza entre Élide y Herea). Análisis del epígrafe en el ámbito de las instituciones del mundo griego», *Lengua e historia* 12 (1995) 113-124.

ne se configurait pas et ne fonctionnait pas non plus seulement sur la base du droit pactisé et écrit ; il faut garder présent que les relations internationales se fondaient en même temps sur un patrimoine juridique général, de caractère coutumier, autant ou plus obligeant que le droit légal ou écrit[117]. Pour une raison ou pour une autre, ce substrat juridique apparaît – émerge – parfois dans les textes avec une force et une importance supérieure à notre préparation pour son entendement. Il convient alors de ne pas oublier, comme l'ont souligné d'autres auteurs (Murray, Havelock, Gentili, Adrados), que la civilisation grecque reposait sur des bases d'oralité et d'agraphisme profondément enracinées, sans lesquelles son code général de comportement devient inextricable.

Pour le reste il est facile de comprendre que le droit écrit de l'époque classique dans lequel s'inscrivent les traités internationaux de tous genres constituait un stade supérieur dans l'évolution de la culture juridique panhéllenique – une fois encore sous l'influence de l'Orient[118]. Comme tout droit écrit du monde antique, celui-ci introduisait un ensemble de règles plus techniques et plus précises que la norme juridique et pré-juridique du domaine coutumier et, reflétait mieux, sans conteste, la volonté souveraine et fluctuante des sujets pactisants, de la même façon que dans le droit d'obligations le plus avancé[119]. En réponse, en définitive, à une période politique de maturité dans les formes du gouvernement citadin, que celles-ci soient démocratiques ou oligarchiques, le droit écrit des traités internationaux se trouvait à un même stade de raffinement technique que la pensée philosophique, la littérature ou l'administration publique du IVe siècle[120].

---

117. Sur ce point lire notamment F. Adcock, D. J. Mosley, *Diplomacy in Ancient Greece*. Londres 1975, 184. Il vaut la peine de citer aussi Wogasli, *Die Normen des altgriechischen Völkerrechts*, 38-39 : « Wenn sie aber nicht immer auf Holz- oder Erztafeln gestanden haben, so waren sie ins Herz der ganzen Nation geschrieben, was die beste Garantie für die Erhaltung einer Institution bietet ».

118. Selon G. Nenci, « Les rapports internationaux dans la Grèce archaïque (650-550 av. J.C.) », en S. Cataldi, M. Moggi, G. Nenci, G. Panessa (éd.), *Studi sui rapporti interstatali nel mondo antico*. Pisa 1981, 63, « la tradition d'une politique extérieure qui exigeait aussi des accords écrits, rédigés en bonne forme (d'où la fonction des sanctuaires dans cette activité, soit comme lieux privilégiés pour les entretiens diplomatiques, soit pour la connaissance de l'écriture) est entrée en Grèce par l'Asie, dans laquelle les Mermnades étaient les héritiers (plus directs qu'on ne pense en général) d'une tradition diplomatique hittite ».

119. Le caractère potestatif et négocié de la trêve sacrée à Olympia (après la réforme d'Iphitos) comporte déjà la fixation par écrit des accords, de même que l'armistice demande sa rédaction : voir Fernández Nieto, *AcB*. I, p. 155, 161, 168-169, 171 ss, 192 ss. D'ailleurs, nous voudrions ici rappeler pour mémoire la fonction novatrice (probatoire) de l'écriture, de la *syngraphe*, dans le développement du droit international en matière de commerce maritime : voir L. Gernet, « Sur les actions commerciales en droit athénien », *REG* 51 (1938) 20 ss, 26 ss.

120. Au moins à Athènes : à titre d'exemple de clarté, de même que d'*elegantia iuris* dans la rédaction d'un traité d'alliance, voir *Stv.* 193 : pour son analyse *cf.* Baltrusch, *Symmachie und Spondai*, 76 ss.

Ainsi donc, le droit des traités n'abolit pas l'antérieur. Au nouveau stade qui se développe au VIe siècle, précédait et avec lui coexistait un très riche patrimoine d'us et coutumes qui se manifeste à chaque instant dans l'histoire politique, diplomatique et militaire complexe des *poleis* et des *ethne* qui constituaient essentiellement, bien que non exclusivement, l'ordre normatif international des grecs. Son importance réside, à mon avis, dans le fait que la rédaction des traités opérait toujours, en même temps qu'elle la présupposait, sur cette culture juridique commune non écrite ; ou plus concrètement, le texte d'alliance n'était pas toujours pleinement et exclusivement explicite car il contrôlait rarement de manière exhaustive tous les cas de procédure entre les parties assermentées, disons, tous les aspects et situations de la relation d'alliance[121]; il devait être interprété, appliqué et complété par ses signataires, conformément à un système normatif plus vaste et plus ancien. En d'autres termes, la thèse que nous soutenons ici, est la suivante : la coutume, dans la Grèce classique eut un caractère subsidiaire en ce qui concerne les stipulations contenues dans les traités de paix, amitié et alliance[122].

Nous nous référons, plus précisément, à une série d'actions et modèles de comportement que l'on considère inhérents à n'importe quelle relation conventionnelle d'alliance et qui cependant ne sont pas toujours repris explicitement dans le texte de l'accord ; qui pouvaient être réglés ou non par l'instrument diplomatique. C'était des principes présupposés par tous qui ne s'avéraient pas plus aléatoires pour autant, et qui, de plus, n'échappaient pas à la régularisation normative. Comme nous venons de le signaler, nous pouvons à partir de la casuistique, reconstruire ces règles générales de conduite à propos d'articles aussi importants, dans l'instrumentalisation positive d'un pacte, que l'attribution de l'hégémonie (on ne contrôlait pas toujours explicitement son exercice), les délais temporaux de l'aide militaire (trente, quarante jours) et la rétention des troupes aux frais de l'allié[123], le fonctionnement et attributions du conseil militaire alliée (haut mandat militaire, tribunal de justice, cagnotte de guerre…),

---

121. Voir déjà les observations sur ce point d'Alfred Heuss, *Stadt und Herrscher des Hellenismus in ihren staats- und völkerrechtlichen Beziehungen.* Leipzig 1937, 8, à l'égard de la ligue antiperse de 480. *Cf.* aussi Fernández Nieto, « Un tratado de la época arcaica », 118 ss.

122. Voir notre article, dans le présent volume, « Καθότι ἂν ἐπαγγέλλωσιν / παραγγέλλωσιν. Sobre una estipulación del derecho griego de los tratados internacionales ». Dans l'histoire du droit grec nous trouvons une évolution pareille pour les sources du prêt maritime, selon U. E. Paoli, *Studi di diritto attico.* Firenze 1930, 15, « un istituto che fiorisce in tutte le città del Mediterraneo dedite al commercio marittimo… dove costituivano un diritto uniforme e comune. Fonte di questo diritto, anche se in alcuni luoghi consacrato dalla legge, è la consuetudine commerciale ». C'est un fait de complémentarité, au contraire de l'opposition entre le nouveau droit de la polis et l'ancien *themis* : voir K.-J. Hölkeskamp, « Written Law in Archaic Greece », *PCPhS* 38 (1992) 97 ss.

123. A l'époque classique rarement réglé dans le texte d'alliance : par ex., *Stv.* 193. Sur les délais de l'aide militaire et le retrait des troupes de l'allié, lire notre travail, déjà cité, « Καθότι ἂν

le partage de butin entre les participants de la coalition, les interdictions de caractère sacré à la prestation de l'aide militaire, les formes d'annulation ou de rupture des traités d'alliance[124], le fond coutumier qui est patent sous la clause καθότι ἂν ἐπαγγέλλωσιν / παραγγέλλωσιν[125], et ainsi successivement.

2. L'ἡγεμονία, INSTITUTION DE DROIT

Quelles sont été ces normes coutumières et ces principes non-écrits qui ont régi l'exercice de l'hégémonie dans le droit grec international de l'époque classique ? Laissons de côté les aspects plus singuliers des dites ligues permanentes (« symmachies dualistes », « alliances under a hegemon », « hegemoniale Symmachien »), pour nous concentrer sur les traits généraux et communs de l'*hegemonia* comme institution à l'époque classique[126].

1. L'hégémonie est une institution de droit international. Par conséquent il ne s'agit pas d'une simple réalité de fait soumise à l'arbitraire, à la loi du plus fort. L'hégémonie ne fut pas seulement pour les Grecs une *Machtsfrage*, une réalité *de facto* ; ce fut également une *Rechtsfrage*, une réalité de iure, « a leadership defined in terms of law »[127]. Elle se configure comme une pratique inter-hellénique contrôlée par la coutume juridique et aussi parfois reprise dans le droit écrit, dans le propre texte du traité, comme une clause comme une autre de l'instrument diplomatique. Nous devons, par conséquent, considérer cette institution comme une partie du droit des traités, lequel à son tour était régi par un ensemble de règles et de notions, écrites et non écrites, connues de tous les Hellènes. En tant que pratique institutionnalisée, en tant que valeur en accord avec le droit, l'hégémonie fut reconnue dans les discours et les négociations diplomatiques : « Et tant que les Athéniens commandaient en respectant l'égalité, nous les avons suivis de grand cœur » (καὶ μέχρι μὲν ἀπὸ τοῦ ἴσου ἡγοῦντο, προθύμως εἰπόμεθα) – dit le représentant de Mytilène (Th. 3,10,4). Conformément au droit de gens veut dire donc ἀπὸ τοῦ ἴσου ἡγέσθαι, c'est-

---

ἐπαγγέλλωσιν / παραγγέλλωσιν » (4.–El derecho de admisión: plazos para la prestación militar y retirada de las tropas).

124. Dans le pacte d'Athènes avec la Thessalie, en 361/60 (*Stv.* 293), on stipule un fait aussi exceptionnel que la destruction de la stèle du pacte antérieur des Athéniens avec Alexandre de Phères : *cf.* Heuss, « Abschluss und Beurkundung des griechischen und römischen Staatsvertrages », *Klio* 27 (1934) 76-77.

125. Voir *supra* note 122.

126. Voilà la limitation de la recherche sur l'hégémonie spartiate, magnifique d'ailleurs, faite par U. Kahrstedt, *Griechisches Staatsrecht, I: Sparta und seine Symmachie*. Göttingen 1922, 183 ss, dont le contenu ne doit pas être généralisé.

127. V. Ehrenberg, *The Greek State*. Londres 1974, 112. La valeur technique limitée et précise du mot *hegemonia* en grec a été bien expliqué par V. Martin, *La vie internationale dans la Grèce des cités (VI*-IV* s. av. J.-C.).* Paris 1940, 134 n. 2.

à-dire, ἀπὸ τοῦ ἴσου συστρατεύειν (Th. 1,99,2), ou bien, selon Démosthène (15,15), ἐξ ἴσου συμμαχεῖν (*cf.* And. 3,11). La pensée de Thucydide est assez explicite à cet égard : dans son *Archéologie*, en parlant des premiers Grecs, il distingue deux formes de symmachie : « En effet, ils ne s'étaient pas groupés, comme sujets (ὑπήκοοι), autour des principales cités, et ne faisaient pas non plus eux-mêmes, à égalité, des expéditions communes (οὐδ᾽ αὖ αὐτοὶ ἀπὸ τῆς ἴσης κοινὰς στρατείας ἐποιοῦντο) »[128]. Bref, l'hégémonie doit être compatible avec l'*autonomia* de la polis : dans le traité de paix et alliance qui clôt la guerre entre les cités de Sicile et Agathocle de Syracuse on stipule que les cités seraient autonomes sous le commandement de Syracuse : τὰς δ᾽ ἄλλας πάσας αὐτονόμους εἶναι, τὴν ἡγεμονίαν ἐχόντων Συρακοσίων[129].

2. Pour les grecs la cité hégémonique est le belligérant principal – l'expression est d'Élias Bikerman –, celle qui proprement dit fait la guerre. Les sources signalent cette qualification avec la formule connue depuis l'époque archaïque : Les Sybarites et ses alliés (*Stv.* 120, avant 510), les Lacédémoniens et ses alliés (Hdt. 7,157,1), les Corinthiens et ses alliés (Th. 1,30,2), les Acarnaniens et ses alliés (X. *HG* 4,6,2), les Syracusains et ses alliés (D.S. 13,11,5), etc. Les alliés ne sont en effet que des *symmachoi*, qui combattent *avec* ou à côté du belligérant principal. Les *symmachoi* ne l'assistent qu'autant que possible (κατὰ τὸ δυνατόν), suivant la formule des traités d'alliance. Le *symmachos* ne fournit, en principe, qu'un contingent auxiliaire, qui est, du reste, nourri et payé par l'État secouru, tandis que celui-ci engage naturellement toutes ses forces[130].

3. Néanmoins, la notion du belligérant principal ne doit pas cacher le fait que la co-hégémonie était aussi une possibilité envisagée par la diplomatie grecque à la fin de l'époque archaïque : le débat au sein de la ligue antiperse en est une preuve (Hdt. 7,149,2 ; 158 ; 160,2 ; 8,2-3), de même que quelques traités et relations d'alliance du Vᵉ et IVᵉ siècles (*Stv.* 193, 274, 284, 345). La pratique internationale montre en effet que le partage du commandement suprême, sans être objet de règlement au préalable par le droit écrit – c'est le cas

---

128. Th. 1,15,2. Les traductions de cet auteur sont de J. de Romilly, *Thucydide. La guerre du Péloponnèse*. Paris 1968-1972.

129. D.S. 19,71,7 : *Stv.* 424. Autonomie sous commandement athénien était aussi la situation juridique prévue pour Égine en 446/45 (*Stv.* 156), de même que pour tous les alliés au commencement de la ligue de Délos (Th. 1,97,1), et au IVᵉ siècle pour tous les membres de la seconde ligue maritime (D.S. 15,28,4). Portée juridique de l'*autonomia* dans le droit des gens grec : Ténékidès, « Droit international », 626-627 : « point d'obligation de fournir des contingents armés sans conditions et sans avoir pris part à la résolution qui décide de la guerre » ; id., *La notion juridique d'indépendance*, 24 ss.

130. E. Bikerman, « Remarques sur le droit des gens dans la Grèce classique », *RIDA* 4 (1950), 99 ss, 118 ; Baltrusch, *Symmachie und Spondai*, 11 ss. Voir aussi H. Schaefer, *Staatsform und Politik*. Leipzig 1932, 63 ss, encore intéressant, même s'il faut tenir compte des critiques de I. Highby, *The Erythrae Decree*. Leipzig 1936, 58 ss, et Martin, *La vie internationale*, 127 n. 2, 134 n. 1, 140 n. 2.

de la coalition contre Sparte en 395 (*Stv.* 223-225) –, s'imposait *a posteriori* selon les usages, besoins et accommodations inhérents à la relation d'alliance (X. *HG* 4,2,13-18). L'hégémonie partagée des Athéniens et Thébains, et probablement aussi des Argiens et Corinthiens fonctionna à Némée malgré l'expression un peu équivoque de Xénophon : οἱ μὲν περὶ τοὺς Κορινθίους[131]. Il peut aussi arriver qu'une polis ambitieuse rejette la prépondérance institutionnalisée d'une autre : voilà les Arcadiens qui, après la bataille de Leuctres, sont persuadés par Lycomédès qu'ils ne le cèdent désormais en nombre et en valeur à aucun peuple de la Grèce. D'où l'avis qu'il donne à ses compatriotes :

> Si vous êtes sensés, vous vous abstiendrez de suivre vos chefs dans n'importe quel lieu où on vous donnera l'ordre d'aller. De même qu'auparavant vous avez accru le pouvoir des Lacédémoniens en marchant à leur suite, ainsi, maintenant, si vous suivez sans discuter les Thébains et que vous n'exigez pas de partager l'hégémonie (καὶ μὴ κατὰ μέρος ἡγεῖσθα ἀξιῶτε), peut-être trouverez-vous bientôt en eux de nouveaux Lacédémoniens[132].

4. En principe, chaque État a le droit d'exercer l'hégémonie dans sa *chora*, sur son territoire (sauf dans le cas des symmachies hégémoniques, avec la stipulation ἕπομαι, ἀκολουθέω, par exemple : ἕπεσθαι ὅποι ἂν οἱ Λακεδαιμόνιοι ἡγῶνται, ou bien, συμμάχους ἕπεσθαι καὶ ἀκολουθήσειν ὅποι ἂν Θηβαῖοι ἡγῶνται)[133]. Mais si l'on respecte la loi du ἐξ ἴσου συμμαχεῖν, on doit aussi accepter que dans son territoire chaque cité a l'hégémonie. La casuistique est immense en ce qui concerne l'exercice domestique du commandement : voilà les Athéniens à Marathon, suivis des Platéens et des Thespiens (Hdt. 6,108,1), ou à Tanagra, en défense de l'Attique (Th. 1,107,5-7), avec les Thessaliens, Argiens et Cléoniens (Paus. 1,29,7) ; les Béotiens à Délion, sous l'ordre du thébain Pagondas, avec l'aide de Locriens, Corinthiens, Mégariens (Th. 4,91 ; 93 ; 96,8 ; 100,1) ; les Mantinéens à 418, suivies par les Athéniens, les Argiens, les Eléens et leurs *symmachoi* arcadiens (Th. 5,67,2) ; les Éléens en défense d'Olympie, en 364 (X. *HG* 7,4,30). Posséder le commandement suprême chez soi constituait un principe de droit coutumier qui allait de soi : il n'était pas nécessaire de le rendre explicite. Seulement dans des occasions exceptionnelles les cités ont

---

131. *HG* 4,2,14. Voir ci-dessous notre étude « Tratados y relaciones de alianza en la guerra de Corinto (395-386 a. C.) ».

132. X. *HG* 7,1,24, trad. J. Hatzfeld, *Xénophon. Helléniques, livres IV-VII*. Paris 1939. D'ailleurs la conclusion de Baltrusch, *Symmachie und Spondai*, 38, sur le rejet de la coalition antiperse à la prétention athénienne d'obtenir le commandement suprême me paraît trop tranchante : « Diese einhellige Reaktion der Bundesgenossen beweist ja gerade die Gültigkeit der Regel, nämlich dass es nur *eine* Hegemonialmacht geben konnte ».

133. Sur ces stipulations voir ci-dessous « La cláusula de la hegemonía (ἕπεσθαι) en la liga délica, 478/77 a. C. (Th. 3,10,4 ; 11,3) ».

ressenti le besoin de le consacrer par écrit : « La cité qui l'aura appelée devra avoir le commandement de l'armée en campagne, quand la guerre se déroulera sur son territoire » – dit une clause de la quadruple alliance (Th. 5,47,7 = *Stv.* 193, l. 24-25). Le règlement additionnel que nous lisons dans le même texte est aussi conforme au droit coutumier : « Si toutes les cités décident [faire] une expédition commune quelque part, le commandement sera partagé également entre elles toutes » (Th. 5,47,7 = *Stv.* 193, l. 25-26). Parmi les traités du IVe siècle la régulation de l'hégémonie sur son territoire dans la symmachie d'Athènes avec Arcadie, Élide e Phlionte (ἡγεμονίαν δὲ ἔχειν ἐ]ν τῆι αὐτῶν ἑκά[στους, *Stv.* 290, l. 25-26) est assez rare, de même que dans le texte probable de la coalition entre Mantinée et Sparte[134]. Par conséquent, en général le droit coutumier prévalait tacitement sans besoin d'une reconnaissance par écrit.

5. La coutume était de suppléer avec des accords postérieurs, oraux et ponctuels, les lacunes et les imprécisions prémédites du texte du traité concernant l'hégémonie. Quand avaient lieu des expéditions militaires communes hors des territoires respectifs, la concession du commandement suprême devait être accordé par tous dans le cas où il s'agissait d'une relation d'alliance, disons, ἐπὶ τοῖς ἴσοις καὶ ὁμοίοις, « à conditions égales et semblables » (Th. 5,79,1 ; X. *HG* 7,1,13). *Casus omissus* dans le traité du 418 entre Sparte et Argos, l'hégémonie était à décider sur le champ selon la clause suivante : « Si besoin est d'une expédition commune, les Lacédémoniens et les Argiens en décideront et fixeront la manière qui sera la plus juste pour les alliés » (Th. 5,79,3 = *Stv.* 194). Nous avons connaissance également d'une casuistique sur cet usage général, qu'il faut lire entre les lignes dans la plupart des cas, puisque les sources passaient sous silence la plupart des cas ou tenaient pour sous-entendue la pratique en question. On rappellera pour mémoire la discussion qui eut lieu entre les généraux béotiens, athéniens, argiens et corinthiens avant la bataille de Némée, au commencement de la guerre de Corinthe[135]. Quant à l'attribution de l'hégémonie chez les Ioniens révoltés contre Darius, Hérodote (6,7-17) nous apprend seulement qu'une délibération à ce sujet eut lieu au sein du conseil représentatif des alliés, et que le phocéen Dionysos fut élu général en chef par les *probouloi*, mais on souscrira le jugement d'Édouard Will à cet égard : « Les Ioniens ne semblent toutefois avoir réussi à se donner ni un commandement cohérent, ni une doctrine stratégique raisonnable »[136]. Une symmachie ainsi organisée, c'est à dire, soumise au consensus des associés sur la direction militaire, encourait toujours le risque de l'inefficacité, si non d'échouer, comme

---

134. X. *HG* 7,5,3 : περὶ μέντοι ἡγεμονίας αὐτόθεν διεπράττοντο ὅπως ἐν τῇ ἑαυτῶν ἕκαστοι ἡγήσοιντο (= *Stv.* 291, où la reproduction du texte grec est incomplète).

135. X. *HG* 4,2,9-18 : *cf.* notre travail « Tratados y relaciones de alianza », cité ci-dessus n. 131.

136. *Monde grec*, 87.

montre le refus des Éléens à suivre les autres membres de la quadruple alliance contre Tégée en 418 (Th. 5,62).

6. Un des critères déterminants pour l'attribution de l'hégémonie, pour τὴν ἡγεμονίαν παραδίδοναι ou ἐπεῖναι, consistait généralement en ce que le propre apport militaire dépasse en chiffre celui de l'allié et/ou en ce que soit accréditée d'avance la supériorité au combat d'une des parties en mer ou sur terre. Ce fut ce principe qui anima le grand débat diplomatique au sein de la ligue antiperse dû à la prétention athénienne d'obtenir le commandement suprême de la flotte[137]. En se basant également sur le potentiel militaire de Syracuse, Gélon posa comme condition à son entrée dans l'alliance antiperse le commandement suprême, total ou partagé (Hdt. 7,158,4-5 ; 160,2). Auparavant, au cours des préparatifs de la bataille de Ladé, les représentants des cités ioniennes et éoliennes étaient arrivés à une solution de compromis en la personne de Denys de Phocée, nommé amiral de la flotte grecque. Néanmoins, après quelques journées d'exercices militaires, les contingents se sont soulevés contre l'autorité du chef Phocéen, « qui fournissait de son côté trois navires » (Hdt. 6,11-12). Dans le fond, c'était un principe de rationalité militaire qui prévalait dans beaucoup de situations puisque mieux valait dans l'intérêt général que ce soit la ville la mieux qualifiée qui assume le commandement suprême : « C'est là une circonstance qui n'est pas dépourvue d'importance pour l'hégémonie car tout le monde vient très volontiers se réunir autour de la puissance qui est forte dès l'origine » (X. *HG* 7,1,4). Dérivait de tout cela que l'on arrive dans certaines occasions à instaurer ou reconnaître une distribution de compétences mer et terre, selon qu'il s'agisse d'une puissance navale ou terrestre (D.S. 15,38,4) ; ou bien même distribution de compétences *de facto* selon qu'il s'agisse d'infanterie ou cavalerie[138].

7. La métropole avait tendance à se considérer détentrice du droit à exercer l'hégémonie sur la colonie. C'est notamment le cas de Corinthe au sein de son alliance composée des cités du Golfe et la mer Ionienne pendant la guerre du Péloponnèse (Th. 1,26,1 ; 27,2). Pour cette raison les Corinthiens réclament conformément au droit l'hégémonie sur les Corcyréens (Th. 1,38,2-3), de même que les Péloponnésiens peuvent compter avec la collaboration militaire des Doriens de Sicile, leurs colons (Th. 6,6,2). C'est aussi toute la rhétorique d'Athènes, métropole des Ioniens dans la ligue de Délos. Rappelons encore le cas de Tarente, colonie de Sparte, qui met sous l'ordre de l'Agiade Acrotatos 20 trières pour la lutte contre Agathocle de Syracuse (D.S. 19,70,8).

---

137. Hdt. 7,161,3 ; 8,1-3 ; Th. 1,18,2. Voir Baltrusch, *Symmachie und Spondai*, 32, 36 ss.

138. C'est le cas de la bataille de Crannon, entre l'athénien Antiphilos et le thessalien Ménon (D.S. 18,17,6) : voir O. Schmitt, *Der Lamische Krieg*. Bonn 1992, 114, intéressant aussi pour le fonctionnement de l'hégémonie au sein de cette symmachie.

8. Il faudrait rechercher s'il peut arriver que l'attribution de l'hégémonie reste en suspens, nous voulons dire par là, si pour une raison ou pour une autre les alliés ne perçoivent pas clairement la nécessité du commandement suprême. Dans l'expédition contre Arrabaios, le roi des Lyncestes, Macédoniens et Lacédémoniens agissent sous alliance, mais sans que leurs chefs respectifs perdent leur autonomie opérative ou parviennent à imposer leur stratégie (Th. 2,81).

9. Laissant de côté le cas des ligues permanentes, on entend l'attribution de l'hégémonie comme un laps de temps déterminé : une saison de l'année, une campagne militaire, une guerre, une action très concrète, etc. Pendant la durée des opérations il n'y a pas, en principe, possibilité de révocation ou de limitation de la commission. L'hégémonie sert à la stabilisation de l'armée et elle ne peut pas être un droit soumis à la discussion ou à l'arbitraire des parties qui ont adhéré au pacte. Dans les ligues dualistes le commandement reste aux mains de l'*hegemon*, sans limitation de temps ou d'espace à son exercice. Néanmoins, il ne faut pas oublier qu'au sein d'une ligue hégémonique les liens bilatéraux et entrecroisés de ses divers membres peuvent être à l'origine de nouvelles initiatives et manœuvres diplomatiques et d'entreprises militaires aussi, avec mouvements dans l'exercice de l'hégémonie. Sur ce point on pourrait rappeler l'expérience de la coalition antiperse et la continuité des opérations militaires des Grecs insulaires contre Sestos pendant l'hiver 479, sous l'ordre de Xanthippe (Hdt. 9,114 ; Th. 1,89,2). Mais le transfert de l'hégémonie de Sparte aux Athéniens l'année suivante (Th. 1,95) – changement radical – exigea la récréation complète du pacte d'alliance, c'est à dire, la naissance d'une nouvelle organisation, la ligue de Délos.

10. Prérogatives et obligations de l'*hegemon* :

10.1. La direction de la guerre dans son aspect stratégique, tactique et logistique. On perçoit très bien ce principe dans la première expédition péloponnésienne contre l'Attique sous le commandement d'Archidame, qui impose la stratégie et la tactique générale de la campagne malgré les protestations qui s'élèvent au sein de l'armée péloponnésienne (Th. 2,18,3-5). Même si le conseil consultatif des alliés fonctionne, la décision finale revient à l'*hegemon* (très clairement à Salamine : Hdt. 8,63). Les coalisés sous l'hégémonie d'Athènes pendant la guerre lamiaque suivent les ordres de son général, Léosthénès (D.S. 18,12-13), et puis de son successeur, Antiphilos (D.S. 18,15,7 ; Plu. *Phoc.* 23-25).

10.2. L'*hegemon* a le privilège de combattre au premier rang, sur l'aile droite, celle qui selon la disposition hoplitique traditionnelle se trouve en position de pointe. Comme dit Thucydide : «l'aile droite était formée des Mantinéens, puisque l'action se plaçait chez eux» (5,67,2).

10.3. Au moment d'engager le combat, c'est le chef suprême de toute l'armée qui fait le sacrifice aux dieux, avec toutes ses implications divinatoires :

prenons par exemple la bataille de Némée, où les Thébains déclarent propices les victimes et acceptent combattre le jour où le commandement suprême revient à elles (X. *HG* 4,2,18) ; c'est aussi le cas des Éléens en 364, au front de leur alliés[139].

10.4. L'initiative de déclaration de guerre, de suspension d'hostilités par moyen d'héraut et l'érection du trophée reviennent au belligérant principal. Rappelons ici l'affaire d'Épidamne en 435 et le déclenchement des hostilités : quand la flotte corinthienne fut équipée et ses alliés arrivés, les stratèges de Corinthe commencèrent par envoyer en avant un héraut chargé de déclarer la guerre à Corcyre (Th. 1,29). On trouve le même protagonisme de l'*hegemon* à l'égard de la trêve[140]. Après la bataille de Crannon ce sont Antiphilos et Ménon qui envoient un héraut à Antipatre pour offrir la paix (D.S. 18,17,6-7).

10.5. C'est le belligérant principal qui est le bénéficiaire de la victoire commune et, d'accord avec cela, il est de droit coutumier que le butin de guerre soit partagé (ou au moins contrôlé) par le titulaire de l'hégémonie et que sur lui revient une part de choix, « suivant les usages » : κατὰ τοὺς ἐθισμούς (Plb. 2,62,1). Pour l'exprimer avec les mots de Pritchett, « the Greek hegemon in the field could dispose of the proceeds from the sale of booty in various ways, from awarding prizes to providing misthos for the soldiers »[141].

10.6. La plus haute juridiction militaire (sur l'ennemi, dans des conflits entre deux alliés, etc.) échoit à l'*hegemon*, comme preuve le jugement des Platéens par la commission lacédémonienne en 427 (Thuc. 3,67,7 ; 68,1). Ce sont les Syracusains, belligérants principaux, qui jugent et condamnent à mort Nicias et Démosthène (D.S. 13,19,4 ; 33,1), malgré le fait que le premier « avait fait sa soumission en se confiant à Gylippe » (Th. 7,86,4 ; 85,1). C'est Agésilas, pas Lysandre, celui qui en Asie Mineur avait le dernier mot dans les affaires

---

139. X. *HG* 7,4,30. *Cf.* H. Popp, *Die Einwirkung von Vorzeichen, Opfern und Festen auf die Kriegführung der Griechen im 5. und 4. Jahrhundert v. Chr.* Diss. Erlangen 1957, 51 ss, 69 ss, offre une longue liste d'exemples du sacrifice avant la bataille, mais il ne perçoit pas la relation entre l'acte rituel et la prérogative hégémonique ; c'est le même cas de W. K. Pritchett, *The Greek State at War*, I. Berkeley et Los Angeles 1971, 109 ss. Je n'ai pas consulté à cette occasion le livre de R. Lonis, *Guerre et religion en Grèce à l'époque classique*. Paris 1979.

140. Voir Fernández Nieto, *AcB.* I, p. 113-114.

141. *Greek State at War*, 85 ss. Il ne saurait être question d'étudier ici la problématique du butin de guerre dans ses aspects normatifs (légaux et coutumiers), fort bien analysés et discutés par divers auteurs, auxquels on se rapportera: Kahrstedt, *Griechisches Staatsrecht*, 190 ss (contre, Pritchett) ; A. Aymard, « Le partage des profits de guerre dans les traités d'alliance antiques », *RH* 217 (1957) 233-249 ; Ducrey, *Le traitement des prisonniers*, 229 ss, 258 ss ; Biscardi, *Diritto greco*, 192-193 ; Y. Garlan, *Guerre et économie en Grèce ancienne*. Paris 1989, 50 ss ; Chaniotis, *VkP.* 93-94 ; F. J. Fernández Nieto, « El derecho privado sobre el botín de guerra en el ámbito dorio (s. V-II a. C.) », en G. Thür, F. J. Fernández Nieto (éd.), *Symposion 1999*. Cologne 2003, 355-370.

judiciaires des alliés (Plu. *Ages.* 7,4). Reprenons ici les mots de Fernández Nieto, dans son rapport de *Symposion 1995* :

> Cuando en un ejército o flota están presentes varios estrategos (o rey y generales en el caso de Esparta) y surgen conflictos de competencia, éstos se resuelven siempre a favor del máximo jefe militar. Dentro de las ligas o confederaciones, la jurisdicción pertenece a los estrategos de la ciudad que ejerce la hegemonía[142].

10.7. La gestion de la cagnotte de guerre et le partage des charges militaires entre les alliés. Voilà une raison déclarée du conflit entre Sparte et Élide en 402[143]. Les Lacédémoniens assument aussi la distribution des frais et des charges entre alliés siciliens quand éclate la guerre du Péloponnèse (Th. 2,7,3), et au commencement de la guerre contre Olynthe (X. *HG* 5,2,20-21). On constate la même procédure de la part de Corinthe avec ses alliés éléens, sicyoniens, béotiens, etc., lors du déclenchement de l'offensive navale contre Corcyre (Th. 1,27,2). Quant aux Athéniens au moment de la fondation de la ligue de Délos, leur hégémonie consistait en un commandement militaire, mais aussi en une gestion des finances communes : c'est la mission d'Aristide (Thuc. 1,96 ; Plu. *Arist.* 24).

11. L'hégémonie, institution de droit, bien qu'étant décisoire comporte un conseil consultatif composé des délégués ou chefs alliés, lesquels devaient être dûment entendus. Au sein des symmachies permanentes le conseil consultatif est de bon aloi, ainsi dans la ligue du Péloponnèse : Alcide, le navarque spartiate, tiendra compte de l'avis du chef éléen en conseil de guerre (Th. 3,30,1), qui ne parviendra pas à le convaincre (Th. 3,31,1) ; Archidame s'adresse à son conseil de guerre avec un discours (Th. 2,11), de même que Eurybiade tienne compte des chefs de la flotte (Plu. *Arist.* 9,1). Dans le cas des coalitions qui n'ont pas l'hégémonie permanente, le rôle de ce conseil de guerre devient encore plus important et décisif. (par ex., Th. 5,79,3 ; X. *HG* 4,2,10-13).

12. L'hégémonie est une responsabilité qui confère réputation (*time*) à celui qui la détient (Isoc. 12,76-79). Cela a à voir avec l'image et le prestige des villes et des fédérations, avec la tradition et l'histoire de chaque allié. La rhétorique des ambassadeurs et négociateurs a recours à l'argument de l'ancienneté, de la grandeur passée, des droits historiques (réels ou inventés), de la communauté en question (Isoc. 12,56-61 ; D.S. 13,22,4-5). Peut être le cas le plus illustratif nous est offert par les discussions au sein de la ligue des Hellènes pendant la seconde guerre médique (par ex., Plu. *Arist.* 12 ; 16).

---

142. «Los reglamentos militares griegos y la justicia castrense en época helenística», en G. Thür, J. Vélissaropoulos (éd.), *Symposion 1995*. Cologne 1997, 221, reprenant les conclusions de son rapport dans G. Nenci, G. Thür (éd.), *Symposion 1988*, «La competencia penal de los estrategos», Vienne 1990, 115-116.

143. D.S. 14,17,5 : voir Alonso, *Neutralidad*, 496 ss.

13. Les qualités personnelles du chef militaire sont fondamentales pour assurer l'obéissance des alliés. Dans la conception grecque de l'hégémonie on connait aussi l'adjectif *hegemonikos* pour décrire l'ensemble des qualités associées à l'homme (ou le groupe) qui détient le commandement suprême. Le cas antithétique à ce propos est celui de Pausanias dont le comportement despotique et l'échec pourraient s'apparenter à ceux de son compatriote Acrotatos en Sicile pendant la guerre de libération contre Agathocle de Syracuse (D.S. 19,70-71).

L'expérience grecque de l'hégémonie ne se limite pas à sa dimension juridique. Il y eut également un traitement rhétorique et propagandiste de l'hégémonie, c'est à dire purement politique. Nous pouvons constater également un transfert conceptuel de l'hégémonie militaire à la philosophie politique, chez Platon et Aristote, par exemple[144]. Mais ceci est une autre histoire[145].

---

144. Voir, à titre d'exemple, la métaphore de la guerre et le langage de l'alliance à propos du gouvernement de la cité dans *R.* 474b-c, l'hégémonie reposant sur les philosophes et leurs concitoyens étant obligés à les « suivre » (ἀκολουθεῖν). Noter aussi Arist. *Pol.* 1333b.

145. Ce travail a été initialement publié en G. Thür, F. J. Fernández Nieto (Hrsg. / ed.), *Symposion 1999. Vorträge zur griechischen und hellenistischen Rechtsgeschichte / Comunicaciones sobre historia de derecho griego y helenístico*, Pazo de Mariñán, La Coruña, 6-9 de septiembre de 1999. Köln 2003, 339-354.

Καθότι ἂν ἐπαγγέλλωσιν / παραγγέλλωσιν
SOBRE UNA ESTIPULACIÓN DEL DERECHO GRIEGO DE LOS TRATADOS INTERNACIONALES

ABSTRACT: Καθότι ἂν ἐπαγγέλλωσιν / παραγγέλλωσιν. Some remarks on a provision in the Greek law of international treaties. The paper analyses the stipulation «as they call on them» or «in such sort as they shall send them word to do», included in the wording of alliance (*symmachia*) treaties in ancient Greece. The investigation is divided into the following sections: 1. The sources of the Greek international law: customary law and legal law; 2. The new law of treaties: the *casus foederis* notification; 3. The right to refuse admission: only one trireme in the absence of the *casus foederis* notification; 4. The right of admission: time limits for the military help and the withdrawal of troops.

Con el presente estudio quiero llamar la atención sobre una regulación adicional inserta en la definición del *casus foederis* de bastantes textos de alianza concluidos a partir del siglo V hasta la época helenística[146]. Con ella se pretendía que la ayuda militar de cada una de las partes pactantes, supuesta la condición de aplicación del instrumento diplomático, solo se materializase en caso de que dicha ayuda fuese formalmente solicitada por la otra parte, «cuando lo anuncien / comuniquen». Al hilo de esta estipulación, de raigambre arcaica y consuetudinaria, analizaré otras dos prácticas del *ius ad bellum* helénico relacionadas con ella y, en definitiva, con el derecho soberano de admisión: la entrada en puerto de una sola nave de guerra (trirreme) en tiempo de paz y la evacuación de las tropas aliadas una vez cumplida la misión de alianza. Pero, antes de entrar de lleno en estas regulaciones, permítaseme hacer unas aclaraciones previas y necesarias para cimentar la interpretación que iré dando de los textos relevantes.

---

146. En puridad no se trata de una cláusula, sino solo de una precisión o estipulación adicional inserta en la cláusula del supuesto de alianza.

1. Las fuentes del derecho internacional griego: derecho consuetudinario y derecho legal

En primer lugar, es preciso recordar algo tan obvio, aunque no siempre tan tenido en cuenta, como que las relaciones entre las ciudades griegas de época clásica estuvieron regidas por un conjunto de normas e instituciones que hicieron de aquellos siglos una sociedad internacional relativamente organizada. A su manera, con valores propios y en gran medida distintos al orden jurídico mundial de nuestros días, con defectos e incoherencias, con flagrantes violaciones y abusos de poder, pero, aun con todo y con eso, sociedad internacional consciente de su pluralidad y de la autonomía e igualdad de sus integrantes. Me parece inexcusable resaltar la virtualidad y la eficacia de esa cultura normativa en la que funcionaron las relaciones entre las *poleis* y los *ethne*, porque sin ella se priva a la historia política griega, cuyo motor, como el de muchas otras épocas, fue la tensión autonomía-hegemonía, de la gramática que le era propia[147].

En segundo lugar, y al igual que en otros sistemas interestatales históricos, la Grecia clásica conoció dos formas de producción de derecho internacional, quiero decir, de derecho positivo con validez reconocida por todos los miembros de la comunidad panhelénica, por el conjunto de sus ciudades y federaciones. Dichas formas fueron la costumbre y los tratados, no pudiendo ser de otra manera, pues entre los helenos no había instancias u órganos judiciales de rango superior y permanente con capacidad para emitir sentencias y dictar arbitrajes vinculantes para las partes concernidas que de alguna manera fijasen un precedente jurídico, un material de jurisprudencia (caso antes de la Sociedad de Naciones, hoy día del tribunal de La Haya y en cierto modo también de la ONU). Tampoco existía, lógicamente, un cuerpo de doctrina elaborada por juristas y aceptada por los Estados soberanos en sus relaciones mutuas (los Vitoria, Grocio, Vynkershoek o Vattel, de la Europa moderna). No regía por tanto el modo jurisprudencial de creación del derecho: ni el judicial ni el doctrinal[148].

Los otros dos modos de producción de la norma jurídica, tanto a nivel estatal como interestatal, han sido siempre, y lo eran también en la Grecia

---

147. Para iniciar al lector en los estudios de derecho de gentes griego pueden servir el primer volumen de Fernández Nieto, *AcB.*, y la monografía de V. Ilari, *Guerra e diritto nel mondo antico*. Milano 1980. Por lo demás, el estudio que mejor compendia mi visión de la cultura jurídica interhelénica en materia de paz, guerra y relaciones interestatales, incluida su evolución de la época arcaica a la clásica, es V. Alonso, *War, Peace and International Law,* en K. Raaflaub (ed.), *War and Peace in the Ancient World*. Oxford 2007, 206-225, reeditado en T. Gazzini, N. Tsagourias (ed.), *The Use of Force in International Law*. London and New York 2016, 3-22.

148. Una exposición clara, por ej., en F. Tomás y Valiente, *Manual de historia del derecho español*, 4ª ed. Madrid 1987, 28 ss, 77 ss, 108 ss, 194 ss. La clasificación de las fuentes jurídicas se establece a partir del derecho interno, pero por extensión puede aplicarse también al derecho internacional.

antigua, el derecho consuetudinario y el derecho legal o escrito. En ambos encontramos las fuentes del derecho de gentes interhelénico.

El derecho consuetudinario estaba conformado por la costumbre jurídica, un patrimonio normativo más primitivo y también más cercano a la esfera religiosa, de transmisión y formulación orales, de elaboración panhelénica y anónima (como el *epos*). Comprendía un conjunto de reglas no previamente negociadas, no consensuadas mediante pacto oral o escrito, pero de cuya existencia y virtualidad los helenos eran del todo conscientes: las costumbres ancestrales (τὰ πάτρια), la ley no escrita (ἄγραφος νόμος), las leyes comunes a todos los griegos (νόμοι κοινοὶ τῶν Ἑλλήνων) o, si se prefiere decirlo en el lenguaje alerta y preciso de Tucídides (1,98,4; 4,78,2), lo establecido (τὸ καθεστηκός). A este sustrato normativo pertenecían nociones, reglas de comportamiento, instituciones y valores absolutamente básicos para el regimiento de la vida normal entre las ciudades y federaciones, como por ejemplo el principio mismo de autonomía, el privilegio de competir en los grandes juegos, la institución protoconsular de la *proxenía*, la concepción sui géneris de la paz y la guerra, el régimen de los heraldos y embajadores, el ultimátum y la declaración de guerra, el ejercicio de la neutralidad en un conflicto armado, la idea de tregua o suspensión temporal de hostilidades para la recogida de cadáveres, el estatus de inviolabilidad de los espacios y los tiempos sagrados, la vigencia del derecho de conquista, y algunos otros usos e instituciones que no presuponían ni precisaban para su respeto y cumplimiento del anudamiento de un lazo convencional previo entre las partes implicadas. Excusado es decir que una tregua era un acuerdo bélico y como tal revestía un carácter convencional: los beligerantes tenían que negociar y jurar solemnemente el convenio, pero subjetiva y objetivamente se trataba de un derecho con el que cualquier griego entraba en combate sin previa necesidad de adherirse a una carta o pacto internacional, como el tratado de La Haya o la convención de Ginebra. El respeto unánime a ciertas prácticas y el consenso reiterado daban a la costumbre fuerza de norma jurídica interhelénica[149].

Junto a la costumbre, el derecho legal producido por los órganos soberanos de la polis, o en su defecto por los magistrados competentes, constituía la otra fuente normativa indiscutible. Se trataba por definición de un derecho pactado y fijado por escrito, esto es, un conjunto de acuerdos y tratados libérrimamente otorgados por las partes, alcanzados mediante negociación y necesariamente redactados por escrito y expuestos a la luz pública en inscripciones conmemorativas. Creaban un vínculo jurídico en toda regla entre los Estados contratantes, y a partir del siglo VI fue cosa normal y necesaria que

---

149. Fernández Nieto, *AcB.*, I, p. 127 ss. Consultar, asimismo, G. Ténékidès, *La notion juridique d'indépendance et la tradition hellénique*. Athènes 1954, 20 ss; J. de Romilly, *La loi dans la pensée grecque*. Paris 1971, 25 ss.

las ciudades griegas se diesen en cada oportunidad estas pautas de actuación para regular e intensificar lo más positivamente posible sus relaciones bilaterales o multilaterales. Son, por citar los más frecuentes y conocidos, los pactos de no agresión (σπονδαί), los tratados de amistad (φιλία) y de paz (εἰρήνη), los tratados de alianza (συμμαχία), los tratados de paz común (κοινὴ εἰρήνη), los convenios de asistencia judicial (σύμβολα), los acuerdos bélicos más evolucionados (en especial, las σπονδαί de capitulación), los convenios de arbitraje (διαλλαγή), los tratados bilaterales de concesión de ciudadanía en globo (ἰσοπολιτεία), los acuerdos comerciales (*Stv.* 306, 320), algunos contratos de compraventa o alquiler de tierras entre dos ciudades (v. g., *Stv.* 557), etc.

Lo que ha sido puesto por escrito y explicitado resulta más aparente e inteligible para el estudioso actual; lo que no ha sido siempre recogido por los autores clásicos, por ser tácito y sobreentendido, no era menos valioso ni menos imperativo para los helenos, antes al contrario, podría decirse que en cierta medida persistía como cimiento inconmovible, si bien corriendo el riesgo de pasar inadvertido a nuestros ojos, desacostumbrados a los repliegues y silencios del mundo antiguo. El orden normativo panhelénico no se configuraba ni funcionaba solamente sobre la base del derecho pactado y escrito, el derecho legal; conviene tener muy presente que las relaciones internacionales se fundaban asimismo en un acervo jurídico general de carácter consuetudinario, tanto o más vinculante que el anterior. A veces, por una u otra razón, este sustrato normativo se hace visible en los textos con más fuerza y relevancia de las que nosotros estamos preparados para comprender. Conviene entonces no olvidar que, como han puesto de relieve diversos autores, la civilización griega descansaba sobre bases de oralidad y agrafismo profundamente arraigadas, sin cuya consideración resulta inextricable su código general de comportamiento.

Por lo demás, es fácil de entender que el derecho escrito de época clásica en que se inscriben los tratados interestatales de todo tipo representaba un estadio superior en la evolución de la cultura jurídica interhelénica. Como todo derecho escrito en el mundo antiguo, introducía un conjunto de reglas más técnicas y más precisas que la normativa jurídica y prejurídica del ámbito consuetudinario y por supuesto era más expresivo de la voluntad soberana de los sujetos pactantes, al igual que el derecho de obligaciones más avanzado. Correspondiente, en definitiva, a un momento político de madurez en las formas del gobierno ciudadano, fuesen estas democráticas u oligárquicas, se hallaba al mismo nivel de refinamiento técnico que el pensamiento filosófico, la literatura o la administración pública del siglo IV[150].

---

150. Sobre la intervención de las fuentes del derecho internacional griego en el ejercicio del liderazgo dentro de una coalición militar, ver en este volumen «L'institution de l'hégémonie: entre la coutume et le droit écrit».

2. EL NUEVO DERECHO DE LOS TRATADOS: LA NOTIFICACIÓN DEL *CASUS FOEDERIS*

Por consiguiente, el derecho de los tratados votado en asamblea no abolió todo lo anterior. A este nuevo estadio de derecho legal y escrito que se desarrolló desde el siglo VI precedía, y junto a él coexistía, un riquísimo patrimonio de principios y costumbres que afloraban a cada paso en el complejo acontecer político, diplomático y militar de las polis y los etnos y que conformaban de manera esencial, aunque ya no exclusivamente, el orden jurídico internacional de los helenos. Su importancia estriba, a mi juicio, en que la redacción de los tratados operaba sobre y presuponía siempre esa cultura normativa común no escrita. Dicho con más concreción, el texto de alianza (*symmachía*) no siempre resultaba plena y absolutamente explícito, porque rara vez regulaba de manera exhaustiva todos los supuestos de actuación entre las partes juramentadas, por lo que debía ser interpretado, aplicado y completado por las partes en conformidad con un sistema normativo más amplio y más antiguo. En otras palabras, la tesis que aquí sostengo es que la costumbre tuvo en la Grecia antigua un carácter supletorio o subsidiario respecto de las estipulaciones contenidas en los pactos de no agresión, de amistad, de paz y de alianza.

Más precisamente todavía, me estoy refiriendo a una serie de actuaciones y pautas de comportamiento que se consideraban inherentes a cualquier relación convencional de alianza y que sin embargo no siempre estaban recogidas de manera explícita en el texto del acuerdo, en su articulado; actuaciones y pautas que podían o no aparecer reguladas por el derecho de los tratados, que podían o no aparecer entre las cláusulas negociadas y juradas del instrumento diplomático[151]. Se trataba de principios que todos presuponían y que no por ello resultaban más aleatorios ni escapaban a la disciplina observable. A partir de la casuística de las relaciones de alianza, en efecto, podemos reconstruir estas pautas generales y compartidas de conducta atañederas a materias tan importantes en la instrumentación de un pacto como la atribución de la hegemonía (no siempre se regulaba positivamente su ejercicio), los plazos temporales de la ayuda militar (30, 40 días, etc.) y la retención adicional de las tropas por el aliado a su costa, el funcionamiento y las atribuciones del consejo de guerra (alto mando militar, tribunal de justicia, caja de guerra, etc.), el reparto del botín entre los integrantes de la coalición (raras veces regulado, a diferencia de los tratados cretenses[152], o del *foedus Cassianum*, *Stv.* 126), las formas de

---

151. Como ya señaló A. Heuss, *Stadt und Herrscher des Hellenismus in ihren staats- und völkerrechtlichen Beziehungen*. Leipzig 1937, 8, uno de los mejores conocedores del derecho de gentes antiguo.

152. *Stv.* 148 a, l. 4-11; *VkP.* 11, l. 4-8; 26, l. 7-8; 28, l. 53-58; 38, l. 22-24; 46, l. 2-6; 59, l. 23-25; 61 A, l. 17-18.

extinción o de ruptura de los tratados de alianza (en el pacto de Atenas con Tesalia del 361/60, *Stv*. 276, se estipulaba algo no tan excepcional como la destrucción de la estela del pacto anterior, el de los atenienses con Alejandro de
Feras), y así sucesivamente.

Una de estas normas consuetudinarias tenía que ver con la determinación
del *casus foederis*: quién podía decidir cuándo y por qué se había producido el
supuesto de alianza. Obviamente era necesario el consenso de las partes implicadas. Pero precisemos.

La cláusula jurada consagraba normalmente la obligación de prestar socorro bélico al aliado en caso de ver este invadido su territorio. Pongamos tres
ejemplos escalonados y suficientemente distanciados en el tiempo: la liga helénica (*Stv*. 130) del 481, el tratado de alianza del 367 entre los atenienses y
Dionisio de Siracusa (*Stv*. 280), y el tratado de alianza entre Axos y Gortina /
Festos (*VkP*. 13), c. 240/41. En virtud del primer pacto, que sin duda consagraba nociones y normas del arcaísmo, Atenas solicitó formalmente la ayuda
de Esparta y los demás aliados cuando se produjo la segunda ocupación del
Ática por parte de Mardonio, en el 479: «enviaron mensajeros a Lacedemonia
para recriminarles… y para anunciarles (προεῖπαί) que, si no socorrían a los
atenienses (εἰ μὴ ἀμυνεῦσι Ἀθηναίοισι), ellos por sí mismos ya encontrarían
alguna manera de protegerse» (Hdt. 9,6). Por su parte, el tratado con el tirano
siracusano se insertaba en la política defensiva anudada entre la democracia
ática y Esparta frente a la hegemonía tebana, y rezaba así en la parte que nos
interesa: «si alguien marchare contra el territorio de los atenienses en son de
guerra, bien por tierra o bien por mar, Dionisio y sus descendientes prestarán
ayuda con todas sus fuerzas conforme se lo notifiquen los atenienses, así por
tierra como por mar, en la medida de sus posibilidades»[153]. Las mismas obligaciones serán consagradas en la estela de piedra que hace público el pacto entre
las citadas polis cretenses: «los axios serán aliados de los gortinios de la ciudad
de arriba y de la de abajo y les prestarán ayuda […] los gortinios, cuando estos los reclamen»[154].

Helo aquí, así pues, el *casus foederis* por antonomasia en el derecho de
gentes helénico. Ahora bien, no bastaba con que se diese ese supuesto definido

---

153. *Stv*. 280, l. 13-19: [ἐάν τις] | [ἴηι ἐπ]ὶ [τ]ὴν χώραν τὴν Ἀ[θηναίων ἐπὶ πολέμ] |
[ωι ἦ κατ]ὰ γῆν ἦ κατὰ θάλατταν, βοηθεῖν Διο] | [νύσιον] καὶ τοὺς ἐκγόν[ους αὐτὸ καθότι
ἂν] | [ἐπαγγέ]λλωσιν Ἀθηναῖ[οι καὶ κατὰ γῆν καὶ] | [κατὰ θά]λατταν παντ[ὶ σθένει κατὰ τὸ
δυνα] | [τόν·]. La restitución καθότι ἂν ἐπαγγέλλωσιν en las l. 15-16 está asegurada, no solo
porque respeta el ΣΤΟΙΧ. 33, sino porque se puede completar al reiterarse en la l. 21: καθότι
ἄ[ν ἐπαγγέλλωσιν], la misma fórmula, solo que con los sujetos pactantes invertidos.

154. *VkP*. 13, l. 4-5: καὶ βοα[θή]σουσι ΑΙ[……]ΝΤΑΙ οἱ Γορ- | [τ]ύνιοι καθάπ[ερ]
παρακ[αλ]οῦσιν (reproduzco solo las dos líneas relevantes del original griego). También en ámbito cretense, el pacto entre Gortina y Lapa, c. 200/189 (o c. 216/204): ὀπυῖ κα παρκαλίωντι οἱ
Γορτύνιοι (*VkP*. 31, A l. 6 = *Stv*. 723).

de alianza para que el concurso armado de la otra parte debiera prestarse: el envío de tropas había de ser formalmente solicitado al aliado. Así hizo Atenas al ver su territorio reocupado y asolado por los persas. Era la ciudad socorrida la que decidía en primera instancia, la que se reservaba el derecho de admisión. Y es al llegar a este punto en que deseo referirme a la expresión que da título al presente trabajo, καθότι ἂν ἐπαγγέλλωσιν / παραγγέλλωσιν, la que vemos aflorar en los tratados de la época clásica avanzada: «conforme lo soliciten / anuncien» (sobreentiéndase: los ἄγγελοι, los πρέσβεις o incluso los κήρυκες, mensajeros, embajadores, heraldos, despachados al efecto).

En los textos epigráficos más antiguos aún no aparece esta oración subordinada: ni en el tratado de Élide con la comunidad arcadia de Herea, quizá de hacia mediados del siglo VI (*Stv.* 110); ni en el de Síbaris con los serdeos, anterior al 510 (*Stv.* 120)[155]; ni en el de Cnossos y Tilissos, de hacia el 450 (*Stv.* 147, B-C, l. 9ss: con el *casus foederis* que incluye ya la expresión παντὶ σθένει κατὰ τὸ δυνατόν); ni en los de Atenas con Region y Leontinos, ambos del 433/32 (*Stv.* 162, 163); ni en el de Atenas con Halieis, del 424/23 (*Stv.* 184); ni todavía en el 421, cuando atenienses y espartanos cierran una alianza contraofensiva para respaldar la neonata paz de Nicias (*Stv.* 189).

En lo que el estado actual de la epigrafía diplomática permite ver, la fórmula en cuestión está ya atestiguada hacia mediados del siglo V, en un decreto ático de alianza con la anfictionía délfica (*Stv.* 142), si bien con un sentido distinto al que aquí nos interesa. La vemos por vez primera formando parte del supuesto de alianza en la cuádruple alianza entre atenienses, argivos, mantineos y eleos, del 420 (*Stv.* 193, restituida a partir de Th. 5,47,3-4), un texto que por cierto constituye una joya en la historia diplomática de la Grecia clásica. Cuatro años después, en el 416, la leemos de nuevo en la estela del pacto entre atenienses y argivos (*Stv.* 196, parcialmente restituida por Meritt), y a fines de la guerra del Peloponeso en el tratado de hacia el 409 entre los atenienses y Selimbria (*Stv.* 207, l. 2). En el periodo de la preponderancia espartana es posible que haya figurado en un documento legislativo de la república de Eleusis (403/02) que concedía derecho de libre paso por su territorio a los ejércitos de Atenas en caso de ser estos convocados por los lacedemonios[156]. De ahora en adelante, durante todo el siglo IV, esta locución reaparece en instrumentos jurídicos de gran relieve en la historia de las relaciones exteriores atenienses[157]. Podríamos decir que su definitiva aceptación en el lenguaje diplomático

---

155. Para estos dos pactos, ver *infra* «Olympie et la publication des traités internationaux».

156. *Stv.* 213, l. 14-15, según la restitución de Kahrstedt: στρατιὰς [δὲ *hὰς* ἂν παραγ- | γέλοσι κατὰ τὸν πολ]εμίο[ν *hοι* Λακεδαιμόνιοι.

157. Pactos de Atenas: con la confederación beocia (*Stv.* 223) y con Lócride (*Stv.* 224), ambos del 395; con Eretria, en 394, tal vez restituible (*Stv.* 229, b 1); con Corcira, en 375 (*Stv.* 263); con Arcadia, Acaya, Élide y Fliunte, en 362/61 (*Stv.* 290); con los reyes tracios Berisades, Amadoco y Quersobleptes, en 357 (*Stv.* 303); amén del citado con Dionisio de Siracusa (*Stv.* 280).

panhelénico tiene lugar con ocasión de la *koiné eirene* del 338/37 en Corinto, tras Queronea, en la cláusula de garantía o sanción que enuncia el supuesto de cooperación bélica frente a los contraventores de la paz: «ayudaré cuando lo requieran los que sean agraviados y combatiré a quien conculque la paz común cuando así lo disponga el sinedrio general de los aliados y el jefe de la coalición lo requiera»[158].

Hasta qué punto, por lo demás, la facultad de notificación al aliado, que a todas luces fue perfeccionada por el derecho de los tratados ateniense, experimentó el conocido fenómeno de la extensión y recepción dentro del mundo helénico, es una cuestión que merece una respuesta solo aproximativa, dada la relativa escasez de testimonios epigráficos en comparación con el Ática[159]. Con todo, cabe suponer que la estipulación en cuestión se incorporó de forma natural al articulado de los instrumentos jurídicos en las regiones más avanzadas del mundo griego. Y así lo ilustra la mencionada paz general consagrada por la liga de Corinto. Igualmente vemos invocada la condicionalidad de la ayuda militar en el debate asambleario de la confederación arcadia, el año 363: «aquellos que aconsejaban lo mejor para el Peloponeso convencieron a la asamblea federal de los arcadios para que enviasen embajadores a los tebanos, al objeto de comunicarles que no viniesen en armas a Arcadia si [los arcadios] no lo reclamaban (εἰ μὴ τι καλοῖεν)»[160].

En época helenística la disposición aparece recogida en el texto fundacional de la denominada liga helénica, instituida bajo la hegemonía antigónida, a comienzos del 302, si bien la notificación ya no es ahora formulada directamente a la otra parte por el interesado, sino por el consejo aliado (*synedrion*) en forma de requisitoria conminadora (*Stv.* 446, III l. 95-96: [κ]α<θ'> ὅ ἂν παραγγελ{λ}ῆι). Por tanto, una estipulación en su origen garantista sirve ahora a los intereses del imperialismo macedonio. Reaparece manteniendo

---

Por lo demás, la restitución de Smith, no seguida por Schmitt, en el tratado de amistad y alianza entre Esparta y Atenas (decreto de Cremónides), c. 267-265, *Stv.* 476, l. 77: Λ[ακεδαιμονίων καθότι ἂν ἐπαγγέλλωσιν· ἐὰν δέ τ]ις, la considero improbable, porque por razones de espacio (ΣΤΟΙΧ. 46) no cabe el preceptivo sujeto de la acción verbal, el reclamante de la ayuda, en este caso Ἀθηναῖοι.

158. *Stv.* 403, a l. 18-19: βοηθήσω] καθότι ἂν παραγ- | [γέλλωσιν οἱ ἀδικούμενοι (¿)]; a l. 21-22: καὶ ὁ ἡγεμὼ | [ν παραγγέλληι. Ver M. Jehne, *Koine Eirene. Untersuchungen zu den Befriedungs- und Stabilisierungsbemuhungen in der griechischen Poliswelt des 4. Jahrhunderts v. Chr*. Stuttgart 1994, 174.

159. No figura en ninguno de los tres tratados de alianza cerrados entre el verano del 412 y la primavera del 411 entre Esparta y Persia (*Stv.* 200-202), tampoco en la estela del pacto entre Tasos y Neápolis hacia el 411 (*Stv.* 204). En la cuarta centuria son solo tres las inscripciones fuera del Ática que conservan el *casus foederis* (*Stv.* 307, 322, 455), y de ellas ninguna inserta la especificación que nos ocupa.

160. X. *HG* 7,4,35; *cf.* 7,5,2. En sentido contrario, de parte de la misma confederación, X. *HG* 7,4,13: παραγγείλαντες ἐβοήθουν; 7,5,3: πρέσβεις … παρακαλοῦντες.

su espíritu original, bilateral y paritario, en el pacto entre etolios y beocios, c. 292-291 (*Stv.* 463: καθότι ἂν παρακαλῶσι, con una variante verbal que resulta irrelevante). En el tratado de alianza entre Antígono Doson (?) y Eleuterna, c. 227-224, se marca un plazo (20 días) para la remisión del socorro militar a partir de la fecha de notificación por los embajadores (*Stv.* 501, l. 27-28: ἀποστέλλειν | [δὲ καὶ Ἀντίγονον τὴν βοήθειαν ἐν ἡμέ]ραις εἴκοσι ἀφ᾽ ἧς ἂν πα- | [ραγγείλωσιν οἱ πρεσβευταί), al igual que en los pactos de alianza de Rodas con Hierapitna (30 días), c. 202/200 (*Stv.* 551, l. 17-18: ἐν ἁμέραις τριάκοντα, ἀφ᾽ ἇς κα ἐπαγγείλωντι Ῥόδιοι), y con Olus (30 días), c. 201-200 (*Stv.* 552, a l. 33: *id.*). En la cercana Pisidia, Termeso y Adada parecen imitar estas disposiciones en el siglo II, aunque acortando a diez días el plazo para el envío de la ayuda a partir de la notificación (προάγγελμα), verbal o escrita, del aliado agredido (Stv. 779, l. 16-20). Por su parte, las ciudades cretenses introdujeron la misma cautela en la formulación del *casus foederis*, como ya hemos visto (*VkP.* 13, 31), pero no solo Gortina con sus aliados (+ *VkP.* 46 = *Stv.* 746, l. 4: τῶν ἐπικαλεσαμένων τὴμ βοήθειαν), sino también Aptera y Hierapitna (*Stv.* 747a, l. 10-11: καθός κα παρακαλῶντι Ἱεραπύτ - | [νιοι·). En fin, un especial valor testimonial tendría la invocación de esta práctica diplomática en contextos ampliamente mediterráneos, más allá de la Grecia metropolitana. Por ejemplo, en las negociaciones de Pirro con Roma, c. 280-278 (*Stv.* 467), el rey epirota justifica su presencia en Italia debido a la solicitud de auxilio cursada por tarentinos y otros pueblos peninsulares (ἐπικαλεσαμένοις βοηθήσων, D.H. 19,9.1). Pirro llega incluso a asegurar a los romanos que también él respondería a sus peticiones de ayuda si en el futuro ellos y él alcanzasen un acuerdo de amistad y alianza (D.H. 19,9,3). Asimismo, por su carácter excéntrico cabría mencionar la *symmachía* entre Farnaces I del Ponto y el Quersoneso Táurico, concluido en 189/79, en cuyo articulado el Mitridátida se comprometía a enviar el auxilio militar cuando los quersonesitas «me lo reclamen»: ἐπι- | καλῶνταί με (*Stv.* 649, l. 16-17)[161].

---

161. Ver también Hdt. 5,63,2 (*Stv.* 108). He de decir que no pretendo ser exhaustivo en la presentación de la casuística a lo largo de la historia griega. Para el empleo de los verbos ἐπαγγέλλω / παραγγέλλω con sentido igual o distinto al que aquí analizo, consúltense el *LSJ* y los índices de Schmitt, *Stv.* y Chaniotis, *VkP.* (época helenística), así como la voz ἐπαγγέλλω, muy completa, en el *DGE*. También resulta indicativo Fernández Nieto, *AcB.* I, p. 165, 174 n. 3. Tampoco he realizado una búsqueda sistemática de otros usos verbales, menos formulares en la epigrafía diplomática, como καλέω, παρακαλέω, ἐπικαλέω, προαγορεύω, μεταπέμπω o incluso δέω (δέομαι). Remito a los corpus citados, además, por ej., de Hdt. 1,77; 81; 83, donde se emplean hasta cinco verbos distintos para indicar la convocatoria de tropas aliadas por parte de Creso, incluido ἐπαγγέλλω, y donde la relación convencional del lidio con sus socios resulta muy variada, desde el vasallaje hasta la igualdad entre los sujetos pactantes.

3. EL DERECHO DE ADMISIÓN: UNA SOLA TRIRREME DE NO MEDIAR LA NOTIFICACIÓN DEL *CASUS FOEDERIS*

Conviene ahora hacerse una pregunta que nos remite de nuevo a la estructura normativa de la comunidad internacional helénica: ¿cuál era en la Grecia clásica el trasfondo jurídico-político operante sobre la determinación del supuesto de alianza? O, dicho de otra manera, ¿a qué respondía el deseo de salvaguardar de manera explícita en el texto diplomático el derecho de admisión de la fuerza aliada?

Un conjunto de noticias aquí y allá en las fuentes apunta al principio de que entre los griegos no era admisible la entrada de un ejército aliado en el territorio o en las aguas de la otra parte sin haber sido previamente reclamado por esta. Al respecto hay un episodio en Tucídides lo suficientemente iluminador como para entregarle nuestra primera atención. Sucedió en el verano del 415, en que Nicias y Alcibíades se acercaron hasta Camarina, coligada con los atenienses desde la guerra arquidámica (*Stv.* 173), a fin de instarla a sumar sus fuerzas a la lucha contra Siracusa. La ciudad siciliana, sin embargo, no quiso dar entrada a la fuerza expedicionaria, alegando que «los juramentos acordaban recibir a los atenienses si llegaban por mar con una sola embarcación, a no ser que ellos les hubiesen solicitado (μεταπέμπωσιν) un número mayor» (Th. 6,52,1). Es evidente que Tucídides pone aquí en boca de los camarinenses unas palabras interpretando, no citando literalmente el texto del tratado. Una especificación como la transcrita, amén de superflua, representaría un hápax en todo el corpus de los *Staatsverträge* de Bengtson y Schmitt. La correcta aplicación del instrumento diplomático por los de Camarina, de acuerdo con la costumbre establecida (digamos, κατὰ τὸ καθεστηκός), tiene una réplica exacta en la interpretación dada por Demóstenes a la cláusula de policía de los mares y persecución de la piratería inserta en la paz de Filócrates (*Stv.* 329). Una lectura sesgada de la misma podría dar cobertura logística a la armada macedonia para surcar impunemente el Egeo y entrar en cualquier puerto aliado revolucionando a sus gentes –lo que el imperialismo ateniense había intentado entre las ciudades de Sicilia–, «con lo cual ninguna otra cosa pretende sino esto: que vosotros lo instaléis en el mar y que confeséis que sin Filipo vosotros no sois capaces ni de desempeñar la vigilancia del mar, y, además, que se le conceda plena libertad para surcar el mar de un lado a otro e ir fondeando en las distintas islas, y, con el pretexto de vigilar a los piratas, sobornar a los isleños y apartarlos de vosotros»[162]. En virtud de la cláusula de mutua defensa inserta en el pacto del 346 (*Stv.* 329, 4. y 5. a, c), el Argéada quedaba obligado a defender a los atenienses y a los miembros de su liga marítima, pero ello no lo

---

162. D. 7,14, tr. A. López Eire, *Demóstenes. Discursos políticos*, I. Madrid 1980.

autorizaba a surcar con sus barcos de guerra el Egeo recalando a su antojo, sin que mediase el requerimiento expreso de la otra parte.

La costumbre de admitir en puerto una sola trirreme, es decir, una sola nave de guerra, como portadora suficiente de la legación diplomática del aliado (o sencillamente de un amigo o un neutral), está también atestiguada en otras fuentes, y sobre ella no he encontrado tratamiento alguno en la bibliografía anterior[163]. Databa cuando menos del siglo VI, en que constatamos esta práctica perfectamente establecida entre las polis del Egeo: con ocasión de la llegada del ejército de exiliados samios a la isla de Sifnos (Hdt. 3,58,1); en el conflicto entre atenienses y eginetas, según la versión de los primeros (Hdt. 5,85,1; 86,1); y, al margen de la credibilidad de la traición de Megábatas, durante la expedición persa contra Naxos (Hdt. 5,33,4), respetando hábilmente el bárbaro la ley interhelénica. A comienzos del siglo IV persistía este hábito en la política exterior lacedemonia, como prueba el desplazamiento efectuado a Aulis por Agesilao en su propia galera (X. *HG* 3,4,4; Plu. *Ages.* 6,4-6), y como también se observa a mediados de esta centuria en la praxis ateniense con ocasión de la embajada despachada a Mausolo de Caria (D. 24,12). Ya en tiempos de Alejandro Magno este uso común reaparece en el corpus demosténico (17,26), y de nuevo de forma polémica, como punto de fricción en las inestables y desconfiadas relaciones de la democracia ática con los reyes macedonios. En plena época helenística se observa, por ejemplo, durante la conferencia de Nicea (*Stv.* 617), a la que Filipo V acude *cum quinque lembis et una nave rostrata* (Liv. 32,32,9).

4. El derecho de admisión: plazos para la prestación militar y retirada de las tropas

En plena coherencia con el derecho no escrito de admisión, emanado en última instancia del principio de autonomía, estaba también la obligación de abandonar el territorio del aliado una vez concluida la misión defensiva para la cual el ejército había sido reclamado, a no ser que la ciudad socorrida expresase el deseo de retenerlo en campaña o en funciones de guarnición. Algún tratado llegó a incluir una estipulación sobre el tiempo de duración de la ayuda militar, en concreto treinta días, a partir de los cuales corría por cuenta del anfitrión la manutención y paga de las tropas (*Stv.* 147, 193, ¿196?), aunque la casuística ofrece también otras posibilidades (*Stv.* 202, 608). Pero cabe deducir que, si los tratados callaban por lo común en este punto, ello era debido a que

---

163. D. J. Mosley, *Envoys and Diplomacy in Ancient Greece*. Wiesbaden 1973, 27, recoge la cita de D. 24,11-13, con la orden del trierarca de proveer una nave a los tres embajadores, pero sin analizar sus implicaciones desde el punto de vista de la costumbre jurídica interhelénica.

regía un uso inveterado en virtud del cual las partes solían atenerse por defecto a los plazos generalmente aceptados de prestación militar obligatoria (X. *HG.* 7,1,29), parece que unos treinta o cuarenta jornadas para las campañas normales. Este último era el número de días que se consideraba lógico que Filipo reclamase a sus aliados del Peloponeso (D. 18,157). Siempre según este código de inspiración consuetudinaria, y nunca del todo sustituido por el derecho concurrente de los tratados, se entendía como aceptable la permanencia de las tropas aliadas en el espacio territorial (*chora*) del estado receptor.

Obviamente, desaparecido el *casus foederis*, desaparecía también la razón por la cual las fuerzas aliadas debían permanecer en territorio ajeno. Negarse a la retirada era un paso hacía la dominación extranjera y el imperialismo: fueron las guarniciones que impuso Atenas en el seno de la liga ático-délica, las que Esparta mantuvo en numerosas ciudades tras Egospótamos, las que Tebas iba a destacar más tarde en distintos lugares del Peloponeso, en fin, aquellas contra las que alertaba Eneas Táctico en su *Poliorcética* (Aen.Tact. 12) y que el decreto de Aristóteles prohibiría taxativamente en el 377 (*Stv.* 257, l. 21-22). Serían, en época helenística, las tres guarniciones estratégicas que el reino de Macedonia mantuvo, a modo de «grilletes» (App. *Mac.* 8), en Grecia: Demetrias, Cálcide y Acrocorinto.

Como prueba de la vigencia de esta norma no escrita en un tratado negociado en pie de igualdad y respetuoso para con la autonomía de las partes contratantes, se podrían sacar a colación numerosos ejemplos. Hacia el 390/89 los argivos, ya fusionados por sinecismo con los corintios, cursaron a sus socios atenienses una orden de evacuación contra Ifícrates y sus peltastas, a resultas de la cual tuvieron estos que dejar el istmo (X. *HG.* 4,8,34). Durante el periodo de la hegemonía tebana Corinto estuvo coligada con Atenas desde el 369 (*Stv.* 274), pero decidió abandonar las hostilidades una vez que su aliada hubo acordado una epimaquia con los arcadios (*Stv.* 284); como consecuencia de ello, las distintas guarniciones estacionadas en la Corintia fueron invitadas a evacuar sus posiciones, al paso que la flotilla de Cares recibía denegación del permiso de entrada en el puerto de Cencreas (X. *HG.* 7,4,4-5, con valiosa información de derecho internacional privado). ¿Y no fue acaso la crisis de los años cincuenta en el seno de la liga ático-délica la expresión de una *ratio foederis* ya periclitada por la desaparición de la amenaza persa en el Egeo?[164]. De ese periodo, precisamente, tenemos un decreto ático cursando orden de retirada a la guarnición establecida en la acrópolis de Kárpatos (*IG* XII,1,977; *Syll.*³ 129; Tod 110), se diría que habiendo desaparecido el supuesto de alianza justificativo de su presencia.

---

164. Ver Meiggs, *Ath. Empire*, 152 ss.

Todo esto puede parecer obvio, pero baladí en el fondo, por eso tan reductor y tan sofístico de que al fin y a la postre en las relaciones internacionales siempre ha reinado una sola ley, la ley de la naturaleza, que no es sino el imperio del más fuerte (Th. 5,105,2). A nosotros, hombres del siglo XXI recelosos de la *Dämonie der Macht*, nos cuadra ese *pathos* irónico y descreído, que no carece de buena vitola intelectual: *homo homini lupus*, sentenció Hobbes en el *Leviatán*, de acuerdo con un planteamiento afín al *Príncipe* de Maquiavelo y, aun más atrás, al citado *Diálogo de Melos* o a ciertos pasajes de la oratoria demosténica[165]. Sin embargo, lo cierto es que el desconocimiento o la infravaloración de esas normas comunes y carísimas a todos los helenos puede dificultar nuestra inteligencia de numerosos episodios de la historia política y diplomática de la Grecia antigua. Que los filósofos de la historia prescindan de todo ello en sus elegantes, por económicas, elucubraciones y generalizaciones, resulta un imperativo de su oficio, pero los historiadores no tenemos por qué andarnos con tantas economías, y menos ahora que han pasado las vacas flacas de los reduccionismos.

Cuando verbigracia se estudia la conducta de Tito Flaminino después de Cinoscéfalos, se tiende a evaluar los pros y los contras de su política como si de un general movido por meras simpatías e intuiciones se tratase, como si en realidad Roma se anduviese aún con paños calientes por una mezcla de desorientación, desconfianza, indiferencia y división interna de la *nobilitas*. Siempre, al parecer, han hecho acto de presencia los imponderables o las reacciones más o menos primarias: que si el instinto de conquista, que si la guerra preventiva, que si el terror al otro, que si el oportunismo pragmático, que si el afán de emulación dentro de una aristocracia guerrera. Sea: también al filo del 200 estaban en juego la lucha por la preponderancia, el equilibrio entre las potencias, el reparto de esferas de influencia y por supuesto los protagonismos mal digeridos de los consulares. Ahora bien, lo que no debemos olvidar es que todas esas cosas se iban a dilucidar sobre el tablero político concreto del mundo helenístico e, insistamos en ello, en el marco de la cultura jurídica internacional de los griegos, bien conocida de Filoheleno. Por otra parte, el senado romano había dejado de ser una tribu de sanos y bucólicos Cincinatos, si es que alguna vez lo fue fuera de la imaginación de Tito Livio, para convertirse en una oligarquía con enorme experiencia, que pocas veces daba puntada sin hilo, que no movía peón en el Oriente sin sopesar previamente cada una de sus consecuencias jurídicas, diplomáticas y militares. Para empezar, y en lo que a la fundamentación legal de la intervención militar se refiere, los padres habían actuado desde el otoño del 201 en plena conformidad con las tradiciones escritas y no escritas: Átalo I era por el lado romano un *foederi adscriptus*

---

165. Cf. Ilari, *Guerra e diritto*, 192 ss. Si bien, leer mi 3. Coda a «Filipo II, Atenas y el derecho griego de alianzas (359-338 a. C.)», en el presente volumen.

en la paz de Fenice (Liv. 29,12,14 = *Stv.* 543) y en calidad de tal había solicitado, él precisamente, la protección contra Filipo V, invocando la intolerable política de conquistas y agresiones del Antigónida; la primera legación senatorial había comunicado después a Nicanor el recurso a una institución típicamente griega, el arbitraje, cuando Roma se sentía ya respaldada no solo por Pérgamo y Rodas, sino también por Atenas y Tolomeo V; y, al fin, tras el voto previo de los comicios, se había llegado al ultimátum de Abidos y a la declaración de guerra, ambos no solo conformes con el *ius fetiale*, sino también con el derecho de gentes griego[166]. Por añadidura, Flaminino iba a concluir al menos dos acuerdos bélicos en toda regla con el enemigo antes de la firma de la paz del 196. Preservando de esta manera el principio de legalidad, la obra del procónsul quedó rematada con un acto de la mejor ley interhelénica: la evacuación de Grecia por las legiones romanas en el verano del 194, una vez concluida la misión militar encomendada. Ya en el senadoconsulto leído en los juegos ístmicos del 196 se había hecho expresa referencia al licenciamiento de las guarniciones estacionadas en las distintas ciudades ocupadas por el macedonio (Plb. 18,44,4). Y, si la proclamación de la paz y la libertad de los Estados griegos suponía retomar y actualizar el ideario de la *koiné eirene*, el código general de comportamiento de Filoheleno no hacía menos gala de coherencia al retirar las fuerzas de ocupación una vez concluida su misión de alianza. No hagamos, pues, juicios de intenciones sobre la política oriental romana; atengámonos a los hechos, que aún no eran los de la tercera guerra macedónica.

Asia para los orientales, Europa para los griegos, África para los púnicos. Lo mismo se podría decir del Occidente unificado por Roma hacia el 200 frente al mundo helenístico. En cierta medida prevalecían todavía viejos clichés y arraigadas concepciones geopolíticas, en parte también mitopolíticas, como aquellas que separaban en el pensamiento de Heródoto el continente asiático del europeo o en el de Timeo la ribera griega mediterránea de la cartaginesa. El caso es que tales ideas habían cristalizado en la mentalidad de los pueblos y afloraban tanto en la oratoria asamblearia como en el lenguaje diplomático. Después de todo, Hermócrates no desvariaba cuando apelaba a la unidad del helenismo siciliano contra las amenazas del exterior (Th. 4,61) y, si a cada civilización le correspondía su espacio vital, los tratados internacionales estaban también para consagrarlo de manera convencional. En la historia de las relaciones exteriores entre Roma y Cartago, desde un comienzo (*Stv.* 121),

---

166. *Cf.* V. Alonso Troncoso, «Ultimatum et déclaration de guerre dans la Grèce classique», en E. Frézouls, A. Jacquemin (ed.), *Les relations internationales. Actes du Colloque de Strasbourg 15-17 juin 1993*. Paris 1995, 211-295. Sobre el curso de los acontecimientos aquí aludidos, ver É. Will, *Histoire politique du monde hellénistique (323-30 av. J.-C.)*, II. Nancy 1982, 121 ss, 161 ss.

fueron señalados los accidentes del paisaje que debían servir de límite a los movimientos de los respectivos ejércitos (Plb. 3,23,2), y ello con tal fijeza, que ni aun el tercer pacto, el cual anudaba ya una relación de alianza, estaba preparado para abolir (Plb. 3,25,1ss). La costumbre de delimitación de zonas militares estancas tampoco carecía de tradición en el Egeo: la supuesta paz de Calias (*Stv.* 152) fijaba como límites para las naves de guerra persas las islas Celidonias por el sur (Fasélide) y las rocas Cianeas por el norte (Bósforo), al tiempo que la infantería y la caballería de los sátrapas debían estacionarse a no menos de tres días de marcha de la costa. Existía, por tanto, una antigua práctica de dividir en zonas de influencia militarmente estancas el espacio mediterráneo. Ahora bien, esa relativa estanquidad no era sino la trasposición a mayor escala de la idea de soberanía territorial de los pequeños Estados (polis, confederaciones, reinos), que en efecto se reservaban el derecho de admisión y control de los ejércitos aliados dentro de sus fronteras.

Naturalmente las ciudades de la Grecia metropolitana formaban una misma civilización y estaban abocadas a compartir una geografía común, por lo que no podían establecer zonas de incomunicación muy amplias y cerradas. Empero, también existía la tentación de aislamiento cultivada por esos otros feacios de la historia, los cretenses y los corcirenses, sin olvidar a los propios espartanos, cuando así convenía a sus intereses. Tal vez no se haya apreciado de manera suficiente el hecho de que el Peloponeso apareció a veces en la propaganda lacedemonia como un espacio geopolítico con sus tradiciones patrias y con un destino asociativo compartido frente a las invasiones de los griegos de «fuera del Peloponeso» (*Stv.* 194)[167].

Pero estas representaciones ideológicas y retóricas, que por supuesto no nacían en el vacío político, nos alejan un tanto de la esfera preferentemente jurídica en la que nos movemos. Lo importante, en suma, es que un conjunto de nociones y costumbres del mundo helénico amparaban la soberanía territorial de la polis: ante todo, el concepto mismo de *chora*, plenamente reconocido por los tratados, así como la realidad de las fronteras[168]; el principio de aguas propias (greco-egeas o ciudadanas), que apenas ha sido estudiado (por caso, Th. 5,56, 2)[169]; la concesión discrecional de paso a los combatientes y las demás restricciones impuestas por los neutrales[170]; el rechazo de bases militares

---

167. Con más detalle, consultar en este volumen «The Idea of the Peloponnese in the Spartan Diplomatic Tradition».

168. *Cf.* H. Bengtson, «Zwischenstaatliche Beziehungen der griechischen Städte im klassischen Zeitalter», en *XIIe Congrès International des Sciences Historiques, Rapports V*. Wien 1965, 73-74; G. Daverio Rocchi, *Frontiera e confini nella Grecia antica*. Roma 1988, *passim*.

169. Ver, ahora, «El espacio marítimo en los tratados internacionales de la Grecia clásica», en este mismo volumen.

170. *Cf.* D. J. Mosley, «Crossing Greek Frontiers under Arms», *RIDA* 20 (1973) 161-169; Alonso, *Neutralidad*, 79 ss.

o estacionamiento permanente de tropas, uno de los desiderata irrenunciables de la paz común en el siglo IV[171]; y, en consonancia con todo ello, las tres normas que aquí nos han ocupado: la reclamación previa de las fuerzas aliadas por la ciudad destinataria de la ayuda, la admisión de una sola nave de guerra no mediando la invocación del *casus foederis*, y la obligación de abandonar el territorio socorrido al término de la misión de alianza (en lo que Flaminino fue modelo de buen comportamiento).

A los ojos del observador actual puede parecer aleatoria e incluso superflua la consignación de la condición adicional ἐπαγγέλλω / παραγγέλλω en la fórmula del supuesto de alianza, pero un vistazo a la historia política y diplomática de la Grecia antigua nos muestra que su inserción respondía a una razón de mucho peso: la de preservarse de injerencias exteriores indeseadas y atentatorias contra la autonomía. Por lo que no es casualidad que dicha disposición falte en los instrumentos de capitulación y en los tratados desiguales de alianza, en los que aparecen las típicas estipulaciones de sujeción: ὥστε τοὺς αὐτοὺς ἐχθροὺς καὶ φίλους νομίζειν, o bien ἕπεσθαι / ἀκολουθεῖν ὅποι ἂν ἡγῶνται[172]. Y, lo que es más importante para la investigación que aquí pretendo, dicha inclusión venía a consagrar en el derecho de los tratados una regla no escrita de comportamiento en las relaciones internacionales, cuando menos desde el siglo VI.

Se dirá que en el fondo nada nuevo nos aporta la experiencia helénica, se dirá que siempre ha habido lucha y dominación en las relaciones entre los pueblos, voluntad declarada de autonomía frente a injerencias exteriores, y tanto más invocación del derecho, cuanto más indefensión del débil o equilibrio entre los iguales. Este es el argumento de fondo en el «Diálogo de Melos». No entraré en ello, porque no es esa la cuestión que aquí me ocupa. Diré, en todo caso, lo que he dicho en otros trabajos sobre la historia del derecho internacional en el mundo griego, y que aún tendré la ocasión de repetir en este mismo libro. Para el historiador no se trata de saber si en esta o en la otra época los hombres se han amado, si han ejercido la violencia y la explotación, si han gozado de la fiesta o si se han sentido sobrecogidos por el hecho de la muerte. La pregunta es cómo lo han hecho, qué lugar han asignado a esas experiencias en su escala de valores, de qué forma han procedido a su socialización y a su regulación institucional. En nuestro caso, cómo han dirimido y resuelto sus diferencias las ciudades y las federaciones, los «entes soberanos y creadores de

---

171. También en el presente libro, «La *koiné eiréne* ateniense del 471 y el sistema griego de alianzas», así como Jehne, *Koine Eirene*, 90-91, 272.

172. *Cf.* T. Pistorius, *Hegemoniestreben und Autonomiesicherung in der griechischen Vertragspolitik klassischer und hellenistischer Zeit*. Frankfurt 1985, 78 ss, 119 ss. Para su inserción en el tratado fundacional de la primera liga marítima, ver más abajo el estudio «La cláusula de la hegemonía (ἕπεσθαι) en la liga ático-délica, 478/77 a.C. (Th. 3,10,4; 11,3)».

vida internacional», por emplear la expresión de Victor Martin[173]. Descarnada de los valores y las reglas de funcionamiento que la caracterizaron, de su gramática propia, la historia política del mundo griego queda reducida a un esqueleto tan genérico como impersonal[174].

---

173. *La vie internationale dans la Grèce des cités (VIe-IVe s. av. J.-C.).* Paris 1940, *passim*.

174. Este trabajo fue publicado primeramente, con un título algo distinto, «Καθότι ἂν ἐπαγγέλλωσιν / παραγγέλλωσιν. Sobre una cláusula del derecho griego de los tratados», en F. J. Presedo *et al.* (ed.), Χαῖρε. *II Reunión de historiadores del mundo griego antiguo. Homenaje al Prof. F. Gascó.* Sevilla 1997, 181-191. La presente reedición, sin embargo, ha sufrido una apreciable reelaboración amplificativa.

THE IDEA OF THE PELOPONNESE
IN THE SPARTAN DIPLOMATIC TRADITION

> For this reason, also King Cleomenes, when a recital made at a banquet was applauded and he was asked if it did not seem excellent, replied that the others must judge, for his mind was in the Peloponnesus (Plu. *Mor.* 961b)[175].

ABSTRACT: The aim of this paper is to highlight an aspect neglected by previous research: the idea of the Peloponnese as a unitary, geopolitical space in Spartan diplomacy, according to which it should be distinguished not only from the rest of Greece, but also from the group forming the Spartan alliance and the more restricted Peloponnesian league. In particular, this paper will try to demonstrate how the Peloponnesian identity was recognised to a certain degree in the international treaties of the classical age, because of, and to the advantage of, Spartan diplomacy.

The starting point here may be the capitulation treaty negotiated between the Lacedaemonians and the Messenians at the end of the third Messenian War. It seems that around 460/59 rebel forces on Mount Ithome surrendered to the Spartans «on condition that they should leave the Peloponnese (ἐκ Πελοποννήσου) under a truce and should never set foot in it again; and if any of them should be caught there, he was to be a slave of his captor»[176]. In this treaty, it is noteworthy how the Lacedaemonians imposed an area of exclusion as extensive as the entire peninsula. At that moment, Argos and Achaea were not part of the Peloponnesian League[177]. As sovereign and neutral states, they

---

175. Transl. W. C. Helmbold, *Plutarch's Moralia*, XII, The Loeb Classical Library. Cambridge, Mass. – London 1984.

176. Th. 1,103,1, and Paus. 4,25,1: see *Stv.* 138; *AcB.* 98. For Thucydides I use the English translation by Ch. F. Smith, *Thucyidides. History of the Peloponnesian War*, The Loeb Classical Library. Cambridge, Mass. – London 1921-1935.

177. *Cf.* Alonso, *Neutralidad*, 139 ff., 207 ff.

should theoretically have been able to take in as many refugees as they pleased within their territories. Nonetheless, Sparta obviously felt that she had sufficient strength to veto such a possibility with an international treaty in its own right. In effect, later events would show that the *Diktat* was obviously not open to question. All of the Peloponnesians, whether or not they were allies of the Lacedaemonians, respected this stipulation. The Athenians made the rebels settle in Naupactus, on the northern coast of the Corinthian Gulf (Th. 1,103,3). The same principle of expelling people *non grati* from the peninsula was applied later to Messenians and Helots, who were removed from Pylos after the Peace of Nicias and were sent to Cranii in Cephallenia[178].

It could be argued that there was nothing new in Sparta's attitude toward what might be called their natural sphere of influence. There were at least three possible precedents of this kind of behaviour according to the ancient traditions of the country. Pausanias (3,3,4) remembers that during the reign of Anaxander the Messenians revolted from the Lacedaemonians, but they were overcome and «retired from the Peloponnese under a truce»[179]. Previously the Lacedaemonians conquered in war Pharis and Geronthrae, settlements of the Perioikoi, and their inhabitants made an agreement «to retire from the Peloponnese», in this case too under a truce (Paus. 3,2,6). On another occasion, says Herodotus (3,148), king Kleomenes I did not have the slightest doubt that, if the Ephors ordered it, the Samian Maiandros would be expelled not only from Laconia, but also from the entire Peloponnese: ἀπαλλάσσεσθαι ἐκ τῆς Πελοποννήσου. It was as though the Agiad had envisaged applying the Spartan *xenelasia* beyond the frontiers of Lacedaemon, which, more or less by their own admission, was an attempt to isolate the entire peninsula from the dangerous influences of the outside world. Of interest in these stories is the fact that the expulsion covers the whole peninsula, following a penal pattern that was not at all exclusive of the Lacedaemonians, but shared too by the other Peloponnesians[180].

In any case, the Spartan concept of the Peloponnese as a common destiny was not merely a rhetorical exercise. Rather it worked as an active principle of

---

178. Th. 5,35,7. Significantly Pausanias speaks always of the return of the Messenians to the Peloponnese, not simply to Messenia: Paus. 4,26,3 and 5; 27,8-9; 29,4 and 13; 34,5; 6,2,10-11.

179. Plutarch, *Mor.* 247a-d, 296b-d, tells other story about some Pelasgians who had to leave from Laconia under cover of a truce: for these Tyrrhenian traditions *cf.* M. Gras, *Trafics tyrrhéniens archaïques*. Paris-Roma 1985, 583 ff.

180. The most obvious example is the *monomachia* between Echemos and Hyllos, on the understanding that, if the Heracles' son were defeated by the king of Tegea, the Heracleidae would not return to the peninsula for a period of one hundred years: AcB. 5, with the sources. This geographical (not territorial) application of the international law can also be detected in the field of archaic penal justice: Aetolos, legendary king of Elis, was forced to flee from the Peloponnese (and not only from the Elean territory), because of an unintentional homicide (Paus. 5,1,8).

foreign policy. That is, it constituted a diplomatic objective of primary importance that international acts and treaties aimed to endorse legally. This point makes more sense if one refers to the foreign policy of Lacedaemon during the time of the Pentecontaetia and later during the Peace of Nicias.

To begin with, Diodoros (Ephoros) provides a revealing passage in which he explains the reasons of Sparta for her treaty with Thebes and for restoring the Theban hegemony in Boeotia in 457 (*Stv.* 140). The Lacedaemonian government authorised and favoured this change provided that the Thebans went to war against the Athenians, «so that it would no longer be necessary for the Spartans to lead troops beyond the border of the Peloponnese» (D.S. 11,81,2). In the Thirty Years Peace, of 446/45 (*Stv.* 156), Sparta witnessed the *de iure* recognition of the peninsula as her exclusive zone of influence, with its dominion fully reserved. Unfortunately, the original text of this document has not been preserved. Therefore, it is impossible to know if the name of the Peloponnese was explicitly mentioned in it[181]. What matters here, however, is the fact that the fundamental motto of Spartan foreign policy, «the Peloponnese for the Peloponnesians», openly prevailed.

The Athenians had to evacuate territories they still held in distinct points along the peninsula: the two ports of Megara, Troezen and Achaea, the last of which remained a neutral state[182]. Although the Achaean cities were not members of the Lacedaemonian symmachy, they refrained from offering naval bases to the Athenians. Consequently, it does not appear to be imprecise to speak of Sparta's new *Diktat* with regard to her Peloponnesian dominion. This rigid stance, nevertheless, contrasts with the tolerance shown toward the Athenian navy off the northern coast of the Corinthian Gulf, even when it maintained friendly relations with the Messenians of Naupactos (e. g., Th. 2,9,4). Thus, this is a basically continental idea of the Peloponnese, relatively free of thalassocratic expansion[183]. Aegina was not alone in escaping Sparta's control (Th. 1,67,2). The island just off the Peloponnese, Zacynthos, would become an ally of Athens in 431 (Th. 2,9,4). Her neighbour in the Ionian Sea, Cephallenia,

---

181. Personally, I am inclined to think so. I want to remind here that the later armistice of 423 between Athens and Sparta (*Stv.* 185, *AcB.* 66) mentioned explicitly the Peloponnese as the legal zone to which the *spondai* should be applied (Th. 4,118,6), although the whole region did not belong to the Spartan alliance: if the Athenian ambassadors wanted to travel to Argos or to Achaea, they could do it freely, because both countries were neutral and *philoi* (Th. 2,9,2): see below. As usual, the language of Spartan diplomacy employed once again the geographical term not technically, but politically and propagandistically.

182. Thucydides' statement is revealing: «for these were the places belonging to the Peloponnesians which the Athenians then held» (1,115,1). The Athenian historian has accepted the Spartan point of view! For Achaia see Alonso, *Neutralidad*, 212 ff.

183. Three centuries later the same continental restriction would be imposed to the Achaean League by Flamininus: Plu. *Flam.* 17,2; *Mor.* 197b-c; Liv. 36,32,6.

would undoubtedly remain part of the *agraphoi poleis*, or non-aligned cities, according to the Thirty Years' Treaty[184].

In Corinth, of course, another perspective was taken, especially towards the relationship between the Peloponnesians and the sea. When the Corcyraean crisis broke out, Corinthian diplomacy's first move was to accuse the Athenians of violating the peace treaty and acting against the Peloponnese: ἀδικοῖεν τὴν Πελοπόννησον (Th. 1,67,1). Immediately afterwards, while the League Congress was being held, the Corinthians urged the Lacedaemonians to ensure that «the Peloponnese shall be no weaker under your leadership than when you inherited it from your fathers» (Th. 1,71,7). Naturally, this trading city was aware of the interplay between diverse interests uniting the cities on the peninsula. First among these interests was the economic dependence between the interior lands, such as Arcadia, and the coastal populations: If the former «do not aid those who are on the seaboard», argued the Corinthian envoys, «they will find it more difficult to bring the products of the land down to the sea and to get in return what the sea gives to the mainland»[185].

This vision of Peloponnesian unity was fairly prosaic. Its economic and mercantile nature contrasted with the arguments generally put forward by the other cities, which might be considered normal, like Argos, Tegea, Elis or even Sparta. For them, political and military considerations, along with the memories of heroic legends, placed an important role on how they approached others and carried out their diplomatic relations. The idea they themselves had about their position and expectations within the peninsular concert was directly linked to a series of historical ideas and common political experiences. The rejection of tyrannies, without going much further, had been, from a given moment, a sign of identity for the Peloponnesian League. While the Corinthians could be pragmatic when considering peninsular unity, they would still recognise those ancient sentiments which united their continental neighbours. Thus, in order to urge them to the war at 432, the Corinthians would stress the idea of Peloponnesian security and liberty in the face of threats made by the tyrant city, Athens (Th. 1,122,3).

Conscious of the great persuasive power inherent in the Peloponnesian idea, the Athenian envoys responded by evoking the memory of the naval battle at Salamis, in which they had served as a last resort for everyone on the

---

184. See Alonso, *Neutralidad*, 131 ff. However, the Spartan policy towards the Gulf of Corinth and the Ionian Sea changed a lot from one period to another: *cf.* K. Freitag, *Der Golf von Korinth. Historisch-topographische Untersuchungen von der Archaik bis in das 1. Jh. v. Chr.* München 2000, 338 ff.

185. Th. 1,120,2 (see Str. 8,6,20 and Paus. 8,5,8). This geographical point of view in the Corinthian reasoning has not been noticed by T. Wick, «The Meaning of ΠΕΛΟΠΟΝΝΗΣΟΣ in Thucydides», *CPh* 73 (1978) 45-46, when he discusses 1,71,7. His arguments about Th. 1,76,1 and 1,122,3 are not compelling either.

peninsula: «This prevented his sailing against you city by city and ravaging the Peloponnese» (Th. 1,73,4). Here, it is hardly worth mentioning the hermetically defensive, isolationist and uncooperative stance taken by the Peloponnesians during the second Persian War, as they withdraw to the south of the Isthmus[186].

If it is true that Sparta always had allies in central Greece, it could be claimed that the main priority of her foreign policy was the security of the Peloponnese. In the session of the *apella* held in 432 to reach a decision about their position vis-à-vis Athens, king Archidamus did not fail to pull the heartstrings of his listeners. If under pressure from the allies' complaints, the Eurypontid reasoned, «we shall ravage their territory, beware lest we adopt a course which might rather result in disgrace and difficulties for the Peloponnese» (Th. 1,82,5). The ephor Sthenelaidas, for his part, did not want to be left behind in demonstrating his zeal for peninsular interests and condemned the Athenians because «they are wronging our allies and the Peloponnese» (Th. 1,86,1). It looks as if the peninsula deserved a mention apart, even though this mention was in fact redundant.

The argument for Peloponnesian security was probably repeated so often in the League Congress and in the *apella* that it became a commonplace in the allies' speeches. Once the ambassadors from Acanthos and Apollonia had spoken out against Olynthos in the session of 382, the Spartan government also gave the floor to members of its alliance, asking them to propose the policy which, in their judgement, seemed most suitable «both for the Peloponnese and for the allies»: τῇ Πελοποννήσῳ τε καὶ τοῖς συμμάχοις (X. *HG* 5,2,20). Why were they that precise in geographical terms, when, in order to be understood, they could simply have said τοῖς συμμάχοις?

During the Peace of Nicias, the Peloponnese became the focus of diplomatic attention for the Greek cities, partly to justify their aspirations towards hegemony and partly to create new relations of alliance[187]. The Argives first come to mind, followed by the Corinthians, whose active and cunning foreign policy would activate the Peloponnesian idea, but to their own advantage. The question was who would assume the leadership on the peninsula; the Corinthians always tried to manipulate the aspirations of Argos to achieve supremacy in the region. After the controversial pact between Athens and Sparta had been sealed at the beginning of summer, in 421, all the allied embassies assembled by Sparta returned home. The Corinthians, however, stayed on in Argos

---

186. See esp. Hdt. 8,40,2; 49; 71-72; 74; 79,3-4; 9,6 ff. For later times, *cf.* Paus. 7,6,7.

187. For the new international conjuncture, *cf.* Busolt, *GG* III 2, 1198 ff.; id., «Der argeiische Sonderbund während der Jahre 421 bis 418 v. Chr.», *Forschungen zur griechischen Geschichte*. Breslau 1880, 75 ff.; and F. Adcock, D. J. Mosley, *Diplomacy in Ancient Greece*. London 1975, 53 ff.

to begin talks with some of its leaders. Their message was clear: given that the Lacedaemonians, far from ensuring the welfare of the Peloponnese, had joined forces with the Athenians with the aim of subjugating it (ἐπὶ καταδουλώσει τῆς Πελοποννήσου), it was up to the Argives to look after its salvation (σωθήσεται ἡ Πελοπόννησος) (Th. 5,27,2).

To her own advantage Argos intended to fulfil the dream of Peloponnesian unity after the Archidamian War (Th. 5,28,2; 40,3). Yet, it was not even formerly recognised as *hegemon* in the interplay of alliances following the Peace of Nicias. Without the outside support of the Athenians, the Argives' aspirations would have no chance of succeeding. Similarly, without the Thebans' military intervention, the Arcadians would never prevail over Sparta after Leuctra. No international treaty would ever recognise to either the Argives or to the Arcadians the right to hegemony within a coalition. Such were the cases of the Argive League of 421, the Quadruple Alliance of 420, the Corinthian Alliance of 395, and, lastly, the treaties against Lacedaemonia made in the 60's[188].

Sparta alone would once again manage to impose on the negotiations and on the terms of the treaties her idea of the Peloponnese as a unitary political entity, under her command, of course. For this point, it is worth quoting the preliminary agreement reached between the Lacedaemonians and Argives in 418, following the battle of Mantinea. In this text, one finds, among others, the following clauses:

> If the Athenians do not withdraw from Epidaurus, they shall be enemies to the Argives and Lacedaemonians, and to the allies of the Lacedaemonians and to the allies of the Argives (…). The cities in the Peloponnese (τὰς δὲ πόλιας τὰς ἐν Πελοποννάσῳ), both small and great, shall all be independent according to their hereditary usages. If anyone from outside the Peloponnese (αἰ δέ κα τῶν ἐκτὸς Πελοποννάσω) comes against Peloponnesian territory (ἐπὶ τὰν Πελοπόννασον γᾶν) with evil intent, they shall repel the invader, taking counsel together, in whatever way shall seem to the Peloponnesians (τοῖς Πελοποννασίοις) most just. Such states as are allies of the Lacedaemonians outside the Peloponnese (ἐκτὸς Πελοποννάσω) shall be on the same footing as are the other allies of the Lacedaemonians and of the Argives, all retaining their own territory. They shall communicate this agreement to their allies and make terms with them, if it seems best. But if the allies prefer, they may send the treaty home for consideration[189].

The Argives accepted these proposals (*logos xymbaterios*). Consequently, the two contracting parties began to hold again intercourse (*epimeixía*) with

---

188. See *Stv.* 190, 193, 225, and Alonso, *Neutralidad*, 37 ff., 42 ff.; id., «Para un corpus de los tratados de alianza en la Grecia clásica», nr. 5, 27, 30, 32, 34, in this volume.

189. Th. 5,77: *Stv.* 194.

one another (Th. 5,78), thus re-establishing the conditions of their previous armistice (*AcB.* 67). Abandoning their alliance with Mantinea, Elis and Athens,
the Argives subsequently established peace and an alliance with Sparta. The
definitive text of the treaty runs as follows:

> They shall offer settlements by law under conditions that are fair and im-
> partial, according to hereditary usage. The rest of the cities in the Peloponnese
> (Ταὶ δὲ ἄλλαι πόλιες ταὶ ἐν Πελοποννάσῳ) shall share in the treaty and alliance,
> being independent and self-governed, retaining their own territory, and offer-
> ing settlements by law that are fair and impartial according to hereditary us-
> age. Such states as are allies of the Lacedaemonians outside of the Peloponnese
> (Ὅσσοι δὲ ἔξω Πελοποννάσω Λακεδαιμονίοις ξύμμαχοί ἐντι) shall stand upon the
> same footing as the Lacedaemonians; and allies of the Argives shall be upon
> the same footing as the Argives, all retaining their own territory. If there be need
> to send a common expedition to any quarter, the Lacedaemonians and the Ar-
> gives shall consult and adjudge to the allies their allotments in whatever way is
> fairest. If there be any dispute on the part of any one of the cities, either of those
> within the Peloponnese or without (ἢ τᾶν ἐντὸς ἢ τᾶν ἐκτὸς Πελοποννάσω),
> whether about boundaries or anything else, the matter shall be judicially decided.
> But if any city of the allies quarrels with another, they shall appeal to some city
> which both deems to be impartial. Individual citizens shall conduct their suits
> according to hereditary usage[190].

The wording of the text finally sworn essentially reproduces the same conditions found in the previous draft, going back over the distinction between
Sparta's allies from within and outside the Peloponnese. This classification is
purely rhetorical – that is, political and propagandistic – given that, from a
technical point of view, every ally held the same rights and duties, not to mention the fact that the Peloponnesian League, the inner circle within the Spartan alliance, was not restricted to the allies south of the Isthmus[191]. Moreover,
the treaty seems to take for granted that the whole peninsula (ταὶ δὲ ἄλλαι
πόλιες ἐν Πελοποννάσῳ, 5,79,1) is subject to its provisions, ignoring the reality of states like Achaia or Elis[192]. The previous agreement even went so far as
to regard the entire Peloponnese as the territory included in the *casus foederis*: Αἰ δέ κα τῶν ἐκτὸς Πελοποννάσω τις ἐπὶ τᾶν Πελοπόννασον γᾶν ἴῃ ἐπὶ

---

190. Th. 5,79: *Stv.* 194. In relation to the last clause and the legal security in the Peloponnese (international private law), Hdt. 6,86 speaks of ἡ δὲ Πελοπόννησος ἀσφαλέως ἱδρυμένη.
Private Peloponnesian transactions were facilitated too by common Peloponnesian usages: see
Hdt. 6,79,1; 127,3. Some cults could play of course an important role in the security of the region: *cf.* Paus. 3.5.6.

191. For a discussion see Ste. Croix, *Origins*, 102 ff., 123 ff., 333 ff, with whom I agree.

192. On their foreign policy and neutrality, now and during the subsequent years,
cf. Alonso, *Neutralidad*, 225 ff., 479 ff.

κακῷ, … (5,77,6) Yet precisely the superfluous and rather aberrant nature of this geographical qualification within an international treaty highlights the importance which Spartan diplomacy (and that of the Argives, the other contracting power) granted to the Peloponnesian idea.

Particularly noteworthy is the fact that the main declarative section of the diplomatic document contains an international political programme of the first order, in which the two contracting parties emphatically refer to the principle of consuetudinary precedent: καττὰ πάτρια («according to ancient customs», or rather, «according to ancient traditions»). One could say that Sparta, after her victory at Mantinea, felt that the moment had arrived for proclaiming all of the legal and political values fundamental to the Peloponnesian system. The work carried out by Georges Ténékidès seventy years ago makes it possible to shed light on the final document's five recognised principles. This Greek jurist and historian correctly deduced that the Lacedaemonians and Argives «ne règlent pas en l'occurrence des affaires les concernant exclusivement; ils ne concluent pas un acte d'un lieu et d'une heure; ils ne signent pas (pour employer une formule moderne) un 'traité-contrat' mais un 'traité-loi'»[193]. In this legal instrument, it is possible to discern norms inherent to every international community founded on the double postulate of states being independent and at the same time subjected to a minimum of common rules:

1.   the customary norms over behaviour in force in the cities (τὰ πάτρια)
2.   the cities' independence (αὐτόνομοι καὶ αὐτοπόλιες)
3.   equality among the cities (τὰς ἴσας καὶ ὁμοίας)
4.   the cities' territorial integrity (τὰν αὐτῶν ἔχοντες)
5.   international justice, that is, arbitration to resolve differences (δίκαι).

Thus, the *charte* for fifth century Lacedaemonian diplomacy has been laid. In other words, it is a declaration of principles whose programmatic and propagandistic nature makes it comparable to the preamble of Aristotle's decree of 377, which was the legal foundation of the Second Athenian League[194]. Naturally, Sparta favoured oligarchies, but said nothing about it, if only because this principle of her foreign policy could be not explicitly enshrined in an international treaty, which was also negotiated with the Argive democracy.

Once the pact was concluded, both parties voted not to accept either the Athenian heralds or ambassadors, unless they were to retreat from the peninsula, disbanding their fortification work in Epidauros (Th. 5,80,1). The objective of Lacedaemonian foreign policy had always been to prevent any state outside the Isthmus from intervening in its natural sphere of influence, the

---

193. See G. Ténékidès, *La notion juridique d'indépendance et la tradition hellénique*. Athènes 1954, 18.

194. *Cf. Stv.* 257, l. 9 ff.

Peloponnese. The reason for this is well known: such an outside factor entailed the risk of altering the Peloponnesian status quo, which was destined to establish the relations between the various cities on the peninsula and protect the Spartans against the helots and Messenians[195].

In 418, the Athenians (men like Alcibiades) stood as the outside threat, but half a century later, the Thebans would be the enemies in need of checking. There lies the reason for the symmachy between Sparta and Mantinea in 362/61 (*Stv.* 291). The intention of this Peloponnesian alliance was to create a defensive military front against «any who might come to enslave the Peloponnese (ἄν τινες ἴωσι καταδουλωσόμενοι τὴν Πελοπόννησον)» (X. *HG* 7,5,3). In the end, it was a defensive diplomatic doctrine based on the old concept of the peninsula as a unity[196]. Also during these years the Arcadian *koinon* tried to dominate the peninsula on its own account, and the same rhetoric of Peloponnesian identity and common interests was employed both by men like Lycomedes or by the oligarchic circles opposed to Thebes[197]. Thus, this vision of a united region was so deeply rooted in everyone's minds that it even got hold of Epaminondas himself. According to Xenophon (*HG* 7,5,18), the victor at Leuctra had undertaken the battle of Mantinea under the conviction that «if he was slain, he deemed that such an end would be honourable for one who was striving to leave to his fatherland dominion over Peloponnese (ἀρχὴν Πελοποννήσου καταλιπεῖν)». A nuance may be detected here: *arche*, says the text, not *hegemonia*. When dealing with a Theban, Xenophon would never have mentioned the Peloponnesian *hegemonia*.

It would be worth comparing this concept of Peloponnesian unity with Sparta at its head with the idea of Sicily as a united island under the hegemony of Syracuse. «Sicily for the Sicilians» was the slogan defended by the Syracusan Hermocrates in the Gela congress of 424 (Th. 4,59-64), when facing the outside threat which the Athenians had posed at that time (and on other occasions, Carthage)[198]. Perhaps this was also the case of Crete. During the classical age, the Dorian island fiercely maintained its splendid isolation and,

---

195. See Ste. Croix, *Origins*, 89 ff., 96 ff.; Will, *Monde grec*, 57 ff., 143 ff., 342 ff.; P. A. Cartledge, «The Origins and Organisation of the Peloponnesian League», in M. Whitby (ed.), *Sparta*. Edinburgh 2002, 228-229. See now too N. Birgalias, «The Peloponnesian League as a Political Organization», in K. Buraselis, K. Zoumboulakis (ed.), *The Idea of European Community in History*, II: *Aspects of Connecting Poleis and Ethne in Ancient Greece*. Athens 2003, 19-26.

196. The common Peloponnesian identity of Arcadians, Achaians, Eleians and Phliasians was recognized in another international treaty of these years: see *Stv.* 290, l. 38-39. Many centuries later, Plutarch embraced the same historical and geographical cliché (*Mor.* 193c).

197. X. *HG* 7,1,23 ff.; 4,35; 5,1-3. Note later the same policy defended by the Achaian confederacy vis-à-vis Sparta: *Stv.* 642.

198. For the geographical comparison see Plb. 1,42,1-2, and K. Clarke, *Between Geography and History. Hellenistic constructions of the Roman world*. Oxford, 1999, 102.

as dictated by the *synkretismos*, the alliance between the Cretan *poleis*, which mainly functioned as a principle of common action in foreign policy[199].

One can observe that these are all islands: a category to which the Peloponnesian *pen*-insula *nearly* belongs. After all, it was the «island of Pelops»[200]. With this myth of origin, is it possible to detect a possible *aitia*, or ideal model, of the essential unity between the Peloponnesian peoples? At this point one should mention that the names of Lacedaemon and Sparta are Homeric, while the term the «island of Pelops» (Πέλοπος νῆσον) appears in Tyrtaeus, a poet who expressed the ideals of Lacedaemon[201].

This is not to suggest that the Spartans invented the idea of the Peloponnese as a common destiny. To a great extent this image already emerges within the sphere of myth and historical legend, beginning with Heracles' dealing with the peninsula as an indivisible and almost mystical whole (Plu. *Mor.* 492d). Furthemore – Strabo reports (9,1,6) –, «since the Peloponnesians and Ionians were having frequent disputes about their boundaries (…), they made and agreement and erected a pillar in the place agreed upon, near the Isthmus itself, with an inscription on the side facing the Peloponnesus reading: "This is Peloponnesus, not Ionia", and on the side facing Megara, "This is not Peloponnese, but Ionia"»[202]. There was also the Homeric tradition related to the Mycenaean supremacy, congenial to the Argives, or the coalition in the peninsula against the Heraclids led by Hyllos. In the latter, the courage of the Tegean king, Echemos, won the day[203]. As the heirs of Temenos, the Argives could believe that Phidon had realised and upheld the dream of unity (Plu. *Mor.* 772d; Str. 8,3,33). Consequently, during the invasion of Xerxes, the Argives could be seen claiming the joint hegemony of the Hellenic League (Hdt. 7,148,4-149). It is no coincidence that Spartan diplomacy strove to recover

---

199. *Cf.* M. v. der Mijnsbrugge, *The Cretan Koinon*. New York 1931, 57-58; R. F. Willets, *Aristocratic Society in Ancient Crete*. London 1955, 152 ff.; H. v. Effenterre, *La Créte et le monde grec de Platon à Polybe*. Paris 1948, 45 ff.; Chaniotis, *VkP.*, p. 6-7. For the period of the Peloponnesian war, see Alonso, *Neutralidad*, 455 ff.

200. Hecataeus, *FGrHist* 1 F 119; Th. 1,9,2; Str. 7,7,1; 8,5,5. It is well known that islands (and their corresponding isolationism) played an important role in utopian Greek thought since Homer's Phaeacia. The Peloponnesian splendid isolation defended by some Spartans had of course social, political and military reasons, but geographical feeling should not be neglected either: *cf.* E. Meyer, «Peloponnesos», *Der Kleine Pauly*, IV. München 1979, 604.

201. Tyrt. 2,4: F. R. Adrados, *Líricos griegos. Elegiacos y yambógrafos arcaicos (siglos VII-V a. C.)*. Madrid 1990. *Cf.* M. L. West, *The Hesiodic Catalogue of Women*. Oxford 1985, 159, 164, for the general conclusion.

202. Transl. H. L. Jones, *The Geography of Strabo*, III, The Loeb Classical Library. Cambridge, Mass. – London 1983.

203. For that feat of arms «the Peloponnesians of that day» granted to the Tegeans, among other privileges, the right of leading the army's second wing in all united campaigns (Hdt. 9,26,5).

all of the Peloponnesian rhetoric in the treaty of 418 with Argos, including of course the joint command of the allied troops.

In any case, Spartans who were contemporaries of the ephor Chilon and the Tegean alliance surely realised the importance of this great past. They also became aware that they should further increase their bonds with their common ancestors. Lacedaemon's new foreign policy, heralded by the alliance treaty with Tegea, in which the origins of the Peloponnesian League can be traced, was responsible for moving the «bones» of Orestes and his son Teisamenos[204]. Moreover, Agamemnon's poetic association with Sparta, evident in Simonides, Stesichoros and Pindaros[205], has been linked to the sharp reply which the Spartan ambassador Syagros made to Gelon of Syracuse in 481: «Verily», he cried, «loud would lament Agamemnon son of Pelops, had he heard that the Spartans had been bereft of their command by Gelon and his Syracusans!»[206].

Several centuries later, Strabo would justifiably say that the Peloponnese constituted the acropolis of Greece as a whole: ἀκρόπολίς ἐστιν ἡ Πελοπόννησος τῆς συμπάσης Ἑλλάδος (Str. 8,1,3). At about the same time, Diodoros of Sicily (probably drawing from Ephoros), explained that it was impossible for the Peloponnesians to adhere to the coalition against Lacedaemon in the winter of 395/94, «for Sparta, lying as it does along the side of it, was a kind of citadel and fortress of the entire Peloponnesus»: τις ἀκρόπολις ἦν καὶ φρουρὰ πάσης Πελοποννήσου[207]. As the guardian and acropolis of the peninsula, Sparta was also the only state capable of achieving recognition for the island of Pelops' own personality within the framework of Greek diplomacy and international law[208].

---

204. See K. Wickert, *Der peloponnesische Bund von seiner Entstehung bis zum Ende des archidamischen Krieges*. Erlangen-Nürnberg 1961, 8 ff.; P. A. Cartledge, *Sparta and Lakonia. A Regional History c. 1300-362 BC*. London & Boston 1979, 137 ff.; I. Malkin, *Myth and Territory in the Spartan Mediterranean*. Cambridge 1994, 26 ff. I want to say in this context that Paul Cartledge has pointed out to me the importance of the Persian empire as a model for Sparta's idea of Peloponnesian unity. I am grateful to him for his valuable comments on this communication.

205. *Cf.* Malkin, *Myth and Territory*, 30-31.

206. *Cf.* Malkin, *Myth and Territory*, 32-33.

207. D.S. 14,82,4. Transl. C. H. Oldfather, *Diodorus of Sicily*, VI, The Loeb Classical Library. Cambridge, Mass. – London 1977. The concept of the Peloponnese as a geopolitical unity remained during the Hellenistic age, but the keys to its control changed: see Str. 8,4,8; Paus. 7,7,6.

208. This paper was first published in K. Buraselis, N. Birgalias, P. Cartledge (ed.), *The Contribution of Ancient Sparta to Political Thought and Practice*. Athens 2007, 109-123.

EL ESPACIO MARÍTIMO EN LOS TRATADOS INTERNACIONALES DE LA ATENAS CLÁSICA

> El mar no conoce tal unidad evidente de espacio y dere-
> cho, de ordenación y asentamiento. Es cierto que las riquezas del
> mar –peces, perlas y otras cosas– también son recogidas por el
> hombre a base de trabajo y esfuerzos, pero no como los frutos de
> la tierra, de acuerdo con una medida interna de siembra y cose-
> cha. En el mar tampoco pueden sembrarse campos ni grabarse
> líneas firmes. Los barcos que cruzan los mares no dejan huellas.
> «Sobre las olas, todo es ola». El mar no posee un carácter en el
> sentido original de la palabra, que procede de la palabra griega
> *charassein*: grabar, rasgar, imprimir. El mar es libre[209].

ABSTRACT: The maritime space in the international treaties of classical Athens. This article is a study on Athens' contribution to the development of the
law of treaties in ancient Greece. It focuses in particular on the regulation by
treaty of the navigation of war fleets both in the open sea and coastal waters. It
examines the Athenian foreign policy from the beginning of the Delian league
in 478/77 (*Stv.* 132) to the peace of Philocrates (*Stv.* 329) in 346. The author
analyses the turning point marked by the peace of Callias (*Stv.* 152), then con-
tinues with the Panhellenic congress decree, the thirty years peace (*Stv.* 156),
the treaty of Nicias (*Stv.* 188) with the following diplomatic period (of outmost
importance), the consolidation of the second maritime league (*Stv.* 257), and
so on until Philip II.

Ante todo, una precisión sobre el alcance temático de estas simples notas
preliminares. Cuando hablo de espacio marítimo, aludo a la aparición de cláusulas o referencias en los tratados de paz y alianza que definen áreas marítimas de influencia o que consideran el mar como materia susceptible de alguna

---

209. C. Schmitt, *El nomos de la tierra en el derecho de gentes del Ius publicum europaeum*.
Granada 2002, 4.

regulación por medio del correspondiente acuerdo. Para entendernos, voy a ocuparme del espacio marítimo en los instrumentos jurídicos de relación de Atenas con otros sujetos de las relaciones internacionales, *poleis* y *ethne*. Por tanto, no estudiaré exactamente el factor naval, es decir, las embarcaciones y las tropas que muchas veces fueron objeto de negociación en los pactos entre las polis de época clásica[210]. Tampoco serán objeto de análisis aquellos pactos entre dos o más comunidades que incluían en su articulado el aprovisionamiento de materias primas para la construcción naval (madera, almagre, minio, etc.), como fue el caso del tratado de alianza entre los atenienses y el rey Pérdicas II de Macedonia (*Stv.* 186), durante la guerra de Arquídamo, o entre los primeros y las polis de Ceos, antes del 350 (*Stv.* 320), y de los cuales tenemos equivalentes en otras ciudades[211]. Con esto no pretendo decir, lógicamente, que no existieran relaciones entre los tratados de alianza y, sobre todo, entre las negociaciones diplomáticas que se ocupan de las fuerzas navales, y los instrumentos jurídicos que serán objeto de estudio específico en este trabajo, ni pretendo decir tampoco que descarte por principio el análisis de los primeros si lo considero conveniente.

De hecho, el punto de partida de esta pequeña contribución va a ser una liga marítima, una *symmachía* en cuya formalización la cuestión central fue la organización de una fuerza naval conjunta, una gran armada. Como cualquiera recordará sin mayor dificultad, en la historia de Atenas el primer tratado internacional que priorizó la guerra naval y que estableció las formas de participación en la misma por parte de los aliados fue la liga ático-délica, fundada en un clima de euforia panhelénica inmediatamente después de la segunda guerra médica, en 478-477. Las ciudades costeras, que no continentales, reunidas en Delos acordaron otorgar la hegemonía a los atenienses, que eran los más capaces por su flota, además de ser los vencedores morales de Salamina y Mícala, y convinieron asimismo en que las contribuciones a la armada aliada serían en trirremes tripuladas o en plata, el famoso *phoros*. Sabemos por Tucídides (1,96,1) que el objetivo declarado de los aliados era «vengarse de las desgracias que habían sufrido, arrasando los territorios del Rey»[212], pero no sabemos a ciencia cierta, pues las fuentes no lo dicen expresamente, si el control del mar Egeo se convirtió en un objetivo estratégico de la alianza.

---

210. Verbigracia entre Atenas y Olinto, en la alianza contra Filipo II de Macedonia concluida en 349: *Stv.* 323.

211. Algo semejante en la diplomacia lacedemonia puede serlo el tratado de alianza con el rey Neferitis I de Egipto en 396 (*Stv.* 221), por el que este se obligaba al aprovisionamiento de jarcias y velámenes a la flota aliada. O el pacto entre Amintas III de Macedonia y las polis calcideas (*Stv.* 231), *c.* 393, que daba a estas últimas un derecho preferente de importación de madera para la construcción naval.

212. Trad. A. Guzmán Guerra, *Tucídides: Historia de la guerra del Peloponeso.* Madrid 1989. El mismo propósito aparece reiterado por Hermócrates de Siracusa (Th. 6,76,3).

Yo no creo, desde luego, que tal cosa fuese incluida como cláusula en el texto del acuerdo[213], dada la forma rudimentaria y abreviada de los tratados de alianza de la época, pero estoy convencido de que en el pensamiento político de la elite ateniense (los Temístocles, Arístides, Jantipo, Cimón) estaba muy claro el propósito de convertir el Egeo en un lago puramente griego, si no ya ateniense. De hecho, esta concepción geoestratégica aparece implícita en la determinación de Atenas y los jonios de liberar a las ciudades asiáticas del yugo persa y de no aceptar la propuesta peloponesia de proceder a la reubicación de las poblaciones griegas de Asia Menor en las Cícladas y la Grecia balcánica. Escribe Heródoto (9,106,3):

> En esta tesitura, los dirigentes peloponesios eran partidarios de ordenar la evacuación de los emporios de los pueblos griegos que habían abrazado la causa de los medos y de entregárselos a los jonios para que se estableciesen en ellos. Los atenienses, en cambio, se negaban en redondo a que se evacuara Jonia y a que gente del Peloponeso determinara la suerte de las colonias; y ante su decidida oposición, los peloponesios transigieron[214].

Está claro que la iniciativa de Esparta y sus aliados, así como la pronta retirada de los contingentes de la liga del Peloponeso del escenario bélico jónico y helespóntico, ponían de manifiesto una postura de tolerancia con el imperio aqueménida en las costas asiáticas, o sea, una postura de coexistencia en el Egeo, la cual entraba en abierta contradicción con la visión de jonios y atenienses. Muchos años después, los embajadores lesbios recordarán en Olimpia al consejo de la liga del Peloponeso que «nos hicimos aliados (…) para liberar a los griegos de los persas»[215]. Por tanto, estoy de acuerdo con Russell Meiggs en que la necesidad primaria de los aliados consistía en mantener la independencia que habían ganado y liberar a sus compañeros que todavía estaban bajo control persa[216]. De hecho, las primeras operaciones navales realizadas por la flota aliada bajo la hegemonía de Atenas estuvieron orientadas precisamente a desalojar de Tracia y los estrechos a los últimos reductos persas, empezando por la plaza de Eyón, a la que ya se puso sitio en el invierno del 477-476.

La segunda guerra médica, así pues, no concluyó en 479 o, si concluyó en esa fecha, aún dio paso a una tercera guerra médica que se prolongó hasta la llamada paz de Calias, en 449-448 (*Stv.* 152). Con esta probablemente se cerró todo un ciclo de confrontación abierta (de *phaneròs pólemos*) con los sátrapas y el Gran Rey en el Mediterráneo oriental. Durante estos treinta años, las

---

213. Ver al respecto, en este mismo volumen, «La cláusula de la hegemonía (ἕπεσθαι) en la liga ático-délica, 478/77 a. C. (Th. 3,10,4; 11,3)».
214. Trad. C. Schrader, *Heródoto. Historia: Libros VIII-IX*. Madrid 1989.
215. Th. 3,10,3: trad. Guzmán Guerra, *Tucídides*.
216. Meiggs, *Ath. Empire*, 47.

hostilidades contra los ejércitos persas de mar y tierra siguieron su curso, y no solo en el Egeo, sino también en Licia, Chipre y Egipto. La historiografía moderna ha destacado con razón que durante la primera guerra del Peloponeso, a partir del 461, la política exterior ateniense desbordó con mucho sus líneas naturales de expansión, abriéndose a la Grecia central y al Peloponeso, o sea, al golfo de Corinto, e incluso al Mediterráneo más oriental[217]. Fue un experimento ambicioso y fallido, sin duda alguna, aunque no más traumático que el segundo ciclo expansionista del imperialismo ateniense, después de la paz de Nicias, con la expedición a Sicilia. En cualquier caso, la injerencia en los asuntos chipriotas y egipcios, defendida y ejecutada por Cimón, respondía a un concepto novedoso de la política exterior ateniense, un concepto ultra-egeo que no se impondrá a largo plazo, salvo dos iniciativas muy puntuales, como fue en un plano programático la tasación de Cleón, en 425, y la mencionada guerra contra Siracusa entre 415 y 413. La estrategia agresiva frente a Persia en los años cincuenta, que llegó a movilizar hasta 200 naves (Th. 1,104), tenía una lógica muy clara: si el Egipto de Inaro recuperaba su independencia, Chipre ofrecería escasa resistencia y la dominación griega (ateniense) del Levante mediterráneo sería cosa hecha[218]. De finales de este periodo se nos ha preservado, gracias a Éforo (D. S. 11,62,3), el epígrafe compuesto por Simónides para una ofrenda hecha por los atenienses en Delfos con el diezmo del botín cobrado en Citium y Marium, durante la campaña chipriota de Cimón. Del epigrama nos interesan la oposición Asia-Europa y la función divisoria que tiene el mar (*pontos*) en aquella:

> Desde el tiempo en que el mar separó Europa de Asia y el fiero Ares dominó las ciudades de los mortales, nunca proeza de hombres mortales se llevó a cabo semejante a esta, a un tiempo en mar y tierra; pues, habiendo aniquilado a muchos medos en Chipre, apresaron en mar adentro cien naves repletas de hombres fenicios; mucho gimió Asia al ser golpeada por ambas manos en el fragor de la guerra[219].

La llamada paz de Calias (*Stv.* 152), si damos por aceptable algún tipo de acuerdo internacional entre Atenas y Persia hacia 449/48[220], constituye a la vez que un punto de llegada, una confirmación *a posteriori* de las tendencias y

---

217. Ver Meiggs, *Ath. Empire*, 92 ss; Ste. Croix, *Origins*, 180 ss., 315 ss.

218. Meiggs, *Ath. Empire*, 94.

219. ἐξ οὗ τ᾽ Εὐρώπην Ἀσίας δίχα πόντος ἔνειμεν / καὶ πόλιας θνητῶν θοῦρος Ἄρης ἐπέχει, / οὐδέν πω τοιοῦτον ἐπιχθονίων γένετ᾽ ἀνδρῶν / ἔργον ἐν ἠπείρῳ καὶ κατὰ πόντον ἅμα˙ / οἵδε γὰρ ἐν Κύπρῳ Μήδους πολλοὺς ὀλέσαντες / Φοινίκων ἑκατὸν ναῦς ἕλον ἐν πελάγει / ἀνδρῶν πληθούσας˙ μέγα δ᾽ ἔστενεν Ἀσὶς ὑπ᾽ αὐτῶν / πληγεῖσ᾽ ἀμφοτέραις χερσὶ κράτει πολέμου (Simon. *Epigrammata* 45 Campbell (Loeb) = fr. 103 Diehl).

220. Leer a C. Schrader, *La paz de Calias: testimonios y fragmentos*. Barcelona 1976.

limitaciones de la política exterior ateniense en este periodo. Las fuentes sobre dicha paz apuntan a que el nuevo tratado forzó el primer gran reparto geoestratégico en la historia de Grecia. Al parecer, el acuerdo reconocía de manera explícita dos zonas de influencia marítima, cuyas líneas de separación estaban, por el sureste, en Fasélide (Licia) y sus islas fronteras, las Quelidonias, y por el noreste, en las Cianeas, dos islitas situadas a la entrada del Ponto Euxino, en Bizancio. Se prohibía la navegación de cualquier nave de guerra persa al oeste de estos puntos, en dirección al Egeo, aunque no es probable que se impusiera lo mismo a los griegos, al menos por lo que se refiere a los movimientos militares en el mar Negro, que están atestiguados para Atenas en años subsiguientes. Como, por otra parte, también se debió de pactar algún tipo de alejamiento de los ejércitos terrestres persas de la costa en Asia Menor –Éforo (D.S. 12,4,5) habla de una distancia de tres días de marcha–, queda claro que Atenas blindó el Egeo de injerencias bárbaras y lo convirtió en un mar puramente griego, por no decir ateniense; a cambio, eso sí, de renunciar a zonas como Chipre, Egipto o el Ponto Euxino, demasiado excéntricas.

La historiografía moderna ha puesto en relación esta paz con Artajerjes y con una iniciativa diplomática de Pericles fechable por la misma data. Se trataría de la convocatoria de un congreso panhelénico, entre cuyos objetivos estaría que «todos pudiesen navegar con seguridad», o sea, a salvo de los piratas, empezando por las aguas del Egeo y los estrechos (Plu. *Per.* 17). A juicio de quienes defienden la historicidad del «decreto congresual», el líder ateniense estaría buscando de esta manera cohonestar la liga ático-délica, una vez que hubo periclitado la *ratio foederis* del 478/77[221]. Si esta iniciativa diplomática realmente tuvo lugar, nos encontraríamos ante el primer programa de seguridad colectiva de los mares griegos auspiciada por una primera potencia. La cual, por cierto, ya luchaba a su vez para conseguir el dominio fáctico del espacio marítimo egeo y, sobre este, la seguridad comercial en dichas aguas.

El correlato de la paz de Calias a nivel interhelénico lo tenemos pocos años después en la paz de los treinta años jurada en 446/45 entre Atenas, de un lado, y Esparta y sus aliados, de otro (*Stv.* 156). Si la primera puso término convencional a las guerras médicas, la segunda finalizó la primera guerra del Peloponeso. Y si la paz de Calias supuso el reconocimiento de la *arché* por parte del Gran Rey, además de formalizar el primer gran reparto del espacio marítimo en la historia del Mediterráneo –habrá que esperar al siglo IV en adelante para ver algo de escala parecida entre Roma y Cartago (*Stv.* 326)–, las *spondai* del 446/45 consagraron el dualismo espartano-ateniense, poder terrestre frente a poder marítimo, o si se prefiere, salvaguarda de las vías de comunicación continentales frente a la estrategia de control de los caminos del

---

221. Una discusión de este documento en Meiggs, *Ath. Empire*, 512 ss., argumentando a favor de su autenticidad.

mar. Este pacto de no agresión resulta revelador no solo por lo que constreñía e imponía a uno y otro bando, sino también por lo que dejaba abierto a la iniciativa diplomática de las partes, y me refiero en particular a los espacios de neutralidad. La democracia ática tenía que renunciar a sus aspiraciones en la Grecia central, en el Istmo (Mégara) y en el Peloponeso (sobre todo, Acaya), lo que permitía a la otra parte, entre otras cosas, una plena libertad de movimientos en y fuera de dicha península. Por su parte, los lacedemonios y sus aliados debían abstenerse de interferir en los asuntos internos de la liga marítima. Un perfecto *quid pro quo*, que reconocía el equilibrio internacional alcanzado: la supremacía continental de Lacedemonia y la talasocracia de Atenas. Esta salía ganando en todas las aguas, y no solo en su esfera de dominio natural, que era el Egeo. Esparta y sobre todo Corinto no solo se mostraron incapaces de cerrar el mar Jónico a los movimientos de la flota ateniense; es que ni siquiera fueron capaces de terminar con la presencia militar estable de las fuerzas contrarias en el mismísimo golfo de Corinto.

Al revisar ahora el mapa de la neutralidad resultante de este tratado, no deja de asombrarme la indiferencia –¿o impotencia?– con que Esparta y la mayoría de sus aliados se acomodaron al *statu quo* resultante en estas aguas, sin intentar siquiera su modificación dentro de los términos jurídicamente aceptables por el nuevo acuerdo, esto es, sin atraerse a ninguna de las *agraphoi poleis*, los Estados de la región no participantes en las *spondai* que a partir de entonces eran muy libres de aliarse a cualquiera de las dos partes contratantes[222]. Ese mapa es en sí mismo un indicador muy exacto del grado de miopía, por no llamarlo ceguera, de las autoridades espartanas en la evaluación geoestratégica del factor marítimo. Una falta de visión, por cierto, que no dejará de serle reprochada por los corintios en uno de los discursos que nos transmite, cómo no, el historiador por excelencia de las relaciones internacionales, Tucídides (1,69,3; 120,2). Además de que Naupacto siguió en manos de los aliados mesenios, ofreciendo por tanto una base amiga a las trirremes del otro bando, en el punto más angosto del golfo Acaya era y continuará siendo neutral, mientras que la Lócride occidental mantendrá sus vínculos convencionales de amistad y alianza con Atenas, que esta explotará durante la guerra arquidámica (431-421). Y si la vecina Etolia dormitaba en un neutralismo secular, Acarnania mantendrá y aun renovará su alianza con los atenienses en el periodo de entreguerras. Para crear todavía más incógnitas, Cefalonia, en la boca del golfo, era una de esas polis no adscritas, que acabará decantándose por la primera potencia naval recién iniciada la guerra del Peloponeso[223]. Y qué decir, en fin, de los insolentes feacios de la época, los corcirenses, que caerán como fruta madura en el lado ateniense durante los prolegómenos del conflicto.

---

222. *Stv.* 156, d) 3. Ver Alonso, *Neutralidad*, 63-64.
223. Alonso, *Neutralidad*, 131 ss.

En términos geoestratégicos, por consiguiente, el mar Jónico constituía un flanco desprotegido para la liga del Peloponeso, que Atenas no dejará de golpear diez años después, cuando estalle la crisis corinto-corcirense, desencadenante no por casualidad de la gran conflagración. Es cierto que la coalición peloponesia podría responder a su vez ganándose a Melos o a Tera en el Egeo, dorios neutrales, pero estas pequeñas polis apenas tenían nada que ofrecer desde el punto de vista naval y logístico, en comparación con las grandes islas del noroeste. Más aún, el baluarte peloponesio en el Egeo, Egina, «la legaña del Pireo» (Plu. *Per.* 8,5), aunque autónoma según el tratado del 446/45, se perdía para Esparta al tener que ingresar en la liga marítima como polis tributaria, es decir, privada de su flota (Th. 1,67,2). Da la sensación, por tanto, de que Atenas era la única potencia capaz de practicar *de facto* una política militar –que no mercantil, huelga decirlo– de *mare clausum* en el Egeo. Y digo de hecho, y no de derecho, porque el pacto de no agresión del 446/45, al contrario del tratado con Artajerjes, no impedía a las flotas contrarias surcar las aguas de dicho mar y poner proa a Tesalia, Macedonia, Tracia o el Ponto, territorios todos ellos fuera de la *arché*. Claro que no sin los inconvenientes logísticos del caso, ya que según una norma consuetudinaria del derecho internacional de la época ninguna flota, o para ser más exactos, ninguna fuerza naval superior a una trirreme, estaba autorizada a entrar en puerto extranjero, incluso siendo aliado, a no ser que dicha fuerza hubiera sido previamente invitada a hacerlo: καθότι ἂν ἐπαγγέλλωσιν / παραγγέλλωσιν, como recordarán los de Camarina a sus aliados atenienses en 415 y como se encargarán de precisar por escrito los tratados de la siguiente centuria[224].

La paz de Nicias (*Stv.* 188), o mejor, el pacto de no agresión del 421 entre Atenas y Esparta, no alteró las concepciones dominantes, antes bien, entrañó una confirmación en toda regla de las mismas, con la particularidad de que la *symmachía* subsiguiente negociada entre las dos potencias reforzó el reparto tradicional de papeles, terrestre y marítimo. Las cosas empezaron a cambiar de verdad tras el desastre ateniense en Sicilia, consecuencia de una política exterior descentrada e irrealista. Irrealista también en el sentido de que la expedición contra Siracusa no estuvo lo suficientemente preparada desde el punto de vista diplomático, de suerte que muchos tratados de alianza entonces vigentes no fueron aplicados por las reticencias de las colonias occidentales respecto de la validez del *casus foederis* invocado por los expedicionarios. Las polis calcideas de la Magna Grecia, para empezar, se mantuvieron al margen de la contienda e hicieron pasar de largo a la armada sin autorizar su entrada en puerto, a pesar de que los promotores del ataque a Siracusa, como Alcibíades, se las

---

224. Para las fuentes y demás detalles, consultar, en este mismo volumen, «Καθότι ἂν ἐπαγγέλλωσιν / παραγγέλλωσιν. Sobre una estipulación del derecho griego de los tratados internacionales».

habían prometido muy felices respecto de su cooperación militar (Th. 6,17;48). Regio solo concedió derecho de mercado extramuros (Th. 6,44,3), e incluso en la propia Sicilia Camarina denegó a la flotilla ateniense la entrada en puerto alegando la mencionada costumbre: «que acogerían a los atenienses si venían en una sola nave, a menos que ellos reclamaran un envío mayor»[225]. La pérdida del enorme ejército ante Siracusa obligó a un repliegue estratégico en toda regla, a la vez que facilitó la recuperación de la iniciativa naval peloponesia no solo en el golfo de Corinto, sino también en el Egeo. Ahora bien, lo que realmente desniveló la balanza, como es bien sabido, fue la entrada de Persia en la conflagración, que se hizo al precio de la retrocesión de las polis asiáticas al Gran Rey. Fue por parte de Esparta un clamoroso abandono de la política de preservar el Egeo para los griegos, a cambio, eso sí, de recibir subsidios e incluso algunas unidades de refuerzo para la armada peloponesia. Los sucesivos tratados negociados entre Esparta y Darío II en 412/11 (*Stv.* 200-202) resultan muy elocuentes a este respecto: al abandonismo lacedemonio corresponde ahora la decidida voluntad aqueménida de volver a desempeñar un rol preponderante en el Egeo, sin las cortapisas de la paz de Calias. Esta, por cierto, había sido probablemente renovada en virtud del llamado tratado de Epílico (*Stv.* 183), del 424/23, pactado con Darío II en un momento de la guerra arquidámica en que la democracia ática se sentía lo suficientemente fuerte como para imponerse de nuevo ante la corte de Susa y los sátrapas delegados en Asia Menor.

Ni que decirse tiene, la derrota de Egospótamos y el tratado de paz y alianza resultante que la democracia hubo de aceptar de la polis vencedora, ahora convertida en superpotencia terrestre y naval, hundieron en el fondo de los mares los restos que aún podían quedar a flote de la antigua liga ático-délica. Además del desmantelamiento de los Muros Largos y las fortificaciones de El Pireo –o sea, el desmantelamiento de la «isla temistoclea»–, los atenienses tuvieron que entregar toda la flota (a excepción de 12 naves para tareas de patrullaje) y atarse convencionalmente a la política exterior de Lacedemonia (*AcB.* 125). El año 404, a la vez que el fin de todo el gran ciclo del imperialismo ateniense, y de toda una praxis diplomática en lo tocante a los asuntos marítimos, representa un punto de partida y de reorientación de la política exterior de Atenas, que culminará en 377 con la fundación de una segunda liga marítima.

No todo, por supuesto, se echaría en saco roto. La memoria histórica ateniense y las enseñanzas del pasado se perciben no solo en la retórica del antiguo esplendor, omnipresente en la oratoria del siglo IV, sino también en el refinamiento del lenguaje diplomático y, por qué no decirlo, en una mayor sensibilidad para con el principio de paridad negociadora. Esto desembocará en la creación más genuina y avanzada de esa centuria a nivel internacional,

---

225. Th. 6,52,1: trad. Guzmán Guerra, *Tucídides.*

los acuerdos de *koiné eirene*, que son los primeros tratados de paz en sentido estricto (técnicamente hablando) en la historia de Grecia[226]. Y desembocará, como acabo de decir, en una nueva coalición marítima, cuya configuración jurídico-política y cuya historia incorporarán el bagaje positivo de la liga ático-délica, pero procurando escapar de sus malas prácticas.

Si Esparta había sido en el siglo VI la gran innovadora en el derecho de los tratados[227], desde su posición de artífice de la liga del Peloponeso, que fue la base de la liga helénica y fuente de inspiración para la liga ático-délica, Atenas tomó el relevo a partir de la Pentecontecia, de manera que en el periodo de la paz de Nicias sus embajadores se sentaron a negociar con amigos, enemigos y neutrales manejando un instrumental jurídico bastante diversificado y adaptado a las necesidades de la coyuntura. La *elegantia iuris* no fue precisamente una característica del espíritu griego, de su cultura legal, pero si hay algo que se le pueda parecer un poco en el derecho internacional de época clásica, ello se atisba en textos como el de la cuádruple alianza, del 420, con un articulado muy medido y detallado (*Stv.* 193). En la transcripción que hace Tucídides de este pacto, mejor que en la estela conservada del mismo, leemos una estipulación que refleja toda la importancia del factor marítimo en las relaciones convencionales de los Estados beligerantes. Los sujetos pactantes se obligan a lo siguiente:

> No dejarán pasar a gentes armadas para la guerra por su propia tierra ni por la de los respectivos aliados sobre los que mandan, ni tampoco por mar, si todas las polis no han decretado que ha lugar dicho tránsito, esto es, la polis de los atenienses, la de los argivos, la de los mantineos y la de los eleos[228].

Cabe preguntarse a qué demarcación marítima, a qué límites en concreto se están refiriendo aquí las partes contratantes, ya que el concepto de aguas territoriales no fue codificado –que se sepa– por el derecho de la época, al contrario de la idea de territorio y frontera, suficientemente nítidos[229]. Solamente

---

226. Ver V. Alonso Troncoso, «War, Peace and International Law in Ancient Greece», en K. Raaflaub (ed.), *War and Peace in the Ancient World*. Oxford 2007, 221 (estudio reeditado en T. Gazzini, N. Tsagourias (ed.), *The Use of Force in International Law*. London and New York 2016, 3-22), así como «La *koiné eirene* ateniense del 371, la cláusula de garantía y el sistema griego de alianzas», en este volumen.

227. Recojo en esta afirmación una de las conclusiones de mi conferencia «Tyrannie et relations internationales à l'époque archaïque», en *Tyrants in Ancient Greece, 1st Transeuropean Seminars on Ancient Hellenic History* (Sosipolis), Olympia – Pyrgos 14, 9, 2006.

228. Ὅπλα δὲ μὴ ἐᾶν ἔχοντας διιέναι ἐπὶ πολέμῳ διὰ τῆς γῆς σφετέρας αὐτῶν καὶ τῶν ξυμμάχων ὧν ἄρχουσιν ἕκαστοι, μηδὲ κατὰ θάλασσαν, ἢν μὴ ψηφισαμένων τῶν πόλεων ἁπασῶν τὴν δίοδον εἶναι, Ἀθηναίων καὶ Ἀργείων καὶ Μαντινέων καὶ Ἠλείων (Th. 5,47,5).

229. Sobre la *chora* como *Gebietshoheit* resulta fundamental F. Gschnitzer, «Zur Terminologie der Grenze und des Gebietes im Griechischen», en E. Olshausen, H. Sonnabend (ed.),

el espacio terrestre, en principio, admite a su lado el adjetivo posesivo, no el mar, que de nadie es propiedad. Ahora bien, una clave para la interpretación y aplicación de dicha cláusula la descubrimos un año después en la protesta presentada por los argivos ante los atenienses tras enterarse de que una flotilla espartana, «burlando los puestos de guardia atenienses (λαθόντες Ἀθηναίους φρουρούς)», había logrado pasar «por mar» (κατὰ θάλασσαν) hasta Epidauro un contingente de refuerzo. Dado que los argivos estaban en guerra abierta con los epidaurios, explica Tucídides (5,56,2),

> Se presentaron entonces ante los atenienses y les reprocharon que, estando escrito en el tratado que ninguna de las partes debía permitir el paso a fuerzas enemigas por su propia zona (γεγραμμένον ἐν ταῖς σπονδαῖς διὰ τῆς ἑαυτῶν ἑκάστους μὴ ἐᾶν πολεμίους διιέναι), habían dejado que los lacedemonios navegasen por delante de sus costas (ἐάσειαν κατὰ θάλασσαν παραπλεῦσαι)[230].

Los argivos se estaban refiriendo en concreto al estrecho entre Metana y Egina, bases controladas por los atenienses y desde las que se esperaba que ejerciesen un control de la navegación militar, como se podría esperar que lo hiciesen en el Helesponto, entre Abidos y Sesto, o en el Bósforo, entre Bizancio y Calcedonia, plazas todas ellas sobre las que, como preveía el tratado, «mandan» los atenienses. Dudo mucho que los mantineos pudiesen hacer gran cosa con respecto a esta parte del articulado, pero los intereses de los argivos y también los de los eleos pudieron tener mucho que ver con la inserción de la cláusula en cuestión. Lo que viene a demostrar que, aneja a la tierra, podía haber una determinada porción de espacio marítimo susceptible de control por parte de las potencias navales ribereñas y, en consecuencia, susceptible también de regulación legal a nivel internacional. Cabe matizar, por tanto, la doctrina ius-internacionalista general que Carl Schmitt reitera en la cita de comienzo de este trabajo, en el sentido de que las aguas propincuas

---

Stuttgarter Kolloquium zur historischen Geographie des Altertums. Amsterdam 1994, 21-33, aunque sin abordar el pasaje ni la dimensión marítima que nos ocupan. Apenas lo hace D. J. Mosley, «Crossing Greek Frontiers under Arms II», en Olshausen, Sonnabend (ed.), *Stuttgarter Kolloquium*, 179. Menos útil es ya H. Bengtson, «Zwischenstaatliche Beziehungen der griechischen Städte im klassischen Zeitalter», en *XIIᵉ Congrès International des Sciences Historiques. Rapports IV*. Wien 1965, 73-74, al desarrollar su epígrafe «5. Zur Frage der Gebietshoheit».

230. Traduzco con calculada indeterminación el giro διὰ τῆς ἑαυτῶν, en el que se debe sobrentender un genitivo femenino. Por lo dicho, no podría ser θαλάσσης, pero tampoco γῆς, habida cuenta de que el concepto espacial aquí subyacente es marítimo. Ver *infra* n. 234, según la cual cabría pensar más bien en el genitivo χώρας. Nótese, asimismo, que el verbo παραπλέω («navegar cerca de la costa», «perlongar») está haciendo una acotación del espacio geográfico, en la medida en que sugiere las aguas próximas a tierra, así como un control visual de la navegación desde la costa.

y familiares podían ser objeto de apropiación y explotación en exclusiva por los ribereños[231].

La preocupación por la dimensión marítima de las alianzas se mantiene en los tratados atenienses del siglo IV, en que se generaliza la fórmula «por tierra o por mar» en la formulación del supuesto de alianza: aparece ya en los pactos de Atenas con Beocia (*Stv.* 223) y con Lócride (*Stv.* 224), al estallar la guerra de Corinto en 395, con lo que con toda seguridad se introdujo también en los tratados concluidos por las mismas fechas con corintios y argivos, y también con Eretria (*Stv.* 229), cuya estela presenta una laguna de siete líneas precisamente en la parte que aquí nos interesa. Reaparece en el decreto de Aristóteles que sienta las bases de la segunda liga marítima (*Stv.* 257), así como en uno de los instrumentos diplomáticos más completos y mejor conservados del siglo, la *symmachía* con Dionisio I de Siracusa (*Stv.* 280), datada en 367. Un eco del lenguaje de los tratados en la oratoria contemporánea lo encontramos, por ejemplo, en Isócrates, cuyo discurso *Sobre la paz*, compuesto probablemente en 355, recuerda precisamente las vicisitudes de sus compatriotas en la guerra de Corinto:

> ¿A qué ciudad ilustre no invitamos a la alianza que se organizó para defenderlos? ¿Cuántas embajadas enviamos al gran rey para explicarle que no era justo ni conveniente que una sola ciudad fuera señora de los griegos? No dejamos de luchar y de correr peligros por tierra y por mar (καὶ κατὰ γῆν καὶ κατὰ θάλατταν) hasta que los lacedemonios quisieron firmar los tratados sobre la autonomía[232].

No es cuestión de abordar aquí las condiciones de la paz de Antálcidas (*Stv.* 242), en 386, como no sea para constatar que en su letra y en su espíritu esta primera paz común reiteraba el sistema de reparto consagrado durante la guerra de Jonia (412-404) entre Persia y Esparta. Fueron estos los dos actores que de nuevo llevaron la voz cantante en las negociaciones: las ciudades griegas de Asia, lo mismo que Chipre, siguieron bajo dominio persa sujetas a tributo, mientras que las islas del Egeo conservaban la independencia, salvo Lemnos, Imbros y Esciros, devueltas a los atenienses. El mar Egeo, por tanto, continuaba abierto a la flota de guerra fenicia, pero también es verdad que estas aguas constituían una divisoria real, en la medida en que el poder aqueménida había renunciado a franquear los límites de Asia, cosa que no se daba en tiempos del imperialismo expansivo de Darío I y su hijo Jerjes. Por lo que a los atenienses se refiere, esta *koiné eirene* suponía, pese a todo, una sensible

---

231. Lo abordo con más detalle para un viejo paisaje costero, con sus aguas interiores parcial o totalmente territorializadas, en mi estudio «El golfo Ártabro: paisaje prehistórico y teatro de historia (c. 900-61 a.C.)», en id., A. R. Colmenero, A. Goy (ed.), *El golfo Ártabro. Fragmentos de historia litoral y patrimonio.* A Coruña 2014, 152-207.

232. Isoc. 8.68: trad. J. M. Guzmán Hermida, *Isócrates: Discursos*, II. Madrid 1980.

recuperación respecto a las posiciones del 404, proceso que culminaría en 377 con la fundación de una segunda liga marítima. Los oradores atenienses de esta centuria se rasgarán las vestiduras por la traición cometida a los hermanos de Asia en esta paz del Rey[233], al igual que en los anteriores acuerdos con Darío II, pero el caso es que, llegado el momento crucial de la fundación de la nueva coalición naval, el pueblo ateniense tampoco cuestionará el *statu quo* internacional. La geopolítica que inspira la carta del 377 no impugna la doctrina de Asia para los asiáticos y Europa para los griegos y demás habitantes.

En efecto, del decreto de Aristóteles nos interesa precisamente la invitación a sumarse a la nueva alianza cursada a todas las ciudades y a todos los pueblos griegos y bárbaros, del continente y las islas, «que no sean del Rey». Por lo demás, el texto reproduce la fórmula «por mar y tierra» en el *casus foederis*, al igual que probablemente con Cálcide (*Stv.* 259). Un tratado de alianza como el jurado entre Atenas y Corcira en 375 (*Stv.* 263), que regula el ingreso de la isla en la nueva liga, expresa bastante bien las nociones y valores de la política exterior ateniense por esas fechas: sin pasar por alto que la prestación de ayuda militar seguirá a la petición formal de la misma por parte del aliado, el *casus foederis* contempla el ataque al territorio de la otra parte por tierra o por mar[234].

Atenas no estaba ya en condiciones de recrear la liga delo-ática, y nada prueba mejor la cesión de posiciones en el Egeo que la mencionada autolimitación en cuanto a la extensión geográfica de la nueva entente. Las cosas no mejoraron, pese a los esfuerzos de estrategos como Timoteo, que ganaron para la coalición a varias polis insulares del noroeste, notablemente la citada Corcira. De creer al mayor panegirista de Timoteo, Isócrates, esta hazaña habría tenido como consecuencia que las naves lacedemonias no se atrevieran a

---

233. A este respecto consultar, en el presente volumen, los estudios «Tratados y relaciones de alianza en la guerra de Corinto (395-386 a. C.)»: 4. Fin del conflicto bélico y conclusiones, y «395-390/89 a. C., Atenas contra Esparta: ¿de qué guerra hablamos?»: 1. Esparta contra Atenas (y Argos): de la guerra indirecta al *phaneròs pólemos*, sobre la memoria de Conón en Atenas.

234. En el original griego de la inscripción: καὶ ἐάν τις ἐπ | ὶ τὸν δῆμον τὸν Ἀθηναίων ἢ ἐπὶ τὴν χώραν | τὴν Ἀθηναίων ἐπὶ πολέμωι ἴηι ἢ κατὰ γῆν | ἢ κατὰ θάλατταν, βοηθεῖν... (IG II² 97, l. 6-9). Posiblemente aquí el lenguaje diplomático ateniense, decantado por una tradición ya centenaria, nos esté dando de manera indirecta la respuesta al problema planteado por la cláusula inserta en *Stv.* 193 y a su interpretación y aplicación (ver *supra* n. 229). El concepto de *chora*, espacio de soberanía de una polis, es en principio territorial, si bien suficientemente amplio y hasta genérico, como ha explicado Gschnitzer, «Zur Terminologie», 29: «Der gängige Fachausdruck für das Gebiet eines Staates ist seit der klassischen Zeit *chora*, eigentlich "Land", noch älter (und daneben auch später noch) "freier Raum, Platz"; das Wort kann das gesamte Staatsgebiet bezeichnen, aber auch das offene Land im Gegensatz zum Hauport, *asty* oder *polis*». Es, en cambio, el término *ge* el que se opone real y nítidamente a *thálassa*, como se constata en el mencionado articulado, de donde su inadecuación para entender o sobrentender una posible prolongación de la soberanía a las aguas limítrofes susceptibles de control naval.

surcar el mar «del cabo Malea a esta parte» (Isoc. 15,110). Una valoración, la suya, exacta o inexacta, que en todo caso nos pone de relieve –nunca mejor dicho– otro de los hitos principales de la navegación griega antigua: la punta que en Laconia separaba el Jónico del Egeo, el Malea. ¿Habrá que recordar que esos mismos corcirenses, en vísperas de Salamina, y pese a su adhesión formal a la liga helénica, adujeron como excusa para su ausencia en tan gloriosa naumaquia la existencia de vientos que a la altura del Malea les cerraron el paso hacia el norte[235]? En la geografía mítica y luego en la geoestrategia, en la literatura de periplos y demás representaciones marítimas, había una serie de lugares comunes que también podían colarse en los textos de los tratados y demás declaraciones políticas y diplomáticas, aunque yo no haya descubierto este cabo laconio como punto delimitador de esferas de influencia en los siglos clásicos –quizá porque no constituía una frontera entre dos regiones o entre dos polis–, y en ese sentido solo era una referencia orográfica y meteorológica para la navegación de la época.

En fin, retórica aparte, que no siempre es muy fiable para reconstruir con objetividad la historia de las relaciones internacionales, el caso es que los atenienses se vieron incapaces de mantener a raya como antaño a los persas y, lo que es peor, sufrieron continuos reveses en el norte del Egeo a partir del ascenso de Filipo II de Macedonia. El Argéada, desde el primer tratado de paz y alianza en 359, hasta la paz de Filócrates (*Stv.* 329), no cejó en su propósito de expulsar a los atenienses, primero de las costas de Macedonia (fueron los contenciosos de Anfípolis y Pidna), y a continuación de las costas de la Calcídica. Lo logró por méritos propios, aunque también con la ayuda de la insurrección de Quíos, Rodas, Bizancio y Cos, que con el apoyo de Mausolo de Caria desencadenaron la guerra de los aliados en 357. Nada mejor que la paz de Filócrates, en 346, antes ya del desastre de Queronea, para ilustrar la situación de Atenas a la defensiva[236]. Una de las cláusulas de este importante tratado, que asentaba no solo paz, sino también alianza entre las partes (*eirene kai symmachía* es su denominación oficial), reconocía todas las adquisiciones costeras de Filipo en el norte hasta el Quersoneso, incluida Tracia, y así hasta Cardia, en virtud del principio *uti possidetis*. Pero la cláusula más reveladora para esta investigación es la concerniente a la policía de los mares. En el discurso *Sobre el Haloneso*, incluido en el corpus demosténico, se reprocha al macedonio que, con el pretexto de vigilar el Egeo contra los piratas junto con los atenienses, pretendiera de sus nuevos aliados que

---

235. Hdt. 7,168,4: ver, en este mismo volumen, «Die neutralen Staaten in den Perserkriegen und das griechische Völkerrecht»: 7.6. Zur völkerrechtlichen Stellung Kerkyras in 480/79.

236. Para este periodo, *cf*. P. Carlier, *Démosthène*. Paris 1990, 141 ss, 169 ss, y, en el presente volumen, «Filipo II, Atenas y el derecho griego de alianzas».

Lo instaléis en el mar y que conféseis que sin Filipo vosotros no sois capaces ni de desempeñar la vigilancia del mar, y, además, que se le conceda plena libertad para surcar el mar de un lado a otro e ir fondeando en las distintas islas, y, con el pretexto de vigilar a los piratas, sobornar a los isleños y apartarlos de vosotros…, para lo cual envía agentes que acompañen a vuestros generales, como si fuesen a participar en la tarea de vigilancia del mar[237].

Un Egeo fragmentado y dividido políticamente era un caldo de cultivo magnífico para la proliferación de la piratería, bajo mínimos en tiempos de Pericles, y en efecto una fuente de deslegitimación de Atenas ante sus aliados. Claro que la costumbre jurídica interhelénica (el καθότι ἂν ἐπαγγέλλωσιν / παραγγέλλωσιν) impedía a la flota macedonia apariciones sin invitación, por muy *symmachos* que fuese. En el corazón del Egeo las trirremes de Filipo no tendrían gran margen de maniobra, pero en la zona de los estrechos, por la que pasaba la ruta del cereal, vital para Atenas, tuvo lugar el *casus belli* que llevaría a Queronea. Durante su asedio a Bizancio, auxiliada por fuerzas navales atenienses –esta prestación de ayuda militar en espacio de terceros no comportaba a la fuerza la ruptura de las *spondai*[238]–, el monarca interceptó una flota cargada de grano con destino al Pireo[239]. Se trató de una escalada de la tensión insoportable para los atenienses, quienes probaban así su propia medicina y, guiados por Demóstenes, no dudaron en denunciar el tratado y aprestarse para la guerra abierta, el *phaneròs pólemos*[240].

---

237. D. 7,14-15. Trad. A. López Eire, *Demóstenes: Discuros políticos*, II. Madrid 1980.

238. Leer, sin ir más lejos, las líneas introductorias del ya citado «395-390/89 a. C., Atenas contra Esparta: ¿de qué guerra hablamos?». También mi artículo «War, Peace and International Law», 215-219.

239. *FGrHist* 328 F 162; D. 18.72-78, 139.

240. Este trabajo fue publicado primeramente en J. Santos Yanguas, B. Díaz Ariño (ed.), *Los griegos y el mar*. Revisiones de Historia Antigua VI. Vitoria 2011, 237-251.

DIE NEUTRALEN STAATEN
IN DEN PERSERKRIEGEN
UND DAS GRIECHISCHE VÖLKERRECHT

ABSTRACT: The Neutral States in the Persian Wars and the Greek International Law. This paper analyses the exercise of the right to neutrality during the years 481-479, within the framework of Greek international law. Unlike the Persian conception of foreign policy as evidenced by Xerxes' conduct vis-à-vis the Hellenic States (polis, federations and kingdoms), the Hellenic League acknowledged the right of Argos, Achaia and the Cretan polis (not to speak of Gelon of Syracuse) to remain non-belligerent (ἡσυχίαν ἔχειν / ἄγειν). The diplomatic negotiations with these sovereign members of the Interhellenic community provide us with eloquent data about the praxis of non-alignment policies among the Greeks at the end of the Archaic period and the beginnings of the Classical one. Additionally, some specific issues are addressed: 1. Herodotus' vocabulary of neutrality; 2. The right to neutrality among the Greek States; 3. The status and policy of Olympia during the Persian Wars; 4. The question of leadership (*hegemonia*) within the Hellenic League; 5. The relations between Argos and Sparta in 480/79 according to the Greek international law; 6. The legal status of Corcyra in 480/79 (the islanders finally avoided deploying their fleet at Salamis, in spite of the fact that they were not formally neutral in this war, but allies and members of the Hellenic League).

1. FRAGESTELLUNG

Etwa im Herbst des Jahres 481 versammelten sich im Tempel des Poseidon am Isthmus von Korinth (oder am Hellenion von Sparta), die griechischen Delegierten der Städte, die entschlossen waren, sich den persischen Invasoren entgegenzustellen. Unter anderem beschlossen sie,

> Boten nach Argos senden, um ein Waffenbündnis gegen den Perser zu schliessen, und wiederum andere zu Gelon nach Sizilien, (…), und nach Korkyra

mit der Aufforderung, Griechenland zu Hilfe zu kommen, andere nach Kreta. Sie hatten dabei den Gedanken, ob wohl Griechenland zu einer Einheit werde und in gemeinsamer Sache alle zu gleichem Handeln sich entschlössen, da doch allen Griechen die gleiche Gefahr drohe. Die Macht Gelons aber – so hiess es – sei gross, weit grösser als sonst eine griechische Macht[241].

Von diesen Missionen war allerdings keine mit Erfolg beschieden, wodurch sich der Hellenische Bund einiger tatkräftiger Unterstützung im Kampf gegen Xerxes beraubt sah. Herodot macht detaillierte Ausführungen über die eingeleiteten Gespräche mit den genannten Staaten, wobei er die im Umlauf gewesenen Versionen weiterverbreitete; einige beschuldigend, andere entschuldigend. Unabhängig von der Gültigkeit dieser Versionen, ist die blosse Tatsache ihrer Existenz und der Umfang, den Herodot diesen Verhandlungen beimisst, Beweis genug für die grosse politische und diplomatische Bedeutung, die diese nicht kriegerischen Bemühungen in den Augen der Zeitgenossen und der nachfolgenden Generationen hatten.

In einem Aufsatz von 1988 beschäftigten wir uns mit dem Phänomen der griechischen Neutralität zwischen 480 und 479 und mit den jeweiligen politischen Motivationen, so dass wir die damaligen Analysen jetzt nicht wiederholen werden[242]. Die Gründe für den kriegerischen Verzicht Argos' entsprechen nicht denen von Achaia oder Syrakus. Die Aussenpolitik Korkyras in diesem zweiten Perserkrieg bewegt sich in einem Rahmen, der sich von dem Kretas unterscheidet. Jeder neutrale Staat bewegt sich in seiner eigenen Konjunktur und die Studie der Faktoren, die das Treffen einer Entscheidung determinieren, ist Gegenstand der Politikgeschichte. Natürlich müssen die Umstände, die jedes Treffen einer Entscheidung determinieren, genau betrachtet werden, was aber nicht spezifischer Gegenstand der vorliegenden Arbeit ist. Unser Ziel ist es, die folgenden Sachverhalte hervorzuheben: als entschieden wurde, nicht zu kämpfen und «die Ruhe zu bewahren» (ἡσυχίαν ἔχειν / ἄγειν), welche international geltende Ordnung machte diese Entscheidung möglich und welche Rechtsfragen sind daraus hervorzuheben; in welcher allgemeinen Rechtskultur handelten die griechischen Städte, um ihre Neutralität zur Geltung zu

---

241. Hdt. 7,145,2: wir benutzen in diesem Aufsatz die Übersetzung von J. Feix, *Herodot Historien*. München 1980. Verhandlungen mit den Neutralen: s. Busolt, *GG* II, 657ff; Will, *Monde grec*, 109, 121ff; A. R. Burn, *Persia and the Greeks*. London 1984, 307-308, 394ff; J. F. Lazenby, *The Defence of Greece 490-479 B.C.* Warminster 1993, 105ff; P. Green, *The Greco-Persian Wars*. Berkeley and Los Angeles 1996, 67ff, 81ff.

242. «Neutralismo y desunión en la segunda guerra médica», in G. Pereira (Hrsg.), *Actas I Congreso Peninsular de Historia Antigua*. Santiago de Compostela 1988, 55-70, mit der älteren Literatur. Aufgrund der vorliegenden Untersuchung halten wir nicht mehr einige Behauptungen dieses Aufsatzes.

bringen; in welcher diplomatischen Sprache sprachen und verstanden sie sich mit den anderen Griechen dieser Epoche, dieser frühen Klassik[243].

2. Argos

Beginnen wir mit den Verhandlungen zwischen dem Hellenischen Bund und der Stadt Argos. Die Botschafter der Verbündeten wurden offiziell empfangen und hatten die Gelegenheit, mit den Mitgliedern des Rates zu verhandeln. Die argivische Regierung machte ihren Eintritt in die Allianz von der vorherigen Ratifizierung eines dreissigjährigen Friedens mit Sparta und der Aufgabenteilung in der Vorherrschaft (ἡγεμονία) mit den Lakedämoniern abhängig:

> Als die Boten darauf aber nach Argos kamen, begaben sie sich ins Rathaus und richteten den Auftrag aus. Die Argeier antworteten daraufhin, sie seien bereit mitzumachen; die Spartaner aber müssten mit ihnen vorher einen Frieden auf 30 Jahren schliessen und die Führung im ganzen Bund mit ihnen zur Hälfte teilen. Rechtlich kommen ihnen die gesamte Führung zu; aber sie wollten sich mit der Hälfte der Führung begnügen. Das ist nach ihrer Aussage die Antwort des Rates gewesen, obwohl das Orakel ihnen abriet, dem Bund mit den Griechen beizutreten. (Hdt. 7,148,4-149,1).

Bezüglich des militärischen Kommandos beruhe das Problem jedoch darauf, dass kein König seines Amtes enthoben werden könne, um den argivischen König einzusetzen. Es bestehe jedoch kein Hindernis, dass dieser an den Entscheidungen seiner spartanischen Kollegen in gleichberechtigter Weise teilnehme – so lautete die Antwort der Spartaner –. An diesem Punkt angelangt, unterbrachen die Argiver die Debatte, beschuldigten die Lakedämonier der Pleonexie (Überheblichkeit) und forderten die gesamte Delegation auf, das Territorium von Argos binnen einiger Stunden zu verlassen[244].

Nach einer anderen Überlieferung, die auch von Herodot weitergegeben wird (7,150) – ohne dass er ihr jedoch Glauben schenkt – hatte die Stadt auf Ersuchen von Xerxes selbst schon vorher die Resolution, nicht in den Krieg einzutreten, vereinbart. Die obengennanten Bedingungen waren, in der Voraussicht, dass sie von Sparta abgelehnt würden, lediglich ein Vorwand, um ihr Verhalten zu rechtfertigen. Nach Meinung einiger Griechen sollte man diese

---

243. Über die völkerrechtliche Problematik der Neutralität im klassischen Griechenland gehen wir aus unserer Forschung: Alonso, *Neutralidad*, 7-125.

244. Vgl. P. A. Brunt, «The Hellenic League against Persia», *Historia* 2 (1953/1954) 138ff. Vertreibung einer Gesandtschaft als diplomatischer Usus: s. V. Alonso Troncoso, «Ultimatum et déclaration de guerre dans la Grèce Classique», in E. Frézouls, A. Jacquemin (Hrsg.), *Les relations internationales*. Paris 1995, 287-288.

Tatsache (nicht Krieg zu führen) mit dem einige Jahre später stattfindenden Treffen von Kallias mit einer argivischen Botschaft, die am Hof von Susa eingesetzt war, in Beziehung setzten, um Artaxerxes zu befragen, ob er noch immer an τὴν πρὸς Ξέρξην φιλίην festhielte, worauf der Grosskönig antwortete, dass so eine Freundschaft vollständig fortbestehe und dass keine andere Stadt ein so hohes Ansehen habe wie die Stadt Argos (7,151). Weiterhin fährt Herodot nicht übereinstimmend fort, dass in Griechenland sogar das Gerücht umging, dass diese Polis bis zum Äussersten gegangen sei und, ganz gleich was der Preis dafür gewesen sei, die Perser zur Hilfe gerufen habe; vorausgesetzt, dass er auf diese Weise wieder aus der Dekadenz treten könne, in die er als Konsequenz aus der Niederlage von Sepeia geraten war[245].

Herodot (9,12) erwähnt nochmals die Argiver, als er die Prolegomena der Schlacht von Plataia beschreibt: Als das lakedämonische Heer in Richtung des Isthmus von Korinth aufgebrochen war, sendeten die Argiver, die Mardonios zuvor ihre militärische Unterstützung versprochen hatten, um diesen Abmarsch abzufangen, einen Boten (κήρυκα) mit der Mitteilung nach Attika, dass es ihnen unmöglich gewesen sei, diesen Plan auszuführen, und der persische General daher folglich handeln müsse. Vielleicht muss etwas ähnliches den Ephoren bekannt gewesen sein, da Pausanias die Truppe nicht über die direkte Route, über Sellasia und Karyai, nach Tegea führte, sondern einen Umweg über Oresteion machte (9,11,2). Aus dem Bericht Herodots haben einige Autoren entnommen, dass die Argiver mit dem persischen Generalstab Kontakte aufgenommen hatten und dass aus diesen Unterredungen ein Aktionsplan hervorging, der später nicht weitergeführt wurde. Die lakonische Ausdrucksweise, in der sich Herodot zu diesem «dunklen» Abschnitt in der Geschichte Argos' äussert, erlaubt es nicht, weitere Vermutungen anzustellen. Es scheint aber in jedem Fall klar zu sein, dass zwischen Argivern und Medern kein formales Bündnis bestand, sondern vielleicht ein geheimes Versprechen militärischer Hilfe auf der bestehenden Basis einer freundschaftlichen Beziehung[246].

---

245. Zur herodoteischen Schilderung der Verhandlungen mit Argos, s. Ed. Meyer, «Herodots politischer Standpunkt und seine Behandlung der Perserkriege», ders., *Forschungen zur alten Geschichte*, II. Halle 1899, 213ff, und C. Schrader (Hrsg.), *Heródoto, Historia, Libro VII*. Madrid 1985, 199ff, mit wertvollen Anmerkungen. S. ferner D.S. 11,3,4-5.

246. Vgl. Alonso Troncoso, «Neutralismo y desunión», 58-59, mit der älteren Literatur. Noch dazu Ch. Kritzas, *Aspects de la vie politique et economique d'Argos au Vᵉ siècle avant J.-C.*, in M. Piérart (Hrsg.), *Polydipsion Argos*. Paris 1992, 231ff, und M. Picazo, *Griegos y persas en el Egeo*. Madrid 1989, 32ff.

3. Korkyra

Eine andere Polis, die Gegenstand der hellenischen Diplomatie war, finden wir in Korkyra, eine entfernte Kolonie Korinths, in die Botschafter auf der Suche nach Verbündeten geschickt wurden (Hdt. 7,145,2). Die Antwort der Korkyräer auf die Nachfrage nach Hilfe war prinzipiell bejahend und solidarisch mit der Koalition gegen die Perser: die Insulaner versprachen sofort, soviel Truppen zu schicken, wie sie könnten, wobei sie zu erkennen gaben, dass sie der Zerstörung Griechenlands und der Sklaverei, die sie alle erwartete, nicht gleichgültig zusehen würden. Herodot fährt fort:

> Die Antwort klang ganz schön und gut. Als sie aber zur Hilfeleistung ausrücken sollten, änderten sie ihre Gesinnung. Sie bemannten 60 Schiffe. Kaum waren sie in See gegangen, näherten sie sich der Peloponnes und warfen bei Pylos und Tainaron an der Küste Lakoniens die Anker. Auch sie wollten den Ausgang des Krieges abwarten. Sie rechneten mit keinem griechischen Sieg, sondern meinten, der Perser werde vollständig gewinnen und ganz Griechenland unterwerfen. Mit ihrem Verhalten hatten sie die Absicht, dem Perser später sagen zu können: «König, die Griechen haben uns zwar in diesem Kriege zu Hilfe gerufen; wir aber wollten nicht gegen Dich kämpfen und nicht unfreundlich gegen Dich handeln, obwohl unsere Macht nicht ganz unbedeutend und unsere Flotte nicht gering ist, sondern die zweite nach Athen». Durch solche Worte hofften sie, mehr als die andern zu erreichen. Ich glaube, das wäre ihnen auch gelungen. (Hdt. 7,168,2-3).

4. Kreta

Ebenso wurde die Insel Kreta im Winter des Jahres 481 von den Botschaftern der Bundesgenossen angesprochen. Jedoch auch hier stiessen die Verbündeten auf eine ausweichende Haltung, wie uns Herodot in folgendem Wortlaut berichtet: «Als die dazu abgeordneten Griechen die Kreter auf ihre Seite ziehen wollten, machten diese folgendes: Sie schickten gemeinsam Boten nach Delphi und liessen den Gott fragen, ob es besser für sie sei, Griechenland zu unterstützen. Die Pythia antwortete:

> «Ihr Toren! Denkt doch daran, wieviel Tränen euch Minos wegen des Beistands für Menelaos in seinem Zorn geschickt hat. Denn sie (die Griechen) haben ihm nicht geholfen, seinen Tod in Kamikos zu rächen. Ihr aber habt sie unterstützt, als ein Barbar das Weib aus Sparta raubte». Als die Kreter diese Antwort erfuhren, versagten sie ihren Beistand. (Hdt. 7,169).

Die kriegerische Enthaltung der Städte Kretas, die nach aussen hin wie ein Block agierten (der *Synkretismos*), war die erste Bekundung einer neutralen

Haltung, einer Neutralismus-Politik, nämlich die Nichteinmischung in die be-
waffneten Konflikte der anderen Griechen. Sie bildeten weder einen Teil des
Delisch-Attischen Seebundes noch verbündeten sie sich mit einer der kriegerischen Parteien während des peloponnesischen Krieges[247].

5. ACHAIA

Herodot bezieht den Achäischen Bund (*Koinon*) nicht in die Staaten ein, deren
militärische Hilfe von dem *Synedrion* des Isthmus erwägt wurde. Anders, Pausanias, der die Aussenpolitik der Achäer genau beschreibt:

> Als aber die Meder unter Xerxes in Hellas einfielen, haben, wie man weiss,
> die Achäer weder an dem Zuge des Leonidas nach den Thermopylen, noch an
> den Seeschlachten der Athener unter Themistokles bei Euböa und Salamis teilge-
> nommen, und finden sich auch nicht in den Verzeichnissen weder der lakedämo-
> nischen, noch der attischen Bundesgenossen. Auch in der Schlacht bei Plataiai
> fehlten sie, sonst würde ohne Zweifel auf dem Weihgeschenke der Hellenen in
> Olympia auch der Name der Achäer verzeichnet sein. Ich glaube sie sind zum
> Schutze ihrer eigenen Heimatländer und wohl auch deshalb zurückgeblieben,
> weil sie, die Troja erobert, es nicht über sich bringen konnten, sich unter den Be-
> fehl dorischer Lakedämonier zu stellen[248].

Aus der verurteilenden Meinung, die Herodot von den nicht-kriegeri-
schen Peloponnesiern hat, ist abzuleiten, dass auch Achaia von der Diplomatie
der Verbündeten sondiert wurde, wenn auch ohne grossen Erfolg. Tatsächlich
waren die Achäer unter den sieben Völkern, die die Peloponnes bevölkerten,
eines derjenigen, die sich an den Rand des Streits stellten, wodurch sie – wie
der Historiker verurteilt – an den Rand gestellt, mit den Medern sympathisierten: «Wenn ich es frei heraussagen darf, sie hielten sich abseits, weil sie persisch
gesinnt waren (ἐκ τοῦ μέσου κατήμενοι ἐμήδιζον)» (Hdt. 8,73,3). Das achäische
Koinon gehörte nicht zum peloponnesischen Bund, aber im Gegensatz zu Argos kann man nicht sagen, dass in der Handlungsweise der Achäer eine feindli-
che Aussenpolitik gegenüber Sparta vertreten wurde. Hier handelte es sich um
eine freiwillige Blockfreiheit, um Unabhängigkeit, um einen Neutralismus, der
zum grossen Teil von dem unterschiedlichen ethnischen Bewusstsein angeregt
war (wie Pausanias sagt), aber möglicherweise auch aus anderen Gründen[249].

---

247. Siehe Alonso, *Neutralidad*, 455ff.
248. Paus. 7,6,3. Übersetzung (mit einigen Änderungen) von H. Reichardt, *Pausanias. Be-
schreibung von Griechenland*, 5. Bd. Stuttgart 1854.
249. Zur Neutralitätspolitik der Achaier während des 6. Jahrhs., vor allem gegenüber
denkbaren spartanischen Hegemoniebestrebungen, vgl. D. M. Leahy, «The Bones of Tisamenus»,

6. Gelon von Syrakus

Zum Abschluss müssen wir uns noch mit dem ausweichenden Verhalten von Gelon von Syrakus befassen (Hdt. 7,157-167). Der Tyrann entschuldigte seine militärische Hilfe unter dem gleichen Vorwand wie die Argiver und zwar wegen der Absage der Allierten auf seine Bitte, fünfzig Prozent mit den Spartaner über den Oberbefehl ausführen zu können: diese über Land und Gelon über das Meer.

7. Weitere Fragen

Nach dieser kurzen Darstellung werden wir folgende Fragen erörtern: Terminologie der Neutralität, Neutralitätsrecht, Stellung Olympias, Hegemonie innerhalb des Hellenischen Bundes, Argos und Sparta, und Beziehungen Korkyras zum Hellenischen Bund (hier wird die These verteidigt, dass *de iure* die Insel Mitglieder des Hellenischen Bundes wurde).

7.1. Zur Terminologie der Neutralität

Herodot kennt grundsätzlich zwei Begriffe, um die Neutralität auszudrücken. Erstens: ἡσυχίαν ἔχειν / ἄγειν, die wir in drei Stellen finden (1,169,2; 7,150,2-3). Zweitens: ἐκ τοῦ μέσου κατῆσθαι / ἕζεσθαι, das heisst, sich von der Mitte [des Schlacht oder Gefechts] fernzuhalten (4,118,2; 8,73; 8,22). In der Tat aber stellen beiden Periphrasen keine spezifische oder ausschliessende Terminologie der Neutralität dar, da bei ihnen der politisch-juristische Sinn überhaupt nicht genau angegeben wird, was später von Thukydides erreicht wird. Anerkannt von den Griechen der frühen Klassik wurde das Recht der Nichtkriegführenden ganz bestimmt, sowohl begrifflich als auch völkerrechtlich, aber in der Historiographie von Herodot taucht noch keine technische Terminologie des Phänomens auf[250].

Historia 4 (1955) 26-38, dessen Chronologie des Teisamenosaffaire wird von M. Osanna, *Santuari e culti dell'Acaia antica*. Perugia 1996, 223ff, abgelehnt. Noch dazu K. Freitag, «Eine vergessene Notiz zur Geschichte Achaias in 5. Jahrhundert v. Chr. bei Herodot (8,36,2)», *Historia* 45 (1996), 123-126. Über den Neutralismus der Achäer während der Pentekontaetie und des peloponnesischen Krieges, s. Alonso, *Neutralidad*, 205ff.

    250. Ausführliche Analyse des Wortfeldes der Neutralität in den Quellen bei Alonso, *Neutralidad*, 115ff.

7.2. Zum Neutralitätsrecht der griechischen Staaten

Es muss hervorgehoben werden, dass der Perserkrieg von 480/79 ein positiver Gültigkeitszeitraum der Neutralität als Institution des griechischen internationalen Rechts war – gelegentliche und freiwillige Neutralität im wahrsten Sinne des Wortes[251]. Der Bund der Hellenen hatte sich in der Tat vorgenommen, genau die relevanten Staaten auf diplomatischen Wege zu gewinnen, die sich bisher nicht der antipersischen Koalition angeschlossen hatten. Parallel hatte das Synedrion der Verbündeten eine antizipierende Proklamation über Sanktionen gegen all die griechischen Staaten bekanntgegeben, die sich, ohne sich gezwungen zu sehen, im voraus dem Invasor unterwarfen (Hdt. 7,132). Von beiden Resolutionen – der einen, die Nicht-Verbündeten auf diplomatischem Weg zu gewinnen, und der anderen, nur diejenigen zu bestrafen, die mit den Medern sympathisierten (sich den Medern ergaben) – lässt sich ableiten, dass die interhellenische Gemeinschaft schon jetzt das Neutralitätsrecht all seiner Mitglieder anerkannte, sogar in einer extremen Stimmungslage wie der des Jahres 481. In Übereinstimmung hiermit lässt sich beobachten, dass die begonnenen Gespräche zwischen der Hellenischen Liga und den neutralen Regierungen auf gleichberechtigter Basis stattfanden, d. h. ohne Zwang oder irgendeine Art von Bedrohung und mit der gebräuchlichen Sprache einer beliebigen Verhandlung. Das bedeutete, in dem Moment, in dem das *Hellenikon* seinen historischen Zyklus der Reife begann, den Triumph der absoluten Souveränitat der Polis über jede mögliche restriktive Doktrin auf dem Gebiet der interstaatlichen Beziehungen: Religionskrieg, panhellenischer Krieg, Sanktionskrieg, Nationalkrieg, usw.[252]. In Bezug darauf sollte man an die späteren unfruchtbaren Versuche Spartas denken, unter anderem die Argiver mit dem Ausschluss aus der delphischen Amphiktyonie zu bestrafen[253], oder an die verbreitete – aber leere – verurteilende Meinung über die kriegerische Enthaltung in den Jahren 480/79, die Herodot (8,73,3) vertrat. Diese Unabhängigkeit (die αὐτονομία der Polis) stellt ohne Zweifel die juristisch-politische Bedingung *sine qua non* für

---

251. Wobei wir nicht meinen, dass das Neutralitätsrecht bei den Griechen des klassischen Zeitalters entsprach der Konzeption des modernen Völkerrechtes.

252. Hinsichtlich der Legitimität und Anerkennung der Neutralität im Rahmen des griechischen Völkerrechtes soll man darauf Aufmerksam machen, dass Sparta selbst während des ionischen Aufstandes neutral blieb: s. D. Lateiner, «The Failure of the Ionian Revolt», *Historia* 31 (1982) 137ff, und Green, *Greco-Persian Wars*, 16, 20.

253. Plu. *Them.* 20,3: s. H. Bengtson, «Themistokles und die delphische Amphiktyonie», *Eranos* 49 (1951) 85-92; J. Wolski, «Medismós et son importance en Grèce à l'époque des guerres médiques», *Historia* 22 (1973) 13-14, und F. J. Frost, *Plutarch's Themistocles*. Princeton 1980, 179-180. S. auch Plu. *Mor.* 868F.

die Ausübung der Neutralität in den internationalen Beziehungen jeglicher Epoche dar[254].

Die Neutralität als normaler Begriff und sogar positives Verhalten wurde von Themistokles selbst geäussert. Bei Herodot findet man folgende Nachricht:

> Themistokles wählte aber die besten athenischen Segler, fuhr an die Stätte des Trinkwassers und ritzte eine Inschrift in die Steine, die die Ionier am nächsten Tag bei ihrer Ankunft am Artemision lasen. Die Inschrift lautete: «Ionier, es ist nicht recht, dass ihr gegen eure Vorfahren in den Kampf zieht und Griechenland unterwerft. Stellt euch vielmehr auf unsere Seite! Wenn ihr es aber nicht könnt, dann beteiligt euch selbst jetzt wenigstens nicht mehr am Kampf gegen uns und bittet die Karer, dass sie das gleiche wie ihr tun!» (Hdt. 8,22).

7.3. Zur Stellung Olympias während des Perserkrieges

Olympia scheint uns ein Symbol des griechischen Wesens und Zivilisation zu sein. In den olympischen Spielen von 480 kristallisiert sich die Einheit des hellenischen Volkes, und zwar nicht im Rahmen der Symmachie gegen die Perser, dem sogenannten Bund der Hellenen. Einheit hiess damals sprachliche, rechtliche und religiöse Einheit, nicht politische oder militärische Vereinigung, obwohl die Athener dafür plädierten: «Dazu haben wir gleiches Blut und gleiche Sprache mit den Griechen, die gleichen Heiligtümer und Opfer, die gleichgearteten Sitten» (Hdt. 8,144,2).

In der *Panegyris* von 480 finden wir die tiefe Einheit der Hellenen, die stärksten Gefühle des *Hellenikons*, seine Zustimmung und Einwilligung. Unter den Siegern dieses Jahres sieht man die Angehörigen von Staaten, die gar nicht am Kampf gegen die Perser beteiligt waren, die gar nicht Mitglieder des Hellenischen Bundes waren: Theogenes von Thasos, Xenopheites von Chios, die Thebaner Arsilochos und Daitondas. Während man den Siegern von Thasos, Chios und Theben, die – was jedoch wenig wahrscheinlich anmutet – die offizielle Politik ihrer Heimatstädte ablehnten, eine panhellenische Gesinnung hätte unterstellten können, machen die anderen Siege des Jahres 480 deutlich, dass panhellenische Motive politischer Art die Olympiabesucher kaum

---

254. Nicht irrelevant in diesem Zusammenhang sind die Wörter von Burn, *Persia*, 346: «But Hellas was no object of the Hellene's primary loyalty, learned from childhood. It had never been to any man the "dear, dear land" of modern poetry and patriotism. As a concept to which to appeal, it was more like "the West" or Europe or that Christendom which so signally failed to oppose its united strength either to Mongol or to Turk. Any individuals who, from 1935 to 1938, refused to contemplate war, except in defence of their own national interests, are in no position to cast a stone at the insularity of Crete». S. ferner J. M. Balcer, *The Persian Conquest of the Greeks 545-450 BC*. Konstanz 1995, 217, 248, und Green, *Greco-Persian Wars, passim*.

berührten. So wurde ein Argiver Sieger im Ringkampf der Knaben; ein Pferd aus argivischer Zucht gewann das Pferderennen. Der Westgrieche Astylos von Kroton, der seit 484 erfolgreich für Syrakus angetreten war, errang auch 480 mehrere Siege. Da er mit Gelon gut bekannt war, scheint es gerechtfertigt, ihn ebenso wie die Vertreter von Argos und Rhegion als einen offiziellen Vertreter seiner damaligen Heimatstadt Syrakus anzusprechen. Gelon, der die panhellenischen Spiele überaus schätzte, war im Nachhinein sehr darauf bedacht, seine Politik als panhellenisch zu deklarieren. Der Gegensatz von politischer Haltung und Begeisterung für die Spiele tritt noch deutlicher durch den olympischen Sieg des Anaxilas von Rhegion hervor. Anaxilas verhielt sich zwar im Perserkrieg neutral, war aber mit Karthago verbündet (Hdt. 7,165), welches für das westliche Griechenland eine ebenso grosse Gefahr darstellte wie die Perser für das Mutterland. Prägnanter kann kaum veranschaulicht werden, dass das Bekenntnis zur griechischen Kultur, für welche die panhellenischen Spielen stehen, keinen Einfluss auf die Fragen der Tagespolitik nahm[255].

Wiederholen wir nochmals unsere These: Mittelpunkt des Hellenentums im Jahre 480 war Olympia, Treffpunkt *aller* Griechen, und nicht der Isthmos von Korinth – oder der Hellenion von Sparta –, wo der *Synedrion* des Hellenischen Bundes seinen Sitz hatte. Möglicherweise nahm Olympia als Mittelpunkt des Hellenentums insbesondere bei den Griechen, die der persischen Herrschaft entronnen waren, eine besondere Stellung ein. Doch deutet nichts darauf hin, dass die Griechen die Spiele zu politischen Zwecken missbraucht hätten. Ganz im Gegenteil: sie verurteilten keineswegs diejenigen, die anstatt zu kämpfen, an den panhellenischen Spielen teilnahmen. Diese Einstellung spiegelt sich auch in Herodots Bericht wider. Zweimal spricht er davon, dass die peloponnesischen Staaten, die aufgrund ihrer Teilnahme an den olympischen Spielen sich einem Kampfesgeschehen entzogen hatten, hinreichend entschuldigt seien (Hdt. 7,206; 8,72). Noch bezeichnender ist sein Bericht – an die Spiele von 480 anknüpfend – über die Reaktion der Perser, die sich offensichtlich entsetzt zeigten, dass sich die Griechen ideeller Werte wegen so abmühten (Hdt. 8,26). Ob dieser Anekdote tatsächlich Historizität zukommt, ist irrelevant, macht sie doch die Überzeugung Herodots deutlich: die wahre hellenische Grösse misst sich am Wettkampf um den olympischen Kranz, auch wenn Griechenland zur gleichen Zeit von aussen Gefahr drohen sollte.

Wir müssen die olympischen Spiele vor dem Hintergrund des Persereinfalls nach griechischen Masstäben beurteilen. Die Griechen waren keineswegs eine politisch geeinte Nation oder Staat. Zwar wurde mit Oympia das Gefuhl einer gemeinsamen Abstammung, Sprache und Religion geweckt und so das

---

255. Wir folgen L. Moretti, *Olympionikai, i vincitori negli antichi agoni olimpici*. Roma 1957, 87ff, und vor allem A. Hönle, *Olympia in der Politik der griechischen Staatenwelt (von 776 bis zum Ende des 5. Jahrs.)*. Diss. Tübingen 1968, 106ff, 171ff.

Bewusstsein um eine gemeinsame Kultur gesteigert, doch ging von den panhellenischen Spielen kein Impuls zu einem gemeinsamen politischen Handeln aus (die Eleer selbst kämpften nicht in Plataia: Hdt. 9,77,3). Den Anstoss dazu gaben vielmehr die führenden griechischen Staaten wie Athen und Sparta, wobei der Anschluss der kleineren von Fall zu Fall erfolgte. Doch konnte der Antrieb zu gemeinsamen Handeln auch an Gegensätzen im engsten Bereich scheitern, wie das Beispiel von Argos lehrt.

Daraus ergibt sich folgendes: Olympia war ein Symbol des griechischen Zusammenlebens, der hellenischen Einheit und Zivilisation überhaupt, aber politisch und diplomatisch gesehen war es ganz neutral. In der Tat kennen wir von Ephoros, Phlegon von Tralles und Polybios, eine Tradition über den ἱερὸς βίος der Eleer, über die dauernde und heilige Neutralität von Elis[256]. Ja Olympia war schlechthin neutraler Platz und Zentrum in 480, und sein heiliger Waffenstillstand oder Gottesfriede, die ἐκεχειρία, die Institution des griechischen Völkerrechtes, die eine solche Neutralisierung ermöglichte und symbolisierte: Argiver und Spartaner, die damals in Kriegszustand waren, konnten unverletzt teilnehmen[257]. Die besondere Stellung von Olympia bildete indirekt ein Vorbild für diejenige *Poleis* und *Ethne*, die am Perserkrieg als Nichtkriegführend bleiben wollten, ohne dadurch weniger Griechen zu bleiben[258]. Stillschweigend stellte die *Panegyris* eine ideologische Legitimationsquelle – genau so wie das Orakel von Delphi – für die Übung des Neutralitätsrechtes bei den Griechen dieser frühen Klassik[259].

7.4. Zur Frage der Hegemonie und der Bund der Hellenen

Man liest oft in der modernen Forschung, dass die Argiver auf keinem Fall in den Krieg gegen Xerxes eintreten wollten, wobei ihr Anspruch auf die Hegemonie reine Entschuldigung wäre. Wir sind nicht einverstanden mit dieser Interpretation; im Gegenteil glauben wir, dass die Hegemonie kein leeres Wort

---

256. Aller Wahrscheinlichkeit nach eine Erfindung von Hipias von Elis, am Anfang IV. Jahrhs: s. Alonso, *Neutralidad*, 504-505, Anm. 31. Vgl. Ch. Ulf, «Überlegungen zur Funktion überregionaler Feste im archaischen Griechenland», in W. Eder, K.-J. Hölkeskamp (Hrsg.), *Volk und Verfassung im vorhellenistischen Griechenland.* Stuttgart 1997, 37, über eine mögliche neutrale Funktion dieser Feste in den Dark Ages.

257. Fernández Nieto, *AcB.*, I, 147ff.

258. Falsch ist die Anekdote, Themistokles hätte Hieron aus der *Panegyris* von 476 vertreiben versucht (Ael. *VH* 9,5; Plu. *Them.* 25,1): vgl. M. Lämmer, «La cosiddetta "pace olimpica" nell'antichità greca», in P. A. Bernardini (Hrsg.), *Lo sport in Grecia.* Roma-Bari 1988, 129, und Frost, *Plutarch's Themistocles*, z. *Them.* 25,1.

259. Über die «neutralistische» Politik von Delphi, in der Tat Medismus, vgl. J. Elayi, «Le rôle de l'oracle de Delphes dans le conflit gréco-perse d'après 'Les Histories' d'Hérodote», *IA* 13 (1978) 98-118; 14 (1979) 67-151; Green, *Greco-Pers. Wars*, 66-67.

für die archaischen und klassischen Griechen war, sondern es handelte sich um eine wahre *conditio sine qua non* für den Eintritt in den Krieg[260]. Niemals in der politischen und diplomatischen Geschichte Griechenlands wurde die Übertragung der Hegemonie als irrelevant betrachtet. Auf keinen Fall würde man behaupten, dass die Hegemoniefrage in 339/38 vor Chaironeia eine Entschuldigung für die Thebaner war, sondern eine unverzichtbare Bedingung in den Verhandlungen mit den Athener (*Stv.* 345). Niemand behauptet, dass die Aigineter wegen ihrer Feindseligkeiten mit Athen in Wirklichkeit neutral bleiben wollten, oder dass sie vorhatten, sich dem Perser zu ergeben; und trotzdem sind wir alle überzeugt, dass die Insulaner am Kriege gegen Xerxes nicht teilgenommen hätten, im Fall dass die Athener mit der Seehegemonie bekleidet wären[261]. Es ist deshalb kein Zufall, dass die Ausübung des Oberkommandos schon von Anfang an von den Alliierten geregelt wurde (Hdt. 8,2-3), schon in der ersten Versammlung der griechischen Abgeordneten (*Probouloi*). Der Oberbefehl über das Bundesheer wurde den Lakedaimoniern übertragen, die zu Lande unter den Eidgenossen die grösste Macht bildeten und bereits die Hegemonie über einen grossen Teil derselben hatten, innerhalb des peloponnesischen Bundes. Auch beanspruchten die spartanischen Könige als rechtmässige Nachfolger Agamemnons die Heerführung als ihr unantastbares Recht. Vergessen wir nicht die Antwort des spartanischen Botens Syagros dem Gelon von Syrakus, als dieser das Oberkommando in Anspruch nahm: «Wahrlich, der Pelopide Agamemnon würde wehklagen, wenn er hörte, dass die Führung des Krieges den Spartanern von Gelon und den Syrakusanern genommen worden sei» (Hdt. 7,159).

Auf die Führung zur See hatten die Athener Ansprüche geltend gemacht. Da jedoch die Verbündeten erklärten, dass sie unter keinen Umständen ihrer Führung folgen würden, gaben sie nach, um nicht die Aufstellung der Bundesflotte überhaupt in Frage zu stellen. Sparta erhielt demnach auch den Oberbefehl zur See[262]. Autoren wie Busolt, Brunt, Hignett, Balcer stimmen darin überein, dass die Aigineter, mit anderen peloponnesischen Staaten, niemals eine athenische Hegemonie akzeptiert hätten. Ihrerseits beruhten die Hegemonialansprüche der Argiver auf dem Mythos und den Sagen heroischer und

---

260. Plu. *Mor.* 863B-F, der gegen Herodot polemisiert, hatte schon die argivische Haltung sehr gut verstanden. Für die Frage der Hegemonie und ihre damalige Wichtigkeit stellt Plutarch ein sehr wichtiges Zeugnis dar. Noch dazu, Lazenby, *Defence*, 254.

261. Wie Brunt, *Hellenic League*, 139, geschrieben hat, «next to Athens Aegina contributed the largest number of ships, and the Aeginetans could probably not have been induced to serve under an admiral appointed by their recent enemy». S. auch Busolt, *GG*, II, 656.

262. Die proattische Tradition bei Plu. *Them.* 7,2-3, und *Arist.* 1,217; 2,252: vgl. Busolt, *GG*, II, 659 Anm. 3; W. Kierdorf, *Erlebnis und Darstellung der Perserkriege*. Göttingen 1966, 83ff; Frost, *Plutarch's Themistocles*, 104-105, und C. Schrader (Hrsg.), *Heródoto, Historia, Libros VIII-IX*. Madrid 1989, 19 Anm. 16.

archaischer Zeiten: lebendig waren noch für sie die Namen von Agamemnon und Pheidon, und «genoss doch diese Stadt hohe Wertschätzung wegen ihrer Leistungen in der Vergangenheit: Vor der Rückkehr der Herakliden stammten fast alle ihrer bedeutenden Könige aus der Argolis»[263]. Letztes Ziel der Aussenpolitik Argos im V. Jahr. war, das Kynuria wieder zu erobern und die Hegemonie in der Peloponnes zu gewinnen, wie Diodor (12,75,7) in 421 erzählt: νομίζοντες αὐτοῖς συνχωρηθήσεσθαι τὴν ὅλην ἡγεμονίαν[264].

7.5. Zu völkerrechtlichen Beziehungen zwischen Argos und Sparta in 480-479

Um wirkungsvollere Massnahmen gegen die Perser ergreifen zu können, musste der Bund der Hellenen zunächst die völkerrechtlichen Voraussetzungen dafür schaffen. Eine der wichtigsten Vorkehrungen bestand in der Beilegung aller innen- und ausserpolitischen Streitigkeiten zwischen den Versammlungsteilnehmern untereinander. Insbesondere betraf dies den Konflikt zwischen Athen und Aigina, welcher den Bund auseinanderzureissen drohte, noch ehe er geschlossen war. Die Aufforderung, Streitigkeiten untereinander zu beenden, sollte den Verbündeten Rechtssicherheit garantieren. Plutarch sieht in Themistokles den Urheber dieses Appells. Er habe die Versammelten davon überzeugt τὰς ἔχθρας διὰ τὸν πόλεμον ἀναβαλέσθαι (Plu. *Them.* 6,3), Feindschaften aufzuschieben, und zwar mindestens für die Zeit der Perserkriege. Die Auseinandersetzung zwischen Athen und Aigina wurde durch ein Abkommen (*Spondai*) beigelegt bzw. aufgeschoben. In diesem Kontext sei daran erinnert, dass die Aigineten im Krieg gegen Xerxes nicht nur eine herausragende Rolle spielten, sondern auch einen Teil der athenischen Flüchtlinge vor Salamis aufnahmen[265].

Einen parallelen Fall zu dem von Aigina-Athen bietet das Verhältniss zwischen Argos und Sparta in 481-479. Seit der Schlacht von Sepeia (494) herrschte der Kriegszustand zwischen Argivern und Lakedaimoniern, und diese völkerrechtliche Situation blieb unverändert während der Perserkriege.

---

263. D.S. 12,75,6: Übers. O. Veh, *Diodoros Weltgeschichte, Buch XI-XIII.* Stuttgart 1998. Nicht zufälligerweise geht Diodors Version der Verhandlungen nur um die Frage der Hegemonie: D.S. 11,3,4-5. Über die Rolle der Mythologie und des Epos für die Argumente jeder Polis, s. Kierdorf, *Erlebnis,* 97ff, und K. Adshead, *Politics of the Archaic Peloponnese.* Hampshire 1986, 38.

264. Über die Hegemonie als Institution des griechischen Völkerrechts, s. oben unsere Untersuchung «L'institution de l'hégémonie: entre la coutume et le droit écrit».

265. Hdt. 8,41. Über Aigina und die Labilität der internationalen Beziehungen der Griechen in dieser Zeit, s. K. Kraft, «Bemerkungen zu den Perserkriegen», *Hermes* 92 (1964) 150-151. Ferner vgl. H. Berve, *Griechische Geschichte,* I. Freiburg 1951, 254-255, und M. Amit, *Great and Small Poleis.* Bruxelles 1973, 19ff.

Dass dies nicht Sache der Vergangenheit war, beweist die in demselben Zusammenhang des Perserkrieges vorgebrachte Forderung der Argiver nach 30-jährigen *Spondai* mit Sparta als Voraussetzung für ihre Teilnahme am Krieg:

> An dem dreissigjährigen Frieden war ihnen trotz aller Furcht vor dem Orakel viel gelegen, damit ihre Kinder in dieser Zeit zu Männern heranwüchsen. Käme es zu keinem Frieden – so war ihre Überlegung – und träfe sie zu dem bisherigen Unglück auch noch eine neue Niederlage durch die Perser, dann müssten sie fürchten, in Zukunft den Spartanern untertan zu sein. Von den Boten aber hätten die aus Sparta auf diese Worte des Rates geantwortet, sie würden dem Volk zu Hause die Wünsche hinsichtlich des Friedensvertrages übermitteln; über die Führung des Bundes aber seien sie zu der Erklärung ermächtigt, dass Sparta, da es ja zwei Könige habe, die Argeier aber nur einen, unmöglich einen seiner Herrscher von der Führung ausschliessen könne. Dass der Argeier König mit ihren beiden Königen stimmgleich sei, dem stehe nichts im Wege. So hätten sie, sagen die Argeier, die Überheblichkeit der Spartaner nicht ertragen können, sondern es vorgezogen, lieber unter die Herrschaft der Barbaren zu geraten als den Spartanern irgendwie nachzugeben. Sie hätten die Boten wissen lassen, sich vor Sonnenuntergang aus ihrem Lande zu entfernen, andernfalls müsste man sie als Feinde (ὡς πολεμίους) behandeln (Hdt. 7,149).

Erinnern wir uns daran, was Thukydides (1,102,4) im 461 sagt: «Sofort nach der Heimkehr, lösten sie [die Athener] das gegen die Perser geschlossene Bündnis mit den Spartaner und verbündeten sich mit ihren Feinde (πολεμίοις) die Argiver»[266].

Obwohl in Krieg miteinander, konnten Spartaner und Argiver friedlich an olympischen Spielen von 480 teilnehmen. Olympia, das Zentrum des Friedens und schlechthin der Neutralplatz des Hellenikons, ermöglichte den interhellenischen Verkehr aller Poleis als Träger der verwandtschaftlichen und gesellschaftlichen Beziehungen[267], vorausgesetzt natürlich, dass die *Spondophoroi* aufgenommen und die *Ekecheiria* geschworen hatten[268]. Durchzug und Asylie wurden allen Besucher garantiert für die Zeit der *Panegyris*. In dieser Hinsicht kann man von einer positiven Wirkung der olympischen Neutralität reden: sie schuf den völkerrechtlichen Rahmen für den friedlichen Verkehr aller Griechen, sogar für diejenigen, die Fehden oder Feindseligkeiten zueinander übten.

---

266. Wie Baltrusch, *Symmachie und Spondai*, 156, erklärt hat: «Argos wollte also den Krieg nicht beenden, sondern auf 30 Jahre suspendieren, um an der Symmachie gegen die Perser auf der Grundlage völkerrechtlicher Beziehungen zu deren Führungsmacht Sparta teilhaben zu können. Die σπονδαί wären dann also die Grundlage der συμμαχία gewesen, ein Verhältnis, das wir in zahlreichen Verträgen des 5. Jh. finden».

267. A. Giovannini, *Untersuchungen über die Natur und Anfänge der bundesstaatlichen Sympolitie in Griechenland*. Göttingen 1971, 84ff.

268. Vgl. Fernández Nieto, *AcB*. I, 162ff.

7.6. Zur völkerrechtlichen Stellung Korkyras in 480/79

Nach Herodot hielt sich die Insel zurück und blieb tatsächlich neutral. Auch die Korkyräer wurden auch nicht auf den Apollondreifuss von Delphi eingeschrieben, ebenso wenig wie die Argiver, die Kreter, die Mantineer, die Syrakusaner, usw. (*Stv.* 130). Wir verfechten die These, dass die Polis Korkyra *de iure* Mitglied des Hellenen Bundes war, sie leistete also den Eid als *Symmachos* und versprach dem *Synedrion*, Beistand zu geben. Wenn die Korkyräer nicht rechtlich verpflichtet wären, an der Schlacht von Salamis teilzunehmen, hätte es auch keinen Sinn, eine Flotte auszurüsten und sie bis zum Kap Maleia zu schicken. Nach dem griechischen Völkerrecht schuf der Eid (ὅρκιον) vor den Göttern eine rechtliche Bindung zwischen zwei Männern oder Gruppen, mindestens seit Homer (z. B., *Il.* 4,155), anders gesagt: «objet ou matière, ce *hórkos* est l'objet sacralisant, celui qui contient une puissance qui punit tout manquement à la parole donnée»[269]. Herodot benutzt denselben Ausdruck wie Homer, wenn er die Pflichten der Eidgenossen nach dem ersten Treffen am Isthmos beschreibt: ἐπὶ τούτοισι οἱ Ἕλληνες ἔταμον ὅρκιον οἱ τῷ βαρβάρῳ πόλεμον ἀειράμενοι (7,132,2). Auch der hellenischen Auffassung der zwischenstaatlichen Beziehungen zufolge stellte der Angriff des Xerxes gegen Griechenland einen unbestreitbaren *casus foederis* dar: «Für welchen Fall sah der griechische Bündnisvertrag vor, dass der Partner die im Vertrag versprochene Hilfe zu leisten hatte? Die Antwort ist einfach: für den Fall des unmittelbaren Angriffs»[270].

Gerade wegen der Nichterfüllung ihrer Pflicht bei Salamis musste die Regierung von Korkyra nach eine Entschuldigung suchen, im Gegensatz zu anderen neutralen Staaten. Die Argiver, die Syrakusaner, die Kreter, die Achaier mussten *ex eventu* Orakel erfinden oder andere Gründe als Entschuldigung angeben, aber nicht weil sie gerade in Salamis oder Plataia nicht kämpften, sondern einfach weil sie in den Hellenischen Bund nicht eintraten. Sicher kannte schon damals die griechische Diplomatie die Sprache der *Prophasis* (ausdrücklich später bei Thukydides, 1,23,6; 146).

Einen parallelen Fall zu Korkyra stellt Sparta zehn Jahre eher dar: es musste den Athenern einen überzeugenden Grund dafür geben, dass es seinen Bundesgenossen in Marathon zur Zeit nicht Hilfe leistete. Nach der heiligen Rechtsauffassung der Griechen stellte sich den Lakedämoniern tatsächlich

---

269. É. Benveniste, *Le vocabulaire des institutions indo-européennes. 2. Pouvoir, droit, religion*. Paris 1969, 168.

270. E. Bickerman, «Bemerkungen über das Völkerrecht im klassischen Griechenland», in F. Gschnitzer (Hrsg.), *Zur griechischen Staatskunde im klassischen Griechenland*. Darmstadt 1969, 477. Über eine hypothetische Rolle von Themistokles in den Verhandlungen mit Korkyra, vgl. Burn, *Persia*, 294ff, und Lazenby, *Defence*, 88.

ein unüberwindliches Hinderniss: die Karneia mussten respektiert werden[271]. Im Gegensatz dazu war die Haltung der Korkyräer grundsätzlich anders, und an solches Verhalten und an diese Ereignisse dachten vielleicht die Korinther 433, als sie den Vorwurf machten, dass die Insulaner ohne *Synthekai* und völkerrechtliche Bindungen leben wollten (Thu. 1,37-38).

8. Diskussion

CHRYSOS:
Wenn Olympia tatsächlich in Anspruch nimmt und gegenüber dem Bund, wo ja ernst Krieg geführt wird, seine Ausstrahlung ausspielen kann, dann müssen wir unter Olympia natürlich nicht nur das Athletische sehen, und die Frage ist, ob etwas Religiöses dabei ist, als Gegensatz oder als Parallele zum Politischen. Denn wie wollen wir dieses Olympia verstehen? Als einen neutralen Ort, an dem man sich den Kranz gewinnen kann, oder al seine andere Grösse, eine andere Ebene der Identifikation, die bestehen kann, auch wenn die Mitglieder an dem echten Krieg nicht teilnehmen?

ALONSO TRONCOSO:
Ja, ich glaube allerdings, dass Olympia auf dieser religiösen Ebene noch seine Rolle spielt. Wobei die Griechen irgendwie ausdrücken oder sagen wollten: Gleichgültig, was unsere Kriege und politischen Positionen sind, wir bleiben zusammen, wir haben dieselbe Sprache, dieselbe Kultur und dieselbe Religion, und das ist für uns das Element, das uns verbindet. In diesem Sinne ist es eine neutrale Ebene, und die Religion, ich gebe das zu, spielt eine entscheidende Rolle. Es war wegen des gemeinsamen Glaubens, dass die *Spondophoroi* aufgenommen wurden und dass die Leute sich nach Olympia frei bewegen konnten. Also dann ist es nicht nur das Sportliche, wobei natürlich das agonale Element eintritt, sonder auch tiefe religiose und rituelle Erlebnisse, also tiefe religiose Bindungen für alle Griechen. Die Griechen waren sich klar, dass sie politisch gesehen unterschiedlich waren, dass ihre Aussenpolitik verschieden war; aber es gab bindende Elemente. Das ist zum Beispiel der Fall des Königs von Makedonien, Alexander Philhellen, der in Olympia aufgenommen wurde. Nicht aus politischen Gründen – er war ein Vasall von Xerxes –, sondern weil er seine

---

271. Quellen: Hdt. 6,106 und 120; 7,206,1; Thu. 5,54,2; Pl. *Lg.* 698d-e. Vgl. L. Gernet, A. Boulanger, *Le génie grec dans la religion.* Paris 1970, 50, über ihre rituelle Wichtigkeit; J. F. Lazenby, «The Strategy of the Greeks in the Opening Campaign of the Persian War», *Hermes* 92 (1964) 270, und F. J. Fernández Nieto, «Tregua sagrada, diplomacia y política durante la guerra del Peloponeso», in Frezouls, Jacquemin (Hrsg.), *Relations*, 163ff. Interessant ist die historiographische Bemerkung von Burn, *Persia*, 229.

griechische Abstammung nachweisen konnte. Also, Olympia ist für mich in Symbol wie Delphi, aber Delphi in den Jahren 481-479 wird normalerweise mehr studiert.

MÜLLER:
Das Problem ist, inwieweit wird den Begriff des Religiösen und des Politischen hier so trennen dürfen. Indem wir beides mit dem Anspruch sachgerechter Beurteilung gegeneinander ausspielen, lösen wir uns von der Sehweise der Griechen und stellen uns auf unsere Sicht der Dinge ein. Alles Religiöse hat im Rahmen der Polis seine eminent politische Bedeutung, ohne seine religiöse Begründung aufzugeben. 'Rein' Religiöses gibt es eigentlich nicht.

ALONSO TRONCOSO:
Stimmt. Ich möchte das Folgende präzisieren. Die Griechen wussten damals ganz gut, welche Entscheidungen in der Aussenpolitik oder in der Innenpolitik diskutierbar waren und welche Entscheidungen nicht zu diskutieren waren. Es gab gundlegende Elemente, gundlegende Prinzipien, die ganz in der Religion wurzelten, und vor allen Dingen, die Identität der Polis selbst – ich meine, Polis ist auch der Mythos, das ist klar. Aber ob ich neutral bleiben darf oder nicht – das war absolut diskutierbar, das war völlig freiwillig. Für Argos, von einem argivischen Standpunkt aus, war der Feind nicht Xerxes, der Feind war sicher Sparta, der in Sepeia 6000 Argiver getötet hatte. Und aus historischen Gründen, d.h. Sagen- und Mythengründen, hatten sie völlig recht, den Anspruch auf die Hegemonie zu erheben, genauso wie die Spartaner, wenn sie dem Gelon die Hegemonie verweigerten. Oder nehmen wir, was die Pythia den Kretern gesagt hat: Ihr möchtet jetzt mit den Griechen kämpfen, aber sie haben Euch nicht geholfen, den Minos zu rächen, als er in Kamikos getötet wurde, obwohl Ihr am Trojanischen Krieg mitgekämpft habt. In diesem Sinne war es schon eine Säkularisierung des politischen Treffens, genauso wie in der Demokratie und bei der Entstehung des Nomos. Aussenpolitik war nicht wie im Mittelalter, wo Rom, also der Papst, theokratisch war und sagte: Es gibt legitime Kriege. Daher konnten die religiösen Instanzen indirekt Legitimationinstitutionen für die Neutralitat sein oder für die freiwillige Aussenpolitik. In dieser Hinsicht finde ich das griechische Völkerrecht ziemlich fortschrittlich. Es hat eine Autonomie-Aussenpolitik immer versichert und autorisiert. Andererseits aber war die Rolle der Sagen und des Mythos sehr wichtig, und gleichzeitig blieben die Griechisch noch archaisch. Zum Beispiel, Argos: als Beweis sei gennant seinen Vorschlag, schon während des peloponnesischen Krieges ein Kombat von 300 Vorkämpfer mit Sparta zu veranstalten. Dagegen waren die Athener verhältnismässig modern, vor allem wenn man merkt, wie sie in Plataia für ihren Anspruch auf den linken Flügel argumentierten. Sie sprachen nicht viel von Vergangenheit, von Heroenzeiten, sondern von heute, und sie

sagten: Wir haben die beste Flotte, und, vor allen Dingen, wir waren schon Sieger gegenüber den Persern in Marathon. Also τὰ νέα ἔργα gegen τὰ παλαιά.

WEBER:

Sie haben Ihre Position natürlich besser dargestellt, da Herodot auch an einer Stelle sagt, dass die Spartaner nicht rechtzeitig eingreifen können, weil sie erst ihre Karnaia feiern. Die Sparaner erscheinen einmal nicht rechtzeitig zum Kampf und entschuldigen sich damit, dass sie erst ihre ihre Karnaia feiern mussten. Das ist ja die gleiche Ebene wie die, die Sie für Olympia angesprochen haben, also dass die religiösen Verpflichtungen stärker und verbindender sind als die *ad hoc* politischen.

ALONSO TRONCOSO:

Das ist klar. Und vor allen Dingen, das ist eine Eigenart, ein Merkmal des griechischen Völkerrechts, weil die Spartaner in Marathon sein wollten, aber sie kamen nicht rechtzeitig hin – warum? Weil sie andere Verpflichtungen hatten, an die ich glaube, obwohl sie nicht immer so ehrlich gewesen sind. Aber die Spartaner wollten nicht am ionischen Aufstand teilnehmen. Sie blieben neutral – gegenüber τὸ Ἑλληνικόν. Also, sie haben schon das Neutralitätsrecht geübt, ihre Aussenpolitik war damals völlig souverän.

POLIAKOFF:

Wenn ich Sie richtig verstehe, nähern Sie sich der Theorie von Karl Jaspers über die Achsenzeit, und zwar dass das 'griechische Wunder' von der Trennung zwischen Religion und Politik ausgeht.

ALONSO TRONCOSO:

Zu einem bestimmten Punkt, ja. Was ist sonst der Gang von Themis zum Nomos? Oder die Entstehung der Philosophie in dieser frühen Klassik. Die Agora is auch der Raum der Freiheit, des politischen Beliebigen. Und die Neutralität war Ausdruck der Emanzipation des völkerrechtlichen Verkehrs von jeder restriktiven oder aprioristischen Doktrin. Das bedeutet nicht, dass ich die Leistungen – sogar die Heldentaten – der Athener und Lakedämonier am Krieg minder schätze, ganz im Gegenteil. Für den Historiker ist aber wichtiger, die Komplexität und den Reichtum des Griechentums hervorzuheben, in diesem Fall, die Vielfältigkeit von Stellungnahmen zum Perserkrieg zu untersuchen. Diese Komplexität der griechischen Erfahrung und Zivilisation bietet eine endlose Lehre[272].

---

272. Die vorliegende Untersuchung wurde erst in D. Papenfuss, V. M. Strocka (Hrsg.), *Gab es das griechische Wunder? Griechenland zwischen dem Ende des 6. und der Mitte des 5. Jahrhunderts v. Chr.* Tagungsbeiträge des 16. Fachsymposiums der Alexander von Humboldt-Stiftung April 1999, Freiburg i. B. Mainz 2001, 365-377, veröffentlicht.

LA CLÁUSULA DE LA HEGEMONÍA (ἕπεσθαι) EN LA LIGA ÁTICO-DÉLICA, 478/77 A.C. (TH. 3,10,4; 11,3)

ABSTRACT: The hegemony clause (ἕπεσθαι) in the Delian league, 478/77 a. C. (Th. 3,10,4; 11,3). This paper is an attempt to reconstruct the hegemony clause in the Delian league, as sworn by its founding members in 478/77. The author analyses the use of ἕπεσθαι (follow) in different sources of the 5th century: Herodotus, the inscriptions, and above all Thucydides. In this regard, the Mytilinean speech delivered at Olympia in summer 428 constitutes a crucial source of information. The present paper includes the following sections: 1. Tradional use of the hegemony clause. 2. The Delian league and the clause ὥστε τοὺς αὐτοὺς ἐχθροὺς καὶ φίλους νομίζειν. 3. The Delian league and the hegemony clause (ἕπεσθαι). 4. Conclusión: Proposal to restore the oath of alleagiance.

1. TRADICIONALIDAD DE LA CLÁUSULA DE LA HEGEMONÍA (ἕπεσθαι)

El descubrimiento en 1965 por Werner Peek de una inscripción laconia recogiendo una *symmachía* entre Esparta y los etolios erxadieos reanimó el debate sobre los tratados de alianza en época clásica, y más en concreto sobre la regulación jurídica de la hegemonía en el seno de la liga del Peloponeso[273]. La cláusula de la hegemonía, en efecto, puede restituirse con toda seguridad en dicho texto epigráfico (l. 4-7), y esta no es otra que la conocida fórmula ἕπεσθαι ὅποι ἂν Λακεδαιμόνιοι ἡγῶνται, en nuestro texto: *hόπυι κα Λα[κεδαιμόνιο]ι hαγίονται*[274]. Una variante verbal de la misma, presente también en el derecho

---

273. W. Peek, *Ein neuer spartanischer Staatsvertrag*. Berlin 1974.

274. Ver Peek, *Neuer spart. Staatsv.*, 7; F. Gschnitzer, *Ein neuer spartanischer Staatsvertrag und die Verfassung des Peloponnesischen Bundes*. Meisenheim am Glan 1978, 15, 20, 29, 34 ss; P. Bonk, *Defensiv- und Offensivklauseln in griechischen Symmachieverträgen*. Diss. Bonn 1974, 73 ss; T. Pistorius, *Hegemoniestreben und Autonomiesicherung in der griechischen Vertragspolitik klassischer und hellenistischer Zeit*. Frankfurt 1985, 123-124; Baltrusch, *Symmachie und Spondai*, 23.

internacional de los tratados, es la no menos frecuente ἀκολουθεῖν ὅποι ἂν ἡγῶνται, que asimismo está referida a Esparta durante el siglo IV[275]. Como es bien sabido, esta estipulación fue adoptada en el siglo IV por otras ciudades en su praxis diplomática, lo que responde al conocido fenómeno de la difusión y recepción del derecho internacional[276], por lo que no es extraño que también Tebas se la apropiase como señal de su política exterior a partir de Leuctra[277]. En época helenística la vemos generalizada entre las ciudades cretenses (especialmente Gortina), que la adoptan y adaptan al lenguaje diplomático de la isla[278]. Estamos, por tanto, ante un uso diplomático de larga tradición que, según todos los indicios, Esparta introdujo y fijó en la esfera de su política exterior y que otras ciudades hicieron suyo a lo largo de la época clásica[279]. Uno de los problemas que se nos plantea es el de la antigüedad de esta estipulación en el derecho de los tratados, bien entendido que la respuesta no depende necesariamente de la cronología que asignemos a la mencionada inscripción. Por fortuna, las fuentes literarias también recogen esta misma locución relativa a la hegemonía, como vamos a ver, y ellas constituyen por tanto un criterio independiente de periodización. Desde el punto de vista epigráfico y contextual, sin embargo, la sinmaquia entre lacedemonios y erxadieos no es susceptible de

---

275. X. *HG* 5,3,26. El descrédito a que había llegado hacia el 371 la práctica hegemónica espartana amparada por la estipulación que nos ocupa se refleja en el discurso de Autocles: X. *HG* 6,3,7ss. Pero esto es un fenómeno posterior, que no debe retrotraerse a la práctica internacional del primer cuarto del siglo V, error en que caen Ste. Croix y otros autores (ver *infra* n. 288).

276. *Cf.*, por ejemplo, Alonso, *Neutralidad*, 61-78, y, en este volumen, «Καθότι ἂν ἐπαγγέλλωσιν / παραγγέλλωσιν. Sobre una estipulación del derecho griego de los tratados internacionales»: § 2. El nuevo derecho de los tratados: la notificación del *casus foederis*. Para época helenística, un caso paradigmático de internacionalización del lenguaje diplomático helénico lo tenemos en la alianza de Roma con Israel (*Stv.* 672).

277. X. *HG* 7,1,42 (*Stv.* 283); Plu. *Pel.* 35,2 (*Stv.* 288), lo más seguro en combinación con la estipulación de tener a los mismos amigos y enemigos: Plu. *Pel.* 27,3 (*Stv.* 277): *cf.* V. Martin, *La vie internationale dans la Grèce des cités (VIᵉ-IVᵉ s. av. J.-C.)*. Genève 1940, 383 ss, 389 ss; Pistorius, *Hegemoniestreben*, 125 ss; J. Buckler, *The Theban Hegemony, 371-362 B. C.* Cambridge Mass. 1980, 122-123, 185 ss; y, sobre todo, M. Jehne, «Formen der thebanischen Hegemonialpolitik zwischen Leuktra und Chaironeia (371-338 v. Chr.)», *Klio* 81 (1999) 317 ss, 325 ss.

278. Ver Pistorius, *Hegemoniestreben*, 127 ss; y especialmente Chaniotis, *VkP*, p. 88 ss, 94 ss, nº 23, A l. 4-5 (?); 27 (= *Stv.* 604), l. 63-66; 34, l. 7-8; 69, A l. 7-8.

279. Ste. Croix, *Origins*, 108-110, remonta la cláusula hegemónica a mediados del siglo VI, culminando con la formación de la liga del Peloponeso. *Cf.* también Gschnitzer, *Spart. Staatsv.*, 26 ss, 32; P. A. Cartledge, «A New 5th-Century Spartan Treaty», *LCM* 1 (1976) 91; Pistorius, *Hegemoniestreben*, 120-121, no convincente; y Baltrusch, *Symmachie und Spondai*, 18, 25-26, quien señala con acierto la ulterior degradación de una praxis hegemónica inicialmente compatible con el principio de igualdad y autonomía en las relaciones interestatales. En lo que se me alcanza, sin embargo, los investigadores no han reparado en el hecho de que el origen asiático de la institución puede estar apuntado en Hdt. 1,151,3 (ἕπεσθαι), sobre lo que volveré en seguida (n. 283, con la praxis persa).

una datación muy precisa, y de ahí que las hipótesis presentadas vayan desde el primer cuarto del siglo V (Peek, Gschnitzer), al conflicto arquidámico e incluso a los tiempos de la guerra de Corinto[280].

En efecto, la epigrafía es solo una de las fuentes posibles para el estudio de la figura diplomática que nos ocupa. Revelador y hasta decisivo me parece el hecho de que, cuando menos desde Heródoto, están atestiguadas relaciones de alianza regidas por la cláusula del seguimiento militar. El historiador de Halicarnaso se refiere con ella al *status* de mando detentado por Esparta frente a sus aliados, así en la liga del Peloponeso, como en la liga helénica, es decir, años antes de la Pentecontecia y la guerra del Peloponeso. En algunos casos que vamos a ver a continuación la fórmula en cuestión sale a relucir dialécticamente: en el contexto de una negociación diplomática o de un debate consiliar, en boca de embajadores, delegados y generales. Se trata de coyunturas en que los hablantes dilucidan en términos de legalidad, y hasta de calculada literalidad, posiciones de fuerza y poder, de jerarquía y rango, siempre en calidad de miembros efectivos o potenciales de una coalición militar. Es conveniente recalcar que en tales pasajes autores como Heródoto y Tucídides ponen especial atención en transmitir con fidelidad el lenguaje normativo (prescriptivo, conminatorio o decisorio) que los protagonistas de cada historia podían considerar oportuno esgrimir en defensa de sus intereses.

Es el caso del rey Cleómenes de Esparta, quien hace jurar en su exilio a los arcadios «que lo seguirían sin vacilar a dondequiera que los guiase»: ἦ μὲν ἔψεσθαί σφεας αὐτῷ τῇ ἂν ἐξηγῆται (Hdt. 6,74,1), aplicando a la ocasión casi seguramente la terminología de la hegemonía ya vigente en el ámbito de la liga del Peloponeso[281]; o el caso de los Estados miembros de la coalición antipersa, que se niegan a reconocer también a los atenienses el mando supremo otorgado en exclusiva a los lacedemonios: «pues los aliados habían dicho que, si el lacedemonio no ejercía la hegemonía, no seguirían a los atenienses como generales en jefe»: οἱ γὰρ σύμμαχοι οὐκ ἔφασαν, ἢν μὴ ὁ Λάκων ἡγεμονεύῃ,

---

280. Peek, *Neuer spart. Staatsv.*, 12, sitúa el tratado en las décadas 500-470, a juzgar por la escritura, en cualquier caso, en la 1ª mitad del siglo V, seguido por Gschnitzer, *Spart. Staatsv.*, 34-35, y L. Santi Amantini, «Semantica storica dei termini greci relativi alla pace nelle epigrafi anteriori al 387/6 a.C.», en M. Sordi (ed.), *La pace nel mondo antico*. Milano 1985, 48. Contra, Cartledge, «Spartan Treaty», 91-92, en la guerra arquidámica, c. 426 o 425/24; y D. H. Kelly, «The New Spartan Treaty», *LCM* 3 (1978) 133-141, aún más tardío, al igual que Baltrusch, *Symmachie und Spondai*, 22 ss, por razones que me parecen bastante convincentes. Restante bibliografía en Baltrusch, *Symmachie und Spondai*, 21 n. 102. Al dosier etolio-peloponesio añádase ahora P. Siewert, «Symmachien in neuen Inschriften von Olympia. Zu den sogennanten Periöken der Eleer», en L. A. Foresti *et al.* (ed.), *Federazioni e federalismo nell'Europa antica*. Milano 1994, 257-264.

281. Ver *supra* n. 279. No se ha reparado en el valor confirmatorio que tiene Hdt. 6,65,1; 73,1. En refuerzo de esta interpretación está, a mi juicio, el discurso de Licomedes a los arcadios, en particular X. *HG* 7,1,24, que tampoco se ha tenido en cuenta.

Ἀθηναίοισι ἕψεσθαι ἡγεομένοισι[282]; o el de los tegeatas, que siguen (εἵποντο) a Pausanias en la batalla de Platea (9,56,1); o ya a mediados del siglo VI, fuera del ámbito peloponesio, la resolución de las ciudades eolias de «seguir a los jonios adonde estos les guiasen» (Ἴωσι ἕπεσθαι τῇ ἂν οὗτοι ἐξηγέωνται, Hdt. 1,151,3; *cf.* 5,106,1), para hacer frente a la expansión aqueménida, pasaje que ha pasado desapercibido y que a mi juicio reviste gran interés, no solo por la antigüedad que está señalando para nuestra cláusula, sino también por la extensión geográfica de la misma, más allá de la Grecia metropolitana; o incluso, en el bando contrario, el apoyo militar de los helenos medizantes a Jerjes: «consideraré equivalentes a los que se perdieron por causa de la tempestad, y en las Termópilas y en las naumaquias de Artemisio, aquellos que hasta entonces no habían seguido aún al Rey (τούσδε τότε οὔκω ἑπομένους βασιλέϊ), …, ya que cuanto más avanzaba el persa hacia el interior de la Hélade, tantos más eran los pueblos que le seguían (ἔθνεά οἱ εἵπετο)» (Hdt. 8,66,2); o la prestación militar obligatoria de los atenienses en caso de un hipotético acuerdo con el invasor: συστρατευσόμεθα ἐπὶ τὴν ἂν ἐκεῖνοι ἐξηγέωνται (Hdt. 9,11,2), donde συστρατεύω vale lo mismo que ἕπομαι, donde además el parlamentario se está dirigiendo a unos interlocutores espartanos precisamente, y donde nuestra fuente, al igual que en el pasaje precedente (8,66,2), puede estar incurriendo sin querer en una *interpretatio Graeca* (hegemonía dentro de una *symmachía* isonómica) de lo que constituía más bien un vínculo de vasallaje, el que unía al Aqueménida con cualquiera de sus súbditos[283]. Son un conjunto de testimonios que nos hablan de una cultura normativa interhelénica de gran antigüedad (asiática y europea), disciplinando el derecho a la hegemonía, y terminológicamente casi formular: verbo de obsecuencia bélica (estratégica y, sobre todo, táctica) rigiendo un dativo[284].

---

282. Hdt. 8,2,2. Este pasaje permite a Baltrusch, *Symmachie und Spondai*, 39-40, concluir no sin razón que la cláusula ἕπεσθαι regía en la liga helénica en tradicional combinación con la condición de «tener a los mismos por amigos y enemigos», esta última no atestiguada para la coalición antipersa, pero sí para la liga ático-délica: «Das ergibt sich zum einen aus dem, was zur Hegemonie gesagt wurde (mit dieser Klausel stand die Freund-Feind-Klausel in spartanischen Bündnisverträgen immer in Zusammenhang), zum anderen aus dem Vertrag zum athenischen Seebund, der auf eben diese Formel zurückgriff». El autor habla de «die (sicher) bezeugte Hegemonie-Klausel und die (wahrscheinliche) Freund-Feind-Klausel» (*Symmachie und Spondai*, 51).

283. *Cf.*, en este sentido, Hdt. 4,96,2 (εἵποντο); 97,1 (ἕπεσθαι) y 5 (ἕψομαί); 7,51,2 (ἕπωνται); 80 (ἑπόμενα); 96,2 (εἵποντο); 110 (εἵποντο); 115,2 (ἑπομένους); 8,54 (ἑπομένους). También 2,141,4 (ἕπεσθαι), en ámbito egipcio; 6,132 (ἕπωνται) y 8,60a (ἕψεται), en ámbito ateniense.

284. La antigüedad del verbo ἕπεσθαι para significar una relación convencional de alianza bajo la hegemonía de un jefe remonta al «catálogo de las naves», el cual registra la concurrencia de cuarenta naves de los locros acompañando a Ayante, hijo de Oileo: τῷ δ' ἅμα τεσσαράκοντα μέλαιναι νῆες ἕποντο / Λοκρῶν (Hom. *Il.* 2,534-535). Para su reiteración formular en ese mismo listado de fuerzas combatientes, *cf. Il.* 2,524; 542; 545; 556; 568; 618-619; 630; 637; 644; 652;

Una última consideración, antes de abordar nuestro objeto específico de investigación, se refiere al hecho de que tanto en el tratado de lacedemonios y erxadieos, como en otros textos de alianza negociados por Esparta, caso del pacto con Atenas en 404 (*Stv.* 211) y con Olinto en 379 (*Stv.* 253), y en general en la política exterior espartana de la cuarta centuria (X. *HG* 6,3,7-8), la estipulación de la hegemonía aparece asociada a la condición de «tener a los mismos por amigos y enemigos»: ὥστε τοὺς αὐτοὺς ἐχθροὺς καὶ φίλους νομίζειν[285]. Asociación casi formular en la liga del Peloponeso, sin connotaciones imperialistas todavía a comienzos de la quinta centuria, que no sería extraño ver repetida en otras ligas permanentes del mismo periodo. Y, muy en particular, en la liga ático-délica.

2. La liga ático-délica y la cláusula ὥστε τοὺς αὐτοὺς ἐχθροὺς καὶ φίλους νομίζειν

¿En qué medida afectan estas consideraciones históricas y jurídico-políticas al conocimiento de las estipulaciones y tipología de la liga ático-délica en sus orígenes?

Para el estudio de las disposiciones juradas en el pacto de alianza del 478/77 entre Atenas y las ciudades jonias y helespónticas contamos únicamente con el testimonio explícito de Aristóteles (*Ath.* 23,5), tal y como queda recogido en la compilación de Bengtson (*Stv.* 132): καὶ τοὺς ὅρκους ὤμοσεν τοῖς Ἴ[ωσιν], ὥστε τὸν αὐτὸν ἐχθρὸν εἶναι καὶ φίλον[286]. No hay por qué pensar que el Estagirita esté aquí falseando los datos. En prueba de ello digamos que esta fórmula pervivirá en los tratados de alianza atenienses con otros Estados

---

675; 710; 737: 747; 749; 759. El binomio seguir (ἕπομαι) – mandar / guiar (ἡγεμονεύω), v. g. 2,740-747, queda remachado en el verso de cierre del catálogo: Οὗτοι ἄρ᾽ ἡγεμόνες Δαναῶν καὶ κοίρανοι ἦσαν.

285. *Cf.* Ste. Croix, *Origins*, 108-109: «I suggest that the two go together: having the same friends and enemies as Sparta and following wherever she leads»; Gschnitzer, *Spart. Staatsv.*, 35-36. *Cf.* también Baltrusch, *Symmachie und Spondai*, 18, 23-24.

286. En el pasado siglo es preciso partir de los tratamientos de J. A. O. Larsen, «The Constitution and Original Purpose of the Delian League», *HSCP* 51 (1940) 180 ss, 187 ss, 197 ss; B. D. Merritt, H. T. Wade-Gery, M. F. McGregor, *The Athenian Tribute-Lists*, III. Princeton 1950, 225 ss; y H. D. Meyer, «Vorgeschichte und Gründung des delisch-attischen Seebundes», *Historia* 12 (1963) 436-437. Pueden reflejar el estado de la cuestión a la altura de los setenta, sin grandes avances y no sin vacilaciones y diferencias entre sí, Meiggs, *Ath. Empire*, 45 ss; W. Schuller, *Die Herrschaft der Athener im Ersten Attischen Seebund*. Berlin 1974, 144; Bonk, *Defensiv- und Offensivklauseln*, 78 ss; Will, *Monde grec*, 130 ss. En la actualidad ver S. Cataldi, «Sulle origini e lo sviluppo della Lega Delia (478-461 a. C.)», en Foresti, *Federazioni*, 117-159, aunque para la cuestión aquí planteada nadie mejor que Baltrusch, *Symmachie und Spondai*, 52 ss.

antes de la guerra del Peloponeso, como ilustran las negociaciones del 433 con Corcira (Th. 1,44,1) y, ya durante el conflicto arquidámico, la ampliación del pacto con esos mismos isleños (*Stv.* 172); o el tratado con Pérdicas del 423 (*Stv.* 186) y con los botieos del 422 (*Stv.* 187), con el interés añadido en ambos casos de que se nos conservan las inscripciones; o, en el curso de la expedición a Sicilia, el pacto negociado por Demóstenes y Eurimedonte con los de Turios[287]. No menos importante, por otra parte, resulta el hecho de que las dos fuentes más autorizadas, Heródoto de manera implícita, y Tucídides de forma explícita, coinciden en señalar el carácter voluntario y consensuado de la atribución de la hegemonía a los atenienses en 478/77[288]. El modelo de actuación inmediato para Arístides y los demás generales reunidos en Delos era, sin lugar a dudas, la liga helénica (sin que debamos descartar la liga del Peloponeso), donde también por unanimidad se había llegado a la decisión de reconocer a los espartanos el mando supremo universal, por mar y tierra.

Ahora bien, si en los acuerdos del 478/77 la cláusula de tener a los mismos por amigos y enemigos regulaba las condiciones del *casus foederis* (tácitamente dirigido contra el persa), era necesario al mismo tiempo dejar constancia explícita de la hegemonía de Atenas, tanto más cuanto que este punto había sido decisivo a la hora de dar impulso a la nueva *symmachía*, durante las negociaciones del 478 conducentes a su creación. Como ya he indicado, la liga del Peloponeso incluía por aquel entonces la estipulación ἕπεσθαι (Hdt. 6,74,1; X. *HG* 7,1,24), y probablemente también el compromiso amigo-enemigo; constatábamos asimismo que la primera de estas condiciones estaba documentada para la liga helénica (Hdt. 8,2,2). No hay pues nada descabellado en la conclusión de que también la cláusula ἕπεσθαι debió de ser adoptada por los padres fundadores de la liga ático-délica, y ello está en perfecta consonancia con la información de Aristóteles[289].

---

287. Th. 7,33,6, a lo que se corresponde con toda coherencia la obligación posterior de los contingentes militares turienses de sumarse y seguir a los estrategos atenienses: Th. 7,35,1; 57,11.

288. Hdt. 8,3,2; 9,99,2; 106,3-4; 114ss, reforzando implícitamente a Th. 1,75,2; 95,6-7; 96,1; 6,76,3. *Cf.* también Arist. *Ath.* 23,4. Más tarde Plu. *Arist.* 23; D.S. 11,44,6; 46,4-5, etc.

289. Baltrusch, *Symmachie und Spondai*, 58-59: «Dieser Eid der Ionier ist uns nicht im Wortlaut überliefert, aber man kann davon ausgehen, dass mit ihm die Übertragung der Hegemonie an Athen (etwa in der Weise "zu folgen, wohin die Athener auch führen")…». Hipótesis conclusiva que espero reforzar con el presente artículo. Menos acertados en este punto, Ste. Croix, *Origins*, 302, al igual que Cataldi, «Sulle origini», 138 n. 131, quien observa sobre la cláusula de obsecuencia militar en el tratado de los erxadieos: «obbligo che non è attestato invece nel giuramento prestato dagli Ioni verso Atene».

3. LA LIGA ÁTICO-DÉLICA Y LA CLÁUSULA DE LA HEGEMONÍA (ἕπεσθαι)

Llegados a este punto conviene preguntarse si existe alguna referencia en las fuentes, más bien explícita, sobre la cláusula de la hegemonía. La respuesta a esta pregunta debe ser a mi juicio afirmativa. Hasta el día de hoy, sin embargo, los investigadores que han creído en la veracidad de la fórmula del juramento preservada en la *Constitución de los atenienses* no han podido reforzar esa convicción con algún *locus parallelus*, y por supuesto tampoco han visto la posibilidad de reconstruir el articulado del tratado de alianza en lo tocante al ejercicio de la hegemonía. Por mi parte, creo posible presentar un par de textos de Tucídides que contribuyen a colmar esa laguna en nuestros conocimientos.

Se trata del discurso de los embajadores de Mitilene pronunciado en Olimpia ante el consejo de la liga del Peloponeso, el verano del 428[290]. Las ciudades de la isla de Lesbos, con excepción de Metimna, se habían alzado en armas contra Atenas, confiando en recibir ayuda de los peloponesios. Negociar una alianza, para el envío inmediato de refuerzos militares, constituía el objetivo diplomático primordial de la legación lesbia. Tucídides no da el nombre del encargado de dirigirse a los delegados peloponesios, pero en realidad poco importa esto. Por el tono de sus palabras resulta patente que los emisarios de Mitilene prepararon su intervención sobre la base del derecho interhelénico y el análisis histórico del imperialismo ateniense. El preámbulo (Th. 3,9-10,1) del discurso pretende fundamentar en el mejor derecho la legitimidad de la insurrección. Ya la primera frase encierra en sí misma toda una declaración de principios: «Conocemos, oh lacedemonios y aliados, la norma establecidad entre los griegos»: Τὸ μὲν καθεστὸς τοῖς Ἕλλησι νόμιμον, ὦ Λακεδαιμόνιοι καὶ ξύμμαχοι, ἴσμεν[291]. A ella sigue un desfile de conceptos y juicios de valor sobre la naturaleza de cualquier *symmachía*, siempre según esa cultura normativa común con la que los griegos se entendían y se asociaban a nivel interestatal. De ahí se pasa a la segunda parte de la alocución (Th. 3,10,2-13,1), que es una visión sintética de la talasocracia desde sus orígenes, a la vez que una descalificación de su evolución jurídico-política y una justificación de la política exterior lesbia a lo largo de la Pentecontecia. Nos interesa sobre todo esa evocación

---

290. *Cf.* Ste. Croix, *Origins*, 340-341; Busolt, *GG* III 2, 1012; Will, *Monde grec*, 325; Meiggs, *Ath. Empire*, 131, 311 ss; D. Kagan, *The Archidamian War*. Ithaca and London 1974, 134-135, 139 ss.

291. Th. 3,9,1, sobre cuyas implicaciones jurídicas leer a G. Ténékidès, *La notion juridique d'indépendance et la tradition hellénique*. Athènes 1954, 19 ss, así como mis dos trabajos, en este mismo volumen, «Καθότι ἂν ἐπαγγέλλωσιν / παραγγέλλωσιν. Sobre una estipulación del derecho griego de los tratados internacionales»: § 1. Las fuentes del derecho internacional griego: derecho consuetudinario y derecho legal, y «L'institution de l'hégémonie: entre la coutume et le droit écrit», con más detalle. Ver, asimismo, Cataldi, «Sulle origini», 143-144.

de la liga ático-délica, el marco institucional de su fundación, los principios y condiciones en virtud de los cuales se aliaron los enemigos de Persia:

> La alianza entre nosotros y los atenienses tuvo lugar en un principio al abandonar vosotros la guerra médica, al paso que ellos se quedaban para el resto de las operaciones militares. Ciertamente nos convertimos en sus aliados, pero no para hacer a los griegos esclavos de los atenienses, sino para liberar a los griegos del medo. *Y mientras ejercieron la hegemonía en pie de igualdad, los seguimos de buena voluntad* (καὶ μέχρι μὲν ἀπὸ τοῦ ἴσου ἡγοῦντο, προθύμως εἱπόμεθα)»[292].

He ahí el primer pasaje crucial para nuestro estudio. Los mitilenios recuerdan sucintamente la estipulación ἕπεσθαι que su auditorio peloponesio conocía tan bien, sin necesidad de citas textuales ni de ulteriores precisiones. No creo que se trate de una referencia aleatoria ni retórica, al estilo por ejemplo de la oratoria de la siguiente centuria, que idealiza y falsea no pocas veces la visión de la talasocracia ática; ni tampoco un testimonio en el lenguaje atécnico, impreciso o incluso anacrónico con que los historiadores tardíos, como Diodoro o Plutarco, registran no pocas veces el funcionamiento de las instituciones de derecho internacional de época arcaica y clásica[293]. La prueba incontestable de la seguridad verbal del orador, o si se prefiere, de su precisión y coherencia en el empleo de los términos, se pone de manifiesto unos párrafos más adelante, cuando remacha la misma idea, la vigencia inicial de la cláusula de la hegemonía:

> Por un lado, en efecto, se valían de nosotros como prueba de que sus iguales en voto no entrarían en campaña con ellos contra su voluntad, si aquellos a los que atacaban no hubiesen hecho algo injusto (εἰ μή τι ἠδίκουν οἷς ἐπῇσαν, ξυστρατεύειν); y al mismo tiempo, por otro lado, conducían (ξυνεπῆγον) primeramente a los más fuertes contra los más débiles y, dejando a aquellos para el final, esperaban tenerlos más debilitados una vez eliminado el resto»[294].

Las polis de la isla de Lesbos, al igual que los quiotas y los samios (y acaso también naxiotas y tasios), eran miembros no tributarios de la *arché*, obligados

---

292. Th. 3,10,2-4 (cursiva mía). A. W. Gomme, *A Historical Commentary on Thucydides*, II. Oxford 1966, *ad loc.*, carece aquí de interés.

293. En este sentido, ver más abajo mi estudio «La *koiné eirene* ateniense del 371, la cláusula de garantía y el sistema griego de alianzas»: § 3. Naturaleza de las fuentes para la historia diplomática del siglo IV.

294. Th. 3,11,3. J. Classen, J. Steup, *Thukydides*, III, reimpr. Dublin 1967, 19, *ad loc.*: «Heeresfolge leisten», filológicamente impecable, pero sin extraer la conclusión histórica de que en efecto se está haciendo referencia a la cláusula de la hegemonía del 478/77.

por ende a la prestación de ayuda militar en naves y hombres[295]. En consecuencia, su testimonio resulta doblemente interesante, ya que a su condición de aliados fundadores de la liga ático-délica, con la memoria aún viva de sus orígenes, unían su experiencia como *symmachoi* de los atenienses, y ello en el sentido más propio de esta palabra[296]. Para los mitilenios, cobeligerantes o combatientes por antonomasia, la cláusula del obligado seguimiento en combate no podía tratarse de un deber convencional casi irrelevante, algo preservado en una estela de piedra o en una lámina de bronce semiolvidada, allá en Delos –lo que acaso podría parecer a cualquiera de los aliados pagadores del *phoros*–; se trataba, por el contrario, de una norma legal perfectamente vigente y vinculante para las dos partes, en la que se suponía que los isleños veían conciliados dos principios no necesariamente contrapuestos: autonomía como aliados en sintonía con la hegemonía de Atenas. Por consiguiente, no me parece fruto de la casualidad que Tucídides ponga en boca precisamente de aliados no tributarios como los lesbios la mención más o menos literal de la estipulación que nos ocupa, la jurada en 478/77.

Por lo demás, la coherencia interna del relato tucidideo sobre la constitución jurídico-política de la liga ático-délica en sus primeros años está confirmada en otro pasaje anterior de su *Historia*. Las palabras del relator mitilenio, en efecto, aluden en todo momento al principio de igualdad en el proceso de toma de decisiones de los miembros de la alianza, sobre todo en lo referente a la política exterior y la determinación del supuesto de alianza. Una réplica exacta se puede leer en la exposición de la Pentecontecia, a propósito de la perversión del pacto fundacional délico: ni la autoridad ateniense se basaba ya en el consenso de los aliados, «ni salían en campaña en pie de igualdad» (καὶ οὔτε ξυνεστράτευον ἀπὸ τοῦ ἴσου, Th. 1,99,2). A mayor abundamiento, se nos dice que la hegemonía, aquí en sentido técnico, era ejercida por los líderes sobre coligados autónomos y decisores: Ἡγούμενοι δὲ αὐτονόμων τὸ πρῶτον τῶν ξυμμάχων καὶ ἀπὸ κοινῶν ξυνόδων βουλευόντων (Th. 1,97,1).

De todos los historiadores griegos, incluido Polibio, ninguno como Tucídides ha sabido transcribir con exactitud y conocimiento de causa los conceptos y la terminología del derecho internacional griego. Los discursos que pone en boca de sus oradores jamás pasan por alto esa cultura normativa

---

295. Th. 1,96,1; 117,3; 2,9,5; Arist. *Ath.* 24,2; *Pol.* 1284a, 39-40. Ver Meyer, «Vorgeschichte», 442-443, y Cataldi, «Sulle origini», 145-146.

296. *Cf.* E. Bikerman, «Remarques sur le droit des gens dans la Grèce classique», *RIDA* 4 (1950) 99-100. Por lo demás, entiendo que la cláusula del obligado seguimiento en combate inscrita en el tratado debió de regir para todos los juramentados, y solo después de la redacción del tratado y la perfección del contrato debió de acordarse cuáles de entre los adherentes concretarían ese apoyo en fuerzas armadas y cuáles en pagos pecuniarios: Meritt, Wade-Gery, McGregor, *Ath. Tribute Lists*, III, 230: «The oaths make no mention of phoros, but we have not the whole formula».

común de las polis y los etnos helénicos. Sirva como botón de muestra decisivo para el tema de nuestra investigación un momento del discurso pronunciado en el 427 por los plateenses, también ante un auditorio lacedemonio, alusivo al funcionamiento no solo de la liga del Peloponeso, sino también de la liga ático-délica: «Y en cuanto a las acciones a las que uno y otro bando conducís a vuestros aliados (ἐξηγεῖσθε τοῖς ξυμμάχοις), no son los que os siguen (οἱ ἑπόμενοι) culpables si algo está mal hecho, sino los que llevan hacia esas cosas inaceptables» (Th. 3,55,4). En la réplica tebana a la alocución plateense se insiste en esta misma idea, reprochando al enemigo su injusta política de seguidismo de los atenienses durante la Pentecontecia e implícitamente su política aliancista, no de estricta observancia del tratado bilateral cerrado el año 519 (Stv. 119), sino de voluntaria asimilación a los miembros de la liga marítima: «Según decís, os hicisteis aliados y conciudadanos de los atenienses para defenderos de nosotros. Pues bien, debisteis traerlos en vuestra ayuda solo contra nosotros y no marchar a su lado (ξυνεπιέναι) contra otros» (Th. 3,63,2). Por si subsistiesen dudas, la misma relación de alianza se atribuirá a los corcirenses durante la guerra del Peloponeso: los isleños «seguían» (εἵποντο) a los atenienses, beligerantes principales, en la expedición a Sicilia (Th. 7,57,7). La cláusula de la hegemonía así sugerida completa de manera muy coherente la estipulación de tener a los mismos por amigos y enemigos (ὥστε τοὺς αὐτοὺς ἐχθροὺς καὶ φίλους νομίζειν), documentada para los de Corcira desde el año 427 (Th. 3,75,1 = Stv. 172). En esa misma campaña siciliana acompañaban a la potencia hegemónica los de Quíos, los últimos miembros de la liga ático-délica exentos de tributo, gozando de igual *status* que los de Metimna (Th. 6,85,2), cobeligerantes autónomos con sus propias naves: Τούτων Χῖοι οὐχ ὑποτελεῖς ὄντες φόρου, ναῦς δὲ παρέχοντες αὐτόνομοι ξυνέσποντο[297].

También en sentido técnico, es decir, implicando lazos convencionales de carácter militar en una alianza hegemónica, aparece el verbo ἕπεσθαι en al menos otros dos pasajes de esta misma *Historia*, referidos al ejército peloponesio bajo mando espartano: cuando Arquídamo exhorta a los jefes aliados de su ejército a «seguir por donde se os conduzca»: ἕπεσθε ὅπῃ ἄν τις ἡγῆται (Th. 2,11,9); y cuando Gilipo y Pitén convencen a los de Himera a secundarlos (ἕπεσθαι) en las operaciones militares para la liberación de Siracusa (Th. 7,1,3).

---

297. Th. 7,57,4, con una variación verbal sin importancia, que se repite en este mismo catálogo a propósito de cefalonios y zacintios: Th. 7,57,7. El mismo verbo es empleado por Hdt. 9,102,3, para indicar supeditación táctica al liderazgo ateniense en Mícala: *cf.* C. Schrader, *Heródoto, Historia. Libros VIII-IX*. Madrid 1989, 421 n. 587. Ver *supra* nota 287: el caso de Turios.

El empleo de esta terminología, coherente y precisa, no puede ser fruto de la casualidad; tampoco pueden ser producto de la casualidad las correspondencias que se observan entre Heródoto y Tucídides; y entre este último y los autores del siglo IV.

4. CONCLUSIÓN: PROPUESTA DE RESTITUCIÓN DEL JURAMENTO DE ALIANZA

Tenida cuenta de todo ello, mi propuesta consiste en añadir al corpus de los tratados de alianza de la Grecia clásica la cláusula de la hegemonía ἕπεσθαι –con preferencia al verbo ἀκολουθεῖν– como parte integral del juramento fundacional de la liga ático-délica; sin que quizá debamos descartar la fórmula adicional «por tierra y por mar», a raíz ya de la experiencia bélica dualística de la segunda guerra médica. La regulación del mando supremo vendría a añadirse a la estipulación transmitida por Aristóteles de tener a los mismos por amigos y enemigos. En otras palabras, una restitución que verosímilmente podría rezar de manera no muy distinta a la terminología que nos preservan las fuentes literarias y epigráficas de época clásica:

Bien, ὥστε τὸν αὐτὸν ἐχθρὸν εἶναι καὶ φίλον (Arist. *Ath.* 23,5),

Bien, ὥστε τοὺς αὐτοὺς ἐχθροὺς καὶ φίλους νομίζειν (Th. 1,44,1: 433 a.C.),

O bien, τὸς αὐτὸς φίλος καὶ ἐχθρὸς νομιōμεν *hόσπερ* ἂν Ἀθεναῖοι (*IG* I³ 76, 18-19 = *Stv.* 187: 422 a.C.),

Más la cláusula del obligado seguimiento en la guerra, por ej.: ἕπεσθαι ὅποι ἂν οἱ Ἀθεναῖοι ἡγῶνται, καὶ κατὰ γῆν καὶ κατὰ θάλατταν[298].

---

298. Este artículo fue inicialmente publicado en *Ktema* 27 (2002) 57-63.

TRATADOS Y RELACIONES DE ALIANZA EN LA GUERRA DE CORINTO (395-386 A.C.)

ABSTRACT: Treaties of Alliance and Alliance Relations in the Corinthian War (395-386 BC). The present research studies not only the juridical instruments themselves (*Stv.* 223, 224, etc.), but also the legal and diplomatic relations ensuing from them, that is to say, their consequences on the international scene and their implementation during the armed conflict. It seeks to combine the formal or technical analysis of every symmachy (typology, clauses, treaty negotiation, conclusion) with the analysis of the politico-military history of the alliance relationship until its cessation. The paper is divided into four sections: 1. The Locrian-Phocaean crisis and the interplay of alliances; 2. The bilateral pacts of 395/94, the course of the war and the resulting network of international relations; 3. Structure and working of the Corinthian coalition (*Staatsv.* 102; *Stv.* 225). 4. The end of the armed conflict. Conclusions.

Este trabajo es una continuación de otros anteriores acerca de la *symmachía* en el siglo V a. C. y forma parte a su vez de un proyecto de estudio más amplio sobre los tratados de alianza en la Grecia clásica[299]. Como en los artículos precedentes, examino no solo los instrumentos diplomáticos de que se valieron las polis para ayudarse en combate, sino también la articulación y funcionamiento de esos pactos durante un periodo concreto, en este caso la guerra de Corinto. Intentaré, así pues, combinar el análisis jurídico-formal de la sinmaquia (tipología, cláusulas y negociación del tratado), típico de una historia del derecho internacional, con el estudio histórico-político de la relación convencional hasta su extinción. La exposición está dividida en cuatro partes.

---

299. Dos anteriores, no reeditados aquí por considerarlos superados, son: «Algunas consideraciones sobre la naturaleza y evolución de la *symmachía* en época clásica», en J. Mª Blázquez, J. Martínez-Pinna (ed.), *Estudios sobre la antigüedad en homenaje al profesor Santiago Montero Díaz*. Madrid 1989, 165-179, y «El pacto defensivo en las relaciones internacionales del siglo IV», en P. Carlier (ed.), *Le IVᵉ siècle avant Jésus-Christ. Approches historiographiques*. Paris 1996, 223-239.

En primer lugar, abordo la entrada en juego del sistema de alianzas en los pro-legómenos del conflicto bélico, durante el año 395. Luego considero de manera individualizada los pactos cerrados entre 395 y 394. En tercer lugar, discuto el problema de la llamada coalición corintia. Finalmente, abordo la fase final del conflicto bélico, con las conclusiones.

1. LA CRISIS LOCRO-FOCEA Y EL JUEGO GRIEGO DE ALIANZAS

Hay dos textos de obligada referencia para comprender el comienzo de las hostilidades y en particular la puesta en marcha de lo que era el juego de alianzas a comienzos del siglo IV. Son estos:

> Sabedores los líderes tebanos de que, si alguien no comenzaba la guerra, los lacedemonios no querrían romper los tratados con los aliados (λύειν τὰς σπονδὰς πρὸς τοὺς συμμάχους), convencieron a los locros opuntios para que recaudasen dinero de la tierra en disputa entre los foceos y ellos mismos, calculando que los foceos invadirían Lócride en caso de ocurrir una cosa así. Y no se engañaron, ya que los foceos irrumpieron al punto en Lócride y se hicieron con un botín no menos cuantioso. Entonces los de Androclidas persuadieron rápidamente a los tebanos a ayudar a los locros (βοηθεῖν τοῖς Λοκροῖς), con el argumento de que los foceos no habían invadido el territorio en disputa, sino Lócride, a la que se le reconocía la condición de amiga y aliada (φίλην τε καὶ σύμμαχον). Una vez que los tebanos contraatacaron Fócide y devastaron su territorio (χώραν), los foceos despacharon de inmediato embajadores a Lacedemonia y pidieron que les socorriesen (ἠξίουν βοηθεῖν αὐτοῖς), explicando que ellos no habían iniciado la guerra, sino que habían marchado contra los locros en defensa propia (ἀλλ' ἀμυνόμενοι ἦλθον ἐπὶ τοὺς Λοκρούς). Y los lacedemonios acogieron en verdad que con gusto el pretexto (πρόφασιν) para hacer una campaña contra los tebanos (στρατεύειν ἐπὶ τοὺς Θηβαίους), pues de un tiempo a aquel entonces estaban irritados con ellos a causa de… [sigue el pliego de agravios]. Como la polis lacedemonia era de este parecer, los éforos decretaron la movilización, enviaron a Lisandro con los foceos y ordenaron que compareciera en Haliarto al mando de los propios foceos, así como de los eteos, heracleotas, melieos y enianes. También Pausanias, quien iba a ostentar la hegemonía, se manifestó de acuerdo en presentarse allí en el día fijado con los lacedemonios y los demás peloponesios (X. *HG* 3,5,3-7).

Por lo que se refiere a las *Helénicas de Oxirrinco*, 21, nos interesan solo algunos pasajes del relato:

> Los de Androclidas e Ismenias maquinaban meter en guerra al pueblo beocio con los lacedemonios, deseosos de derribar su imperio, para no ser sus víctimas a manos de los laconizantes… Disponiéndose mediante el siguiente engaño a llevarlos a la guerra, convencieron a ciertos individuos entre los foceos para

que invadieran el territorio de los locros llamados occidentales… Con su territorio saqueado, y tras enviar embajadores a los beocios, acusaron a los foceos y pidieron que aquellos les ayudasen (βοηθεῖν). Siempre hasta entonces habían estos mantenido relaciones de amistad con ellos (διάκεινται δὲ πρὸς αὐτοὺς ἀεί ποτε φιλίως). Aprovechando gustosos la ocasión, los de Ismenias y Androclidas persuadieron a los beocios a que socorriesen (βοηθεῖν) a los locros. Los foceos, por su parte, al llegarles estas noticias de Tebas, se retiraron ya de Lócride y, mandando de inmediato embajadores a los lacedemonios, les pidieron que prohibiesen a los beocios poner pie en su territorio. Aquellos, aun a sabiendas de que les contaban cosas poco de fiar, enviando a su vez embajadores, ordenaron a los beocios que no hiciesen la guerra a los foceos, sino que, en caso de considerarse agraviados en algo, les reclamasen a ellos justicia ante los aliados. Los beocios, incitados por quienes habían urdido el engaño y todo el asunto, despidieron a los emisarios de los lacedemonios con las manos vacías y ellos mismos, tomando las armas, marcharon contra los foceos…[300].

Como es bien sabido, el estallido de la guerra de Corinto tuvo por motivo desencadenante el viejo contencioso entre locros y foceos a causa de una franja de tierra en disputa, dedicada a pastos comunes[301]. Pero no son los prolegómenos ni tampoco las formalidades diplomáticas que precedieron a la conflagración, sino la entrada entonces en funcionamiento del sistema griego de alianzas extendiendo las hostilidades a otros Estados, lo que ahora debe reclamar nuestra atención.

La *symmachía* con los locros en virtud de la cual la facción tebana de Ismenias y Androclidas esperaba envolver al *koinón* beocio en una contienda general contra Esparta no está documentada por la epigrafía, al paso que las fuentes literarias no dan pistas sobre su articulado –de ahí su exclusión de los *Staatsverträge*–, si bien aparece explícitamente aludida por Jenofonte, un dato que respalda la información coincidente del anónimo de Oxirrinco y aun de Pausanias (3,9,10). Tampoco tenemos noticia cierta del momento de su conclusión, que bien pudiera remontar a la Pentecontecia o a periodos más recientes,

---

300. Las *Hell.Oxy.* son citadas por la edición de M. Chambers, *Hellenica Oxyrhynchia*. Leipzig 1993.

301. Ubicación de la franja contestada e identidad de los locros, si opuntios (*HG* 3,5,3) u ozolos (*Hell.Oxy.* 21,2-3; Paus. 3,9,9), estado de la cuestión: G. J. Szemler, «From the Fifth Century to the Roman Epoch», en E. W. Kase *et al.* (ed.), *The Great Isthmus Corridor Route*. Univ. Minnesota-Mineapolis 1991, 119 ss, y J. Pascual González, *Tebas y la confederación beocia en el periodo de la guerra de Corinto (395-386 a. C.)*. Madrid 1995, 679 ss. Sobre la realidad de los hechos, que Jenofonte y el Oxirrinco presentan de manera diferente, ver S. Accame, *Ricerche intorno alla guerra corinzia*. Napoli 1951, 21 ss; J. E. Lendon, «The Oxyrhynchus Historian and the Origins of the Corinthian War», *Historia* 38 (1989) 300-313. Prolegómenos diplomáticos del conflicto: Alonso Troncoso, «Ultimatum et déclaration de guerre dans la Grèce classique», en E. Frézouls, A. Jacquemin (éd.), *Les relations internationales. Actes du Colloque de Strasbourg 15-17 juin 1993*. Paris 1995, 244 ss, 248 ss.

todo ello dependiendo de la identidad de dichos locros. Sabemos que desde el conflicto arquidámico en adelante la rama opuntia no solo militó en el bando peloponesio (Th. 2,9,2-3), sino que también mantuvo una relación convencional aparte con los beocios (Th. 4,96,8). Si el 431 podría entrar como fecha *ante quem* para la conclusión de un tratado bilateral entre los locros orientales y los beocios, para el término *post quem* cabría barajar la posibilidad de que, a raíz del derrumbamiento del protectorado ateniense en la Grecia central en el 446 (con el renacimiento de la confederación beocia y el regreso de los rehenes y exiliados opuntios: *AcB.* 149), se llegase a un acercamiento diplomático entre los regímenes oligárquicos de uno y otro país. Claro que una reconstrucción como esta quedaría fuera de lugar en la hipótesis de que los locros en cuestión se tratasen de la rama ozola, como afirma el Oxirrinco (y Pausanias 3,9,9), la cual había mantenido una política de neutralismo hasta la guerra del Peloponeso, en la medida de sus posibilidades al margen de la bipolaridad espartano-ateniense[302]. A estos locros no se les conocen relaciones especiales con los beocios antes del 395, mientras que con Esparta debían de estar unidos por tratado, a juzgar por la cesión de Naupacto después de la guerra elea (D.S. 14,34,2). Hay algo que, en cambio, podría favorecer la versión de Jenofonte: de ser los ozolos los encartados en la disputa fronteriza del 395, ¿por qué razón los opuntios se vieron también empujados a combatir en la coalición corintia contra Esparta (*HG* 4,2,17; 3,15), abandonando la liga del Peloponeso? En la leva de aliados de la Grecia central Lisandro ya no cuenta con la Lócride oriental (*HG* 3,5,6;17), pese a que hasta la guerra decélica había militado en el bando lacedemonio (Th. 8,3,2).

En cuanto al nacimiento de las relaciones convencionales entre lacedemonios y foceos, su fecha podría en principio ser llevada muy atrás, realmente a los tiempos de su pertenencia a la liga helénica (Hdt. 7,203,1; 8,27-30; 9,31,5). Sin embargo, quizá sea lo más razonable contemplar como coyuntura internacional idónea la sobrevenida en el 457, con ocasión de la expedición de Nicomedes a Fócide y Beocia (Th. 1,107,2), con una posible renovación de los lazos bilaterales en el 446/45, en el contexto de redefinición general de las alianzas representado por la paz de los treinta años (*Stv.* 156; *AcB.* 149).

¿Qué decir de las condiciones de aplicación de ambos tratados en el 395? La aplicación elástica y oportunista del instrumento diplomático era una práctica habitual en las relaciones de alianza en la Grecia clásica, y el conflicto que

---

302. Así, Alonso, *Neutralidad*, 247 ss. Nótese que en la lucha entre unos locros y los foceos iniciada en 421 (Th. 5,32,2) y decidida a favor de los últimos hacia 418/17 (D.S. 12,80,4) no hay constancia de que hubiesen intervenido espartanos ni beocios, aliados ambos de los opuntios. ¿Podrían pues ser esos locros sin identificar los occidentales, arrastrados a la lucha contra los foceos por los de Anfisa? En tal sentido: Th. 3,101,2 y Paus. 3,9,9. Pero Ismenias preparará después el ataque contra Fócide desde la Lócride opuntia (Nárix), a la que invadirán los foceos (D.S. 14,82,8).

nos ocupa puede ser un buen ejemplo de ello[303]. A este respecto, resulta representativo el episodio locro-foceo por la relevancia de la lucha faccionaria en la interpretación restrictiva o extensiva de los tratados de alianza: halcones y palomas se disputaban en las ciudades el control de la política exterior, y en esta ocasión no faltó en Esparta la figura de Lisandro frente a la de Pausanias, como en Tebas las de Ismenias y Androclidas frente a las de Leontíades y Asias. Por esta razón me parece sugerente la explicación de Hamilton en el sentido de que las vacilaciones y hasta contradicciones de la diplomacia lacedemonia en el invierno del 396/95 se pueden explicar en buena medida habida cuenta ese tira y afloja interno de las dos facciones opuestas, según cómo a favor de la entrada en guerra[304]. En aquella taimada partida de ajedrez que se libraba sobre el tablero de la Grecia central los movimientos de unos y otros estaban cuidadosamente calculados de antemano. Locros y foceos eran los peones que tebanos y lacedemonios precisaban mover para iniciar un juego cuyo jaque mate debía ser: o bien la destrucción de la preponderancia espartana (*Hell.Oxy.* 21,1), cuyo baluarte seguía siendo la liga del Peloponeso –léanse las avisadas palabras, cómo no, del corintio en 394 (*HG* 4,2,11-12)–, o bien la disolución del Estado federal beocio (*HG* 3,5,18; 5,1,36), que tan pacientemente había consolidado la ciudad de Cadmo a favor de las turbulencias de la quinta centuria.

En otras circunstancias, y mediando otros intereses, el *casus foederis* invocado por los locros ante los tebanos habría merecido una respuesta dilatoria o una propuesta de arbitraje, a lo sumo una incursión intimidatoria hasta la ἀμφισβητήσιμος χώρα, incluso su ocupación, o el estacionamiento de contingentes federales en algún punto fronterizo de Lócride. Esta será, como veremos, la actitud de Atenas ante la invasión de Tebas por los ejércitos de Lisandro y Pausanias, en principio a la defensiva y solo disuasoria. Por el contrario, los halcones tebanos presionaron para que la asamblea federal votase una operación de castigo y reparación en toda regla, atacando al territorio foceo y entrando así en guerra abierta con un pueblo del que nadie en Beocia había sufrido agresión alguna[305]. Porque se trataba de provocar a Esparta,

---

303. Ver Alonso Troncoso, «Algunas consideraciones», 177 ss; id., «El pacto defensivo», *passim*. Estos dos trabajos, que no se reeditan en este volumen, adolecen de cierta rigidez en la clasificación de la *symmachía* (si defensiva u ofensiva), en consonancia con la doctrina otrora prevalente. Dicha dualidad tipológica es válida solo hasta cierto punto: véase *infra* nota 309 y Baltrusch, *Symmachie und Spondai*, 68 ss, 83-84, 88 ss.

304. Ch. D. Hamilton, *Sparta's Bitter Victories. Politics and Diplomacy in the Corinthian War*. Ithaca and London 1979, 197-198. *Cf.* también J.-F. Bommelaer, *Lysandre de Sparte*. Paris 1981, 192 ss, y P. Cartledge, *Agesilaos and the Crisis of Sparta*. London 1987, 77 ss, 283 ss, 358-359.

305. Comienzo del estado de guerra en la Grecia clásica: Busolt, *GG* III 2, 776 n. 2, 902 n. 3; E. Bickerman, «Remarques sur le droit des gens dans la Grèce classique», *RIDA* 4 (1950)

la posibilidad teórica de una ayuda limitada al aliado (ἀλλήλοις ἐπιμαχεῖν, ξυνεπιστρατεύειν δὲ μηδενί: Th. 1,44,1; 5,27,2; 48,2), o más exactamente en este caso, la aplicación disuasoria del instrumento de alianza (envío anticipado de refuerzos a Lócride), resultaba a todas luces inconveniente[306]. A su vez, la propuesta de arbitraje ante la liga del Peloponeso ofrecida por los éforos constituía una insegura garantía de equidad a los ojos de los tebanos, por no decir que un freno intolerable a la autonomía de su política exterior, de la misma manera que los corintios habían rechazado otrora la mediación peloponesia en el contencioso de Epidamno (Th. 1,28). Si además resulta verdad, como afirma Pausanias (3,9,11), que la invitación al arbitraje intentada en el último instante por embajadores atenieses ante el gobierno lacedemonio solo arrancó de este una respuesta iracunda, nos haremos cargo de lo envenenadas que estaban ya las relaciones entre ambas partes. Los típicos rencores de dos antiguos aliados venidos a más y la prepotencia de Lisandro (Plu. *Lys.* 27) se confabularon de manera fatídica para que el embrollo de unos pastizales terminase en una conflagración general. En un asunto marginal se enredaba la Grecia entera, con lo que la historia se repetía[307].

Por otra parte, la primera potencia no podía concederse la licencia, si quería mantener unida la liga peloponesia, de sustraerse a sus deberes políticos y convencionales con los integrantes de la misma. De la misma manera que en el 432 los corintios habían amenazado con hacer defección si los espartanos no entraban en guerra contra Atenas (Th. 1,71,4-7), y al igual que años después, en 389, esta advertencia será reiterada en forma más o menos velada por los embajadores aqueos ante los éforos (*HG* 4,6,1-3), así también los foceos habrían podido aducir una negativa de la otra parte para denunciar la alianza y redefinir su política exterior de acuerdo con otros intereses y orientaciones; eventualidad que en modo alguno convenía a los intereses de Esparta en la Grecia central. Para el derecho de gentes helénico el *casus foederis*

103-104 (reeditado en F. Gschnitzer, *Zur griechischen Staatskunde*, Darmstadt 1969, 477 ss); Alonso, *Neutralidad*, 27 ss.

306. Repárese en la que debió de ser una acusación bastante generalizada contra los tebanos por la devastación de Fócide: Plu. *Lys.* 27,3. Con Esparta, en cambio, los beocios habían venido haciendo una interpretación restrictiva de su alianza: obsérvese su lectura del tratado ante la invasión del Ática por Pausanias (*HG* 2,4,30; 3,5,5; Plu. *Lys.* 27,2-4); también con ocasión de las campañas peloponesias contra Élide (*HG* 3,2,25; D.S. 14,17,7); y al organizarse las expediciones asiáticas de Tibrón (*HG* 3,1,4-5, implícito) y Agesilao (*HG* 3,4,3-4; 5,5; Plu. *Ages.* 6,5-6; Paus. 3,9,1-5). Con seguridad se abstuvieron también en la expulsión de los mesenios de Cefalonia y Naupacto (D.S. 14,34,2). *Cf.* P. Cloché, «La politique thébaine de 404 à 396 av. J.-C.», *REG* 31 (1918) 315-343. Lo mismo cabe decir de los corintios, que en consecuencia se negarán a participar en la campaña contra Tebas: *HG* 3,5,17;23.

307. Propuestas de arbitraje, *cf.* L. Piccirilli, *Gli arbitrati interstatali greci*. Pisa 1973, nº 34. Sigo a de Ste. Croix, *Origins*, 335 ss, a favor de la membrecía de beocios, foceos y locros opuntios a la liga del Peloponeso, con la bibliografía opuesta (Kahrstedt, Larsen, Gomme).

insoslayable era la invasión del territorio (ἐάν τις ἴηι ἐπὶ τὴν χώραν τὴν …, βοηθεῖν …), y los tratados de Esparta con sus aliados no la eximían de esta cláusula, como prueba el pacto con los etolios erxadieos (ML 67 bis, l. 16-19), quizá anterior al periodo que nos ocupa[308]. Supuesto de alianza en principio defensivo, si bien el derecho al contraataque invocado por la parte agredida –un derecho creo que derivado en última instancia de la ética griega de la venganza / reparación–, involucraba al combatiente asociado (*sym-machos*) en un efectivo *boethein*, o lo que es lo mismo, exigía por regla general la superación de la *epimachía* y la entrada en guerra del aliado al participar en la contraofensiva punitiva: devastación y saqueo, eventual asedio o epitiquismo, botín compensatorio, etc.[309].

---

308. W. Peek, *Ein neuer spartanischer Staatsvertrag*. Berlin 1974, y F. Gschnitzer, *Ein neuer spartanischer Staatsvertrag und die Verfassung des Peloponnesischen Bundes*. Meisenheim am Glan 1978, lo sitúan c. 500-470; U. Cozzoli, «Sul nuovo documento di alleanza tra Sparta e gli Etoli», en F. Broilo (ed.), *Xenia. Scritti in onore di P. Treves*. Roma 1985, 67 ss, entre 455-446; P. Cartledge, «A New 5th-Century Spartan Treaty», *LCM* 1 (1976) 87-92; id., «The New 5th-Century Spartan Treaty Again», *LCM* 3 (1978) 189-190, en 426-425; D. H. Kelly, «The New Spartan Treaty», *LCM* 3 (1978) 133-141, entre 388-386; G. Cawkwell, «Sparta and her Allies in the Sixth Century», *CQ* 43 (1993) 365 n. 11, parece inclinarse por las datas de Cartledge y Kelly.

309. Conviene insistir sobre este aspecto de la cultura jurídica internacional de los griegos, puesto que a mi juicio no ha sido debidamente apreciado. La dialéctica reparatoria está muy clara en toda la historia militar helénica; por citar solo tres ejemplos: Th. 5,23,2; *HG* 4,8,33; 6,1. Que en términos jurídicos el βοηθεῖν (o bien ὠφελεῖν, o ἐπικουρεῖν) de los tratados de alianza comportaba una ayuda militar superior a la ayuda parcial de la epimaquía (Th. 1,44,1), lo prueban infinidad de textos: sin ir más lejos, en el mencionado parlamento corintio del 432 se demanda la βοήθεια a los potideatas mediante una invasión del Ática, o sea, con un comienzo de las hostilidades en toda regla contra Atenas (Th. 1,71,4). Consultar *DGE*, s.v. βοηθέω. Es ésta la razón por la que un tratado defensivo sujeto al ἐάν τις ἴηι ἐπὶ τὴν χώραν τῶν…, βοηθεῖν, podía arrastrar *de iure* a un estado a la guerra abierta con el invasor del aliado. No es el término *boethein* por sí solo lo que define el grado de sujeción diplomática y militar entre las partes, sino el enunciado del *casus foederis*. En efecto, cuando por el contrario la cláusula reza, bien τοὺς αὐτοὺς ἐχθροὺς καὶ φίλους τοῖς … νομίζειν, bien ἕπεσθαι / ἀκολουθεῖν ὅποι ἂν οἱ … ἡγῶνται (en la liga del Peloponeso, en la liga ático-délica, en el sistema de pactos tebano), o se combinan ambas (ML 67 bis, l. 16-19; *HG* 2,2,20), el supuesto de alianza invocado por el estado hegemónico no tiene por qué ser defensivo. La bibliografía no es a este respecto todo lo precisa que debiera ser: *cf.* F. Adcock, D. J. Mosley, *Diplomacy in Ancient Greece*. London 1975, 189 ss; Ste. Croix, *Origins*, 298 ss, 339 ss; P. Bonk, *Defensiv- und Offensivklauseln in griechischen Symmachieverträgen*. Bonn 1974, 61 ss; T. Pistorius, *Hegemoniestreben und Autonomiesicherung in der griechischen Vertrags-politik klassischer und hellenistischer Zeit*. Frankfurt 1985, 78 ss, 107 ss, 119 ss; Baltrusch, *Symmachie und Spondai*, 17 ss, 64 ss, más crítico; Cawkwell, «Sparta», 364-365. En época helenística se precisó la diferencia con una nueva perífrasis, ἀπὸ τῆς χώρας πόλεμος: *cf.* Bonk, *Defensiv- und Offensivklauseln*, 151 ss; Y. Garlan, «Études d'histoire militaire et diplomatique», *BCH* 100 (1976) 305 ss. En fin, también abordo la cuestión en este volumen: «La cláusula de la hegemonía (ἕπεσθαι) en la liga ático-délica, 478/77 a.C. (Th. 3,10,4; 11,3)».

Hasta qué punto era esta la dinámica inherente al juego griego de alianzas queda puesto de relieve en el mensaje que veinte años más tarde, de nuevo ante la emergencia de Tebas, cursarán los mismos foceos al gobierno lacedemonio:

> Los tebanos, una vez que hubieron sometido las ciudades de Beocia, efectuaron también una expedición militar contra Fócide. Como los foceos despacharan una embajada a Esparta diciendo que no serían capaces de desobedecer a los tebanos si no les ayudaban (εἰ μὴ βοηθήσοιεν, οὐ δυνήσοιντο μὴ πείθεσθαι τοῖς Θηβαίοις), tras esto los lacedemonios mandaron pasar por mar a Fócide al rey Cleómbroto con cuatro compañías y el correspondiente contingente de los aliados (*HG* 6,1,1).

Los sucesos militares posteriores a la expedición tebana contra Fócide son bien conocidos: los éforos ordenaron a Lisandro entrar en Beocia por el norte al frente de los foceos y demás coligados de la zona (eteos, heracleotas, melieos y enianes), en virtud sin duda del ἕπεσθαι / ἀκολουθεῖν ὅποι ἂν οἱ Λακεδαιμόνιοι ἡγῶνται (ver *HG* 3,5,23, con esta misma cláusula de obligado seguimiento incumplida por Corinto), mientras que Pausanias se preparaba para irrumpir por el sur al frente de los contingentes peloponesios (*HG* 3,5,6-7; D.S. 14,81,1-2; Plu. *Lys.* 28).

2. LOS PACTOS BILATERALES DE 395/94, EL CURSO DE LA GUERRA Y LAS RELACIONES INTERNACIONALES RESULTANTES

La sinmaquia cerrada en julio de 395 entre Beocia y Atenas (*Stv.* 223) fue la respuesta a la movilización de Esparta y sus aliados contra Tebas, y nada más elocuente que este contexto de amenaza exterior para comprender la naturaleza jurídico-política del pacto. Como precisa Jenofonte (*HG* 3,5,7;17), la alianza fue negociada cuando la entrada del ejército de Lisandro en el territorio federal era ya un hecho consumado (atracción de Orcómeno) y la invasión de Tebas resultaba inminente, incluso por parte del Agíada[310]. A la solicitud de ayuda formulada por la embajada tebana accedió la asamblea popular con voto unánime (πάντες δ᾽ ἐψηφίσαντο βοηθεῖν αὐτοῖς), aunque no por ello dejó Trasíbulo de recordar a los nuevos aliados: «Efectivamente, dijo, vosotros no entrasteis en campaña contra nosotros [en el 403], pero nosotros lucharemos

---

310. Circunstancia ya destacada por Accame, *Ricerche*, 33, y luego por R. Seager, «Thrasybulus, Conon and Athenian Imperialism, 396-386 B.C.», *JHS* 87 (1967) 96 ss, a la cual se añadía el temor acrecido por el reciente ascenso de Agesilao, halcón próximo a Lisandro: *cf.* Cartledge, *Agesilaos*, 28 ss, 112 ss; Lendon, «Oxyrhynchus Historian», 307-308; C. D. Hamilton, *Agesilaus and the Failure of Spartan Hegemony*. Ithaca 1991, 26 ss.

contra ellos a vuestro lado si marchan contra vosotros» (ἂν ἴωσιν ἐφ᾽ ὑμᾶς, *HG* 3,5,16). Encomiable exactitud en esta ocasión la de Jenofonte, ya que el supuesto de alianza puesto en boca del líder demócrata se corresponde en lo esencial con el texto original de la estela conservada:

> Si alguien marchare en son de guerra contra los atenienses ([Ἐάν τ]ις ἴηι ἐπ᾽ …), sea por tierra o sea por mar, los beocios prestarán ayuda (βοηθῆν) con to-das sus fuerzas al notificárselo los atenienses, en la medida de sus posibilidades; y si alguien marchare en son de guerra contra los beocios, sea por tierra o sea por mar, los atenienses prestarán ayuda con todas las fuerzas al notificárselo los beo-cios, en la medida de sus posibilidades (*Stv.* 223, l. 4-11).

El lenguaje diplomático oficial había alcanzado a comienzos del siglo IV una cierta fijeza formular, y si los autores clásicos lo han reproducido con fi-delidad a los documentos originales, ello es debido a que dicha terminolo-gía constituía un referente cierto en la cultura jurídica común que regía en el campo de las relaciones internacionales y que los lectores conocían[311].

Como rasgos adicionales de este tratado cabe señalar la estipulación que fija su vigencia por una duración ilimitada, «para siempre en el tiempo» (l. 2-3). Es una extensión atestiguada en los ejemplos más antiguos del dere-cho de los tratados (*Stv.* 120, l. 4-5), y que parece haber caído en desuso a lo largo del siglo V (no obstante, ML 63, l. 12), para ponerse de nueva actualidad en esta cuarta centuria (*Stv.* 224, 248, 263, 280, 290, 293), aunque a lo mejor no con carácter general (*Stv.* 231). Si los negociadores de este acuerdo rehusa-ron fijar un plazo para su prescripción, tal decisión debió de estar dictada con toda probabilidad por consideraciones de tipo propagandístico e intimidato-rio: se trataba de hacer ver al enemigo la voluntad de formar un frente común para preservar su autonomía, en un clima de gran optimismo pactante (And. 3,25). Por añadidura, se observa la presencia de la cláusula de revisión del tra-tado (l. 11ss). De acuerdo con ella, se abría la posibilidad de efectuar adiciones o supresiones sobre el texto jurado, sin riesgo de que el instrumento de alianza quedase invalidado, a condición de que dichas modificaciones se introduje-sen con el consentimiento de las dos partes. Dicha estipulación resultaba tanto más oportuna cuanto que la sinmaquia se acordaba por tiempo indefinido, lo

---

311. Verosimilitud y correspondencia del debate asambleario con el testimonio epigrá-fico, P. Cloché, «Les conflits politiques et sociaux à Athènes pendant la guerre corinthienne (395-387 avant J.-C.)», *REA* 21 (1919) 165; Seager, «Thrasybulus», 96 ss, seguido por Hamilton, *Sparta's Bitter Victories*, 201 (compárese con la reconstrucción del supuesto de alianza del 349 entre Atenas-Olinto por Scala, *Staatsv.* 199, a partir de D. 3,6). Aceptación del tratado por una Atenas reconciliada internamente: P. Funke, *Homónoia und Arché. Athen und die griechische Staatenwelt vom Ende des peloponnesischen Krieges bis zum Königsfrieden (404/3-387/6 v. Chr.).* Wiesbaden 1980, 102 ss.

que hacía previsible la necesidad de ajustar el pacto a las condiciones cambiantes de la vida internacional[312].

Una regulación adicional, en fin, inserta en la definición del *casus foederis*, obligaba a beocios y atenienses a prestarse ayuda militar solo en caso de ser oficialmente requeridos para ello, supuesta la condición de aplicación del instrumento diplomático: «cuando lo anuncien/notifiquen» (l. 6-7, 10-11). No era el tratado del 395 el primero, ni sería el último, en que los sujetos pactantes recurrían a esta fórmula de salvaguarda de su autonomía, y sobre cuya importancia y raigambre consuetudinaria he escrito con detenimiento en otro trabajo[313].

Se ha dicho y repetido desde la monografía de F. Hampl que la mayor parte de las alianzas concluidas en la cuarta centuria entre las ciudades griegas revistieron un carácter defensivo, y esta que ahora nos ocupa suele recibir el mismo calificativo[314]. Si, como ya he explicado, la semántica del verbo *boethein* (ayudar en sentido positivo, no solo defender), al igual que la práctica interhelénica más generalizada (cooperación del aliado en la contraofensiva reparatoria), no nos permite hacer una interpretación restrictiva de la prestación militar obligatoria, y en este sentido no se debe hablar de ayuda parcial ni de pactos defensivos en la Grecia clásica (con la excepción segura de la epimaquía corcireo-ateniense: *Stv.* 161, y quizá de alguna que otra situación convencional: *Stv.* 274, 284), tampoco es menos cierto que la definición del supuesto de alianza con el ataque a la *chora* del aliado venía a establecer un *casus foederis* a todas luces defensivo, lo que con verdad no se podría decir de las otras dos cláusulas conocidas: ὥστε τοὺς αὐτοὺς ἐχθροὺς καὶ φίλους νομίζειν y ἕπεσθαι ὅποι ἂν οἱ … ἡγῶνται. Para la opinión pública griega ambas estipulaciones llegarían a equipararse al imperialismo, o lo que es lo mismo, terminarían por asociarse a los acuerdos de capitulación y tratados de alianza cerrados por Atenas, Esparta y Tebas en el seno de sus respectivos sistemas de alianza (*Stv.* 187, 211, 277, 283, 288; *HG* 4,6,2). Y ello pese a que ninguna de esas dos cláusulas comportaba en sus usos más antiguos una relación necesaria

---

312. En general sobre ambas disposiciones, *cf.* H. Bengtson, «Zwischenstaatliche Beziehungen der griechischen Städte im klassischen Zeitalter», *XIIᵉ Congrès International des Sciences Historiques, Rapports IV*. Wien 1965, 75-76; F. J. Fernández Nieto, «Die Abänderungsklausel in den griechischen Staatsverträgen der klassischen Zeit», *Symposion 1979*. Köln 1983, 273-286. Por el contrario, Tod, p. 15, resulta insuficiente y equívoco. Para el derecho interno, ver la expresión en Plu. *Ages.* 30,4.

313. «Καθότι ἂν ἐπαγγέλλωσιν / παραγγέλλωσιν. Sobre una estipulación del derecho griego de los tratados internacionales», reeditado en el presente volumen.

314. *Die Staatsverträge des 4. Jahrhunderts v. Christi geb.* Leipzig 1938, 58 n. 3. Por lo demás, *cf.* Cloché, *La politique étrangère d'Athènes de 404 à 338 av. J.-C.* Paris 1934, 15; id., *Thèbes de Béotie*. Louvain-Paris 1952, 104; Accame, *Ricerche*, 33, 46 ss; Bengtson, *Stv.* 170; Hamilton, *Sparta's Bitter Victories*, 205; R. Seager, «The Corinthian War», *CAH*, VI. Cambridge 1994, 100.

de sometimiento (*Stv*. 132, 172; Th. 1,44,1)[315]. De ahí que a lo largo del siglo IV estas estipulaciones nunca fueran empleadas por dos Estados contratantes en pie de igualdad y/o bajo condiciones suficientes de equidad negociadora (ver Th. 25,79,1; 5,27,2; Andoc. 3,11 = *HG* 2,2,20; Isoc. 4,176; 6,51; D. 15,15), pongamos por caso: Atenas con Tebas (*Stv*. 223), con Lócride (*Stv*. 224), con Eretria (*Stv*. 229), con Quíos (*Stv*. 248), con los miembros de la segunda liga marítima (*Stv*. 257), con Esparta (*Stv*. 274), con Dionisio I de Siracusa (*Stv*. 280), con Arcadia – Acaya – Élide – Fliunte (*Stv*. 290), con Tesalia (*Stv*. 293), con Filipo II de Macedonia (*Stv*. 329); o Beocia con Fócide (*Stv*. 271), con Arcadia (*Stv*. 273: ver *HG* 7,1,24); o Esparta con Mantinea (*Stv*. 291); o Amintas III con los calcideos de Tracia (*Stv*. 231), etc. De ahí que tampoco formen parte de la tradición formular y diplomática de la paz común, la cual permanece fiel en su cláusula de sanción al espíritu garantista y primariamente defensivo de la *symmachía* clásica[316]. La *boetheia* reclamada en debida forma por el aliado ante el supuesto de invasión tenía siempre a su favor la legitimidad de una causa justa (la lucha por la autonomía y la integridad territorial de la polis: Th. 6,79,1; D. 5,16-17), sin por ello resultar menos contundente en el plano ofensivo. La historia de la *entente* ático-beocia del 395 puede ser una buena prueba de ello.

Atenas no aceptó la alianza porque los lacedemonios invadiesen Beocia (Orcómeno, Lebadea y Haliarto), sino porque la propia Tebas iba a ser atacada, y sobre esta certidumbre fue solicitada su intervención armada (*HG* 3,5,7). Si no fuese porque la integridad de la capital beocia corría verdadero peligro, Trasíbulo no habría dado su visto bueno a este pacto ni habría asumido el riesgo de trabar combate con los peloponesios, esto es, difícilmente habría arriesgado una ruptura con Esparta para mantener a Orcómeno en el seno del *koinón* beocio y defender la unidad confederal[317]. Ahora bien, una

---

315. Ver «La cláusula de la hegemonía (ἕπεσθαι) en la liga ático-délica, 478/77 a. C. (Th. 3,10,4; 11,3)», en este volumen.

316. *Cf*. M. Jehne, *Koine Eirene. Untersuchungen zu den Befriedungs- und Stabilisierungsbemühungen in der griechischen Poliswelt des 4. Jahrhunderts v. Chr.* Stuttgart 1994, 93-95, si bien la comparación de A. Momigliano, «La KOINH EIRHNH dal 386 al 386 a. C.» (1934), reed. *Terzo contributo*. Roma 1966, 399, con una epimaquía puede resultar equívoca por restrictiva en exceso: es evidente que el *boethein* comportaba para los garantes de la paz común una eventual invasión reparatoria (ver *supra* n. 309), lo que excluye Th. 1,45; 53,4.

317. La cuestión que plantea I. A. F. Bruce, «Internal Politics and the Outbreak of the Corinthian War», *Emerita* 28 (1960) 82, de por qué esperaron tanto tiempo los tebanos para coligarse con Atenas, si es que la guerra con Lacedemonia parecía inevitable (*cf*. también Lendon, «Oxyrhynchus historian», 311 n. 55), tiene su respuesta en que hasta la movilización decretada por los éforos no había razón suficiente para ganarse al vecino (para un resolutivo *peithein*), lo que explica la necesidad de provocar a Esparta por parte de Ismenias y Androclidas (*Hell.Oxy*. 21,1). El pretexto para entrar en guerra de manera honorable del que habla Hamilton, *Sparta's Bitter Victories*, 202, no es sino la ocasión justificativa de la sinmaquia. Atenas no quiso ligarse a Tebas antes del verano del 395 porque no se daban las condiciones de un supuesto de alianza políticamente aceptable, ajustado al mejor derecho interhelénico, y por ello tampoco

vez concluida la alianza y hecho constar en el texto del tratado el nombre de los beocios –seguro que a propuesta de Tebas–, Atenas quedaba jurídicamente obligada ante todas las ciudades de la confederación. Fue esta la razón por la cual sus hombres se desplazaron también en socorro de Haliarto, prestos a presentar batalla a Pausanias (*HG* 3,5,22), después de que los tebanos por sí solos venciesen el día anterior a Lisandro (*HG* 3,5,17-19). El relato de Plutarco llena los silencios de Jenofonte, sin contradecir su versión: sitúa en un primer momento a los atenienses en Tebas, mientras los tebanos se mueven a Haliarto (*Lys.* 28,5), y los hace comparecer también en esta plaza, a las órdenes de Trasíbulo, cuando llega el Agíada (*Lys.* 29,1). El Periegeta (3,5,3-4), por su parte, engrandece el papel de los atenienses en toda la campaña, convirtiéndolos en coprotagonistas de la victoria sobre Lisandro y otorgándoles una importancia táctica decisiva en la retirada del rey espartano[318]. Por lo demás, la información de Diodoro está demasiado condensada (14,81,2-3), pero aun así cabe también deducir de ella que en primera instancia fueron los tebanos quienes por sí mismos hubieron de proteger Haliarto frente a Lisandro[319].

La sinmaquia del 395 se hizo de nuevo efectiva a favor de los beocios en la temporada siguiente, cuando las fuerzas de Agesilao procedentes de Asia Menor entraron en el territorio confederal. En el choque de Coronea (agosto del 394) los atenienses cerraron filas con las restantes unidades amigas, que Jenofonte nos recuenta: argivos, corintios, enianes (el año anterior luchando junto a Lisandro), eubeos y ambos locros, todos ellos obligados por juramentos de muy parecido tenor (*HG* 4,3,15). Para entonces, claro está, la red de alianzas tejida contra Esparta se había extendido, y la coyuntura internacional estaba bastante más clarificada.

---

se inmiscuyó en el conficto locro-foceo, manteniéndose al margen de la agresión beocia contra Fócide. Son *Rechtsfragen* que no debemos menospreciar.

318. *Cf.* Accame, *Ricerche*, 40-41. Igual que Pausanias, Aristid. 1,267, y los escolios *ad loc.*: G. Dindorf, *Aristides*, III. Leipzig 1829, 167,14 (p. 261). Ver también H. D. Westlake, «The Sources for the Spartan Debacle at Haliartus», *Phoenix* 39 (1945) 119-133, cuya reivindicación de Plutarco es correcta, aunque no así la del Periegeta.

319. Restante tradición paralela: And. 3,25; Ar. *Ec.* 193-96; D. 18,96; Philoch. *FGrHist* 328 F 148: euforia inicial y decepción posterior; Lys. 16,13: εἰς Ἁλίαρτον ἔδει βοηθεῖν, con el riesgo asumido por los hoplitas en la campaña; 16,14: treinta dracmas por hoplita, de donde quizá pueda deducirse que, conforme a una norma consuetudinaria, cada parte se comprometía a mantener a sus soldados en el territorio del aliado durante solo treinta días, algo recogido y hecho explícito en el derecho de los tratados esporádicamente (*Stv.* 147, 193: ver más arriba «Καθότι ἂν ἐπαγγέλλωσιν / παραγγέλλωσιν. Sobre una estipulación del derecho griego de los tratados internacionales»: 4. El derecho de admisión: plazos para la prestación militar y retirada de las tropas). Sobre el cierre y extinción de la alianza por la defección tebana tras 386: Isoc. 14,27-28; Lys. 26,23; Aristid. 1,294, con los escolios *ad loc.*: Dindorf, 173,4-5 (p. 280) (= *Stv.* 243). La tradición ática recogería la idea de que argivos, beocios y corintios se volvieron a Atenas apremiados por la necesidad: Pl. *Mx.* 244d.

Honrar el tratado era, como se ve, acudir en socorro de la ciudad coligada en trance de sufrir la agresión directa. Por encima de todo, se trata de ese recurrente βοηθεῖν τοῖς … que leemos así en los textos literarios como epigráficos, y que ya formaba parte del acervo expresivo de la lengua culta del siglo IV[320]. A veces, tanto o más que el apoyo material contaba el apoyo moral y político al aliado, con toda la euforia que las fuentes delatan y con todo el efecto desmoralizador sobre el enemigo: Pausanias se bate en retirada cuando se sabe abandonado por los pueblos del norte y percibe la desgana de los peloponesios, pero también por intimidarle el poderío ecuestre de la coalición ático-tebana (*HG* 3,5,23). Para este hombre de compromisos, como ya lo fuera su padre (Th. 1,114,2; 2,21,1; 5,16,2-3), quizá subsistía la posibilidad de un arreglo, al igual que en 403, o que en 431, cuando Arquídamo intentara el acuerdo en el último momento (Th. 2,12). Sus soldados no habían cruzado lanzas con la leva de Trasíbulo, y aunque lo hubiesen hecho, las fronteras del Ática seguían respetadas por los peloponesios[321]. De acuerdo con el derecho de gentes helénico, la relación entre Atenas y Esparta a fines del verano del 395 se asemejaba a la de comienzos del 431: si entonces la *apella* lacedemonia y el sinedrio de la liga del Peloponeso declararon rotas las *spondai* (Th. 1,87-88), ahora el juramento de «tener a los mismos por amigos y enemigos» (*HG* 2, 2,20) podía considerarse violado debido al cierre de una alianza con la Tebas hostil. Pero esto no entrañaba de manera automática e irreversible el estado de guerra (*cf.* Th. 1,146; 2,2,3), sino un nivel cero e inseguro en las relaciones mutuas, diría que potencialmente bélico[322]. Me parece pues un signo de la gran experiencia diplomática ateniense, manifestada ya en la crisis de Corcira y en tiempos de la paz de Nicias, la forma inicialmente controlada y ajustada a derecho de

---

320. Véase, a título de ejemplo, la metáfora bélica y el lenguaje de la alianza a propósito del gobierno de la polis en Platón: *R.* 474b-c, con la hegemonía recayendo sobre la filosofía (frente a *R.* 573e); *R.* 578d, 590e, con el *nomos* como *symmachos* de todos los ciudadanos. En el plano de la reflexión metafísica y la dialéctica moral: *R.* 559e-560a, 560c-d, 572e. Guerra en defensa de la propia salud moral: *Lg.* 731b. Similitud con el supuesto de alianza interestatal en el juramento de lealtad a la realeza doria: *Lg.* 683d-e, y en las relaciones rey – pueblo: *Lg.* 684b. Fórmula tener al mismo por amigo y enemigo: *Lg.* 955b. Sobre todo, el lenguaje de la *República* constituye un elenco fascinante de imágenes y comparaciones tomadas de la práctica política y diplomática. La expresión «así por tierra como por mar» en la lengua económica de Jenofonte: *Oec.* 5,17. Repárese, con anterioridad, en el artificioso empleo de *symmachía*, cómo no, en Píndaro, *O.* 10,72.

321. Ver *supra* n. 305. Como respetadas habían estado las de Tesalia por los peloponesios a pesar del encuentro de Frigias (Th. 2,22,3), y de ahí las palabras de Brásidas (Th. 4,78,4).

322. Ver Baltrusch, *Symmachie*, 92 ss; asimismo bien orientado H. Grassl, «Friedensideologie und Friedenspolitik im Altertum», *RSA* 13-14 (1983-1984) 165-166. Mal formulado por Accame, *Ricerche*, 46: «una vera e propria dichiarazione di guerra», seguido por Seager, «Thrasybulus», 98 n. 21, y Hamilton, *Sparta's Bitter Victories*, 206. No menos equívoca es la afirmación de S. Hornblower, *The Greek World 479-323 B.C.* London 1983, 196: «Athens was at war with Sparta *by the very fact of concluding the alliance*» (cursiva mía). Para más detalles, leer a continuación mi estudio «395-390/89 a. C., Atenas contra Esparta: ¿de qué guerra hablamos?».

su intervención en la guerra de Corinto, manejando un instrumento de alianza adecuado a la situación. Forma articulada y normativa que se corresponde con el intento previo de mediación llevado a cabo ante las autoridades lacedemonias (Paus. 3,9,11), acaso una concesión de Trasíbulo a los partidarios de la paz[323]. Forma articulada y normativa que, sin violentar el texto del tratado, no excluía en absoluto la inmersión completa en la conflagración y la escalada de las hostilidades, como después sucedería. Prudencia diplomática, en fin, que respondía a las incertidumbres y debilidades de la hora: nadie sabía aún que Lisandro moriría ante Haliarto y que Conón cosecharía una brillante victoria en Cnido, nadie podía asegurar que unos meses después cuajaría una sólida entente contra Esparta, nadie en fin apostaría por la invulnerabilidad del casco urbano y el Pireo (*HG* 3,5,16), estando como estaban aún sin fortificar[324]; lo único seguro era que Agesilao arrasaba en Asia Menor, mientras que Corinto e incluso Argos se mantenían por el momento neutrales. No juzguemos pues la política exterior de Atenas *ex eventu*.

Del pacto subsiguiente entre Atenas y Argos (c. otoño del 395) no tenemos constancia epigráfica, a pesar de lo cual el testimonio de Andócides es lo suficiente explícito como para merecer su inclusión en un corpus de tratados de alianza en la Grecia clásica (Scala y Bengtson no lo han considerado así o sencillamente no han reparado en dicho testimonio). Los dos pasajes que aquí nos interesan forman parte del conocido discurso pronunciado por el orador en favor de la paz con Esparta, en el contexto de las negociaciones del invierno del 392/91. He aquí el primero:

> Luego de eso, tras haber hecho alianza con beocios y corintios (συμμαχίαν ποιησάμενοι Βοιωτοῖς καὶ Κορινθίοις), que se separaron de ellos [de los espartanos], y una vez que nos hubimos atraído a los argivos a la amistad de otrora (Ἀργείους δὲ ἀγαγόντες εἰς τὴν ποτὲ φιλίαν), obligamos a los lacedemonios a dar batalla en Corinto (And. 3,22).

Y el segundo:

> En caso de que los lacedemonios marchen contra Argos, ¿les ayudaremos o no? (Ἰόντων δὲ Λακεδαιμονίων εἰς Ἄργος πότερον βοηθήσομεν αὐτοῖς ἢ οὔ;). Pues, a la fuerza, habrá que elegir una de esas dos cosas. Si no les prestamos

---

323. *Cf.* Cloché, *Les conflits*, 165 n. 6, con una valoración bastante correcta de la política exterior de Atenas en 495, al margen ahora de su análisis sobre la lucha faccionaria interna; Piccirilli, *Arbitrati*, nº 34; Hamilton, *Sparta's Bitter Victories*, 204. El asunto de Demeneto (*Hell.Oxy.* 9,1ss) prueba que todavía en el invierno del 396/95 Trasíbulo, Ésimo y Anito medían sus pasos en la política de gradual alejamiento de Esparta: *cf.* Funke, *Homónoia*, 66.

324. Tod 107; F. G. Maier, *Griechische Mauerbauinschriften*, I. Heidelberg 1959, 31-32, y nº 1.-9; Funke, *Homónoia*, 129 n. 74-75.

socorro (Μὴ βοηθούντων), no nos queda sino decir que actuaremos contra derecho (ἀδικεῖν) y que los argivos obrarán como estimen en justicia (δικαίως); pero si marchamos en auxilio de Argos, ¿es que habrá otra alternativa que la de guerrear contra los lacedemonios? (βοηθούντων δὲ ἡμῶν εἰς Ἄργος οὐχ ἕτοιμον μάχεσθαι Λακεδαιμονίοις;)» (And. 3,26).

Al relatar el desencadenamiento de la guerra de Corinto y el anudamiento de los nuevos lazos convencionales conducentes a la formación del bloque antilaconio, el orador se expresa en unos términos que dan a entender la reanudación de la relación convencional entre atenienses y argivos (Stv. 196), extinguida formalmente como consecuencia del acuerdo de capitulación del 404[325]. En mi opinión se trata sin ningún género de dudas de dos referencias explícitas al tratado de alianza entre Atenas y Argos vigente durante esta conflagración, en concreto, al momento de su conclusión en 395 y a su cláusula principal enunciando el supuesto de alianza. Al margen de los errores de concepto y las apreciaciones interesadas que plagan este discurso en lo tocante al derecho internacional de época clásica[326], a la vista está que los términos expuestos por Andócides suponen una exégesis muy verosímil del texto jurado por ambos beligerantes (tan verosímil como lo era la respuesta de Trasíbulo a la legación tebana). El testimonio del orador, en efecto, concuerda con lo que ya sabemos del pacto cerrado pocos meses antes con Beocia y, por si nos quedara algún reparo sobre su exactitud, las alianzas negociadas por las mismas fechas con los locros (Stv. 224) y un año después con los eretrios (Stv. 229) reiteran casi al pie de la letra la cláusula parafraseada por el orador.

La condición que se debía dar para hacerse efectivo el pacto era la invasión armada del territorio de cualquiera de las dos partes. Por lo que se refiere a la ciudad de Argos, tal eventualidad se produjo en dos ocasiones a lo largo del presente conflicto, en 391, con la razzia de Agesilao (HG 4,4,19; D.S. 14,97,5), y en 388, al llevar Agesípolis su expedición de saqueo hasta los mismísimos muros de la capital (HG 4,7,6). Es de destacar que en esta última acción los argivos obtuvieron el apoyo de un escuadrón beocio de caballería, con toda seguridad en virtud de un tratado bilateral semejante al que ahora analizo, aunque nada se nos hace saber de sus aliados atenienses, quizá otro lapsus de Jenofonte.

---

325. AcB. 125, Stv. 211. Para la coyuntura negociadora e historia posterior del pacto del 416, cf. Alonso, Neutralidad, 189 ss. Precisaré de pasada que de ninguna manera podríamos hablar en 395/94 de una renovación del pacto del 416, que es la propuesta de Esparta a los argivos en el 421 (Th. 5,22,2). Sobre el correspondiente vocablo epispondai, Fernández Nieto, AcB., I, p. 90, 142; II, p. 35, 75; id., Abänderungsklausel, 285.

326. Ver L. Santi Amantini, «Semantica storica dei termini greci relativi alla pace nelle epigrafi anteriori al 387/6 a.C.», en M. Sordi (ed.), La pace nel mondo antico. Milano 1985, 56-57, con la bibliografía precedente.

Nótese, así mismo, que Andócides (3,13), como Demóstenes (5,16-17; 15,7-8; 16,14-15), distingue dos causas legítimas de entrada en guerra y alianza: cuando se sufre injusticia y cuando se va en ayuda de quien la sufre (léase también Th. 1,86,5). En este segundo caso de beligerancia defensiva el orador alude de manera explícita al *casus foederis* en virtud del cual Atenas entró en guerra para socorrer a Beocia frente al ataque espartano del 395 (3,13). Además, repárese en que Andócides descarta dos supuestos de alianza entre Atenas y los miembros del sinedrio: 1º) por irrealizable, la eventualidad de una guerra contra Esparta hasta la disolución de la liga del Peloponeso y su completa derrota (3,15), la cual tenía como antecedente inmediato el fallido plan de Timolao de invadir Laconia (*HG* 4,2,11-13), más tarde ejecutado por Epaminondas (*HG* 6,5,23-32); y 2º) por la expresa negativa de los aliados, la posibilidad de una guerra en el Egeo enderezada a restablecer la talasocracia ática, en concreto, por objetivos inmediatos como la recuperación del Quersoneso tracio y las demás cleruquías (3,15; 36). Como el mismo orador reconoce (3,23), el cuarteto aliado se formó para garantizar la autonomía de sus integrantes, lo que no era el caso de la pretensión argiva sobre Corinto ni los sueños de grandeza imperial abrigados por el *demos*[327].

La coalición contra Esparta estuvo nucleada desde un principio también por Corinto, de cuya relación convencional con Atenas nos ha llegado una referencia indirecta en el tratado de alianza de esta última con los locros (*Stv.* 224). En las líneas 2-3 de la estela se puede restituir: [...... 23 ...... καθάπ] ερ τοῖς Κ[ορινθίοις], alusión clara a una sinmaquia anterior con los corintios, de acuerdo con cuyos términos (καθάπερ) se establece ahora el pacto con los locros, que ya eran aliados de los beocios antes de estallar la guerra. La remisión a un texto legal anterior mediante la conjunción καθάπερ no es infrecuente en la documentación griega de esta centuria (*PEleph.* 1,12), y el derecho de los tratados no ha sido ajeno a su empleo (*Stv.* 256), lo que nos permite el descubrimiento de lazos convencionales de otra manera desconocidos. El valor testimonial de este término en el lenguaje diplomático de época clásica nos lo puede ofrecer un precedente del 421 recogido por Tucídides, concluyente para autentificar la significación de nuestro epígrafe: «Poco después compareció también una embajada de los eleos, que concertaron una alianza con Corinto; a continuación, se dirigieron hacia Argos, donde en las condiciones previstas (καθάπερ προείρητο), se hicieron sus aliados»[328]. No es aventurado

---

327. Sobre los pasajes en cuestión leer también el comentario de U. Albini, *Andocide, DE PACE*. Firenze 1964, 75-76, 77 ss.

328. 5,31,1 = *Stv.* 190. Primer uso posible de esta locución en el 457: *Stv.* 142, l. 5-6. Lo mismo vale decir de la conjunción ὥσπερ en el tratado de alianza del 420 entre Esparta y los beocios (*Stv.* 191), que a petición de éstos calcó el modelo vigente entre aquélla y los atenienses: ξυμμαχίαν ὥσπερ Ἀθηναίοις (Th. 5,39,3). Ver igualmente *Stv.* 256, l. 7.

suponer que el agitado año negociador del 395 debió de recordar a los más viejos el trasiego de embajadas que acompañó al cierre de los acuerdos bilaterales entre mantineos, eleos, corintios, calcideos de Tracia y argivos tras la paz de Nicias. El testimonio epigráfico cobra más valor si tenemos en cuenta no solamente la serie tipológica de cariz defensivo en que se inscribe, sino también la tradición literaria paralela que lo documenta (*HG* 3,5,2; 4,2,1; D.S. 14,82,1, etc.), incluida la referencia explícita de Lisias (2,67) a la condición de aliados de Atenas reconocida a los corintios. Por lo demás, del pacto ático-corintio se podría afirmar que su historia representa, en gran medida, la historia militar de toda la guerra: la mayor parte de las operaciones terrestres se realizaron en defensa de la Corintia, empezando por las batallas de Nemea y Lequeo (D.S. 14,86,6).

Junto a estos tres aliados (Beocia, Argos, Corinto), miembros permanentes del sinedrio establecido en el istmo, Atenas concertó pactos con otras polis y pueblos de los que solo tenemos noticia por su presencia en Coronea, Nemea y alguna que otra campaña de esta contienda. Hay, sin embargo, dos excepciones: se conservan las inscripciones correspondientes a los tratados con Lócride (*Stv*. 224) y Eretria (*Stv*. 229).

De la primera podemos decir que también se trata de una estela fragmentaria de mármol pentélico hallada en la Acrópolis, en escritura jónica característica de comienzos del siglo IV. Del mismo tenor que la sinmaquia cerrada con los beocios por Atenas parece ser la ahora negociada con los locros, bien los ozolos, bien los opuntios, ya que ambos combatieron en la coalición corintia. La cláusula que enuncia el *casus foederis* (l. 4ss) tiene su precedente inmediato en el texto de la alianza con los beocios del mismo año. Tan parecido se ha creído este segundo texto al pacto anterior, que los sucesivos editores hasta Bengtson no han vacilado en restituir «para siempre en el tiempo» en la l. 3. Ello apunta sin duda alguna a una política concertada de propagar por todo el mundo griego la voluntad de los coligados de llevar a cabo una defensa de su libertad frente al dominio espartano y a las constantes injerencias de su política exterior desde el 404. Una cláusula adicional de revisión (l. 9-11) emparenta de nuevo este documento diplomático con el anterior. Hay una voluntad pactante coherente y homogénea, que se conforma a un principio de bilateralidad, igualdad y reciprocidad –«a parità di diritto», como bien definió Accame–, y que se hace extensiva a todos los aliados de Atenas: reparemos otra vez en el término de comparación, restituido con bastantes visos de verosimilitud, que presenta el acuerdo en la l. 2: «al igual que con los corintios». Ella nos habla de la preexistencia de un pacto con la ciudad del istmo que, lo mismo que el beocio, está operando en este caso como modelo o punto de referencia[329].

---

329. También visto por Hamilton, *Sparta's Bitter Victories*, 216.

Bengtson supuso que este pacto había tenido lugar al mismo tiempo que el establecimiento de la coalición corintia, por tanto, hacia el otoño del 395 o el invierno siguiente, como parte de una serie de *Sonderbündnissen*, entre los cuales ya regían el beocio-ateniense y el beocio-foceo[330]. Con el cierre de la estación guerrera, en efecto, se debió de abrir en toda Grecia un periodo de actividad diplomática febril, hasta la primavera del 394 y la reanudación de las operaciones militares. Durante esos meses debió de tomar cuerpo la idea de una política exterior concertada contra Esparta, a la par que se pudieron materializar otros acuerdos particulares de carácter bilateral. Una vez más, solo la epigrafía ática nos ha preservado los relativos a la ciudad de Atenas.

La otra inscripción superviviente a la que me refería corresponde a la sinmaquia con Eretria (*Stv.* 229), nuevo pacto que sumar a la gran entente antiespartana. El acuerdo fue cerrado bajo el arcontado ático de Eubolides, de cuyo cargo hubo de tomar posesión en julio del 394, esto es, con poca posterioridad a la batalla de Nemea. Por consiguiente, los isleños se decantaban por el bando liberador cuando este acababa de sufrir un serio revés en suelo corintio, si es que no había tenido lugar también la batalla de Coronea (en agosto), lo que sin duda habría acrecido más todavía el valor de su gesto. La laguna de unas siete líneas en el texto epigráfico nos impide conocer el enunciado del supuesto de alianza en todo su desarrollo, si bien las últimas palabras formulares que se pueden restituir a comienzos del segundo bloque hacen pensar que el instrumento de alianza se modelaba en este punto de acuerdo con los precedentes inmediatos. Bengtson no tuvo inconveniente en admitir la sugerencia de Tod de que la cláusula «para siempre en el tiempo» habría figurado asimismo en las líneas perdidas del primer fragmento[331], y Bonk no ha dudado en clasificar este tratado en la categoría de los defensivos, calificativo este que acepto con las reservas anteriormente expuestas[332]. Refuerza la idea de que nos encontramos ante un conjunto de tratados respondentes a una matriz homogénea la cláusula de revisión que viene a continuación (B, l. 1-3), similar a la del tratado con los locros. Todo ello exquisitamente respetuoso con la tradición de autonomía en el derecho de gentes interhelénico.

---

330. *Stv.*, p. 172, seguido por Bonk, *Defensiv- und Offensivklauseln*, 33, quien habla equívocamente de una epimaquía: ver *supra* n. 309.

331. Completar con P. Krentz, «Athens' Alliance with Eretria», *AJPh* 100 (1979) 398-400. En contra, D. Knoepfler, «Sur une clause du traité de 394 avant J. C. entre Athènes et Erétrie», *AJPh* 101 (1980) 462-469, proponiendo una duración centenaria para este pacto.

332. Bonk, *Defensiv- und Offensivklauseln*, 34, con nueva alusión equívoca a una epimaquía; Tod 103. *Cf.*, asimismo, Accame, «Il problema della nazionalità greca nella politica di Pericle e Trasibulo», *Scritti minori*, II. Roma 1990, 517-518 (publicado originalmente en *Paideia* 11, 1956, 241-253), influyendo en M. Sordi, *Storia politica del mondo greco*. Milano 1993, 177-178.

3. ESTRUCTURA Y FUNCIONAMIENTO DE LA COALICIÓN CORINTIA (*STAATSV*. 102; *STV*. 225)

Hay dos pasajes de Jenofonte y uno de Diodoro que resultan esenciales para este apartado y que doy en traducción con el original griego en sus partes más relevantes. En las *Helénicas* dos son las referencias. La primera:

> Los que recibieron dinero comenzaron a difamar a los lacedemonios en sus propias ciudades y, después de infundir en ellas odio contra los mismos, unieron entre sí a las mayores ciudades (συνίστασαν καὶ τὰς μεγίστας πόλεις πρὸς ἀλλήλας) (*HG* 3,5,2).

Y la segunda:

> Los lacedemonios, cuando se enteraron exactamente del dinero que había llegado a Grecia y de que las ciudades más poderosas se habían coligado para una guerra contra ellos (τὰς μεγίστας πόλεις συνεστηκυίας ἐπὶ πολέμῳ πρὸς ἑαυτούς), juzgaron que su ciudad estaba en peligro y reconocieron que era necesario hacer una expedición» (*HG* 4,2,1).

Por su parte, el texto de Diodoro (14,82,1-4) es en principio más completo:

> …, los beocios y los atenienses, y junto a estos los corintios y los argivos, entraron en alianza los unos con los otros (συμμαχίαν πρὸς ἀλλήλους ἐποιήσαντο)[333]. Habida cuenta de que los lacedemonios eran odiados por sus aliados a causa de la opresión de su liderazgo, imaginaban que destruirían con facilidad esa posición hegemónica, estando como estaban de total acuerdo las ciudades más importantes. Habiendo instituido primero una sede común de reunión en Corinto (συνέδριον κοινὸν), a ella enviaban a sus representantes a tomar las decisiones y administraban conjuntamente las cosas de la guerra, y despachando después embajadores a las ciudades, apartaron de los lacedemonios a muchos de sus aliados; a los coligados, en efecto, se unieron al punto toda Eubea y los leucadios, amén de los acarnanios, los ampraciotas y los calcideos de Tracia. Intentaron también persuadir a los habitantes del Peloponeso a que hiciesen defección de los lacedemonios, mas ninguno les prestó oídos; pues Esparta, por situarse en sus flancos, venía a ser como una especie de acrópolis y guarnición para el Peloponeso entero.

---

333. Sobre el pronombre ἀλλήλους en el contexto de las relaciones internacionales y su traducción, *cf.* Ph. Gauthier, *Symbola*. Nancy 1972, 350.

A estos tres testimonios aún cabría añadir una mención de Isócrates en el *Panegírico* (4,142): «la alianza que se formó en Corinto (καὶ τὴν συμμαχίαν τὴν περὶ Κόρινθον συστᾶσαν...)»[334].

A todas luces, el de Diodoro se trata del más importante testimonio sobre la llamada coalición corintia, dependiente aquí con gran probabilidad de Éforo[335]. El problema reside en que ninguna otra fuente nos amplía o convalida la información sobre el nacimiento y organización del ente aliado con sede en la ciudad del istmo, lo que no deja de ser un inconveniente a la hora de precisar su perfil institucional. Los estudiosos de la historia política griega saben que Diodoro, sin ser en absoluto una fuente desdeñable, no siempre es un guía competente y preciso en cuestiones de derecho e instituciones internacionales. Sus noticias resultan en ocasiones demasiado vagas, cuando no están viciadas por una formulación equívoca o inexacta (propia, por lo demás, de un autor tardío y de un refundidor no siempre conocedor del material que se trae entre manos). Así y todo, su información reviste en este pasaje una particular relevancia para nosotros, y no debe ser soslayada. Claro que de su relato cabría inferir varias conclusiones.

Para empezar, la descripción del siciliano promete más de lo que en realidad ofrece, ya que no nos transmite documento ni texto literal alguno que pueda de alguna manera iluminar la naturaleza jurídico-política del acto fundacional de la coalición corintia. Además, la secuencia de su relato adolece de cierta inconsistencia: con anterioridad al citado pasaje, al tratar la disputa locro-focea y la campaña de Haliarto, se nos informa de que los beocios convencieron a los atenienses para que tomasen las armas junto a ellos contra los ejércitos de Lisandro y Pausanias (14,81,2), pero sin dar ninguna explicación sobre el acuerdo en virtud del cual se hizo efectiva dicha ayuda, con lo que la referencia a la *symmachía* en el capítulo siguiente (14,82,1) podría dar la impresión de que, o bien las relaciones entre ambas partes se formalizaron todavía en el otoño-invierno del 495, lo que evidentemente es inexacto, o bien dicho pacto representó un segundo acto internacional, al que se sumaron de inmediato corintios y argivos, y del que habría resultado esa supuesta alianza multilateral conocida por la historiografía moderna con el nombre de

---

334. Ver también Plu. *Art.* 20,5. Otras fuentes aquí menos relevantes: Plu. *Lys.* 27,1; *Ages.* 15,6; Polyaen. 1,48,3; Paus. 4,17,5.

335. *Cf.* C. A. Volquardsen, *Untersuchungen über die Quellen der griechischen und sicilischen Geschichten bei Diodor, Buch XI-XVI.* Kiel 1868, 66, 71; E. Schwartz, «Diodoros», *RE* IX (1903) nr. 38, col. 679; *FGrHist* II C, 33 ss; G. L. Barber, *The Historian Ephorus.* Cambridge 1935, vii-viii, 123 ss. No estará de más echar un vistazo a A. Momigliano, «L'egemonia tebana in Senofonte e in Eforo» (*A&R* 3, 1935, 101-117), r. id., *Terzo Contributo.* Roma 1966, 356 ss; «La storia di Eforo e le Elleniche di Teopompo» (*RFIC* 13, 1935, 180-204), r. id., *Quinto Contributo.* Roma 1975, 693 ss, para comprender la presentación de la política exterior espartana, ateniense y tebana en Diodoro.

coalición corintia o cuádruple alianza. Fuerza es concluir que Diodoro, como en otras ocasiones, ha sacrificado la explicación de las distintas fases de un proceso histórico por una versión abreviada del mismo, a costa asimismo de la verdad cronológica de los hechos[336]. En tal caso, 14,81,2 y 14,82,1, estarían haciendo alusión a la misma alianza entre beocios y atenienses.

Fuesen o no conscientes de esta incongruencia, el caso es que los especialistas anteriores, como von Scala, Bengtson o Wüst, otorgaron carta jurídica de naturaleza a la coalición corintia, es decir, recogieron el texto de Diodoro como si este estuviese dando noticia de un tratado multilateral posterior, procediendo a otorgarle un número propio en la colección de los *Staatsverträge*[337]. Una numeración como tratado internacional *per se* que, a mi juicio, no ha lugar y que distorsiona la realidad diplomática y jurídica del ente aliado. Consideremos la cuestión con detenimiento.

La decisión expresa de los coligados de reunirse en Corinto y de coordinar sus esfuerzos en la lucha contra Esparta pudo en teoría haber revestido distintas formas jurídicas. Los aliados pudieron juntarse con carácter más o menos permanente, a fin de discutir y coordinar sus estrategias contra la liga del Peloponeso sobre la base de los tratados bilaterales anteriores (como el ático-beocio), o sobrevenidos por las mismas fechas (como el locro-ateniense), o incluso acordados tras los primeros encuentros congresuales (como Diodoro apunta y nos consta para el eretrio-ateniense). Es esta la posibilidad en la que yo creo. O bien cabría pensar que procedieron con motivo de la constitución del consejo ístmico a una refundición de las alianzas militares anteriores en un nuevo y único instrumento jurídico, de carácter multilateral y de articulado exhaustivo. Esta eventualidad queda descartada por el hecho de que en el caso de Eretria la otra parte contratante no es la coalición en su conjunto, sino uno solo de sus miembros, Atenas. ¿Pudo entonces concertarse un tratado *ad hoc* que se hubiera limitado a regular los imperativos jurídico-políticos derivados de la gran coalición y que dejara en vigor los pactos bilaterales preexistentes? Algo así parece que se debería entender a

---

336. Otras deformaciones narrativas: ver Meyer, *GdA.*, V, 245 n. 1, 254 n. 1, y Westlake, «Sources», 120.

337. Scala, *Staatsv.* 102, y Bengtson, *Stv.* 225, basándose en D.S. 14,82, y citando a F. R. Wüst, «Amphiktyonie, Eidgenossenschaft, Symmachie», *Historia* 3 (1954-1955) 152-153. «Kollektivsymmachie» no la hay en el 395/94: *cf.* Baltrusch, *Symmachie*, 15, sobre la impropiedad de tales vocablos. G. Glotz, R. Cohen, *Histoire grecque*, III. Paris 1936, 82; R. Sealey, *A History of the Greek City States ca. 700-338 B. C.* Berkeley and Los Angeles 1976, 390, 395; Ste. Croix, *Origins*, 345; Cartledge, *Agesilaos*, 359, hablan con parecida equivocidad de la «quadruple alliance» de Atenas, Beocia, Argos y Corinto. Más acertado, Hamilton, *Sparta's Bitter Victories*, 216: «it seems clear also that these alliances were formed between Athens and the respective states and were not specifically related to the synedrion at Corinth», a condición de añadir que a su vez Beocia, Argos y Corinto establecieron entre sí relaciones convencionales bilaterales: *cf.* Accame, *Ricerche*, 55.

juzgar por la numeración como tratado aparte que los *Staatsverträge* de Scala y Bengtson otorgan a la coalición corintia. Pero tampoco me parece aceptable esta interpretación.

Precedentes se conocen, desde luego, en la historia del siglo V que ilustran la decisión tomada por un núcleo originario de ciudades de proceder a la re-creación política y jurídica de un antiguo pacto militar o de varios pactos bilaterales. El primer caso fue el de la liga ático-délica (*Stv.* 132), salida de la liga helénica del 481 (*Stv.* 130), sin que la primera resultase abolida por la segunda (Th. 1,102). El segundo supuesto lo ofrece la triple alianza jurada en el 421 entre Argos, Mantinea y Élide (Th. 5,48,2, inadvertida por Scala y Bengtson, aunque no por Busolt), a la que siguió la cuádruple alianza del 420 entre esos tres estados peloponesios y Atenas (*Stv.* 193). La coalición argiva del 421 venía precedida por una serie de sinmaquias bilaterales de *casus foederis* rigurosamente defensivo (Th. 5,27,2), concluidas entre argivos, mantineos, eleos, corintios y calcideos de Tracia (*Stv.* 190). La triple alianza comportó por tanto una refundición de los pactos bilaterales previos entre Argos, Mantinea y Élide, a fin de redefinir y ampliar el *casus foederis*. Lo que no fue necesario cuando Atenas se adhirió a la coalición argiva al año siguiente. A este respecto, debe advertirse que el texto del 420 (el único cuyo articulado completo conocemos) solamente recoge el principio de no agresión y el supuesto de alianza entre atenienses, por un lado, y argivos, mantineos y eleos, por otro, prueba de que resultaba super-fluo reiterar las obligaciones convencionales entre estos tres últimos. Si para los argivos y mantineos, los argivos y eleos, y los mantineos y eleos estaba ya de más hacer constar ambas cláusulas, ello se debía a la vigencia de los juramentos del 421, incluida en ellos la concertación obligatoria de la política exterior (Th. 5,48,2). Un proceso negociador de tal complejidad no parece que ocurriese en el 395/94.

Ahora bien, para verificar cualquier interpretación, es preciso contrastarla con la historia militar y diplomática de la guerra de Corinto o, lo que es lo mismo en este caso, es preciso fundamentarla sobre el análisis del funcionamiento de la entente antiespartana entre 395-386. Veamos pues las condiciones de aplicación de los instrumentos diplomáticos que he presentado.

Aunque sin entrar en los pormenores organizativos ni en la ubicación del sinedrio de los aliados, las *Helénicas* de Jenofonte no desconocen la existencia de un ente representativo para deliberar sobre la estrategia militar y decidir la atribución de la hegemonía. En el pasaje correspondiente a los preliminares de la batalla de Nemea, se nos informa en términos inequívocos de la celebración de un consejo de guerra en toda regla, con plenas facultades para la planificación y ejecución de las campañas, así como vinculante para todos los beligerantes. Tras haber tomado la palabra el corintio Timolao (el mismo de *Hell. Oxy.* 10,3-4), se votó su propuesta de no aguardar la llegada del ejército contrario, sino de llevar la guerra a la propia Lacedemonia:

Pareciendo correcto lo que decía, aprobaron esta proposición (δόξαντος δ᾽ εὖ λέγειν αὐτοῦ ἐψηφίσαντο ταῦτα). Mientras discutían sobre la hegemonía y se ponían de acuerdo acerca del número conveniente de filas para formar el conjunto del ejército (ἐν ᾧ δὲ περὶ ἡγεμονίας τε διεπράττοντο καὶ διωμολογοῦντο εἰς ὁπόσους δέοι τάττεσθαι πᾶν τὸ στράτευμα), ... (HG 4,2,12-13), el ejército peloponesio pudo agruparse y alcanzar el istmo. Y de ahí que, al echárseles encima las fuerzas de Aristodemo, los coligados se encontraran sin posibilidad de llevar adelante el plan del delegado corintio de avanzar contra Laconia.

Nótese que el supuesto de alianza entre los cuatro Estados solo envolvía a las partes en supuestos de agresión directa, a tenor de los pactos atenienses conservados, pero al propio tiempo la contraofensiva reparatoria entraba en la lógica de la solidaridad sinmaquial, y Tebas podía invocarla por haber sufrido la invasión de su territorio. Resulta típico que fuera necesario en todo caso discutir y aprobar en el sinedrio dicha contraofensiva, y es asimismo significativo que fuese Timolao, y no los beocios, el que hubiese planteado salir al paso de los lacedemonios, como también que se alcanzase el consenso sin mayores problemas. Ello quiere decir que Trasíbulo estaba ya dispuesto a llevar hasta sus últimas consecuencias la guerra contra el enemigo, quizá incluso hasta la invasión de la *chora* espartana.

La *hegemonía*, en todo caso, representó un problema a dirimir entre los coligados, según indica Jenofonte, que una vez más respira por la misma herida de su amigo y admirado Agesilao, la tebanofobia. Su exposición de los hechos, a medias palabras y sin el rigor y la precisión técnica de un Tucídides, se convierte en una inculpación de Tebas por cobardía y responsabilidad táctica en la derrota de Nemea. Aun así, resulta instructivo seguir su explicación de las últimas disposiciones antes del combate:

> Los beocios, mientras ocupaban el ala izquierda, no tenían ninguna prisa en dar batalla (οὐδέν τι κατήπειγον τὴν μάχην συνάπτειν), mas cuando los atenienses estuvieron frente a los lacedemonios y ellos ocuparon el ala derecha y se vieron formados frente a los aqueos, dijeron de inmediato a voces que las víctimas eran buenas y dieron la orden de prepararse para trabar batalla (εὐθὺς τά τε ἱερὰ καλὰ ἔφασαν εἶναι καὶ παρήγγειλαν παρασκευάζεσθαι ὡς μάχης ἐσομένης). En un principio, descuidándose de las dieciséis filas, hicieron la formación muy profunda y además la llevaron sobre el ala derecha para desbordar el ala enemiga; y los atenienses para no ser arrancados del resto los seguían, aun dándose cuenta que había peligro de ser cercados[338].

---

338. *HG* 4,2,18, tr. O. Guntiñas Tuñón, *Jenofonte. Helénicas*, Madrid 1977.

La batalla de Nemea se libró en territorio de Corinto, casi en los confines con Sición[339], y sin embargo el privilegio de ocupar el ala derecha de las fuerzas aliadas no recayó en exclusiva sobre quienes combatían en su propia tierra, como mandaba la costumbre aceptada ya por el mejor derecho de los tratados (*Stv.* 193; Th. 5,67,2). A tenor de las explicaciones de nuestro informante, resulta que atenienses y beocios se alinearon de manera alternativa a la diestra del ejército, y la decisión de presentar batalla se demoró hasta que los beotarcas, una vez situados en el flanco de honor e investidos de poder para ello, declararon favorables los auspicios y comunicaron a los otros jefes la orden de salir al encuentro de los peloponesios. Asimismo, se desprende que los atenienses precedieron a los tebanos en la misma prerrogativa hegemónica, pero que por la renuencia de estos últimos (que mientras estaban colocados en el lado izquierdo tenían de frente a los espartiatas) los estrategos dejaron pasar su vez sin moverse del campamento. Sorprende, en primer lugar, que Jenofonte ignore en todo este asunto a los argivos, tan susceptibles como los que más en punto al rango militar (Hdt. 7,148,4-149; Th. 5,47,7; 79,3), y con el mayor contingente en línea (unos 7000 hombres), y que asimismo soslaye a los corintios, como si nada tuviesen que decir en un combate que se libraba en su propia tierra. No menos extraño parece el hecho de que los atenienses, teniendo la voz cantante, se dejasen influir por los reparos beocios, como da a entender la versión jenofontea, y optasen por agotar su tiempo de mando supremo en la inactividad. Y que, por el contrario, llegado su turno, los beotarcas ejerciesen sin contemplaciones la hegemonía, sin que nadie rechistase a su proclamación de buenos presagios.

Si algo en limpio se saca de todo este episodio, ello es que la coalición corintia careció del mando supremo universal, como ya viera Georg Busolt[340], al contrario de otras formaciones de época clásica que otorgaron dicha potestad a una de las partes juramentadas: la liga del Peloponeso y la alianza antipersa del 481/90, a los lacedemonios; la liga de Delos, a los atenienses; las sucesivas coaliciones contra Cartago, a los tiranos de Siracusa; la liga de Corinto, a Filipo y Alejandro; por no hablar de confederaciones hegemónicas

---

339. *HG* 4,2,14-15; And. 3,18; Lys. 2,67; Pl. *Tht.* 142a-b; D. 20,52; Plu. *Ages.* 16,4; D.S. 14,83,2; Paus. 1,29,11; Tod 104-105; Str. 8,6,25. Topografía y táctica en Nemea: J. Kromayer, G. Veith, *Antike Schlachtfelder*, IV. Berlin 1924-1931, 595-596; id., *Schlachten-Atlas zur antiken Kriegsgeschichte*. Leipzig 1922, Griech. Abt. Blatt 5,1. Por su parte, W. K. Pritchett, *Studies in Ancient Greek Topography*. Berkeley and Los Angeles 1969, 73 ss, ubica el choque todavía más adentro, a la orilla del Rachiani, y defiende la credibilidad del relato jenofonteo. Hamilton, *Sparta's Bitter Victories*, 20, dice estar de acuerdo con Pritchett, pero curiosamente sitúa la batalla en territorio sicionio. Un buen estado de la cuestión en Pascual González, *Tebas y la confederación Beocia*, 769 ss.

340. *Der zweite Athenische Seebund*, JKPh, Supp. 7. Leipzig 1873-1875, 668. *Cf.* asimismo V. Martin, *La vie internationale dans la Grèce des cités (VIe-IVe s. av. J.-C.)*. Paris 1940, 140 n. 1.

como la beocia, en la que Tebas militaba siempre en la posición de privilegio (en Delion: Th. 4,93,4, y en Coronea: *HG* 4,3,16; D.S. 14,84,1-2, a diferencia quizá de la invasión de Fócide del 395, a iniciativa de los locros: Paus. 3,9,10). La discusión en que se entretuvieron los aliados tras aprobar la propuesta de Timolao indica, a mi modo de ver, que lejos de ser una cuestión resuelta en virtud de una estipulación adicional plasmada en un nuevo instrumento diplomático (por ej., Th. 5,47,7), o en conformidad con una disposición del sínodo adoptada con anterioridad, la atribución de la hegemonía era un asunto pendiente de regulación entre los integrantes de la entente en el verano del 394. Todo indica que la decisión que hubo de tomar el estado mayor se debió al hecho de que los pactos bilaterales presuponían la costumbre inveterada de que cada cual ejercería el imperio militar en los límites de su soberanía (en la propia *chora*) y que, de surgir una expedición militar ofensiva, lo que en principio ni incluyen ni excluyen los textos epigráficos examinados, el mando supremo sería otorgado por consenso entre las partes implicadas. En estas razones y dilemas se debatía el alto mando aliado cuando los peloponesios desbordaron la frontera por el término de la Epiecea, desbaratando los designios de Timolao y forzando un choque claramente a la defensiva para sus contrarios. En buena ley, a los corintios tocaría la hegemonía, pero por razones políticas y militares que no son difíciles de imaginar, su candidatura hubo de hacer sitio también a la de beocios, atenienses y argivos, con número superior de fuerzas en línea y también con voto permanente en el sinedrio. Dos años después, en la batalla de Lequeo, parece que ni siquiera se planteó la cuestión y que los anfitriones, alineados a la izquierda, cedieron la primacía del ala derecha al cuerpo mercenario de Ifícrates (*HG* 4,4,9). Por lo demás, en agosto del 394 Tebas podía ostentar los laureles aún frescos de Haliarto, Heraclea de Traquinia y Nárix de Lócride (D.S. 14,82,5-9), mientras que Atenas contaba con títulos de gloria no menos resonantes. El sinedrio aliado, en funciones de consejo de guerra, debió de ser el encargado de zanjar esta cuestión, y el resultado fue que la hegemonía recaería sobre cada uno de los integrantes del cuarteto aliado[341].

La mayor parte de los autores, desde Grote hasta Pritchett, ha postulado un ejercicio rotatorio de la hegemonía en vísperas de Nemea, aunque sin precisar la identidad de sus ejercientes[342]. Sirvan a título de ejemplo las palabras de N. G. L. Hammond:

---

341. Sobre la demagogia de las palabras beocias en 395 ante la asamblea ateniense (*HG* 3,5,14), *cf.* Funke, *Homónoia*, 103 n. 2.

342. Excepto G. Grote, *Geschichte Griechenlands*, V. Berlin 1880 (tr. al.), 222-223 n. 51, que incluye en la rotación solo a tebanos, atenienses y argivos, nadie precisa sobre qué ciudades recayó el mando, si sobre las cuatro principales o sobre todos los presentes: *cf.* Accame, *Ricerche*, 56; Pritchett, *Studies*, 84; J. K. Anderson, *Military Theory and Practice in the Age of Xenophon*. Berkeley and Los Angeles 1970, 143; R. J. Buck, *Boiotia and the Boiotian League, 423-371 B.C.* Edmonton, Alberta 1994, 45. Poco creíble me parece M. L. Cook, *Boeotia in the Corinthian War:*

> The confederates had no one commader-in-chief, but the command, and
> with it the position of honour on the right of the line, was held each day by a di-
> fferent contingent. On a day in June or July, when the Boeotians were holding the
> right wing and the Athenians on the left wing were facing the dreaded Spartans,
> the Boeotians gave the order to attack[343].

La interpretación del gran helenista británico resulta la más verosímil, a
condición de que entre esos contingentes entendamos tan solo a los cuatro Estados principales de la coalición corintia. Pero hagamos un poco de historia.

Si miramos hacia atrás, observamos que el derecho de los tratados había
experimentado con el paso del tiempo la necesidad de ir disciplinando conforme a las normas indeclinables de igualdad y autonomía en las relaciones
internacionales las tendencias agonales de la polis. Siempre que las partes contratantes se medían sobre la base del más absoluto respeto, de un verdadero
equilibrio de fuerzas, la ley no escrita hablaba con justicia por boca de políticos y embajadores. Reza el preámbulo de un acuerdo internacional del 418:

> Los lacedemonios y los argivos han acordado estipular en las siguien-
> tes condiciones un tratado de paz y una alianza, por un periodo de cincuenta
> años, dirimiendo las diferencias mediante arbitraje, en condiciones de igual-
> dad y equidad (ἐπὶ τοῖς ἴσοις καὶ ὁμοίοις), según la tradición (καττὰ πάτρια)
> (*Stv.* 194 = Th. 5,79,1).

Excusado es decir que esto no siempre entraba en el terreno de lo posible, pero qué duda cabe de que en el siglo V potencias como Esparta, Atenas,
Argos, Tesalia, Siracusa, Tarento, etc., cuando se habían aproximado para anu-
dar lazos convencionales entre sí, hicieron realidad el ideal enunciado en el
Arquídamo de Isócrates, una treintena de años después del comienzo de la
guerra corintia: «Hace falta que quienes desean ser libres rehúyan los tratados
que son órdenes y casi una esclavitud, y hagan reconciliaciones cuando ven-
zan a los enemigos o cuando igualen su poder con el de aquéllos» (Isoc. 6,51).
Lo que dirá Isócrates viene a ser más o menos lo que decía Andócides hacia
el 392/91 (3,11). El supuesto a veces inevitable de encarar una campaña ofensiva no podía escapar a la reglamentación guiada por los principios de paridad
y consenso, máxime si se piensa que en su acometimiento los beligerantes se
deslizaban por la peligrosa pendiente de la solidaridad militar ilimitada, a solo
un paso del «seguir a los lacedemonios a dondequiera que nos lleven», cláusula

---

Foreign Policy and Domestic Politics. Diss. Washington 1981, 323 ss, según el cual las vacilaciones se debieron a una lucha breve y abortada por el control de las fuerzas terrestres entre Atenas
y Tebas. La ironía de J. B. Bury, R. Meiggs, *A History of Greece.* London 1975, 339, «there were
many strategists», tal vez no esté fuera de lugar.

343. *A History of Greece to 322 B.C.* Oxford 1977, 457.

antitética a la filosofía política a la que servía de instrumento la sinmaquia de *casus foederis* defensivo. Y, en efecto, tal supuesto no escapó a la vigilancia de los diplomáticos que negociaron los acuerdos más equitativos y elaborados desde un punto de vista jurídico.

Por Esquines (2,115) sabemos que el primitivo juramento anfictiónico de Delfos incluía la guerra de sanción contra los transgresores de las prohibiciones pactadas entre los doce pueblos integrantes de la anfictionía: la llamada guerra sagrada había de ser declarada solo ante aquellos actos tipificados como *casus belli*, previo acuerdo mayoritario de los representantes en el sinedrio[344]. Con mayor cautela todavía se expresan sobre este particular los documentos diplomáticos del último tercio del siglo V, aleccionados por la amarga experiencia de la liga delo-ática y por el uso que de la hegemonía hacían en su beneficio los lacedemonios dentro de la liga del Peloponeso. Una de las estipulaciones de la cuádruple alianza contemplaba la posibilidad de organizar expediciones conjuntas en territorio de terceros bajo mando compartido:Ἢν δέ ποι δόξῃ < ἁπάσαις > ταῖς πόλεσι κοινῇ στρατεύεσθαι, τὸ ἴσον τῆς ἡγεμονίας μετεῖναι ἁπάσαις ταῖς πόλεσιν (Th. 5,47,7 = *Stv.* 193, l. 25-26). Tucídides no explica cómo se repartía el poder supremo cuando todas las ciudades estaban de acuerdo en llevar a cabo una operación de ataque: ¿de manera simultánea, por rotación, o bien por esferas (tierra-mar) de competencia? La primera forma era la modalidad prevista en el único caso que se nos presenta antes de la guerra del Peloponeso, cuando la liga helénica ofreció al rey argivo la misma dignidad que la ostentada por los dos reyes espartanos (Hdt. 7,149,2, en respuesta a 7,148,4). Aunque también es verdad que, ante la misma tesitura, Gelón de Siracusa planteó en segunda instancia un reparto espacial de la jefatura suprema entre él y Lacedemonia[345]. Al contrario, la *symmachía* negociada

---

344. *Stv.* 104. Ver G. Busolt, *Griechische Staatskunde*, II. München 1926, 1262, 1292 ss; Hampl, *Staatsverträge des 4. Jahrhunderts*, 4 ss, a juicio del cual se trataría de un «paleotipo» de la *koiné eirene* del siglo IV (sobre cuya guerra de sanción véase el estudio, en este mismo volumen, «La koiné eirene ateniense del 371, su cláusula de garantía y el sistema griego de alianzas»); Wüst, «Amphiktyonie», 142-143. Nótese D.S. 16,28,4.

345. Hdt. 7,160,2. La versión exculpatoria dada por los argivos (Hdt. 7,148-149) no está exenta de problemas: *cf.* V. Alonso Troncoso, «Neutralismo y desunión en la segunda guerra médica», *Actas 1° congreso peninsular de historia antigua*. Santiago de Compostela 1988, 56 ss; id., «Die neutralen Staaten in den Perserkriegen und das griechische Völkerrecht»: 2. Argos, 7.4. Zur Frage der Hegemonie und der Bund der Hellenen, en este mismo volumen; y C. Schrader, *Heródoto, Historias*. Madrid 1985, 82, comentarios *ad loc.*, así como B. A. v. Groningen, *Herodotus' Historiën. Commentar op boek VII-IX*. Leiden 1955, 69-70. El supuesto ofrecimiento de la embajada helénica a los miembros del consejo oligárquico de la ciudad habría tropezado con la negativa de este cuando se le advirtió que su monarca debería compartir la jefatura de las fuerzas aliadas con los diarcas espartanos. Sin embargo, desde el 506 (Hdt. 5,75,2) una ley prohibía la salida de ambos reyes al frente de las tropas, y así vemos que en los años 480 y 479 un solo Heráclida está al frente de los contingentes griegos en todas las batallas. ¿Qué hubiese impedido a Leónidas, Euribíades, Leotíquidas o Pausanias desempeñar el mando con el argivo a partes

en el 369 entre Atenas y Esparta, «en términos de igualdad y paridad» (ἐπὶ τοῖς ἴσοις καὶ ὁμοίοις), haría tanto a uno como a otro aliado generalísimo de las fuerzas combinadas por periodos alternativos de cinco días (*HG* 7,1,13-14 = *Stv.* 274). No sería de extrañar que, inspirándose en ese texto, negociasen tres años después arcadios y atenienses su tratado de alianza (*Stv.* 284), habida cuenta sobre todo de las apetencias hegemónicas de Licomedes (*HG* 7,1,23-24). Con seguridad, los pactos del 363/62 cerrados por la confederación arcadia con Esparta (*Stv.* 291) y con Atenas (*Stv.* 290, l. 35-36) otorgaban el mando de las tropas aliadas al estado anfitrión (*HG* 7,5,3), y en territorio enemigo es también seguro que la dirección de los ejércitos recayó sobre todos ellos a partes iguales. Por fin, para poder cerrar el pacto contra Filipo en noviembre del 339, los atenienses hubieron de ceder el imperio terrestre a los tebanos y se avinieron a compartir el gobierno de la flota (Aeschin. 3,143 = *Stv.* 345).

En resolución, de tener que defender una tesis lo más ajustada a la información disponible y lo más crítica posible con Jenofonte, diría que el sinedrio corintio en funciones de consejo de guerra hubo de improvisar sobre la marcha una solución al problema del mando aliado en Nemea. Este compromiso no había sido necesario meses atrás en la campaña tesalia, donde Medio aparece ante Fársalo como ductor y propietario del botín (D.S. 14,82,6), lo que concuerda con el hecho de que su tierra era el teatro de operaciones. Es posible, en cambio, que a continuación argivos y tesalios llegasen a un acuerdo para ceder el mando de las operaciones a los tebanos, directamente concernidos en este frente bélico, como parece desprenderse del relato de Diodoro: Ismenias lleva la voz cantante tras la toma de Heraclea de Traquinia, organizando la guarnición y atrayéndose a los pueblos vecinos, a los que conduce contra Fócide (D.S. 14,82,7-9). El compromiso no sería desde luego necesario en Coronea, donde Tebas ostentó sin discusión posible el mando supremo (*HG* 4,3,16; Plu. *Ages.* 18,1). Parece que en Nemea la decisión adoptada fue la de entregar por turno la hegemonía a los cuatro miembros del sinedrio, sin que debamos suponer por ello desafuero a los otros coligados. Como diría Bickerman, la condición de beligerante principal recaía en este caso sobre el cuarteto aliado en conjunto[346]. Por lo demás, ¿quién estaba dispuesto a confiar en las dotes de mando de los eubeos, los melieos o los ozolos? Sin duda la provisión fue por

---

iguales? Casi con toda seguridad, la oposición de otros coligados: léase la réplica ateniense a las pretensiones del mismo orden expuestas por el tirano de Sicilia (Hdt. 7,161). Para la práctica colegiada de la *strategía* ática en campaña, sígase la expedición a Sicilia (Th. 6,47-50,1), con los inconvenientes del sistema (Th. 7,49): ver U. Kahrstedt, *Untersuchungen zur Magistratur in Athen*, II. Stuttgart 1936, 152-153, y sobre todo N. G. L. Hammond, *Studies in Greek History*. Oxford 1973, 364 ss.

346. «Remarques», 118. Muy atinado Accame, *Ricerche*, 59: «i nuovi aderenti erano in una posizione d'inferiorità rispetto ai fondatori del sinedrio a cui soli spettava la direzione della lotta contro Sparta».

días alternos, lo más probable un día para cada uno de los cuatro contingentes principales. Por las razones que fuesen, Trasíbulo y los otros comandantes aliados estimaron más prudente no moverse del campamento. Y de la misma manera que sucedería en Cannas, en que uno de los dos cónsules aceptó el desafío enemigo que su colega había rehusado la jornada anterior (Liv. 22,45,4-5), así también los beotarcas aguardaron su turno para dar batalla a la derecha del ejército y en la formación de combate que mejor cuadraba a su tradición militar (acaso veinticinco escudos: Th. 4,93,4).

La concepción griega del derecho a la hegemonía podemos comprenderla mejor si comparamos las normas imperantes en la coalición corintia con la práctica espartana fuera de la liga del Peloponeso durante estos mismos años. Como es bien sabido, el gobierno lacedemonio no renunció a desarrollar una diplomacia vigilante más allá de su esfera de dominio internacional. Ante Siracusa parece que agentes y oficiales como Aretes, Farace y Polis actuaron con habilidad, hasta conseguir que su ciudad cosechase los mejores frutos en la fase final de la guerra naval en los estrechos: Dionisio mandó en 387 una flotilla de veinte unidades que se reveló preciosa para ahogar la ofensiva naval continuada por Agirrio, Ifícrates, Diótimo y demás estrategos tras la muerte de Trasíbulo[347]. Lo mismo cabría decir de la alianza con el faraón rebelde Neferes (*Stv.* 221), hacia el 396, negociada con un interés económico y logístico muy claro (D.S. 14,79,4; Iust. 6,2,1). Es evidente que los pactos de Esparta con estos poderes periféricos no estaban cortados por el mismo patrón de sus acuerdos con las ciudades peloponesias o microasiáticas, antes al contrario, se configuraban en el respeto a los mismos principios reinantes entre los integrantes del sinedrio ístmico. Porque durante la guerra de Corinto, como antes y después de ella, hubo dos raseros por los que establecer las relaciones entre los Estados griegos. Para hacernos una idea del tipo de sinmaquia que pudo regir entre Dionisio y Lacedemonia, podemos tomar como modelo de referencia el tratado cerrado por el siracusano con Atenas en 367 (*Stv.* 280), todo un documento diplomático de igualdad, reciprocidad y libertad pactantes: ἐξ ἴσου συμμαχεῖν, como diría Demóstenes (15,15). De ahí la dosificación de la ayuda militar a la causa peloponesia, que el tirano decidió en la presente contienda en función de sus prioridades (Lys. 19,19). De ahí también que el mando supremo de las tropas fuese ostentado en cada caso por el beligerante principal:

---

347. *HG* 5,1,26, *cf.* F. Graefe, «Die Operationen des Antalkidas im Hellespont», *Klio* 28 (1935) 266. Para las relaciones del tirano con Esparta, ver E. Ciaceri, *Storia della Magna Grecia*, II. Milano-Roma-Napoli 1927, 440-441; P. Meloni, «Il contributo di Dioniso I alle operazioni di Antalcida del 387 av. Cr.», *RAL* 4 (1949) 191-203; C. Sabattini, «Leptine di Siracusa. Potere e consenso all'epoca di Dioniso I», *RSA* 19 (1989) 25-27, 32-33; Hornblower, *Greek World*, 187 ss, 200-201; L. J. Sanders, *Dionysius I of Syracuse and Greek Tyranny*. London 1987, 9 ss; B. Caven, *Dionysius I, War-Lord of Sicily*. New Haven and London 1990, 124 ss, 146 ss; D. M. Lewis, «Sicily, 413-368 B.C.», en *CAH*, VI. Cambridge 1994, 149-150.

el contingente naval de Farace llegado a Siracusa para guerrear contra los car-
tagineses en 396 se puso a las órdenes de Dionisio (D.S. 14,63,4; 70), y a la
inversa la flotilla de Polixeno se unió al grueso de la armada espartana comandada por Antálcidas (*HG* 5,1,26-28). No se podría decir otra cosa de las relaciones greco-egipcias en general: por mucho que hiriese a su amor propio,
Agesilao tendría en 360 que inclinarse ante Tajo y reconocer a su anfitrión la
plenitud del imperio militar sobre todas las fuerzas, indígenas y extranjeras[348].

En la narrativa de Diodoro el consejo de los aliados (τὸ συνέδριον) se
constituyó a iniciativa de beocios y atenienses tras la victoriosa campaña de
Haliarto, con la inmediata adhesión de corintios y argivos, y se estrenó a comienzos de la primavera del 394 consintiendo el envío de dos mil hombres
para colaborar con Medio de Larisa en su lucha contra Licofrón, tirano de
Feras (14,82,5-6). Beocios y argivos formaron parte de esas tropas que, después de ocupar Fársalo y expulsar a la guarnición lacedemonia, tomaron Heraclea de Traquinia y se ganaron a los enianes y atamanes, a la par que a otras
comunidades de la zona. Tras esta primera campaña militar, «los que habían
establecido el sinedrio en Corinto, puesto que las cosas les salían de acuerdo
con lo previsto, reunieron combatientes de entre todas las ciudades en Corinto, más de quince mil hombres de a pie y unos quinientos de a caballo»
(14,82,10). No menos expresiva sobre las atribuciones del consejo en la con-
ducción de las hostilidades resulta la noticia relativa al arribo de la flota de
Farnabazo, entrada la primavera del 393, para conferenciar con los aliados y
hacerles entrega de dinero, lo que apunta asimismo a la creación de una caja
común de guerra[349].

El funcionamiento de un órgano rector con atribuciones financieras y
militares, pero sin competencias políticas ni capacidad diplomática propia,

---

348. X. *Ages.* 2,28-31; Plu. *Ages.* 37,1. *Cf.* F. K. Kienitz, *Die politische Geschichte Ägyptens
vom 7. bis zum 4. Jahrhundert vor der Zeitwende.* Berlin 1953, 96; Cartledge, *Agesilaos*, 328-329,
392; Hamilton, *Sparta's Bitter Victories*, 254-255.

349. D.S. 14,84,5. El siciliano habla de que Conón y los suyos, como si Farnabazo no con-
tase, cerraron una *symmachía* con los coligados (ver también Iust. 6,5,11), en la que, al contrario
de K. J. Beloch, *Die attische Politik seit Perikles*. Leipzig 1884, 118, y W. Judeich, *Kleinasiatische Studien*. Marburg 1892, 81, no cree la mayoría de los autores: Accame, *Ricerche*, 97; Barbieri, *Conone*, 160; Funke, *Homónoia*, 71 n. 2. Tampoco Scala y Bengtson recogen este supuesto
pacto, del que nada sabe *HG* 4,8,8: Jenofonte alude de manera elíptica al sínodo y habla de un
vínculo de lealtad de los aliados para con Artajerjes (ἄδρας πιστοὺς φαίνεσθαι βασιλεῖ), pero
como ha señalado Seager, «Thrasybulus», 103 n. 77, a los ojos persas esa *pistis* no tenía por qué
derivarse de una relación convencional de alianza, sino de la aceptación del dinero del Rey.
Por lo demás, es chocante que los especialistas en historia aqueménida no se hayan planteado
la cuestión y que en general la campaña del 393 apenas haya atraído su atención, si la mencionan: *cf.* A. T. Olmstead, *History of the Persian Empire*. Chicago 1948, 388; P. Sykes, *A History
of Persia*, I. London 1969, 227; D. M. Lewis, *Sparta and Persia*. Leiden 1977, 144; J. M. Cook,
The Persian Empire. London 1983, 215; M. A. Dandamaev, *A Political History of the Achaemenid
Empire*. Leiden 1989, 292; S. Hornblower, «Persia», en *CAH*, VI, Cambridge 1994. 73-74.

parece por tanto bastante probado[350]. Es indudable que su acción de gobierno se hizo notar, con especial énfasis, sobre las actuaciones conjuntas tenidas lugar en la Corintia y regiones aledañas, donde a partir del 393 se estabilizó el principal frente de las hostilidades, en una guerra de desgaste y de posiciones (*HG* 4,4,1). A este respecto, salta a la vista la limitación operativa de los ejércitos combinados, que en ningún momento cumplieron el proyecto de realizar un ataque digno de tal nombre contra la «acrópolis del Peloponeso». Que nos conste, solo la campaña tesalia fue emprendida por el sinedrio en consideración a un supuesto de alianza fuera del escenario peloponesio; la invasión subsiguiente de Fócide debió de ser más bien iniciativa de Ismenias (D.S. 14,82,8-9). Por lo demás, pese a que Jenofonte (*HG* 4,4,1) alude a la operatividad de otras fuerzas aliadas en el istmo tras Nemea, junto a las atenienses, beocias y argivas, no tenemos constancia ni de su número, ni de su procedencia, ni tan siquiera de su intervención genérica en esta u otra campaña.

Una incursión ofensiva fue la protagonizada en la primavera o verano del 391 por el estratego ateniense Ifícrates, al frente de sus temibles peltastas, contra los territorios de Fliunte y Sición y algunos cantones de Arcadia (*HG* 4,4,15-16; D.S. 14,91,3; Polyaen. 3,9,24; 49; 54; Aristid. 1,291); en algún momento de ese mismo año quizá tuvo lugar otra acción del mismo general contra Epidauro (Polyaen. 3,9,39;48). Pero nada se sabe en el sentido de que el audaz jefe de mercenarios estuviese apoyado en estos golpes por contingentes de otras ciudades. Una o más de una expedición acometieron los acarnanios contra la plaza de Calidón, ocupada por los aqueos, contando en la del 390 con la asistencia de «algunos atenienses y beocios por ser sus aliados» (*HG* 4,6,1). Jenofonte alude a una militancia reducida de estos últimos (τινες), probablemente por tratarse de una guerra de anexión en la Eólide, y de ello cabría deducir que otros miembros de la coalición ístmica de estas regiones (locros ozolos, corintios, leucadios, ampraciotas) no se sintieran en la obligación de participar en el ataque contra la legendaria ciudad etolia. Sin embargo, al referir la campaña del 389, Jenofonte da a entender que el *koinón* acarnanio había anudado relaciones convencionales con solo dos de los enemigos de Esparta:

> Cuando llegó a los límites del territorio enemigo, Agesilao envió una embajada a Estrato ante la confederación acarnania y dijo que si no rompían la alianza con los beocios y atenienses y los elegían a ellos y a los aqueos como aliados (εἰ μὴ παυσάμενοι τῆς πρὸς Βοιωτοὺς καὶ Ἀθηναίους συμμαχίας ἑαυτοὺς καὶ τοὺς Ἀχαιοὺς συμμάχους αἱρήσονται), asolarían todo su territorio de punta a punta sin

---

350. Busolt, *Zweite Athen. Seebund*, 668; Funke, *Homónoia*, 71-72 n. 3, muy bien comprendido. Erróneo, en cambio, J. A. O. Larsen, *Representative Government in Greek and Roman History*. Berkeley and Los Angeles 1955, 51: «it was more than a mere council of war».

perdonar nada… Pasado el invierno, volvió a decretar la movilización contra los acarnanios… Ellos… enviaron embajadores a Lacedemonia e hicieron la paz con los aqueos y una alianza con los lacedemonios» (*HG* 4,6,4;7,1).

En el relato no hay una sola palabra alusiva a la comparecencia, obligatoria por tratado, de los hoplitas atenienses y beocios ante la invasión del ejército peloponesio –«die Böoter hielten sich vollkommen passiv» (Meyer, *GdA*, V, 252)–, si bien es posible que Jenofonte haya sufrido en este punto alguno de los lapsus a los que ya nos tiene habituados: repárese en la operatividad de la flota ateniense surta en Eníadas contra los planes de retorno del Euripóntida al Peloponeso (*HG* 4,6,14). Asimismo, se echan en falta los vecinos ampraciotas y leucadios, asociados desde el principio al pacto de Corinto (D.S. 14,82,3), y obligados a la prestación de ayuda a los acarnanios de acuerdo con el tratado por cien años del 426 (*Stv.* 175), teóricamente vigente. No menos enigmática resulta la abstención bélica de los ozolos, si es que en verdad se produjo, poseedores de Naupacto (D.S. 14,34,2) y también amenazados por la expansión aquea en el golfo, como años después se demostraría[351]. Tampoco durante la incursión de Agesilao en 391 contra la Argólida tenemos noticia de fuerzas de socorro a los argivos (*HG* 4,4,19; D.S. 14,97,5), aunque es casi seguro que se presentaron, como de hecho concurrieron durante la campaña realizada por Agesípolis en la primavera del 388 (aparentemente solo beocios, *HG* 4,7,6, si bien es difícil imaginar que, sin apoyo hoplítico también ateniense, los argivos estuviesen en condiciones de segregar un amplio cuerpo de ejército para invadir a su vez Laconia).

Nos consta, en otro orden de cosas, que los calcideos de Tracia (encabezados por Olinto) y los tesalios tenían por aquel entonces sus propias prioridades en el frente macedonio: los primeros estaban unidos en alianza con Amintas III (*Stv.* 231), del que obtuvieron jugosas concesiones territoriales, mientras que los segundos apoyaron al Argéada en su lucha contra los ilirios (D.S. 14,92,3). Que yo sepa, Olinto y las demás ciudades de la confederación no cruzaron una sola lanza con los peloponesios durante el conflicto bélico, a pesar de haberse juramentado en el istmo con los aliados (D.S. 14,82,3), y

---

351. D.S. 15,75,2: *cf.* I. L. Merker, «The Achaians in Naupaktos and Kalydon in the Fourth Century», *Hesperia* 58 (1989) 303-311. Los etolios son otro misterio: según X. *Ages.* 2,20, al igual que los anfílocos, anudaron una sinmaquia con el rey. Por lo demás, *cf.* Cartledge, *Agesilaos*, 224 ss; R. Landgraf, G. Schmidt, *Der Feldzug des Agesilaos im korintischen Krieg*, en P. Berktold *et al.* (ed.), *Akarnanien*. Würzburg 1996, 105-112, para los aspectos tácticos y topográficos. La jefatura de Agesilao es un buen ejemplo del funcionamiento de la hegemonía en la liga del Peloponeso, con el disenso y obsecuencia de los aliados a propósito de la estrategia a seguir en una determinada campaña: ver C. Tuplin, *The Failings of Empire*. Stuttgart 1993, 74; U. Kahrstedt, *Griechisches Staatsrecht. Sparta und seine Symmachie*. Göttingen 1922, 84; y P. Carlier, *La royauté en Grèce avant Alexandre*. Strasbourg 1984, 262-263.

pese a que Agesilao no pasó lejos de su radio de acción militar a su retorno de Asia (*HG* 4,3,1-2), dejando escapar la ocasión de alentar la resistencia macedonia[352]. Estamos informados, en cambio, de que Larisa, Cranón, Escotusa y Fársalo (no así la Feras de Licofrón, probablemente unida a Esparta) hostigaron el paso del Euripóntida por sus tierras (*HG* 4,3,3-9), pero la caballería tesalia no está testimoniada ni en Nemea ni en Coronea (como tampoco, por cierto, los ampraciotas y leucadios), al contrario de los melieos, acarnanios, eubeos, locros opuntios y ozolos (*HG* 4,2,17; 3,15). Los tesalios no son mencionados por Diodoro (14,82,3) entre los adherentes a la entente corintia del 395/94, y su hostilidad al Euripóntida aparece justificada en Jenofonte por su sinmaquia con los beocios (*HG* 4,3,3; *Ages.* 2,2). Plutarco (*Ages.* 16,3), en cambio, habla de un pacto de Tesalia con los enemigos del rey, como queriendo aludir a la coalición corintia en su conjunto. Y Pausanias (3,9,12-13) apunta en el mismo sentido al explicar su movilización en gracia a los beocios y a la vieja amistad con Atenas. En cualquier caso, es seguro que al menos Medio de Larisa anudó lazos convencionales con los aliados, ya que fue por su condición de *symmachos* por lo que el sinedrio remitió al dinasta la fuerza expedicionaria de dos mil hombres a las órdenes de Ismenias, incluidas tropas argivas[353]. Como ya vio Westlake, la parálisis tesalia en la guerra de Corinto fue la consecuencia de la desunión crónica del *koinón*, lo que a su vez continuaba la tendencia de la guerra del Peloponeso[354].

La guerra de Corinto no tuvo la tierra como único escenario. Tras la victoria naval de Cnido, Atenas vio el mar libre para pasar a la ofensiva, al principio con la benevolencia de Persia, luego a su pesar. Nos consta que a la democracia

---

352. Plu. *Ages.* 16,2; Polyaen. 2,1,17. *Cf.* M. Zahrnt, *Olynth und die Chalkidier. Untersuchungen zur Staatenbildung auf der Chalkidischen Halbinsel im 5. und 4. Jahrhundert v. Chr.* München 1971, 81-82, 122 ss, 202, que descarta con buen criterio Polyaen. 2,1,31. Más discutible es su rechazo del testimonio de Is. 5,46: *cf.* W. Wyse, *The Speeches of Isaeus.* Cambridge 1904, 480-481, quien lo asocia a las operaciones navales de Trasíbulo en el norte del Egeo, 390/89. Cabe, en fin, preguntarse por qué Olinto se decantó por la coalición corintia. Propongo que la toma de posición del *koinón* calcideo contra Esparta estuvo dictada por el apoyo de esta, ya en los años noventa, a la autonomía de ciudades como Acanto y Menda, por no hablar de Anfípolis: nótese la cláusula de *Stv.* 231, l. 18-23, y *HG* 5,2,11-19, sin olvidar Plu. *Lys.* 16,1, acerca del cual *cf.* A. Andrewes, «Two Notes on Lysander», *Phoenix* 25 (1971) 217 ss; obsérvese que Anfípolis alberga al Euripóntida: *HG* 4,3,1.

353. D.S. 14,82,5-7. Tesalia, conflictos internos e intereses de Tebas y Esparta en la zona: Meyer, *GdA*, V, 50 ss; H. D. Westlake, *Thessaly in the Fourth Century B.C.* London 1935, 60 ss, quien con razón no considera *Syll.*³ 133 prueba de un pacto bilateral con Atenas; J. S. Morrison, «Meno of Pharsalus, Polycrates, and Ismenias», *CQ* 36 (1942) 67-68; M. Sordi, *La lega tessala fino ad Alessandro Magno.* Roma 1958, 151 ss; S. Perlman, «The Causes and the Outbreak of the Corinthian War», *CQ* 14 (1964) 75-76; Andrewes, «Two Notes», 217 ss; Hornblower, *Greek World*, 186-187; Cartledge, *Agesilaos*, 287 ss; Pascual González, *Tebas y la confederación beocia*, 759 ss; Buck, *Boiotia*, 40-41.

354. Westlake, *Thessaly*, 65; Alonso, *Neutralidad*, 323 ss.

ática se unieron en alianza ciudades egeas que aportaron bases logísticas, dinero o embarcaciones, y está de sobra probado que la nostalgia de la *arché* seguía muy viva entre los descendientes de Temístocles y Pericles. Al fin y a la postre, hombres como Trasíbulo, Conón o Agirrio encarnaban una generación de soldados y demócratas vencida en Egospótamos, pero al frente todavía de los destinos de la patria. Por otra parte, tampoco cabe la menor duda de que la política exterior de Atenas siguió sus propios derroteros y aspiraciones talasocráticas más o menos inconfesables (*HG* 3,5,10; 4,8,12; And. 3,15), y que su estrategia se movió en el marco de unas coordenadas diplomáticas y militares que escapaban al control de las otras dos potencias continentales a las que había unido sus fuerzas: Tebas y Argos[355]. Una buena prueba de esta autonomía pactante la tenemos en la negociación de una *symmachía* con Evágoras de Chipre (*Stv.* 234), enemigo declarado del Gran Rey (Isoc. 4,141; 9,64; D.S. 14,98; 15,9,1-2), en virtud de la cual recibiría el salaminio la ayuda de Cabrias en 388 (*HG* 5,1,10; D. 20,76; Nep. *Chab.* 2,2). El problema era que esta injerencia en los asuntos chipriotas contribuiría de rechazo a estropear las relaciones de la coalición corintia con el Gran Rey, lo que por otra parte parece que importó bien poco a hombres como Trasíbulo. También un posible pacto concluido con el rebelde egipcio Acoris (*Stv.* 236) habría resultado no menos contraproducente, cerrando cualquier posibilidad de reabrir el chorro de dinero que tanto había favorecido la reanimación militar de los aliados[356]. A su vez, el tratado logrado en el 389 por mediación del estireo con los príncipes tracios Medoco y Seutes (*Stv.* 238) se situaba en una onda distinta y distante de la de Argos, Corinto e incluso Tebas. Difícilmente, así pues, se compadece la política ática en el Egeo con el ejercicio de una diplomacia simétrica y solidaria por parte de los cuatro coligados, semejante a la impuesta por tratado a los integrantes de la cuádruple alianza del 420 o a los miembros de la liga del Peloponeso. Nada mejor que el testimonio de Andócides (3,15) para ratificar que ni Tebas, ni Argos, ni Corinto estaban dispuestos a luchar junto a los atenienses para rehacer su *arché*, ni siquiera las antiguas posesiones del Quersoneso tracio.

Si todo esto parece bastante bien asentado, no se podría decir lo mismo de las formas jurídicas y diplomáticas que revistió la política egea de Atenas

---

355. *Cf.* Beloch, *Attische Politik*, 344 ss; Judeich, *Kleinas. Studien*, 76 ss, 82 ss, 91 ss; Barbieri, *Conone*, 169 ss, 187-188. Secuencia cronológica más fiable de la guerra naval y política egea de Atenas a partir del 391, ver Funke, *Homónoia*, 118 ss, 137, 148 ss, y Seager, «Thrasybulus», 108 ss; id., «Corinthian War», 112 ss.

356. *HG* 3,5,1-2; 4,8,9-12; *Hell.Oxy.* 10,2; *FGrHist* 328, F 150; D.S. 14,85; Nep. *Con.* 4,5: *cf.* también W. K. Pritchett, *The Greek State at War*, II. Berkeley and Los Angeles 1974, 118 ss. Para los problemas que plantea la sinmaquia con Acoris, consultar R. Urban, *Der Königsfrieden von 387/86 v. Chr.* Stuttgart 1991, 95-96. Sobre el estireo y Persia, Accame, «Il problema della nazionalità greca nella politica di Pericle e Trasibulo» (*Paideia* 11, 1956, 241-253), r. *Scritti Minori*, II. Roma 1990, 516. También Seager, «Thrasybulus», 113-114.

durante la guerra de Corinto. A decir verdad, la cuestión se suscita tan solo para los tres últimos años de la conflagración, del 390 al 387, en que podemos constatar, junto al rearme de la marina, el despliegue de una actividad militar independiente de Persia y consciente de sus propios objetivos. La pregunta es esta: *symmachoi* como los que menciona Jenofonte (*HG* 4,8,33) a propósito de la lucha naval en el Helesponto, ¿qué articulado y qué lenguaje diplomático aceptaron en sus tratados de alianza con la democracia ática?

Para empezar, resulta extraño que en la década que va del 394 al 384, del tratado con Eretria (*Stv*. 229) al tratado con Quíos (*Stv*. 248), no perdure ningún texto epigráfico de alianza, si exceptuamos el mencionado pacto con los príncipes tracios (*Stv*. 238), demasiado fragmentario para hacernos una idea sobre las condiciones legales y la correlación de fuerzas entre las partes contratantes. En todo caso, conviene repetir que nadie pone en duda los viejos tics imperialistas de la metrópoli jonia –recién restablecida en su primacía anfictiónica (*IG* II/III^2, 1634)–, como tampoco el deseo probablemente mayoritario de reanimar el antiguo sistema de alianzas arruinado en el 404. Pero una cosa eran los deseos, y otra muy distinta las realidades de la hora y los logros alcanzados. La exacción del diezmo en Bizancio (*HG* 4,8,27; 31; D. 20,60) tuvo unos dos años de vida y solo prueba el control temporal del Bósforo desde la colonia megarense y Calcedonia (*HG* 4,8,28). Por lo demás, ignoramos el alcance geográfico de medidas como la vigésima, atestiguada solo en Tasos (*IG* II/III^2, 24; D. 20,59; ver *HG* 5,1,7), con posibles injerencias judiciales atenienses en la isla, y en Clazómenas (*IG*, II/III^2, 28 = Tod 114). O el grado de efectividad de las colectas de dinero efectuadas en Asia Menor (*HG* 4,8,30;35; D.S. 14,94,2). Ni siquiera sabemos a ciencia cierta si en todos los casos subyacía una relación convencional de alianza con la parte instada a la contribución financiera o si por el contrario dichas exacciones fueron ejecutadas *manu militari*, al albur de los vaivenes bélicos o al capricho de la *stasis* ciudadana. Había hambre atrasada y ansias depredadoras en aquellos ejércitos de alma mercenaria, había demasiada penuria en las arcas ciudadanas y mucha prisa por ganarle la proa al enemigo. La muerte sin honor que se llevó a Trasíbulo en Panfilia –«comme un vulgaire bandite»[357], por emplear las palabras de Édouard Will sobre el final de Antioco III–, al igual que los titubeos previos del estratego ante la crisis rodia, por no hablar de otras irregularidades más o menos demostradas (Lys. 28), pueden valer como muestra elocuente del alto grado de improvisación, labilidad e inconsistencia en las relaciones con los griegos de la otra orilla. Y el lenguaje propagandístico y fantasioso que exhibía la estela en honor de Conón (D. 20,69), como si las alianzas con los antiguos miembros de la *arché* aún continuasen en vigor a la altura del 393, debiera ponernos en guardia

---

357. *Histoire politique du monde hellénistique (323-30 av. J.-C.), II: Des avènements d'Antiochos III et de Philippe V à la fin des Lagides*. Nancy 1982, 239.

ante los espejismos de la *ekklesía* y sus declaraciones unilaterales por vía de decreto[358]. Para hablar claro, las fuerzas navales del líder demócrata en su crucero del 390/89 sumaban cuarenta trirremes (*HG* 4,8,25; D.S. 14,94,2; también Lys. 28,4), una cantidad bien por debajo de los efectivos movilizados en la guerra del Peloponeso. Que nos conste, dicho potencial no se incrementó de manera sustancial en los dos años siguientes (*HG* 4,8,34; 5,1,7 y 26), con lo que la armada de más de ochenta unidades finalmente reunida por Antálcidas se impuso sin mayores dificultades en la fase crítica de la lucha por los estrechos[359].

Mejor será, así pues, contestar con un *non liquet* a la cuestión sobre la naturaleza jurídico-política del sistema de alianzas ensayado por Atenas en el Egeo durante los años finales de la guerra de Corinto. A falta de nuevos hallazgos epigráficos, más explícitos y menos controvertidos, las fuentes literarias resultan insuficientes.

4. Fin del conflicto bélico y conclusiones

El funcionamiento de la entente contra Esparta apunta a la conclusión de tratados bilaterales entre cada uno de los cuatro fundadores y miembros permanentes del sinedrio (Beocia, Atenas, Corinto y Argos), incluido algún tipo de entendimiento con Artajerjes o Farnabazo. Debe ser asimismo excluido el cierre ulterior de un tratado cuatripartito con motivo de la constitución del sinedrio, detallando nuevos supuestos de cooperación y organización interna. Cabe deducir asimismo el cierre de lazos de alianza entre cada uno de esos

---

358. Sobre el *pséphisma* pro Conón ver el magnífico análisis de Funke, *Homónoia*, 120 n. 51, 157 n. 90. Además, Seager, «Corinthian War», 104-105. Ahora bien, las fuentes invocadas por ambos autores solo demuestran la intencionalidad de la política exterior ateniense, no los resultados concretos de las iniciativas emprendidas en el Egeo, ni muchísimo menos la efectiva concertación (o supuesta renovación) de pactos de alianza conforme a los patrones negociadores de la liga ático-délica (ver D.S. 14,94,4, con la aportación de naves, no ya del *phoros*, por parte de los aliados quiotas y lesbios). El deseo de los griegos egeos de mantener la *eleuthería*, palabra no empleada en vano por Diodoro (14,84,4), no era menos fuerte que el ateniense de recuperar su *arché*: ahí están los consejos del anaflistio a Farnabazo (*HG* 4,8,2-3), ahí está la alianza proclamada en las monedas *syn*: ver *infra* n. 361. La retórica y la demagogia asamblearia en la Atenas del entonces debieron de estar tan infladas como las expectativas imperiales: un botón de muestra en W. Schmitz, *Wirtschaftliche Prosperität, soziale Integration und die Seebundspolitik Athens*. München 1988, 233 ss, y E. Bianco, *Atene «come il sole». L'imperialismo ateniese del V secolo a. C. nella storia e oratoria politica attica*. Torino 1994, 13 ss, 16 ss, 21 ss.

359. *HG* 5,1,28. Exposición realista de los recursos y situación de Atenas en 390-387 por Meyer, *GdA*, V, 257 ss, y Graefe, «Die Operationen», 264-265. R. S. Sinclair, «The King's Peace and the Employment of Military and Naval Forces 387-378», *Chiron* 8 (1978) 49, llega a la cifra de setenta unidades para el entero potencial naval de Atenas en 387 (contando *HG* 5,1,10 y 19-20), pero es evidente que no había dinero para fletar todas las embarcaciones, así que no más de cincuenta trirremes debieron de operar en el Helesponto.

cuatro Estados y los demás adherentes al acto programático del istmo en el 395/94: es cierto que solo beocios y argivos aparecen unidos a Medio de Larisa y a los tesalios, así como a los pueblos vecinos (enianes, atamanes, heracleotas, melieos), pero también es cierto que al menos los melieos estuvieron presentes en Nemea defendiendo Corinto; es verdad que solo conocemos textualmente el tratado de Atenas con Lócride, pero no lo es menos que los locros fueron fieles aliados de Beocia a lo largo de toda la contienda, y de los corintios en Nemea; es seguro que Atenas estaba unida en alianza con Eretria, como prueba la epigrafía, mas también lo es que los eubeos acudieron en auxilio de Beocia contra Agesilao y de Corinto contra Aristodemo (cuando dicha alianza con Atenas aún no había sido concluida); si bien parece que tan solo los beocios y los atenienses se batieron en pro de Acarnania, esta expresó antes su lealtad al cuarteto aliado en Nemea, y no sería de extrañar que las naves corintias fletadas en 393 con el dinero de Farnabazo sirvieran a los intereses de la confederación contra los aqueos[360]. Se diría, en cambio, que de los cuatro aliados solo Atenas se coligó con los isleños y los griegos asiáticos, al menos solo ella de modo sistemático, lo mismo que con Evágoras y Acoris. Por lo demás, nada induce a pensar que se anudasen con carácter general lazos cruzados de alianza al margen del cuarteto ístmico, entre todos y cada uno de los adherentes al acto político del 395/94 en Corinto. No hay por qué creer, de entrada, que naciesen entonces relaciones convencionales entre Tesalia y Ampracia o entre Léucade y los calcideos de Tracia, cosa que tampoco sucedía entre todas las ciudades de la liga del Peloponeso. Lo que no quiere decir, como es obvio, que no se negociasen algunos pactos bilaterales o que no preexistiesen otros: los leucadios con los ampraciotas, los heracleotas con los enianes o con algunos tesalios, los eubeos entre sí, los locros orientales con los occidentales, las Cícladas insurrectas entre sí, etc.[361].

---

360. *HG* 4,8,10-11. Excluyo pues la forma de tratado que prefiere Accame, *Ricerche*, 58-59, pacto entre cada uno de estos pueblos y los cuatro del sinedrio, por ej., acarnanios, por una parte, y beocios, atenienses, argivos y corintios, por otra, según un patrón que se me antoja similar a *Stv.* 193 (de un lado Atenas y de otro Argos, Mantinea y Élide) y 290 (Atenas – Arcadia, Acaya, Élide, Fliunte). Eretria, incluida entre los eubeos presentes en Nemea, asentó alianza con Atenas después de dicha batalla, es decir, estaba ya unida a Corinto, a Argos o muy probablemente a Beocia (*Ricerche*, 60). La sinmaquia de Atenas con Lócride resultaría superflua en el supuesto de un pacto simultáneo con el sinedrio. Accame trata de salvar estas dificultades pretendiendo nada menos que Atenas habría duplicado sus relaciones convencionales conforme a una política de imperio, especialmente en el Egeo, empezando por Eubea. Tal cosa hubiese resultado diplomáticamente inaceptable y contradictoria, además de repugnar al derecho de gentes griego.

361. Deben mencionarse en este contexto las famosas emisiones con la leyenda *syn*, que desde W. H. Waddington, «Confédération de quelques villes de l'Asie Mineure et des îles après la bataille de Cnido (a.C. 394)», *RN* (1863) 223-235, han sido asociadas al nacimiento de una efímera alianza insular tras la victoria del 394 (Rodas, Yaso, Cnido, Éfeso, Samos, Bizancio, Cícico

En lo que a la estrategia de guerra se refiere, numerosos datos permiten suponer que las campañas militares –a excepción otra vez de las atenienses en el Egeo– fueron emprendidas en conformidad con las disposiciones emanadas del consejo ístmico, como indica Diodoro a propósito de la campaña tesalia del 394, y como quizá sucedió con las razias peloponesias de Ifícrates y Cabrias (Polyaen. 3,11,6;15), acaso financiadas con los fondos de la coalición. Digno de nota me parece asimismo el respeto a la autonomía entre los aliados, lo que en el apartado militar se tradujo también en el reconocimiento del derecho de admisión a la ciudad destinataria de la ayuda (conforme a la disposición καθότι ἂν ἐπαγγέλλωσιν / παραγγέλλωσιν) y en la renuncia al mantenimiento de guarniciones contra la voluntad de la otra parte, una regla esta última que hará pronto suya la *koiné eirene*[362]. Es esta la razón por la que, a petición de los argivos, Cabrias relevó a Ifícrates, y el ambicioso jefe de mercenarios hubo de abandonar Corinto como *persona non grata* a los argolizantes[363]. No son menudencias, sino pruebas tangibles de una política distanciada de las formas y los métodos del imperialismo espartano, como deja traslucir también el respeto a la neutralidad de Mégara[364].

---

y quizá Lámpsaco), enderezada a preservar la autonomía frente a Esparta: *cf.* B. V. Head, *Historia Numorum*. Oxford 1887, 516; 2ª ed. 1911, 604; W. Judeich, *Kleinas. Studien*, 80 n. 2; G. L. Cawkwell, «A Note on the Heracles Coinage Alliance of 394 B.C.», *NC* 16 (1956) 69-75; id., «The ΣΥΝ Coins again», *JHS* 83 (1963) 152-154, quien habla también de defender la independencia incluso frente a Persia y Atenas; J. P. Barron, *The Silver Coins of Samos*. London 1966, 105 ss, 117 ss; Hamilton, *Sparta's Bitter Victories*, 230; Funke, «Konons Rückkehr nach Athen im Spiegel epigraphischer Zeugnisse», *ZPE* 53 (1983) 171 n. 92, 96 n. 89; id., *Homónoia*, 96; G. Shipley, *A History of Samos 800-188 BC*. Oxford 1987, 134; Seager, «Corinthian War», 104. Contra, Accame, *Ricerche*, 99 n. 2, acuerdo comercial; Barbieri, *Conone*, 156; S. Karwiese, «Lysander as Herakliskos Drakonopnigon ('Heracles the Snake-Strangler')», *NC* 7,20 (1980) 1-27, pl. 1-2, datación en tiempos de Lisandro (*non vidi*). El consenso sobre esta serie monetaria de corta vida parece bastante alcanzado: *cf.* E. Schönert-Geiss, *Die Münzprägung von Byzantion I*. Berlin 1970, 31 ss (Tf. 35-36).

362. Más en detalle acerca de ambas praxis, ver en el presente volumen los estudios «Καθότι ἂν ἐπαγγέλλωσιν / παραγγέλλωσιν. Sobre una estipulación del derecho griego de los tratados internacionales», y «La *koiné eirene* ateniense del 371, su cláusula de garantía y el sistema griego de alianzas».

363. *HG* 4,8,34; D.S. 14,92,1-2; Aristid. 1,270. Negativa de la *ekklesía* al plan de ocupación de Ifícrates: Meyer, *GdA*, V, 252 n. 2; Accame, «Il problema» (r. *Sc.Min.*, 518); Funke, *Homónoia*, 92 n. 72, 149 n. 59. Del mismo modo, años más tarde tendría que retirarse Cares de Céncreas a petición de los propios corintios (*HG* 7,4,4-5), honrando un tratado de alianza concluido en términos de igualdad y libertad negociadoras (*Stv.* 274). Mencionaré en este contexto el decreto ático cursando orden de retirada a la guarnición establecida en la acrópolis de Kárpatos (*IG* XII,1,977; *Syll.*³ 129; Tod 110), se diría que habiendo desaparecido el supuesto de alianza justificativo de su presencia, si es que este epígrafe puede ser efectivamente datado en los años noventa y no en el siglo V: *cf.* Funke, *Homónoia*, 133 n. 92; id., «Konons Rückkehr», 171 n. 94.

364. Ver Meyer, *GdA*, V, 228, 229 n. 3, 244; R. P. Legon, *Megara. The Political History of a Greek City-State to 336 B.C.* Ithaca and London 1981, 263 ss; Alonso, *Neutralidad*, 88-89, 103. En contra, K. J. Beloch, *Griechische Geschichte*, III 1. Berlin und Leipzig 1922, 70 n. 3; Ernst Meyer,

En parecido orden de cosas cabe añadir que, al contrario de los acuerdos jurados en la liga argiva (Th. 5,48,2) y en la cuádruple alianza (Th. 5,47,4), los textos epigráficos de los pactos que se nos conservan no contemplan la concertación obligatoria y vinculante de la política exterior que introducen cláusulas del tipo τοῖς αὐτοῖς πολεμεῖν καὶ εἰρήνην ἄγειν, o bien καταλύειν δὲ μὴ ἐξεῖναι τὸν πόλεμον πρὸς ταύτην τὴν πόλιν. O restricciones jurídicas semejantes a las que hacia el 393 se imponían a sí mismos Amintas III y los calcideos de Tracia ante los botieos, anfipolitas, acantios y mendeos (*Stv.* 231, l. 18-23). Esto nos lleva a considerar las maniobras diplomáticas de los coligados enderezadas a la negociación de la paz con Persia y con Esparta.

La primera fase importante de conversaciones fue la que se abrió en el verano del 392 por iniciativa de los lacedemonios, que comisionaron a Antálcidas ante el nuevo sátrapa de Lidia, Tiribazo (*HG* 4,8,12-17). Enterados de esta misión de paz, los atenienses respondieron despachando, acompañados por Conón, a Dión, Calístenes, Hermógenes y Calimedonte, e «invitaron también a los embajadores de los aliados (συμπαρεκάλεσαν δὲ καὶ ἀπὸ τῶν συμμάχων πρέσβεις); acudieron de los beocios, de Corinto y de Argos» (*HG* 4,8,13). De la conferencia de Sardes no nos importa tanto su sustancia y fallido resultado, cuanto el grado de autonomía diplomática evidenciado por las partes. Es evidente que Esparta hablaba en nombre de la liga del Peloponeso, pero en el caso de la coalición corintia la cohesión era más aparente que real: del relato jenofonteo se desprende que, sin acuerdo previo del sinedrio y sin consulta a las polis insulares y asiáticas, Atenas decidió por su cuenta sumarse a las negociaciones con el sátrapa y que, solo después de haberse aprestado para ello, invitó a sus otros socios[365]. En el invierno del 392/91 el diálogo se reanudó en

---

«Megara», *RE* 29 (1931) 192; Accame, *Ricerche*, 61-62; y Funke, *Homónoia*, 71 n. 2, a favor de su adhesión al pacto de Corinto. E. Cavaignac, «A propos de la bataille du torrent de Némée (juin 394)», *REA* 27 (1925) 78, postuló su presencia en Nemea del lado peloponesio (via Epidauro). Hamilton, *Sparta's Bitter Victories*, 218, no se pronuncia. Pl. *Tht.* 142a-c no es en absoluto incompatible con el *status* del neutral en la guerra (sobre el cual cf. Alonso, *Neutralidad*, 79 ss), como tampoco lo es el que un megarense obtuviese una contrata en las obras de fortificación del Pireo (Maier, *Griech. Mauerbauinschriften*, I, 33), al paso que Isoc. 8,118 cuadra bien con una política continuada de abstención bélica. D. 18,96, generaliza y en todo caso se refiere al periodo prebélico: G. Bockisch, «Ἁρμοσταί (431-387)», *Klio* 46 (1965) 155, no da cronología.

365. Más fuentes: Pl. *Mx.* 245b-c; Plu. *Ages.*, 23,1; D.S. 14,85, 4; 15,43,5; Isoc. 4,154; Nep. *Con.* 5,3-4. Como todo lo que afecta a la paz del Rey, y en este caso a sus antecedentes, la naturaleza de la oferta de Antálcidas a Persia ha sido continuo objeto de debate: cf. Meyer, *GdA*, V, 245 ss; Hampl, *Staatsverträge de 4. Jahrhunderts*, 85 ss; U. Wilcken, «Über Entstehung und Zweck des Königsfriedens», *APAW* 15 (1941) 4 ss, 9 ss; V. Martin, «Le traitement de l'histoire diplomatique dans la tradition littéraire du IVᵉ siècle avant J.-C.», *MH* 1 (1944) 17 ss; E. Aucello, «La genesi della pace di Antalcida», *Helikon* 5 (1965) 341 ss; T. T. B. Ryder, *Koine Eirene*. Oxford 1965, 27 ss; Seager, «Thrasybulus», 104 ss; D. J. Mosley, «Conon's Embassy to Persia», *RhM* 116 (1973) 17-21; Hamilton, *Sparta's Bitter Victories*, 233 ss; Funke, *Homónoia*, 136 ss; Urban, *Königsfrieden*, 60 ss; Jehne, *Koine Eirene*, 31 ss, en cuanto a secuencia de las negociaciones.

Lacedemonia, lo más probable a propuesta de esta última, y los legados de Atenas se vieron otra vez las caras con el enemigo, aunque para cosechar el más estrepitoso de los fracasos al ser desautorizados por la *ekklesía* y condenados en rebeldía (*FGrHist* 328 F 149; D. 19,277). Filocoro da los nombres de esos cuatro plenipotenciarios (Andócides, Epícrates, Cratino y Eubulides), pero una vez más nuestros informantes permanecen mudos sobre la identidad de los otros embajadores aliados, cuya presencia en la ciudad del Eurotas ni siquiera es mencionada. Es opinión mayoritaria que a esta reunión asistieron representantes de Beocia, así como de Argos y Corinto, al igual que ocurriera en Sardes, mas todo apunta a que cada uno de ellos tomaba las decisiones en virtud de sus propios intereses (Atenas y la talasocracia, Tebas y Beocia, Argos y el sinecismo con Corinto), libres de cualquier obligación estipulada al efecto por tratado (And. 3,14-17; 20-27). Por ello, la tradición ática guardaría clara memoria de que los cuatro emisarios fueron agentes investidos de plenos poderes (*autokrátores*), con el encargo de mediar en una negociación puramente bilateral, entre el gobierno lacedemonio y el pueblo ateniense (*Hypoth.* And. 3; And. 3,33). Excusado es decir que ello no fue obstáculo para que los otros tres coligados interviniesen con el propósito de influir en el curso de las conversaciones (And. 3,41). Por lo demás, políticos como Trasíbulo (Ar. *Ec.* 203,356), Filócrates (D. 23,116-117) y Calístrato (F 149a) no se opusieron a la paz por solidaridad con Argos ni por tebanofilia, sino por insatisfacción con el *statu quo* del 392/91 y la nostalgia del imperio perdido[366].

Que cada uno de los cuatro aliados retenía una independencia completa en sus relaciones exteriores lo ratifica el hecho de que en el verano del 390 los beocios reabrieron en solitario conversaciones de paz con Agesilao, cuando el Euripóntida se encontraba guerreando en el Pireo corintio, aunque sin provecho alguno (*HG* 4,5,6;9-10; Plu. *Ages.* 22,1-2). Una paz por separado de los beocios era la posibilidad que Andócides (3,24-25) contemplaba sin escándalo ya en el invierno del 392/91, contra la voluntad de Argos, en el preciso momento en que unos embajadores de Esparta dotados con plenos poderes

---

366. And. 3,36. Cronología del fr. de Filocoro: W. Judeich, «Die Zeit der Friedensrede des Andokides», *Philologus* 81 (1926) 141 ss, 149 ss, aunque un año adelantado e invirtiendo el orden de las negociaciones; Meyer, *GdA*, V, 248-249; Ryder, *Koine Eirene*, 31 n. 2; Funke, *Homónoia*, 143 n. 35, recoge la bibliografía favorable a los preliminares de la paz del 386 (como Hamilton, *Sparta's Bitter Victories*, 236 ss, 252-253, 318 ss, no convincente); A. López Eire, «El orador Andócides», *SPhS* 5 (1981) 242-243; L. Pearson, S. Stephens (ed.), *Didymi in Demosthenem Commenta*. Stuttgart 1983, col. 7, 19 ss; Urban, *Königsfrieden*, 70 ss; Jehne, *Koine Eirene*, 34 n. 20. Anterioridad de la cumbre de Sardes a la de Esparta: Jehne, «Die Friedensverhandlungen von Sparta 392/1 v. Chr. und das Problem der kleinasiatischen Griechen», *Chiron* 21 (1991) 265 ss y n. 6, con un estado de la cuestión sobre ambas negociaciones. Situación faccionaria: R. Sealey, «Callistratos of Aphidna and his Contemporaries», *Historia* 5 (1956) 179 ss, y Funke, *Homónoia*, 143 ss, si bien discrepantes.

comparecían ante la asamblea popular para ofrecer a los atenienses un tratado de paz (And. 3,39). No menos indicativa se me antoja la misión diplomática auspiciada por Conón, unos dos años antes, ante Dionisio de Siracusa (Lys. 19,19-20), como parte de la estrategia cada vez más asertiva de Atenas en el Egeo[367]. Ni que decirse tiene que los restantes beligerantes de la coalición corintia no se recataron por su parte de entrar en tratos de toda suerte con otros Estados cuando así convino a sus intereses. Los tebanos prestaron especial atención al frente norteño, y así los veíamos intervenir en Macedonia para reponer en el trono al rey Amintas III tras el descalabro sufrido frente a los ilirios (D.S. 14,92,3), sin olvidar que principalmente ellos aparecen coligados al conjunto de las ciudades tesalias (*HG* 4,3,3). Hacia las mismas fechas (c. 393), los calcideos de Tracia llegaban por su parte a un acuerdo militar con el Argéada (*Stv.* 231, A: l. 5-8, B: 25-26). Y, para desánimo de beocios y atenienses, los acarnanios no dudaron en aceptar el ingreso en la liga del Peloponeso, como ya he referido, a la par que tanto ellos como los anfílocos y los etolios asentaban paz y amistad con los aqueos[368].

Para concluir, nos queda por examinar la paz del Rey, a la cual se llegó tras tres etapas preliminares de negociación: la misión de Antálcidas en la corte de Susa entre el otoño-invierno del 388/87, la conferencia de Sardes en el otoño del 387, y el congreso de Esparta a comienzos de la primavera del 386. Aquí nos interesan los movimientos diplomáticos de los cuatro aliados en respuesta al acuerdo de principios alcanzado entre Persia y Lacedemonia por mediación de Antálcidas[369].

Al edicto de Artajerjes leído por Tiribazo en la capital lidia en presencia de los atenienses y demás embajadores aliados –*HG* 5,1,32 no aclara quiénes–, siguió la aceptación de las condiciones de paz por los respectivos órganos de gobierno de cada ciudad (*HG* 5,1,32). Tras lo cual vino la jura del tratado en la cumbre de Esparta. No hay sombra de duda en nuestras fuentes sobre este punto: los gobiernos respectivos de la coalición corintia sometieron directamente al voto asambleario la aprobación del rescripto aqueménida, sin

---

367. *Cf.* Meyer, *GdA*, V, 241; Barbieri, *Conone*, 166, 173-174, con el testimonio epigráfico paralelo, que coloca el viaje de los embajadores a inicios del 393 e incluye asimismo en esta ofensiva diplomática de la facción de Conón la revitalización de los lazos con Sátiro del Ponto (Isoc., 17,5;9 y 57; *cf.* D. 20,31ss); Funke, *Homónoia*, 130-131; Seager, «Corinthian War», 104. Ver también bibliografía *supra* n. 349.

368. Scala, *Staatsv.* 114, 115. Coincido, por tanto, con A. Heuss, «Antigonos Monophthalmos und die griechischen Städte», *Hermes* 73 (1938) 161: «... das Verhalten der einzelnen spartanischen Gegner, die es in den entscheidenden Zeiten an solidarischer Stellungnahme fehlen liessen und teilweise zu Sonderverständigungen mit Sparta neigten».

369. *Staatsv.* 121; *Stv.* 242. Asimismo, Hamilton, *Sparta's Bitter Victories*, 301 ss; Urban, *Königsfrieden*, 101 ss. Los problemas de interpretación que presenta la paz de Antálcidas no nos conciernen ahora.

remisión alguna al sinedrio, y con ese mandato popular se desplazaron luego a Lacedemonia las distintas legaciones para cerrar la paz. No hay traza de actuación diplomática concertada más allá del lógico intercambio de información y pareceres entre los emisarios atenienses, beocios, corintios y argivos durante los plenos negociadores. Nada más probatorio que el siguiente dato: los embajadores tebanos se presentaron a la toma de juramentos con mandato de hacerlo en nombre de todas las ciudades beocias, lo que preservaba la estatalidad de su confederación, pero contradecía el principio de autonomía asentado por el nuevo acuerdo en beneficio de Esparta, y solos se quedaron cuando Agesilao les conminó a que depusiesen su actitud. A lo que parece, atenienses, argivos y corintios prestaron de inmediato solemne acatamiento al texto presentado, dejando a los tebanos en una posición desairada y punible en virtud de la cláusula de sanción (*HG* 5,1,32-33). Como en las fallidas conversaciones del 392/91, cada miembro de la coalición se movía conforme a sus propios intereses e iniciativas diplomáticas. El tener que acomodarse a las decisiones de los otros no era una cuestión de derecho, sino de hecho y oportunidad: ¿qué podía conseguir de manera aislada cada uno de ellos? Porque a todas luces ni antes ni ahora la coordinación de la política exterior (apertura de nuevas relaciones convencionales, negociaciones, cierre de la paz) estaba sujeta a determinación jurídica de ningún tipo. Extraño sería que, respaldados en sus aspiraciones federalistas por sus aliados en una reunión previa del sinedrio, los tebanos se viesen después en Esparta abandonados a su suerte y aislados militar y diplomáticamente, que es en definitiva lo que les sucedió cuando el Euripóntida decretó la movilización contra ellos. Si cedieron e hicieron finalmente las paces con todas sus consecuencias (Isoc. 8,17; Plu. *Ages.* 23,3), ello fue debido no solo a que su situación faccionaria interna así lo imponía, sino también a que ya nada podían esperar de sus socios de coalición.

En resumidas cuentas, la llamada coalición corintia no dio muestras de ser una fórmula de organización lo suficientemente arquitrabada como para doblegar la preponderancia lacedemonia sin depender de la benevolencia persa. Si en el 495/94 los cuatro Estados fundadores del sinedrio confiaron en que comprometiendo pactos bilaterales alcanzarían sus designios, se equivocaron. Al margen ya de la diferenciación política tebana (una oligarquía frente a las democracias restantes), los intereses de las tres ciudades más poderosas eran harto desemejantes, por no decir que discordantes en el plano geopolítico y táctico: la Grecia central y la unión beocia, para Tebas; el Egeo y la Propóntide, para Atenas; y el Peloponeso y el sinecismo corintio, para Argos. Solo la ciudad de Palas salió premiada del certamen (Pl. *Mx.* 245e), en la medida en que su influencia quedó sancionada y fortalecida (Lemnos, Imbros, Esciros, amén de su nueva flota y la influencia en cierta medida restaurada sobre los griegos insulares). Al propio tiempo, la autonomía y la igualdad pactante entre los aliados restaron a la entente fuerza centrípeta a la hora de planificar y ejecutar las campañas militares: a diferencia de la segunda liga marítima ateniense, que también nació en el espíritu declarado del ἐξ ἴσου συμμαχεῖν (D. 15,15), todo parece señalar que el consejo de guerra ístmico no poseyó las facultades de gobierno y auditoría reconocidas por el decreto de Aristóteles al sinedrio de representación aliada[370]. La discrecionalidad asegurada por cláusulas como ὅτι δ' ἂν δο] / [κῆι ἄμενον ἐναι τ]οῖν πολέοιν κοινῆ[ι βο] / [λευομέναιν, τοῦτ]ο κύριον ε[ἶ]ναι (*Stv*. 229, b l. 1-3 = 224, l. 9-11), invita a pensar en una conformidad ocasional y voluntaria de los cuatro grandes coligados, sin excluir evasivas o negativas puntuales, como aquella que en su día habían protagonizado los eleos de la cuádruple alianza en vísperas de la decisiva batalla de Mantinea (Th. 5,62). Era la cara y cruz de la autonomía en las relaciones internacionales, frente a la homogeneidad de una alianza como la peloponesia, en la cual Esparta dirigía a su albedrío los movimientos de la política exterior. Corolario de todo ello fue la indeterminación jurídica en que quedó el ejercicio de la hegemonía, al contrario de la investidura que de ella hicieron en favor del pueblo ateniense los sujetos pactantes de la segunda liga marítima[371].

---

370. *Stv*. 257. Véase S. Accame, *La lega ateniese del sec. IV a. C.* Roma 1941, 107 ss; J. Cargill, *The Second Athenian League. Empire or Free Alliance?* Berkeley and Los Angeles 1981, 115 ss; M. Dreher, *Hegemon und Symmachoi. Untersuchungen zum zweiten athenischen Seebund.* Berlin 1995, *passim*.

371. Este artículo fue inicialmente publicado en *Rivista Storica dell'Antichità* 27 (1997) 21-71.

395-390/89 A.C., ATENAS CONTRA ESPARTA: ¿DE QUÉ GUERRA HABLAMOS?

ABSTRACT: 395-390/89 BC, Athens *vs* Sparta: what do we mean by war? This paper contends that the open war (*phaneros polemos*) between Sparta and Athens did not begin in 495, at the outbreak of the Corinthian war, but some years later, in 390/89. The peculiar principles and norms of the international law that explain this scenario, the Greek *ius in bello*, are analysed in detail, as well as the scalation of the armed conflict leading to direct hostilities against Attica and the Argolid. The following points are discussed: 1. Sparta *vs* Athens (and Argos): from the indirect war to the *phaneros polemos*; 2. Correlative situations during the armed conflict; 3. Coda (in idiographic terms).

Una peculiaridad consustancial al derecho internacional griego de época clásica residía en la definición del estado de guerra abierta y declarada: el *phaneròs pólemos* entre dos polis solo se consideraba efectivo e irreversible con la invasión del territorio de la una por la otra. La agresión directa a la comunidad ciudadana en su *chora* constituía el *casus belli* y también el *casus foederis* por excelencia entre los helenos. Por tanto, lo que en esencia aseguraba un tratado de paz era la ausencia de beligerancia directa entre las dos partes contratantes, el ὅπλα μὴ ἐπιφέρειν (o bien μὴ ἰέναι) ἐπὶ τὴν χώραν τὴν ..., implícito o explícito en los textos diplomáticos (*Stv.* 188, 193, 201-202, 280), y en cualquier caso garantizado por la solemne ceremonia religiosa de las libaciones, las *spondai*[372]. Esta concepción del supuesto de alianza no era obstáculo, claro está, para que otras acciones más o menos hostiles llegasen a ser eventualmente consideradas como causas legítimas de guerra o de ruptura de los tratados. Una discrecionalidad de apreciación que, en efecto, se volvía

---

372. Ver Busolt, *GG*, III 2, 776 n. 2, 902 n. 3; E. Bickerman, «Remarques sur le droit des gens dans la Grèce Classique», *RIDA* 4 (1950) 103-104 (= F. Gschnitzer, ed., *Zur griechischen Staatskunde*, Darmstadt 1969, 477 ss); Alonso, *Neutralidad*, 27 ss. Sobre las libaciones, *cf.* Fernández Nieto, *AcB.* I, p. 86 ss, 147 ss, 172 ss, 185 ss, 205 ss, y Baltrusch, *Symmachie und Spondai*, 92 ss, con la bibliografía anterior.

inapelable certidumbre cuando ocurría la violación de las fronteras por un ejército atacante[373]. La razón última de esta definición condicional y restrictiva de la guerra abierta, en un mapa político marcado por la fragmentación y la conflictividad endémica, como ya apuntó Elias Bickerman, residía en la necesidad de evitar la globalización de los conflictos armados y de preservar la paz al menos dentro de las propias fronteras, aunque dicha paz revistiese solo un carácter negativo y subsistiese en la más precaria de las condiciones[374]. Como consecuencia de lo dicho, un amplio margen de maniobra e inseguridad jurídica se abría a las relaciones entre las ciudades: bien a falta de *spondai*, bien incluso a cubierto de ellas, el advenimiento de la beligerancia indirecta en escenario de terceros era un supuesto jurídicamente aceptable, aunque política y diplomáticamente pudiese resultar peligroso, como asimismo entraba en los límites de lo admisible el ejercicio del derecho de represalias o la más benevolente u hostil de las neutralidades[375].

Quizá el ejemplo más ilustrativo que podríamos poner acerca de todo ello lo encontremos en Tucídides, en referencia a las relaciones entre Atenas y Esparta durante el periodo de vigencia de la paz de Nicias. Pese a que las dos ciudades habían asentado en el 421 paz (*Stv.* 188) y alianza (*Stv.* 189), ello no fue obstáculo para que tres años después atenienses y lacedemonios combatiesen en Mantinea junto a sus respectivos aliados (Th. 5,67), ni tampoco para que los mesenios e hilotas fuesen devueltos a Pilos y autorizados a pillar Laconia por su propia cuenta (Th. 5,56,3), por no hablar de las reiteradas contravenciones a lo estipulado toleradas por ambas partes (Th. 5,48,1;56,3). De ahí el juicio del historiador: «Durante siete años y diez meses se abstuvieron de invadir sus respectivos territorios, pero fuera de esto se hicieron todo el daño posible bajo esta insegura tregua; luego, obligados por fin a romper el tratado (λῦσαι τὰς σπονδὰς) concluido tras los diez años [del conflicto arquidámico], entraron ya en guerra abierta (πόλεμον φανερὸν)» (Th. 5,25,3). La ruptura de las

---

373. La travesía en armas podía infundir sospechas o suscitar una reacción militar: ver D. J. Mosley, «Crossing Greek Frontiers under Arms», *RIDA* 20 (1973) 161-169; id., «Crossing Greek frontiers under arms II», en E. Olshausen, H. Sonnabend (ed.), *Stuttgarter Kolloquium zur historischen Geographie des Altertums*, 4, 1990. Amsterdam 1994, 175-187; Fernández Nieto, *AcB.* I, p. 229 ss; Alonso, *Neutralidad*, 81 ss.

374. Concepción prevalente hasta la llamada paz común: *cf.* Fernández Nieto, *AcB.* I, p. 94 n. 3; L. Santi Amantini, «Semantica storica dei termini greci relativi alla pace nelle epigrafi anteriori al 387/6 a. C.», en M. Sordi (ed.), *La pace nel mondo antico.* Milano 1985, 45-68; M. Jehne, *Koine Eirene. Untersuchungen zu den Befriedungs- und Stabilisierungsbemühungen in der griechischen Poliswelt des 4. Jahrhunderts v. Chr.* Stuttgart 1994, 26 ss; Baltrusch, *Symmachie und Spondai*, 92 ss.

375. Alonso, *Neutralidad, passim*; id., «War, Peace and International Law in Ancient Greece», en K. Raaflaub (ed.), *War and Peace in the Ancient World.* Oxford 2007, 215-219 (trabajo reeditado en T. Gazzini, N. Tsagourias [ed.], *The Use of Force in International Law.* London and New York 2016, 3-22).

spondai y el estallido de la guerra decélica resultaron de una acción ofensiva de menor calado, pero decisiva desde el punto de vista legal y formal: la razia contra algunas comarcas laconias protagonizada en el verano del 414 por la flota ateniense a instigación de los argivos (Th. 6,105,1). Fueron aquellas treinta naves las que «de manera más clara» (φανερώτατα) quebrantaron el tratado de paz con los lacedemonios:

> Hasta entonces –recapitula Tucídides (6,105,2)–, los atenienses habían participado en la guerra en apoyo de los argivos y los mantineos efectuando incursiones desde Pilos, y mediante desembarcos en otras zonas del Peloponeso, pero no en Laconia. Los argivos les habían invitado muchas veces a efectuar solo un desembarco con sus tropas en Laconia y a devastar junto a ellos una mínima parte del territorio, para a continuación retirarse, pero ellos no habían querido hacerlo así[376].

Estaríamos muy equivocados si pensásemos que este capítulo en la historia diplomática de la Grecia clásica representó un fenómeno atípico e inadvertido por las generaciones sucesivas. En su discurso *Sobre la paz*, correspondiente más o menos al invierno del 392/91, en plena guerra corintia, Andócides (3, 9 y 31) recordaba por dos veces la trascendencia jurídica del desembarco argivo-ateniense en tierras lacedemonias. El auditorio del orador estaba preparado para comprender sin más explicaciones las consecuencias de la acción acometida por sus padres en el estío del 414. Se trataba de una cultura normativa que era patrimonio común de los helenos, recibida de los mayores a través de la costumbre y el derecho de los tratados[377].

La misma conclusión se obtiene del episodio corcirense, en los prolegómenos de la guerra del Peloponeso. La *epimachía* concertada en 433 por Atenas y Corcira (*Stv.* 161), polis no adherida al tratado del 446/45 (Th. 1,35,1-2), encomendaba a las partes pactantes la defensa de sus respectivos territorios y aliados (Th. 1,44,1; 45,3), mas no así la participación en campañas de carácter ofensivo (Th. 1,53,4). Por esta razón la batalla de Sibota no supuso para Atenas la ruptura de la paz con la liga del Peloponeso, por mucho que desde entonces se tensasen sus relaciones con Corinto, de la misma manera que tampoco el contencioso potideata aportó cambios sustanciales a la situación legal entre

---

376. Trad. A. Guzmán Guerra, *Tucídides: Historia de la guerra del Peloponeso*. Madrid 1989. Ver asimismo Th. 7,18,2-3, y Busolt, *GG* III 2, 1355.

377. Principios normativos básicos de la misma, *cf.* C. Phillipson, *The International Law and Custom of Ancient Greece and Rome*, I. London, 27 ss, 43 ss; G. Ténékidès, «Droit international et communautés fédérales dans la Grèce des cités», *ADI, R.d.C.* 90, II (1956) 532 ss; V. Martin, *La vie internationale dans la Grèce des cités (IVᵉ-IVᵉ s. av. J.-C.)*. Paris 1940, *passim*; J. de Romilly, *La loi dans la pensée grecque*. Paris 1971, 38 ss; Fernández Nieto, *AcB.* I, p. 128 ss; V. Ilari, *Guerra e diritto nel mondo antico*. Milano 1908, 358 ss, 370 ss.

los dos bloques (Th. 1,66), como prueba el hecho de que el ataque a Platea hubiese sido realizado reinando todavía la paz, ἐν εἰρήνῃ (Th. 2,2,3)[378]. Una cultura jurídica internacional como la helénica explica asimismo que en el 431 la defensa del Ática por parte de la caballería tesalia, en virtud de una antigua obligación convencional, no comportase el estallido de la guerra abierta entre la confederación y los peloponesios. En efecto, pese al combate ecuestre de Frigias (Th. 2,22,3), las fronteras seguían respetadas por ambas partes, y de ahí que el gobierno espartano no quisiera darse por enterado de la actitud proateniense de los tesalios, como demuestra la amistosa salutación de Brásidas en el 424 (Th. 4,78,4).

1. Esparta contra Atenas (y Argos): de la guerra indirecta al *phaneròs pólemos*

Esta práctica internacional y estos precedentes deben ser tenidos en cuenta al estudiar la evolución de las relaciones entre Atenas y Esparta durante la llamada guerra de Corinto (395-386). Para empezar, conviene detenernos en las condiciones y circunstancias de la lucha iniciada por la democracia ática a fin de recuperar la independencia perdida en el 404.

Como es bien sabido, fue una *symmachía* de *casus foederis* puramente defensivo (*Stv.* 223) el instrumento jurídico elegido por Trasíbulo (*HG* 3,5,16) para intervenir en la guerra beocia a favor de Tebas[379]. Conviene recalcar la naturaleza paritaria y disuasoria del pacto si queremos comprender los objetivos de la política exterior ática en la nueva coyuntura. Atenas, en efecto, no aceptó la alianza porque los lacedemonios invadiesen Beocia (Orcómeno, Lebadea y Haliarto), sino porque la propia Tebas iba a ser atacada, y sobre esta certidumbre fue solicitada su ayuda militar (*HG* 3,5,7). Si no fuese porque la integridad de la capital beocia corría verdadero peligro, Trasíbulo no habría dado su visto bueno a este acuerdo ni habría asumido el riesgo de trabar combate con los peloponesios, esto es, difícilmente habría arriesgado una ruptura con Esparta para mantener a Orcómeno en el seno del *koinón* beocio y defender la unidad confederal. Ahora bien, una vez concluida la alianza y hecho constar

---

378. Ver Busolt, *GG* III 2, 776 n. 2, 902 n. 3; Ste. Croix, *Origins*, 71 ss, 78.

379. *Cf.* R. v. Scala, *Die Staatsverträge des 4. Jahrhunderts v. Christi Geb.* Leipzig 1938, 58 n. 3. Por lo demás, *cf.* P. Cloché, *La politique étrangère d'Athènes de 404 à 338 av. J.-C.* Paris 1934, 15; id., *Thèbes de Béotie.* Louvain-Paris 1952, 104; S. Accame, *Ricerche intorno alla guerra corinzia.* Napoli 1951, 33, 46 ss; Bengtson, *Stv.*, p. 170; Ch. D. Hamilton, *Sparta's Bitter Victories. Politics and Diplomacy in the Corinthian War.* Ithaca and London 1979, 205; P. Funke, *Homónoia und Arché. Athen und die griechische Staatenwelt vom Ende des peloponnesischen Krieges bis zum Königsfrieden (404/3-387/6 v. Chr.).* Wiesbaden 1980, 69; R. Seager, «The Corinthian War», en *CAH*, VI, Cambridge 1994, 100.

en el texto del tratado el nombre de los beocios –seguro que a propuesta de Tebas–, Atenas quedaba legalmente obligada ante todas las ciudades de la confederación. Fue esta la razón por la cual sus hombres se desplazaron también en socorro de Haliarto, prestos a presentar batalla a Pausanias (*HG* 3,5,22), después de que los tebanos por sí solos venciesen el día anterior a Lisandro (*HG* 3,5,18-19). El relato de Plutarco llena los silencios de Jenofonte, sin contradecir su versión: sitúa en un primer momento a los atenienses en Tebas, mientras los tebanos se mueven a Haliarto (*Lys.* 28,5), y los hace comparecer también en esta plaza, a las órdenes de Trasíbulo, cuando llega el Agíada (*Lys.* 29,1). El Periegeta (3,5,3-4), por su parte, engrandece el papel de los atenienses en toda la campaña, convirtiéndolos en coprotagonistas de la victoria sobre Lisandro y otorgándoles una importancia táctica decisiva en la retirada del rey espartano[380]. Por lo demás, la información de Diodoro (14,81,2-3) está demasiado condensada, pero aun así cabe también deducir de ella que en primera instancia fueron los tebanos quienes por sí mismos hubieron de proteger Haliarto ante la acometida de Lisandro.

Honrar la *symmachía* era, por encima de todo, acudir en socorro de la ciudad amiga en trance de sufrir la agresión directa, la invasión del enemigo. A veces, tanto o más que el apoyo material contaba el apoyo moral y político al aliado, con toda la euforia que las fuentes delatan y con todo el efecto desmoralizador sobre el contrario: el rey Pausanias se bate en retirada cuando se sabe abandonado por los aliados del norte y percibe la desgana de los peloponesios, pero también por intimidarle el poderío ecuestre de la coalición ático-tebana (*HG* 3,5,23). Para este hombre de compromisos, como ya lo fuera su padre (Th. 1,114,2; 2,21,1; 5,16,2-3), quizá subsistía la posibilidad de un arreglo, al igual que en el 403, o que en el 431, cuando Arquídamo intentara el acuerdo *in extremis* (Th. 2,12). Debe repararse en que sus soldados no habían cruzado lanzas con la leva de Trasíbulo, y aunque lo hubiesen hecho, las fronteras del Ática seguían respetadas por los peloponesios[381]. A tenor de lo que hemos visto, para el derecho de gentes helénico no concurrían todavía los actos constitutivos del

---

380. *Cf.* Accame, *Ricerche*, 40-41. Como Pausanias, Aristid. 1,267, y los escolios *ad loc.*: G. Dindorf, *Aristides*, III. Leipzig 1829, 167,14 (p. 261). Ver asimismo H. D. Westlake, «The Sources for the Spartan Debacle at Haliartus», *Phoenix* 39 (1985) 119-133, con una reivindicación correcta de Plutarco, aunque no del Periegeta.

381. Ruta de ida y vuelta de Pausanias: *cf.* N. G. L. Hammond, «The Main Road from Boeotia to the Peloponnese», en id., *Studies in Greek History*. Oxford 1973, 417 ss, 434, con muy relevantes observaciones sobre las campañas de Agesilao y Cleómbroto en 378-76 contra Tebas rehuyendo el Ática, así como S. van de Mele, «Le site d'Ereneia et la frontière attico-mégarienne», *Phoenix* 34 (1980) 153-159. Westlake, «Sources», 128 n. 35, compara la marcha del Agíada en 395 sin tocar el Ática con la de Cleómbroto en el invierno del 379/78 hacia Platea por el Citerón, evitando Eléuteras (*HG* 5,4,14). Nótense, en esa página bélica, las incertidumbres sobre el estado de guerra con Tebas entre el ejército peloponesio (*HG* 5,4,16).

phaneròs pólemos entre Atenas y la liga del Peloponeso. La relación de aquella con Esparta a fines del verano del 395 se asemejaba a la de comienzos del 431: si entonces la *apella* lacedemonia y el sinedrio peloponesio declararon rotas las *spondai* (Th. 1,87-88), ahora el juramento de «tener a los mismos por amigos y enemigos» (*HG* 2,2,20) podía considerarse violado debido al cierre de una alianza con la Tebas hostil. Pero la ruptura del tratado no entrañaba de manera automática la guerra abierta (*cf.* Th. 1,146; 2,2,3; 7,1), como tampoco la expiración de un pacto abría de manera automática las hostilidades (Th. 5,14,4; 22,2; 28,2), sino un nivel cero e inseguro en las relaciones mutuas, diría que potencialmente bélico[382]. En consecuencia, me parece un signo de la madurez diplomática ateniense –manifiesta ya en la crisis de Corcira y en tiempos de la paz de Nicias– la forma inicialmente controlada y ajustada a derecho de su intervención en el conflicto beocio-espartano, manejando un instrumento de alianza adecuado a la situación. Forma articulada y normativa que se corresponde con el intento previo de mediación llevado a cabo ante las autoridades lacedemonias (Paus. 3,9,11), acaso un gesto de Trasíbulo para con los partidarios de la paz[383]. Forma cautelar y medida que, sin violentar el texto del acuerdo, no excluía en absoluto la inmersión completa en la conflagración y la escalada de las hostilidades, como después sucedería. Prudencia diplomática, en fin, que respondía a las incertidumbres y debilidades de la hora: nadie sabía aún que Lisandro moriría ante Haliarto y que Conón cosecharía una brillante victoria en Cnido, nadie podía asegurar que unos meses después cuajaría una sólida entente contra Esparta, nadie en fin apostaría por la invulnerabilidad del casco urbano y el Pireo (*HG* 3,5,16), estando como aún estaban sin

---

382. Véase Alonso, «War», 221 n. 37. Mal comprendido por Accame, *Ricerche*, 46: «una vera e propria dichiarazione di guerra», seguido por R. Seager, «Thrasybulus, Conon and Athenian Imperialism, 396-386 B.C.», *JHS* 87 (1967) 98 n. 21, y Hamilton, *Sparta's Bitter Victories*, 206, 264. No menos equívoca es la afirmación de S. Hornblower, *The Greek World 479-323 B.C.* London 1983, 196: «Athens was at war with Sparta by the very fact of concluding the alliance». La *interpretatio* latina es evidente en Nepote: *Boeotii et Athenienses Lacedaemoniis bellum indixerant* (Nep. *Con.* 2,4). La *indictio belli* del *ius fetiale* romano no existe propiamente en el derecho bélico griego, aunque pueda darse una comunicación formal de guerra, como la de Corinto a Corcira en 435 (Th. 1,29,1), de la que no tenemos constancia se produjese en 395/94, al menos no entre Esparta y Atenas: consultar mi «Ultimatum et déclaration de guerre dans la Grèce classique», en E. Frézouls, A. Jacquemin (ed.), *Les relations internationales* (Actes du Colloque à Strasbourg, 17-19 juin 1993). París 1995, 211-295.

383. Ver P. Cloché, «Les conflits politiques et sociaux à Athènes pendant la guerre corinthienne (395-387 avant J.-C.)», *REA* 21 (1919) 165 n. 6, con una valoración bastante correcta de la política exterior de Atenas en 495, al margen ahora de su análisis sobre la lucha faccionaria interna; L. Piccirilli, *Gli arbitrati interstatali greci.* Pisa 1973, nº 34; Hamilton, *Sparta's Bitter Victories*, 204. El asunto de Demeneto (*Hell. Oxy.* 9,1ss) prueba que todavía en el invierno del 396/95 Trasíbulo, Ésimo y Anito medían sus pasos en la política de gradual alejamiento de Esparta: *cf.* Funke, *Homónoia und Arché*, 66.

fortificar[384]. Lo único seguro era que Agesilao arrasaba en Asia Menor, mientras que Corinto e incluso Argos se mantenían por el momento neutrales. No juzguemos la política exterior de Atenas *ex eventu*.

El estado de guerra, por consiguiente, solo fue un hecho consumado e irreversible entre la liga del Peloponeso y Beocia durante el incierto año del 395[385]. Otra confirmación de esto la tenemos en que fueron los tebanos, y no sus aliados los atenienses, los que concedieron la tregua a Pausanias (*AcB*. 50), o sea, los que hubieron de acordar *spondai* para interrumpir momentáneamente las hostilidades en su territorio, como también serían ellos los que tras Coronea tendrían que solicitar la recogida de cadáveres a Agesilao (*AcB*. 51).

La sinmaquia del 395 se hizo de nuevo efectiva a favor de los beocios en la temporada siguiente, cuando las fuerzas de Agesilao procedentes de Asia Menor irrumpieron en el territorio confederal. En la batalla de Coronea (agosto del 394) los atenienses cerraron filas con las restantes unidades amigas, que Jenofonte recuenta: argivos, corintios, enianes, eubeos y ambos locros, todos ellos obligados por juramentos de muy parecido tenor (*HG* 4,3,15). Para entonces la red de alianzas tejida contra Esparta se había extendido, y la llamada coalición corintia pugnaba por ganar la partida, bajo la dirección de Tebas, Atenas, Argos y la ciudad ístmica, sede del sinedrio (*Stv*. 225). Haciendo honor a otro pacto bilateral cerrado con los corintios, también de supuesto de alianza defensivo (*Stv*. 224, l. 2), hoplitas y caballeros atenienses se habían batido en Nemea contra el ejército de la liga del Peloponeso, con resultado adverso, y sin que prosperase el plan de Timolao de marchar contra Laconia (*HG* 4,2,11-13). Si los coligados llegaron a pensar en un primer momento que dentro del Peloponeso hallarían respuesta a sus llamadas de sublevación (D.S. 14,82,4), el hecho es que la reacción militar de Esparta se encargó de arruinar su ambiciosa estrategia ofensiva, con lo que el frente de las hostilidades se estabilizó en la Corintia en una guerra de desgaste y de posiciones (*HG* 4,4,1ss). Al contrario de Beocia y de Corinto, la Argólida no vería vulneradas sus fronteras hasta el 391, como tampoco el Ática con anterioridad al 389. A su vez, Laconia tampoco iba a sufrir ataques directos por parte de ninguno de los cuatro

---

384. Tod 107; F. G. Maier, *Griechische Mauerbauinschriften*, I. Heidelberg 1959, nº 1.-9, p. 31-32; Funke, *Homónoia und Arché*, 104 n. 5, 129 n. 74-75.

385. Nótese, por lo demás, que D.S. 14,81,3 y Plu. *Lys*. 27,1, hablan de un Βοιωτικὸς πόλεμος como fase bélica preliminar a la guerra de Corinto propiamente dicha (D.S. 14,86,6). Éforo recogía una tradición según la cual la iniciativa y el protagonismo en la contienda recaían sobre los beocios: D.S. 14,83,2; 84,1-2. *Cf*. G. Zunkel, *Untersuchungen zur griechischen Geschichte der Jahre 395-386*. Weimar 1911, 5 ss; Funke, *Homónoia und Arché*, 54 n. 27. Por su parte, G. Cawkwell, «Sparta and her Allies in the Sixth Century», *CQ* 43 (1993) 365 n. 12, distingue el 395 de la guerra de Corinto propiamente dicha, a partir del 394 con la formación de la gran coalición antiespartana.

beligerantes principales, a juzgar al menos por las fuentes. Precisemos esta evolución de los acontecimientos.

Por Jenofonte (*HG* 4,8,7-9) sabemos que en la primavera del 393 la flota persa empleó primero Melos como base de operaciones contra Esparta, asolando las costas laconias y mesenias en distintos puntos (comarca de Feras, entre otras), para luego desembarcar en Citera y proceder a su ocupación tras el correspondiente acuerdo de capitulación (*AcB*. 130). Farnabazo dejó su propia guarnición en la isla a las órdenes de un ateniense próximo a Conón, Nicofemo (Lys. 19,35), a fin de que al amparo de sus muros y su puerto se intensificasen las hostilidades contra la ribera enemiga[386]. A continuación, las naves persas pusieron proa al istmo de Corinto, en donde el sátrapa aflojó la bolsa para que los aliados porfiasen en la lucha «como hombres leales» al Gran Rey. A petición de Conón, Farnabazo concedió fondos especiales para la reconstrucción de los Muros Largos y las defensas del Pireo y, antes de retirarse a su satrapía, puso a disposición de su lugarteniente nada menos que el grueso de la armada. Extraño «enemigo hereditario» (que diría Isócrates 4,184), debieron de pensar los más jóvenes al tener noticia de quien así se conducía. A decir verdad, la memoria ática no se confundiría nunca a este respecto, por más que el orgullo patrio tratase de compensar la irónica realidad de los hechos engrandeciendo la figura del anaflistio, como prueban el testimonio coetáneo de Andócides (3,22) y los relatos de Diodoro-Éforo (14,83,4-7; 84,4-5) y Trogo Pompeyo (Ius. 6,1,7-9; 6,5,6-9), con el muy griego y muy puntilloso rechazo a la prosquinesis[387]. Ni siquiera la retórica como panegírico podía ocultar que un bárbaro, gobernador para más señas de la Frigia helespóntica, ostentaba sin discusión el mando supremo de la armada aqueménida y que en nombre de su rey y señor combatía con todo éxito a la dueña de Grecia (Isoc. 4,119; 12,105). Sobre esto y la atribución de la victoria de Cnido no podía caber la menor duda (*HG* 4,3,11), y las fuentes así lo confirman más o menos a regañadientes, desde Plutarco (*Art*. 21; *Mor*. 213B) hasta Nepote (*Con*. 4) y Elio Arístides (1,280). El discurso del astuto Dercílidas a los abidenos (*HG* 4,8,4) fue la más elocuente proclama sobre la verdadera identidad de los nuevos amos del Egeo[388].

---

386. Citera, para oprimir militar y comercialmente a Esparta, lección de las guerras médicas: D. M. Lewis, *Sparta and Persia*. Leiden 1977, 144; Hornblower, *Greek World*, 197, con el fantasma de Cinadón; id., «Persia», en la *CAH*, VI. Cambridge 1994, 74; J. N. Coldstream, G. L. Huxley (ed.), *Kythera: Excavations and Studies conducted by the University of Pennsylvania Museum and the British School at Athens*. London 1972, 39, con mención de restos persas.

387. Por lo demás, el discurso (memoria (pseudo)histórica) de la suplantación de los auténticos liberadores no haría más que empezar en la historia de Occidente…

388. Sobre la posición de Conón en esta campaña, con todas las fuentes, *cf.* G. Barbieri, *Conone*. Roma 1955, 144 ss, 159 ss, así como las perceptivas observaciones de Funke, *Homónoia und Arché*, 82 n. 33, 120-121, 128-129 n. 71-72, 131 n. 84, 134 n. 94 (discutible), 137 n. 8. También Hornblower, *Greek World*, 197-198, y Seager, «Corinthian War», 104-105. Cloché, *La*

Un mercenario de lujo al servicio de Artajerjes, así pues, había sido el factótum del resonante triunfo de Farnabazo en el 394 y luego el instigador de la revancha contra la tierra laconia. Nada mejor que hacer beber al enemigo de su propia medicina. Era la respuesta de Susa al desafío de Agesilao en Asia Menor, aplicando al caso una receta que Demarato ya había recomendado a otro patrón persa, al mismísimo Jerjes (Hdt. 7,235). Mas la república de los atenienses como tal estaba fuera de juego en estos primeros compases de la guerra naval, de hecho y de derecho, y de ahí que su papel se limitase a ser cantera de oficiales y remeros para los efectivos persas. Al fin y al cabo, también Aristeo, el hijo de Adimanto, había actuado en 432 a título particular al alistar voluntarios y mercenarios en favor de Potidea (Th. 1,60), sin involucrar por ello oficialmente ni al Estado corintio ni a la liga del Peloponeso (Th. 1,66). Hasta la fecha del 393 los atenienses no habían podido hacer otra cosa que continuar una práctica de la preguerra (*Hell.Oxy.* 9,1ss; 10,1; Is. 11,8) y participar de manera privada en los ataques de Farnabazo contra el Peloponeso. Puede que la reminiscencia de esta guerra vicaria perdure en Elio Arístides (1,291), cuando el esmirnense exhuma del olvido inconcretas incursiones atenienses contra Lacedemonia, en el contexto improbable del 391[389].

Tras la cita de Corinto con los miembros del sinedrio, hacia el otoño del mismo año, Conón entraba en el Pireo con la flota persa de prestado y en olor de multitud aumentaba su cuota ya nada despreciable de servicios a la patria con nuevos argumentos: oro en abundancia para la plebe de obreros y remeros, como en los buenos tiempos de Temístocles, Cimón o Pericles (*HG* 4,8,10; *cf.* Ar. *Ec.* 197-198). Y ahora que los fantasmas del glorioso pasado cobraban apariencia de verdad, y que la isla doria seguía allí en frente bajo la égida de un harmosta, más de alguno debió de acordarse del símil acuñado por el Alcmeónida, el de aquella «legaña» que ofendía a la vista del Pireo (Plu. *Per.* 8,5; Arist. *Rh.* 1411a, 15). ¿Para qué asentar un contingente de mercenarios en la lejana Citera si a unas cuantas millas del Ática una guarnición lacedemonia continuaba amenazando la vida de sus moradores? ¿Por qué no aprovechar el viento favorable de Cnido y la presencia de la armada persa para desembarcar en la isla y limpiar el golfo Sarónico de peloponesios? Hay algo en todo ello que no cuadra según nuestra lógica de la estrategia bélica. Pero la lógica griega de la guerra podía ser algo distinta.

Por no cuadrar, tampoco cuadra el comportamiento de los gobernadores espartanos en Egina. Si cualquier demócrata de toda la vida soñaba en Atenas

---

politique étrangère, 18, resulta algo ambiguo. G. R. Sievers, *Geschichte Griechenlands vom Ende des peloponnesischen Krieges*. Kiel 1840, 82 n. 34, propone la identificación de Nicofemo con el Nicodemo de D.S. 14,81,4.

389. Aristid. 1,291, no se corresponde con *HG* 4,4,16; D.S. 14,91,3: *cf.* Ch. A. Behr, *P. Aelius Aristides. The Complete Works*. Leiden 1986, 443 n. 426.

con la reanimación de la *arché*, en el espartiata que se preciase habitaba un alma nocturna de *kryptes*, y este sería el siglo de los Tibrón, Fébidas y Esfodrias, nutridos en la escuela o en la memoria de Brasidas y Lisandro y, consumada la fechoría, tolerados por el todopoderoso Agesilao. Había sido precisamente Brasidas uno de aquellos capitanes que una noche de invierno del 429 decidió buscarle el corazón al enemigo acometiendo desde Nisea un ataque por sorpresa contra el Pireo, una experiencia abortada que sin embargo puso de manifiesto que ni siquiera los señores del mar eran del todo invulnerables (Th. 2,93). Que nos conste, por la isla pasaron desde el 404 diversos harmostas y oficiales, pero ninguno de ellos se propuso algo tan obvio en un estado de guerra como el hostilizar a la población frontera del Ática. La labor de policía del golfo Sarónico está probada en el caso de Farace contra una embajada ateniense en viaje a Persia, al igual que en la persona de Milón contra Demeneto (*Hell.Oxy.* 9,3; 10,1; 11,1), pero siempre durante el periodo prebélico y en forma de acciones de castigo contra individuos particulares; la segunda de ellas incluso en connivencia con el gobierno ateniense[390].

El *status* internacional de Egina durante los primeros años de la conflagración constituye, en efecto, un botón de muestra particularmente relevante sobre esas peculiaridades del derecho de guerra griego a que al principio me refería. Aunque no es imposible que hubiese remitido algún contingente a Haliarto con Pausanias, la polis doria está ausente en Nemea y en Coronea, y sus hombres no son listados entre las fuerzas combatientes en el istmo, como tampoco en los demás frentes con posterioridad a dichas batallas. Pero no nos engañemos. La isla era a todas luces miembro de la liga del Peloponeso desde la repoblación efectuada por Lisandro (*HG* 2,2,9; Plu. *Lys.* 14,4) y servía de base de operaciones y control para su flota, habida cuenta de la presencia en su suelo de una guarnición lacedemonia comandada por un harmosta[391]. Los agradecidos eginetas debieron asimismo de contribuir a la caja de guerra espartana con dinero y otras mercedes, que no son difíciles de imaginar tratándose de un *symmachos* bajo gobierno seguramente oligárquico. ¿Cuál era entonces su relación jurídica con Atenas? Jenofonte nos sorprende en el año 389, a un sexenio ya del inicio de la guerra, con un comentario crucial para nosotros, que en efecto parece sacado del mejor Tucídides. Al dar noticia de que Eteónico regresó a Egina, el autor de las *Helénicas* señala que hasta aquella fecha los isleños y los atenienses habían venido manteniendo relaciones pacíficas de intercambio (*epimeixía*) y que solo con permiso de los éforos consintió

---

390. Ver Funke, *Homónoia und Arché*, 44 n. 61, 64 n. 51, 66 ss, y T. J. Figueira, «Aigina and the Naval Strategy of the Late Fifth and Early Fourth Centuries», *RhM* 133 (1990) 27 ss.

391. G. Bockisch, «Ἁρμοσταί (431-387)», *Klio* 46 (1965) 183 n. 7, 220; Figueira, «Aigina», 27 ss; Meyer, *GdA*, VIII, 260, habla de neutralidad egineta desde el regreso de su población a la isla en 404.

el jefe espartano que los eginetas emprendiesen acciones de piratería y pillaje contra el Ática: ὧν δὲ πάλιν ὁ Ἐτεόνικος ἐν τῇ Αἰγίνῃ, καὶ ἐπιμειξίᾳ χρωμένων τὸν πρόσθεν χρόνον τῶν Αἰγινητῶν πρὸς τοὺς Ἀθηναίους, ἐπεὶ φανερῶς κατὰ θάλατταν ὁ πόλεμος ἐπολεμεῖτο, συνδόξαν καὶ τοῖς ἐφόροις ἐφίησι λῄζεσθαι τὸν βουλόμενον ἐκ τῆς Ἀττικῆς[392].

El párrafo es evocador de las condiciones prebélicas entre peloponesios y atenienses durante el 432/31 a las que ya me he referido (Th. 1,146, con el uso del mismo término). Tráfico recíproco y sin intermediarios que, fuerza es decirlo, revestía un carácter convencional, esto es, o bien se asentaba en el mantenimiento entre ambas partes de las *spondai* del 404, o bien operaba a cubierto de algún acuerdo de asistencia judicial entre atenienses y eginetas (*symbolon*), o bien, como me parece más probable, se fundaba en la vigencia de ambos vínculos legales a la vez. No menos destacable resulta el respeto de la *epimeixía* por las sucesivas guarniciones y harmostas lacedemonios estacionados en Egina, lo que por fuerza supone reconocer el respeto de la liga del Peloponeso al estado de paz reinante en todo el golfo Sarónico, al menos por lo que se refiere a los movimientos de atenienses y eginetas. Ello concuerda con el hecho de que antes del 389 no se conocen hostilidades en estas aguas entre Mégara, Egina y Atenas. Asimismo, es de resaltar la necesaria autorización de los éforos para la apertura de las hostilidades contra el Ática, con la particularidad de que el permiso se hace necesario, no porque se fuese a guerrear contra la milicia o las fuerzas mercenarias de Atenas, lo que ya venía aconteciendo desde el 395 (Nemea, Coronea, Lequeo, etc.), sino porque por vez primera se iban a emprender acciones bélicas contra la polis y la *chora* de los atenienses, de manera directa y oficial.

Constituye una evidencia, así pues, el hecho de que con toda intencionalidad las autoridades lacedemonias habían desechado hasta el 389 la estrategia de beligerancia frontal contra las fronteras y costas del Ática (se diría que aún conformes al ὅπλα μὴ ἐπιφέρειν ἐπὶ χώραν τὴν Ἀθηναίων), y que en tal sentido habían dado instrucciones a sus navarcas y harmostas para que se abstuviesen de cualquier acción hostil directa. ¿Tendría sentido pensar que los lacedemonios intentaron de hecho la guerra abierta contra los atenienses con anterioridad al 389 y que sin embargo prohibieron a un aliado estratégico como Egina hacer otro tanto? La tradición paralela da a entender que los eginetas, pese a haber mantenido hasta la fecha contactos positivos con la otra

---

392. *HG* 5,1,1. P. Gauthier, *Symbola*. Nancy 1972, no considera este pasaje, mientras que B. Bravo, «Sulân», *ASNP* 10,3 (1980) 863-862, trabajo por lo demás muy útil, ignora en este caso la tradición paralela y se pierde en observaciones insustanciales al no contextualizar la relación Atenas-Egina-Esparta entre 395 y 389. Es ilógica, innecesariamente complicada y contraria a las fuentes la hipótesis de Figueira, «Aigina», 35, según la cual la proclamación de los éforos habría tenido lugar en el 395/94, recién adherida Atenas a la coalición corintia, pero que habría quedado sin efecto hasta el 390/89 por el deseo egineta de no entrar en guerra.

orilla, secundaron con ardor la iniciativa eforal, como si contra su voluntad se hubiese preservado la paz hasta el 389, cosa que por otra parte cuadra perfectamente con el tormentoso pasado de sus relaciones con Atenas[393].

El cambio en las relaciones internacionales entre los dos vecinos puede ser ilustrado con un episodio contemporáneo de la vida de Platón, que nos llega a través de Plutarco (*Dio.* 5,1-7) y Diógenes Laercio (D.L. 3,19). Ambos autores relatan la caída en desgracia del filósofo ante Dionisio de Siracusa y su entrega al lacedemonio Polis, quien decidiría ponerlo en venta precisamente en la plaza de Egina, habida cuenta de que sus habitantes estaban en guerra con su vecina y habían decretado la venta de cualquier ateniense capturado: πολέμου πρὸς Ἀθηναίους ὄντος αὐτοῖς καὶ ψηφίσματος ὅπως ὁ ληφθεὶς Ἀθηναίων ἐν Αἰγίνῃ πιπράσκηται (Plu. *Dio.* 5,7). Con algunas variaciones coloristas típicas de su escritura, Diógenes completa este dato señalando la aprobación de una ley (sin duda el decreto mencionado por Plutarco) a propuesta de Jarmandro, en virtud de la cual se establecía por vía sumaria, extraprocesal, la condena a muerte para todo ciudadano de Atenas desembarcado en la isla, lo que en el texto se rubrica con el empleo de la voz *aichmálotos*, cautivo de guerra[394].

Quizá el discurso *Eginético*, encargado a Isócrates por un sifnio residente en Egina, sea una prueba adicional de la normalidad de relaciones entre el Ática y la isla sarónica hasta el año 389. La fecha de composición de esta pieza forense se sitúa después de la batalla de Cnido (394), a resultas de la cual el cliente del orador, un aristócrata linajudo, hubo de exiliarse de Sifnos (19,18-24) para instalarse con su compatriota Trasíloco entre los eginetas. Isócrates vivía a la sazón en Atenas, pero ello no era impedimento para que un meteco egineta o cualquier intermediario navegase hasta el Pireo sin peligro, a fin de requerir los servicios de un logógrafo afamado[395]. Por otra parte, no deja de ser revelador el hecho de que la polis sarónica fuese lugar seguro de refugio para

---

393. W. K. Pritchett, *The Greek State at War*, V. Berkeley and Los Angeles 1991, 333, 362, 515, habla de una entrada en guerra de Egina contra su voluntad, lo que no concuerda con las fuentes.

394. Es el *status* vigente conforme al derecho de guerra entre los beligerantes (*HG* 4,5,5-7): *cf.* P. Ducrey, *Le traitement des prisonniers de guerre dans la Grèce antique.* Paris 1968, 16 ss. Por lo demás, B. Caven, *Dionysius I, War-Lord of Sicily.* New Haven and Londres 1990, 147, sitúa el incidente hacia la primavera del 387, durante la estadía de Polis en Siracusa para negociar el envío de la flotilla de Polixeno al Helesponto (*HG* 5,1,26), más o menos como L. J. Sanders, *Dionysius I of Syracuse and Greek Tyranny.* Londres 1987, 5, con una visita al tirano en 388. J. Platthy, *Plato. A Critical Biography.* Santa Claus, In 1990, 106, adelanta la partida de Platón para Siracusa al verano del 389 y su retorno a la primavera del 388.

395. La libertad de tráfico como condición indispensable para el mantenimiento de contactos entre logógrafo y cliente había sido ya puesta de relieve por F. Blass, *Die attische Beredsamkeit*, II. Leipzig 1892, 236, quien sitúa por ello el encargo y ejecución de la pieza en torno al 390, si bien *cf.* G. Mathieu, É. Brémond, *Isocrate, Discours.* Paris 1963, 92 n. 2. Ver, asimismo, I. Worthington, «Once more, the Client / *Logographos* Relationship», *CQ* 43 (1993) 70.

los desterrados egeos después del 394, con sus aguas y costas a cubierto de las represalias navales persas o atenienses. En el caso de que Mégara se hubiese mantenido neutral durante el conflicto bélico, como yo creo[396], resultaría aún más reforzada la tesis de que las ciudades ribereñas del golfo mantuvieron una especie de paz armada en esta zona privilegiada para los intercambios, a cubierto de las hostilidades.

Nuestra sorpresa va en aumento cuando comprobamos que, tras la estela de los eginetas, los distintos navarcas y epistoleos lacedemonios se sumaron desde el 389 a los ataques directos contra el Ática y la navegación del Pireo (HG 5,1,2; 9; 29), en cuya rada llegarían nada menos que a efectuar un desembarco los hombres de Teleutias (HG 5,1,19-24). A la inversa, los atenienses iban a responder emprendiendo una guerra anfibia de atrición contra la isla doria basada en el conocido epitiquismo (HG 5,1,2ss). Si alguien había imaginado que Atenas estaba a salvo de las incursiones enemigas por el hecho de que la coalición corintia retenía el control del istmo, estaba equivocado: la pugnacidad y la capacidad naval de los peloponesios en aguas sarónicas seguían incólumes gracias a sus bases de Epidauro y Egina, como sucederá en la década de los setenta (HG 6,2,1), con lo que la ocupación de Corinto y la alianza beocia perdían buena parte de su importancia estratégica[397]. Y esta era sin duda una de las cartas de triunfo que guardaban los éforos para el envite final.

La pregunta que, en consecuencia, debemos formularnos es esta: ¿por qué razón las autoridades lacedemonias aguardaron hasta el 389 para desencadenar las hostilidades directas contra la aliada de Tebas? Es evidente que entre el verano del 395 (Haliarto) y el verano del 394 (Cnido) hubo tiempo más que suficiente, de haberlo querido, para disuadir a los atenienses de cualquier

---

396. Ver Meyer, *GdA*, VIII, 228, 229 n. 3, 244; R. P. Legon, *Megara. The Political History of a Greek City-State to 336 B.C.* Ithaca and London 1981, 263 ss; Alonso, *Neutralidad*, 88-89, 103. En cambio, K. J. Beloch, *Griechische Geschichte*, III 1. Berlín-Leipzig 1922, 70 n. 3; E. Meyer, «Megara», *RE* 29 (1931) 192; Accame, *Ricerche*, 61-62, y Funke, *Homónoia und Arché*, 71 n. 2, están a favor de su adhesión al pacto de Corinto. E. Cavaignac, «A propos de la bataille du torrent de Némée (juin 394)», *REA* 27 (1925) 78, postuló su presencia en Nemea del lado peloponesio (vía Epidauro). Hamilton, *Sparta's Bitter Victories*, 218, no se pronuncia. Pl. *Tht.* 142a-c no es en absoluto incompatible con el *status* del neutral en la guerra (sobre el cual *cf.* Alonso, *Neutralidad,* 79 ss), como tampoco lo es el hecho de que un megarense obtuviese una contrata en las obras de fortificación del Pireo (Maier, *Griech. Mauerbauinschriften*, I, 33), al paso que Isoc. 8,118 cuadra bien con una política continuada de abstención bélica. D. 18,96, generaliza y en todo caso se refiere al periodo prebélico: Bockisch, «Ἁρμοσταί», 155, no da su cronología.

397. La bibliografía moderna, no sin fundamento en las fuentes (And. 3,26; *HG* 4,4,18; Lys. 2,70), y de manera más o menos explícita, ha partido del supuesto de que el Ática estaba a salvo de invasiones gracias a la alianza con Corinto: Meyer, *GdA*, VIII, 242 ss; J. B. Bury, R. Meiggs, *A History of Greece.* London 1975, 338-339; Ste. Croix, *Origins*, 193; Hamilton, *Sparta's Bitter Victories,* 250, 252, 264-265; Funke, *Homónoia und Arché*, 85-86.

veleidad probeocia con una simple demostración naval ante el Pireo, aún sin fortificar, amén de las numerosas ocasiones que sin duda debieron de presentarse para los ataques por sorpresa desde Egina, y quizá también desde Epidauro, con posterioridad al 394. La respuesta a nuestra pregunta nos la da el propio Jenofonte: puesto que el *phaneròs pólemos* se había desatado en el mar, los éforos decidieron autorizar los actos de pillaje y piratería de los eginetas contra el Ática, con el subsiguiente lanzamiento de la ofensiva militar por parte de los efectivos navales regulares peloponesios. Esa guerra abierta a la que se refiere nuestra fuente se corresponde sin ningún género de dudas con la ofensiva naval desencadenada por Trasíbulo en su crucero del 390/89 por el Egeo y los estrechos, o dicho de otro modo, con el hecho de que los atenienses volvían por sus fueros imperiales, contra los intereses del persa y la voluntad hegemónica de Esparta[398]. He ahí la causa del fracaso de las conversaciones del 392/91 y del procesamiento de los cinco embajadores destacados en la cumbre de Esparta[399]. Junto a esta escalada de las hostilidades deberíamos considerar asimismo la posibilidad de que la carnicería de Ifícrates en el batallón de espartiatas (verano del 390), algo sin precedentes en las confrontaciones militares entre las dos ciudades, terminase por convencer a los éforos de que era llegada la hora de responder a la altanería ateniense en donde más le doliese. Y desde Egospótamos ese punto débil seguía siendo el mar.

De todo ello es fuerza concluir que antes del 390/89 la guerra directa entre Esparta y Atenas no había estallado, «ni por tierra ni por mar», por decirlo en el lenguaje griego de los tratados. Beligerancia indirecta e inseguridad jurídica entre Atenas y Esparta, toda la que se quiera a partir del 395, y de ahí la necesidad de reinstaurar la paz convencional y positiva –la *eirene* que pedía Andócides–, pero de ninguna manera guerra abierta y declarada, guerra sin cuartel, violación de las fronteras y suspensión de los tráficos con destino al Ática. Ni quizá tampoco necesariamente ruptura de las relaciones comerciales

---

398. Sobre el renacimiento de la iniciativa ateniense en el mar, a iniciativa de Trasíbulo y el concurso de Agirrio, Ifícrates y Cabrias, *cf.* W. Judeich, *Kleinasiatische Studien. Untersuchungen zur griechisch-persischen Geschichte des IV. Jahrhunderts v. Chr.* Marburg 1892, 92 ss, 102, que da las fuentes, y Funke, *Homónoia und Arché*, 96 ss, 148 ss, 152 n. 68 (134 n. 94, situación de la armada antes de 391/92). Los atenienses se deciden a entrar en la lucha naval cuando perciben la recuperación espartana en el Egeo, como Jenofonte comenta a propósito de la expedición del estireo: *HG* 4,8,25. Dejando a un lado las relaciones con Evágoras de Chipre (*HG* 4,8,24; 5,1,10) y Rodas, y alguna que otra incursión en el golfo de Corinto (*HG* 4,6,14), la política ultramarina de Atenas en la guerra de Corinto se reduce a las campañas desplegadas en los estrechos y el Egeo entre 390-388. Para entonces, los éforos deciden tomar cartas en el asunto despachando a la Propóntide a Anaxibio, que se dedica a capturar (*katagein*: ver Ste. Croix, *Origins*, 314) los barcos mercantes de Atenas y sus aliados (*HG* 4,8,33).

399. *FGrHist* 328 F 149; D. 19,277. Para un estado de la cuestión, *cf.* M. Jehne, «Die Friedensverhandlungen von Sparta 392/1 v. Chr. und das Problem der kleinasiatischen Griechen», *Chiron* 21 (1991) 265-276, con la bibliografía anterior.

y privadas entre periecos espartanos y metecos y ciudadanos atenienses, aunque esto no lo sepamos a ciencia cierta dado el mutismo de nuestras fuentes.

En esa progresión bélica que se observa a partir del 390/89 es posible que se sitúen dos episodios recogidos por Polieno en sus *Estratagemas* (3,11,6 y 15), ambos referidos a Cabrias. Este bravo estratego habría protagonizado en cierta ocasión una acción de saqueo con victoria incluida en la comarca laconia de Selasia, mientras que en otra oportunidad la llegada de Agesilao habría obligado al atacante a operar una retirada no menos gloriosa. Es muy posible que el recuerdo de esta beligerancia directa perdure en Elio Arístides (1,291), cuando el rétor alude a ciertas razias contra Lacedemonia, si es que el esmirneo no se refiere aquí a la participación de mercenarios como Conón y Nicofemo en el ejército de Farnabazo[400]. No debemos olvidar que a la altura del 389 la nueva flota ateniense ya estaba en condiciones de circunnavegar con cierta normalidad el Peloponeso, puesto que su presencia está atestiguada en Eníadas (*HG* 4,6,14), con lo que la vieja estrategia de guerra anfibia iniciada por Tólmides en el 457 (Th. 1,108,5; D.S. 11,84) recobraba actualidad. Para ser exactos, hemos de reconocer que no sabemos quién inició realmente las hostilidades directas: no cabría descartar la hipótesis de que la iniciativa de Eteónico fuese la respuesta eforal a golpes como los de Cabrias, con lo que el *phaneròs pólemos* en el mar al que se refiere Jenofonte incluiría no solo la ofensiva naval de Trasíbulo en el Egeo, sino también incursiones por sorpresa contra el territorio espartano.

Los estudiosos suelen partir del supuesto de que, por estar ocupado Corinto por las tropas enemigas, Esparta perdió la posibilidad de invadir el Ática y ejercer una estrategia de opresión similar a los tiempos de la guerra del Peloponeso[401]. No hay por qué discutir la verdad de esta aseveración, siempre y cuando no hagamos de ella un absoluto. ¿Qué hubiese impedido realmente a un Aristodemo (al socaire de Nemea), a un Agesilao (a favor de Coronea) o incluso a un Praxitas (tras la victoria de Lequeo y la toma de Side y Cromion) el llevar a cabo una rápida incursión de saqueo contra Eleusis, Fía o Maratón? Por otra parte, el pasillo ístmico no era la única vía de acceso a la Grecia central para una fuerza deseosa de golpear al enemigo en su suelo: un solo batallón de espartiatas (o dos: Plu. *Ages.* 17,1) logró conjuntar con Agesilao en Coronea desplazándose por mar (*HG* 4,3,15), y tras esta batalla el Euripóntida cruzó el golfo de Corinto una vez licenciado el ejército (*HG* 4,4,1), operación que

---

400. Es improbable el contexto de las batallas contra Fliunte, Sición y Mantinea en 391 (*HG* 4,4,16): *cf.* Ch. A. Behr, *P. Aelius Aristides. The Complete Works*. Leiden 1986, 443 n. 426. Tanto, J. Kirchner, «Chabrias», *RE* VI (1899) 2017-2018, como Seager, «Corinthian War», 111, sitúan estas incursiones de Cabrias tras su reemplazo de Ifícrates como jefe del cuerpo mercenario estacionado en Corinto (invierno del 89), por tanto, durante su estrategía del 389/88.

401. Ver *supra* nota 397.

repetiría después de su campaña acarnania del 389 (*HG* 4,6,14). Como muestra de la capacidad ofensiva de un ejército vencedor sirva la invasión de Lócride conducida por el polemarco Gilis, en el curso de la cual los locros ya no contaron con la ayuda de los beocios y solo pudieron ofrecer una resistencia de guerrilla ante un enemigo excesivamente confiado (*HG* 4,3,21ss). Desde el estío del 392 los peloponesios infligieron un serio quebranto a la línea defensiva Acrocorinto-Lequeo y quedaron en posesión de los fuertes de Cromión y Side, además de fortificar la Epiecea (*HG* 4,4,12-13). Pese a ello, Praxitas no intentó ninguna acción más allá de esta línea de fortificaciones, acaso porque las negociaciones del invierno del 392/91 estaban a la vista. Poco antes de comenzar estas, o quizá en el curso de las mismas, los atenienses procedieron con su leva al completo a la reedificación del sector derruido de los Muros Largos, por el temor declarado a que el enemigo pudiese marchar contra ellos (*HG* 4,4,18). En consonancia con el testimonio de Jenofonte, Andócides (3,26) contemplaba en el invierno del 392/91 una eventual invasión del Ática en el caso de que Beocia hiciese las paces con Esparta y de que Atenas siguiese aliada a los argivos y fuese vencida. Eran temores heredados de la guerra decélica y especulaciones asamblearias que sin duda refuerzan la idea de que la alianza beocia, así como la ocupación de la Corintia, resultaron decisivas para evitar la repetición de la estrategia peloponesia de la contienda anterior. Pero no para impedir un ataque por sorpresa. Por lo demás, en las fuentes no hay prueba de que el gobierno espartano se hubiese llegado a plantear como objetivo prioritario la invasión del Ática, al menos no con anterioridad al fracaso de las conversaciones del 392/91. Sin ir más lejos, el propio Agesilao y Teleutias restablecieron el control peloponesio sobre los Muros Largos y completaron la ocupación del puerto de Lequeo en la campaña del 391 (*HG* 4,4,19), anulando así la obra ateniense del otoño anterior y reavivando teóricamente los fantasmas de un avance contra Beocia o el Ática que, no por más franco (X. *Ages.* 2,17), llegaría a concretarse. En la campaña del 390 no hay trazas por parte de Agesilao de avanzar contra el Ática, pese a la valiosa conquista de Perácora (*HG* 4,5,1ss), si bien es verdad que la victoria de Ifícrates pudo retraer una eventual ofensiva lacedemonia fuera del Peloponeso[402].

Todo parece indicar que Esparta midió en su estrategia terrestre el grado de beligerancia con Atenas y Argos, cuando menos hasta el 391, al contrario de su declarada enemistad a Tebas, la verdadera bestia negra desde el periodo de entreguerras[403]. Se diría que este fue el razonamiento del gobierno eforal: ya que una invasión eficaz y continuada del Ática no tenía plenas garantías de éxito, mejor sería abstenerse de emprender acciones directas y evitar

---

402. Ver R. Urban, *Der Königsfrieden von 387/86 v. Chr.* Stuttgart 1991, 80-81 y n. 293.

403. Para las relaciones entre tebanos y espartanos, *cf.* J. Pascual González, *Tebas y la confederación beocia en el periodo de la guerra de Corinto (395-386 a. C.).* Madrid 1995, *passim.*

de esa manera la lógica del contraataque enemigo en Laconia, siempre temible por el peligro hilota y la ambigüedad de algunos aliados peloponesios (Mantinea, Fliunte). Se trataba de hacer de la necesidad virtud, y en esto Esparta era una gran maestra. Por añadidura, ambos beligerantes podían conservar de esta manera un margen de maniobra en paz y libertad para los contactos entre la población civil. Todo ello antes de tener la certidumbre del fracaso de las conversaciones de paz del 391/92, que abrirían paso a las campañas de Agesilao y Agesípolis en la primavera del 391 y 388, respectivamente, en la última de las cuales los argivos se entregaron a su vez al contraataque invasor de Laconia (*HG* 4,7,6).

Viene en refuerzo de mi argumentación otro importante pasaje que encontramos en las mismas *Helénicas* (*HG* 4,7,2). Al referirse al inicio de la campaña del 388, y en concreto a los preliminares de la invasión de Argos por Agesípolis, Jenofonte pone por vez primera en la agenda de la liga del Peloponeso el deseo expreso de llevar a cabo una expedición contra los atenienses o los beocios: «Después de esto, los lacedemonios decretaron una movilización contra Argos porque consideraron que no era seguro hacer una expedición contra los atenienses si dejaban atrás un vecino enemigo de Lacedemonia y tan importante como la ciudad de Argos»[404]. Por el contexto cabe deducir que la decisión se había madurado como muy tarde en el invierno del 389/88, en todo caso, en coherencia con la nueva política de emprender las hostilidades directas contra el Ática vía marítima. Resulta significativo que en los cálculos espartanos Corinto no representase un obstáculo estratégico, al contrario de Argos, y que la ofensiva terrestre contra el Ática solo se plantease una vez clarificada la relación bélica entre las dos partes a raíz del *phaneròs pólemos* en el mar y la iniciativa de Eteónico.

Si, como vengo proponiendo, no había habido guerra abierta, sino beligerancia vicaria o indirecta entre Atenas y Esparta durante los primeros años de la contienda, ¿por qué la necesidad de paz y negociación en 392/91? Jenofonte, en efecto, habla de un estado de guerra entre los coligados y la liga del Peloponeso, de su condición mutua de enemigos (*HG* 4,2,1; 17), en consonancia con lo cual refiere la búsqueda de *synthekai kai spondai* para restaurar la *eirene* (*HG* 4,8,15), o sea, de nuevas condiciones de paz y de garantías solemnes de carácter religioso mediante libaciones y juramentos. Andócides trata de lo mismo en su discurso *Sobre la paz*, insistiendo en el carácter positivo de la *eirene* (3,11), una relación convencional basada en la igualdad y reciprocidad, así como en la superación de la idea negativa de abstención bélica,

---

404. Ἐκ δὲ τούτου τοῖς Λακεδαιμονίοις τὸ μὲν ἐπ' Ἀθηναίους ἢ ἐπὶ Βοιωτοὺς στρατεύειν οὐκ ἐδόκει ἀσφαλὲς εἶναι ὄπισθεν καταλιπόντας ὅμορον τῇ Λακεδαίμονι πολεμίαν καὶ οὕτω μεγάλην τὴν τῶν Ἀργείων πόλιν, εἰς δὲ τὸ Ἄργος φρουρὰν φαίνουσιν. La traducción es de O Guntiñas, *Jenofonte. Helénicas*. Madrid 1977.

lo que efectivamente será una de las grandes preocupaciones de esta centu-ria[405]. Rotas las *spondai* del 404 a resultas del incumplimiento de la cláusula de tener a los mismos por amigos y enemigos (*HG* 2,2,20), a resultas tam-bién de la reconstrucción de los muros y la flota (*AcB*. 125), la relación jurí-dica entre Atenas y Esparta precisaba de nueva regulación. El *statu quo* inter-nacional había cambiado, y la democracia ática quería ver reconocida su plena emancipación en su nuevo tratado con Esparta: no solo sus fortificaciones, su flota y sus antiguas posesiones de ultramar (And. 3,15), sino también la legitimidad de sus aspiraciones talasocráticas en el Egeo y Asia Menor, de acuerdo con las pretensiones imperialistas renacientes en el cuerpo ciudadano y sus gobernantes[406].

Para nuestra investigación no resultan desdeñables ciertas observaciones de carácter jurídico-político hechas por Andócides en el contexto del debate asambleario tenido lugar en 392/91. El orador (And. 3,13), como después De-móstenes (5,16-17; 15,7-8; 16,14-15), distingue dos causas legítimas de entrada en guerra y alianza: cuando se sufre injusticia y cuando se va en ayuda de quien la sufre (léase también Th. 1,86,5). En este segundo caso de beligerancia de-fensiva el orador alude de manera explícita al supuesto de alianza en virtud del cual Atenas entró en guerra para socorrer a Beocia ante la invasión espartana del 395 (And. 3,13). Entrar en guerra y hacer la guerra para un griego podía serlo, por tanto, la eventualidad de tener que defender el territorio del aliado atacado en virtud de una obligación convencional, incluso una epimaquia. En coherencia con ello, Andócides descarta dos supuestos de alianza entre Atenas y los demás miembros de la coalición corintia: 1°) por irrealizable, la eventua-lidad de mantener las hostilidades contra Esparta hasta la disolución de la liga del Peloponeso y su completa derrota (And. 3,15), lo cual tenía como antece-dente inmediato el fallido plan de Timolao de invadir Laconia (*HG* 4,2,11-13), más tarde ejecutado por Epaminondas (*HG* 6,5,23ss); y 2°) por la expresa ne-gativa de los aliados, el supuesto de una guerra en el Egeo enderezada a res-tablecer la talasocracia ática, en concreto, por objetivos inmediatos como la recuperación del Quersoneso tracio y las demás cleruquías (3,15;36). Como el mismo orador reconoce (3,23), el cuarteto aliado se formó para garanti-zar la autonomía de sus integrantes, lo que no era el caso de la pretensión ar-giva sobre Corinto ni los sueños de grandeza imperial abrigados por el *demos*. Fue la persecución de esos dos objetivos estratégicos, no explícitos al estallar el

---

405. Ver A. Momigliano, «Per la storia della pubblicistica sulla KOINH EIPHNE nel IV secolo a. C.», *ASNP* 5 (1936) 97-124 (= *Terzo Contributo*, Roma 1966, 457-487); T. T. B. Ryder, *Koine Eirene*, Oxford 1965, *passim*; Jehne, *Koine Eirene, passim*. Téngase también en cuenta el ca-pítulo consagrado a la paz común del 371 en este volumen.

406. Hamilton, *Sparta's Bitter Victories*, 258-259 (con certera observación sobre el paso a una estrategia ofensiva en el seno de la coalición corintia, en especial por parte de Atenas y Ar-gos), 264; Funke, *Homónoia und Arché*, 139 ss.

conflicto bélico, lo que convenció al gobierno espartano de que también a los argivos y atenienses había que combatirlos abierta y directamente, como desde un principio se había hecho con los tebanos.

2. SITUACIONES CORRELATIVAS DURANTE EL CONFLICTO BÉLICO

A decir verdad, el caso de Atenas antes del 390/89 no constituye una singularidad extraordinaria en el derecho de guerra contemporáneo. Otra peculiaridad del mismo la tenemos en las relaciones de Esparta con Argos, cuyo país Andócides (3,27) describe a cubierto de las hostilidades en virtud de la *patria eirene* reinante entre ambas partes. Esa paz no era sino un cese temporal de la beligerancia en territorio argivo asegurado a sus habitantes por la tregua sagrada del mes de Carneo y, para ser exactos, «è ovvio che Andocide parla di εἰρήνη, dove invece avrebbe dovuto parlare di σπονδαί»[407]. Los argivos entraron en la contienda a favor de la coalición antiespartana en el invierno del 395/94, y desde entonces su implicación en las hostilidades fue igual o mayor que la ateniense, viéndoseles en todas las grandes batallas y agitando en el istmo para unirse a Corinto en sinecismo[408]. En este caso no cabe argüir que los movimientos de la liga del Peloponeso estaban atrancados por el control estratégico de la Corintia ejercido por el cuarteto aliado, que es el argumento que los investigadores repiten para convencerse de que Esparta no atacó el Ática porque no pudo. Ya al poco tiempo de estallar la conflagración los sectores más acomodados de la sociedad corintia empezaron a ver con amargura el hecho de que sus otros aliados podían gozar de paz y prosperidad agrícola en sus respectivos países, mientras que solo a ellos tocaba pagar en sus familias y haciendas el doloroso tributo de la guerra (*HG* 4,4,1). Hasta comienzos de la primavera del 391, con toda seguridad no antes del fracaso de las conversaciones de paz del 392/91, el colegio eforal evitó decretar la invasión de Argos, y semejante contención solo podía responder a una política deliberada de no agresión a los argivos y atenienses durante los cuatro primeros años de la conflagración (395-92). Es cierto, como apunta Andócides, que la tregua sagrada estaba siendo debidamente respetada por los beligerantes hasta fines del invierno del 391 –data por ende *ante quem* para la terminación de su discurso–. Otra cosa muy distinta

---

407. Momigliano, «Per la storia» (*Terzo Contributo*), 460, aunque con una cronología errónea. Para reforzar la afinada aseveración del helenista italiano ver *HG* 4,7,2-3. Repárese también en la abstención de Fliunte en Nemea por razón de la tregua sagrada (*HG* 4,2,16), razón asimismo invocada por Mantinea (*HG* 5,2,2), o la observancia de las Jacintias por los amicleos (*HG* 4,5,11). Complétese con la lectura de F. J. Fernández Nieto, «Tregua sagrada, diplomacia y política durante la guerra del Peloponeso», en E. Frézouls, A. Jacquemin (ed.), *Les relations internationales. Actes du Colloque de Strasbourg 15-17 juin 1993*. Paris 1995, 161-187.

408. *Cf.* M. Moggi, *I sinecismi interstatali greci*. Pisa 1979, nº 39.

es que las alegaciones argivas constituyesen un impedimento permanente para evitar lo peor: la fiesta en honor del Apolo Carneo duraba un mes (Th. 5,54,2), y antes o después de ese tiempo de libaciones las fronteras podían ser violadas sin temor a los dioses. Con todo, la Argólida no fue visitada por la hueste peloponesia. Solo cuando los lacedemonios se convencieron de que Argos no cedería en la cuestión de su sinecismo y que estaba dispuesto a proseguir la lucha para disputar a su rival la supremacía en el Peloponeso (And. 3,27-8;31-32;41), se decidieron a invadir el país con el propio Agesilao a la cabeza (HG 4,4,19). El castigo fue repetido tres años después, en la primavera del 388, una vez que Agesípolis se persuadió en Olimpia y Delfos de que los cambios del calendario religioso argivo no eran de recibo (HG 4,7,2-7). Resulta, en fin, coherente con la práctica bélica de los griegos el hecho de que no tengamos noticia de ninguna expedición argiva contra Laconia antes de la agresión directa del enemigo (HG 4,7,6). ¿O es que hubiesen tolerado los vencedores de Sepea y Mantinea que la ciudad contestataria allanase impunemente sus moradas?

En línea con lo dicho, me parece no poco significativo el hecho de que, por su parte, Mantinea mantuviese ininterrumpidas sus relaciones comerciales con los argivos, pese a su condición de aliada de Esparta y miembro de la liga del Peloponeso, una suerte de *epimeixía* de hecho o de derecho (a cubierto quizá de algún acuerdo de asistencia judicial), como consecuencia de la cual Argos estuvo recibiendo trigo de sus vecinos durante la contienda (HG 5,2,2). Fue ésta una de las razones, aunque no la única, por la que Esparta se tomaría cumplida venganza después de la paz del Rey. No es imposible que, como en aguas sarónicas, en algunas zonas del Peloponeso y del golfo de Corinto se preservasen ciertos grados de *epimeixía* entre los beligerantes: quién sabe si los locros ozolos con los aqueos, los eleos con los acarnanios o los beocios, los epidaurios con los atenienses, etc.

El derecho de guerra griego de época clásica no deja, en efecto, de sorprendernos y de mostrarnos la virtualidad y observancia de sus reglas por parte de los contendientes. La noción de frontera e hito terminal[409], íntimamente asociada a la de guerra abierta, se nos aparece con toda su eficacia durante la campaña de Agesilao en 389 contra Acarnania. Pese a sumarse a la coalición corintia (D.S. 14,82,3), los acarnanios solo habían enviado tropas ligeras a Nemea y ningún contingente a Coronea (HG 4,2,17), a cambio de lo cual recibieron alguna ayuda beocia y ateniense en su lucha contra los aqueos por la conquista de Calidón (HG 4,6,1). No se podría decir otra cosa que el

---

409. *Cf.* M. Sordi (ed.), *Il confine nel mondo classico*. Milano 1987, *passim*; G. Daverio Rocchi, *Frontiera e confine nella Grecia antica*. Roma 1988, 49 ss, 69 ss; ead., «Politische, wirtschaftliche, militärische Funktion der Grenze im alten Griechenland», y F. Gschnitzer, «Zur Terminologie der Grenze und des Gebietes im Griechischen», en Olshausen, Sonnabend, *Stuttgarter Kolloquium*, 21 ss, 95 ss.

Estado acarnanio estaba en guerra indirecta con Esparta, y el comportamiento del Euripóntida en campaña refuerza esta impresión. Como el padre piadoso había sentado sus reales ante la frontera de Platea para negociar con sus embajadores[410], así también el hijo haría detener el ejército peloponesio ante los hitos terminales de la confederación y, antes de irrumpir en armas, mandaría abrir conversaciones con el órgano federal en Estrato por mediación de embajadores (sin necesidad de heraldo), a fin de alcanzar un acuerdo *in extremis* (*HG* 4,6,4). Solo al no lograrlo, y seguramente tras el preceptivo *epitheiasmós*, cruzó el rey la línea divisoria violentando la tierra y sus hombres y animales: era el *phaneròs pólemos*.

Al término de la campaña, y comoquiera que una flotilla ateniense surta en Eníadas amenazaba la travesía del golfo por Calidón, Agesilao se vio obligado a retornar por Rion vía Etolia (*HG* 4,6,14). Los etolios eran neutrales durante esta contienda, ni integrantes de la coalición corintia ni miembros de la liga del Peloponeso, pero con la particularidad de que pocos años antes habían tomado parte en la defensa de Élide con mil hombres escogidos frente al ejército invasor de Pausanias (D.S. 14,17,10). No hace falta repetir a estas alturas que la confederación no estaba por ello en guerra abierta con Esparta ni con la liga del Peloponeso, y la concesión de libre paso al rey así lo confirma (al igual que el anudamiento de una *symmachía*, de creer a X. *Ages.* 2,20). Ello nos trae a la memoria no solo la situación de Atenas tras Sibota, sino también las alegaciones de Brásidas a los tesalios camino de la Calcídica.

3. Coda (en clave idiográfica)

Al escribir la historia política de la Grecia antigua nos entregamos a la idea harto simplificadora de que todo era una cuestión de poder y capacidad militar: ¡ahí están las famosas victorias «técnicas» de los lacedemonios, ya desde Tanagra en 457, que al parecer dejaban impotente al vencedor para rematar la faena! Como si el enemigo no quedase también debilitado para repeler la invasión. Partimos, en efecto, del supuesto de que en la lucha entre los griegos se debatía por encima de todo una *Machtsfrage*, guerra y más guerra por la preponderancia frente a la autonomía. ¿Quién lo duda? Admitamos, sin embargo, que hay algo de pereza intelectual y de ignorancia en este tipo de explicaciones. ¿Por qué no incluir en nuestro análisis la idea de que para griegos como Jenofonte, Agesilao o Trasíbulo también estaba en juego una *Rechtsfrage*? ¿Por qué no asumir con todas sus consecuencias que aquel *agón* se inscribía en un marco normativo de sanción divina y observancia panhelénica que en tantos

---

410. Th. 2,71-75: *cf.* Alonso, «Ultimatum et déclaration de guerre», 224 ss.

aspectos nos resulta extraño, a veces desconcertantemente extraño? Tengamos esto en cuenta, y descubriremos que el *pólemos*, precisamente por ser un fenómeno consustancial a la polis, no podía ser vivido con la intensidad de una experiencia total y aniquiladora, aunque a veces se llegase a ello, sino como un expediente de regulación y solución de las diferencias en las relaciones internacionales; algo así como la continuación de la política por otros medios, que diría Klausewitz (*Vom Kriege* I 1, 24; VIII 6B). Funcional, cultural e incluso ritual[411], el ejercicio de la violencia armada entre las ciudades reflejaba a la vez las contradicciones internas de la civilización griega y el mutuo reconocimiento que se profesaban los integrantes del *hellenikón* (Hdt. 8,144,2; D. 9,47-49). De ahí que el empleo de dicha fuerza presentase un gradiente de intensidad y una relación compleja con el derecho: entre el estado positivo y convencional de *philía* o *symmachía* y el *phaneròs pólemos* había todo un espectro de situaciones intermedias que no hacían sino diferir la amistad o la hostilidad, siempre a conveniencia de las partes: cabía la indefinición convencional entre estados sin contactos previos, la inseguridad resultante de la expiración o ruptura de un tratado, la violencia medida de los particulares o los grupos en las formas extraprocesales de represalia, la violencia indirecta en territorio de terceros, la neutralidad hostil o benevolente, etc.[412].

Para el historiador no se trata de saber si en esta o en la otra época los hombres se han amado, si han gozado de la fiesta o si se han sentido sobrecogidos por el hecho de la muerte. La pregunta es cómo lo han hecho, qué lugar han asignado a esas experiencias en su escala de valores, de qué forma han procedido a su socialización y a su regulación institucional; y en nuestro caso, cómo han dirimido y resuelto sus diferencias las polis griegas. En el fondo, tal es el sentido del «*wie es eigentlich gewesen ist*» rankiano (cursiva mía). Descarnada de sus propios valores y reglas de funcionamiento, la historia política del mundo griego queda reducida a un esqueleto tan genérico como impersonal. El hombre ahistórico de la antropología, de la larga duración cultural, de la filosofía de la historia; el *homo homini lupus* de la politología que va de Maquiavelo a Hobbes: la verdad es que, de tan hético y nomotético, termina por

---

411. Sobre estos tres aspectos basten como botón de muestra bibliográfico: H. Popp, *Die Einwirkung von Vorzeichen, Opfern und Festen auf die Kriegführung der Griechen im 5. und 4. Jahrhundert v. Chr.* Diss. Erlangen 1959; J. de Romilly, «Guerre et paix entre cités», en J.-P. Vernant (ed.), *Problèmes de la guerre en Grèce ancienne*. Paris-La Haye 1968, 207-220; A. Brelich, *Guerre, agoni e culti nella Grecia antica*. Bonn 1971; Fernández Nieto, *AcB*, I, 127 ss; R. Lonis, *Guerre et réligion en Grèce à l'époque classique*. Paris 1979, *passim*; id., «La guerre en Grèce. Quince années de recherche: 1968-1983», *REG* 98 (1985) 321-379; W. K. Pritchett, *The Greek State at War*, III. Berkeley 1980; V. Davis Hanson, *The Western Way of War. Infantry Battle in Classical Greece*. Oxford 1989; id. (ed.), *Hoplites: The Classical Greek Battle Experience*. London and Nueva York 1991.

412. Ver Alonso, «War», 219, para la escalación en el *ius ad bellum* helénico.

aburrirnos. Y si no cabe soslayarlo, puesto que tampoco se trata de encerrarnos en un idiolecto historizante, cuando menos produce la insatisfacción de un boceto inacabado. Siempre, a la postre, nos encontramos prisioneros de las grandes palabras, desvestidas de su atuendo temporal y de su gracia definitoria: el imperialismo, el comercio, el Estado, la razón, el amor, la amistad, la economía, la paternidad, la sociedad…[413]. Son desde luego un monumento al entendimiento entre los pueblos, pero reflejan una cierta caquexia intelectual, y con ellas tenemos poca carrera que hacer los historiadores. En términos de cultura y civilización, y sin menospreciar al *homo* en que todos nos compadecemos, el nuestro es el discurso de la singularización y la diferencia[414].

---

413. Una fundamentación historiográfica más detallada en mi artículo, «Otto Brunner, en español, y los estudios clásicos (I)», *Gerión* 11 (1993) 11-36.

414. Este artículo fue inicialmente publicado en *Athenaeum* 87 (1999) 57-77.

LA *KOINÉ EIRENE* ATENIENSE DEL 371, LA CLÁUSULA DE GARANTÍA Y EL SISTEMA GRIEGO DE ALIANZAS

ABSTRACT: The *koine eirene* of 371 at Athens, the guarantee clause, and the Greek system of alliances. This new common peace introduced a number of diplomatic innovations: it was sponsored by the Athenians for the first time; it gave legal recognition to the second maritime league; each and every Peloponnesian city was acknowledged as adherent to the treaty (whereas at the previous peace conference Sparta had sworn for herself and their allies); and the guarantee clause became compulsory. Bearing this in mind, this chapter addresses the following points: 1. The novelty of the guarantee clause: legal enforceability and alliance-ism; 2. The conditions for implementing the guarantee clause; 3. The nature of our sources for the diplomatic history of the 4th century; 4. From the common peace to the treaty of alliance between Athens and Sparta (*Stv.* 274).

En la historia de la *koiné eirene* el tratado internacional alcanzado en Atenas en el otoño del 371, con la adhesión de Esparta y la liga del Peloponeso, presenta una serie de importantes novedades respecto de sus predecesores que conviene destacar: la paz fue por vez primera apadrinada por Atenas, que hizo las veces de convocante y anfitriona; dio reconocimiento a los *psephísmata* de la segunda liga marítima; dio entrada como juradores, amén de a los aliados de Atenas (así ya en *HG* 6,3,19), a todos y cada uno de los miembros de la liga del Peloponeso (y no solo a Esparta en su nombre); e incluyó una cláusula de garantía (o sanción), esta vez con carácter obligatorio, para todos los sujetos pactantes[415]. Esta cláusula juratoria, junto con el carácter multilateral de toda paz

---

415. *Cf.* F. Hampl, *Die griechischen Staatsverträge de 4. Jahrhunderts v. Christi Geb.* Leipzig 1938, 19 ss; M. Sordi, «La pace di Atene del 371/0», *RFIC* 29 (1951) 34-64, *passim*; T. T. B. Ryder, *Koine Eirene. General Peace and Local Independence in Ancient Greece.* London 1965, 70 ss, 131 ss; M. Jehne, *Koine Eirene. Untersuchungen zu den Befriedungs- und Stabilisierungsbemühungen in der griechischen Poliswelt des 4. Jahrhunderts v. Chr.* Stuttgart 1994, 74 ss. En todos los cuales se hallará la biliografía anterior.

común, tiene gran interés cuando se estudia la evolución de la *symmachía* y las relaciones de alianza durante el periodo de la hegemonía tebana.

1. LA NOVEDAD DE LA CLÁUSULA DE GARANTÍA: OBLIGATORIEDAD Y ALIANCISMO

Para empezar, se me antoja significativo el hecho de que a muchos estudiosos de la historia política de este periodo hayan pasado inadvertidos (o hayan pasado por otra cosa) los efectos diplomáticos y militares más positivos de la *koiné eirene* ateniense. Me refiero a la ejecución de la cláusula de garantía por las distintas partes contratantes, en virtud de la cual se declaraba la guerra de sanción con carácter obligatorio: «si alguien hiciere una expedición militar contra alguna de las polis que han prestado este juramento, la socorreré con todas mis fuerzas» –reza la fórmula del juramento preservada por Jenofonte[416]. El griego del historiador no deja lugar a dudas sobre la tradicionalidad en la concepción y redacción del *casus foederis*, el supuesto de alianza, que para los griegos se presentaba con la invasión del territorio, la agresión por excelencia al estado de paz y a la autonomía de la polis. En cumplimiento de dicha estipulación realizó Ifícrates una campaña peloponesia en el invierno del 370/69, para prestar ayuda a los lacedemonios y a sus aliados peloponesios. Era sin duda la materialización, y comprobaremos que no fue la única, de la voluntad aliancista consagrada en el tratado de paz[417].

Si la mencionada cláusula de garantía, de intención y carácter indiscutiblemente aliancista, ha quedado difuminada a los ojos de buena parte de la investigación moderna, ello es debido a su inserción en lo que siempre se nos ha presentado como un tratado de paz. En efecto, ateniéndonos a su denominación oficial, la κοινὴ εἰρήνη (o también llamada βασιλέως εἰρήνη) era esto y solo esto: paz común o general, todo lo moderna y consagrada jurídicamente

---

416. Ἐὰν δέ τις στρατεύῃ ἐπί τινα πόλιν τῶν ὀμοσασῶν τόνδε τὸν ὅρκον, βοηθήσω παντὶ σθένει (*HG* 6,5,2). Para la tradición formular en la que se inserta esta cláusula, ver P. Bonk, *Defensiv- und Offensivklauseln in griechischen Symmachieverträgen*. Diss. Bonn 1974, 16 ss, y Baltrusch, *Symmachie und Spondai*, 68 ss. Th. Pistorius, *Hegemoniestreben und Autonomiesicherung in der griechischen Vertragspolitik klassischer und hellenistischer Zeit*. Frankfort 1985, 155 ss., no la aborda.

417. Hampl, *Staatsverträge de 4. Jahrhunderts*, 22 n. 1; Jehne, *Koine Eirene*, 79 n. 190, pasan de puntillas sobre este hecho. Sordi, «La pace di Atene», y Ryder, *Koine Eirene*, ni lo tratan. Sorprende que los trabajos más específicos no hayan detallado más esta aplicación militar del tratado, cuando es la entrada en vigor de una norma legal la que nos da la medida de su verdadero alcance y naturaleza. De hecho, Hampl, *Staatsverträge de 4. Jahrhunderts*, ni siquiera analiza las conversaciones del invierno del 370/69 que preceden al envío del estratego. Una muestra de los errores de la historiografía moderna *infra* n. 468.

que se quiera[418], pero estado de paz entre contratantes; por tanto, nunca no-
minalmente paz y alianza (κοινὴ εἰρήνη καὶ σμμαχία). Esta terminología se
comprueba no solo a través de las fuentes literarias del siglo IV, como ya Andócides (3,17), sino sobre todo en los documentos epigráficos oficiales, que
son los que menos engañan a este respecto[419]. Hace ya más de medio siglo que
Marta Sordi se pronunció en detalle contra la idea de que la paz del 371 fuese
al mismo tiempo una *symmachía*, aunque por otra parte llegase a la paradó-
jica conclusión de que «la clausola di alleanza difensiva si rivela così perfetta-
mente compatibile con il concetto di koinè eirene»[420]. Tanto ella como después
T. T. B. Ryder harían hincapié en que los estados adheridos a esta *koiné eirene*
no fueron llamados ni considerados σύμμαχοι, sino referidos mediante una
perífrasis οἱ ὀμόσαντες τὸν ὅρκον (*HG* 6,5,2), «los que han prestado el juramento». Se marcaría de esta manera una divisoria clara entre ambas instituciones, la paz y la alianza, de acuerdo con lo que sería la concepción helénica de
las relaciones internacionales[421]. En buena medida, estos autores continuaban
las tesis de Franz Hampl y, sobre todo, de Georg Busolt y Alfred Heuss, para
quienes la paz del Rey y sus sucesivas renovaciones mantuvieron en todo momento su identidad diferenciada de la *symmachía*, debiéndose distinguir entre
«Schwurgenossen» y «Bündner», según que los adherentes lo fuesen a la primera, una «Eidgenossenschaft», o a la segunda, un «Kriegsbündniss»[422].

---

418. *Cf.* B. Keil, *EIPHNH. Eine philologisch-antiquarische Untersuchung*. Leipzig 1916, 2,
5 ss, 15 ss; Ryder, *Koine Eirene*, p. xv. Más recientemente, sobre la base de los trabajos de L. Santi
Amantini, «Sulla terminología relativa alla pace nelle epigrafi greche fino all'avvento della koiné
eiréne», *AIV* 138 (1979-1980) 467-495; id., «Semántica storica dei termini greci relativi alla pace
nelle epigrafi anteriori al 387/6 a. C.», en M. Sordi (ed), *La pace nel mondo antico*. Milano 1985,
45-68, ver las consideraciones de Baltrusch, *Symmachie und Spondai*, 92 ss, con la crítica a Keil,
y de Jehne, *Koine Eirene*, 26 n. 93.
419. *Stv.* 257: A l. 13(?); 292: l. 2,5 (aunque Diodoro 15,89,1, habla en este último caso
de una κοινὴ εἰρήνη καὶ συμμαχία). *Cf.* Ryder, *Koine Eirene*, xi ss; Jehne, *Koine Eirene*, 26-27.
Para la *k. e.* del 371, ver la discusión de Hampl, *Staatsverträge de 4. Jahrhunderts*, 21 ss, del decreto honorífico del 368 en favor de Dionisio de Siracusa (IG II² 103, l. 10, 23ss = Tod 133, l. 11,
25-26). En fin, sobre los silencios de Jenofonte, *cf.* Jehne, *Koine Eirene*, 27, con la bibliografía anterior, a completar con Santi Amantini, «Voci di pace nella storiografia di Senofonte», *RSA* 30
(2000) 9-26.
420. «La pace di Atene», 49, y 63: «la differenza fra la εἰρήνη ἐπ᾽ αὐτονονομίᾳ e la συμμαχία
caratteristica della seconda lega navale, diveniva lievissima ed estremamente sottile».
421. Ryder, *Koine Eirene*, 72-73 n. 3, 133; Sordi, «La pace di Atene», 48-49, ambos con los
pasajes paralelos en las otras paces comunes.
422. Hampl, *Staatsverträge de 4. Jahrhunderts*, 20-21; G. Busolt, «Der zweite athenische
Bund», *Jahrb. f. class. Philol.*, Suppl. 7 (1873-1875) 792-793, indicando que Jenofonte (*HG* 6,5,3)
dice οἱ δ᾽ Ἀθηναῖοι καὶ οἱ ἄλλοι ψηφισάμενοι, y no καὶ οἱ σύμμαχοι ψηφισάμενοι; A. Heuss,
«Antigonos Monophthalmos und die griechischen Städte», *Hermes* 73 (1938) 165 n. 1. Hampl
(23 n. 2, 54 n. 1), sin embargo, incurre en el error de sugerir la identificación de τῶν συμμάχων
(*HG* 6,5,2) con todas las partes pactantes, cuando en realidad son solamente referidos los

La posición de estos estudiosos, atenta sobre todo al dato terminológico, que es aceptable, pero que también resulta susceptible de ser matizado y completado con nuevas fuentes, como veremos, tiende sin embargo a soslayar la historia diplomática y militar posterior del tratado, en la que se explicita gran parte de su naturaleza jurídica. Sería un error pasar por alto una característica que se me antoja muy novedosa en la historia del derecho de gentes griego, a saber, el hecho de que en efecto una *societas belli*, multilateral y disuasoria, aparece desde ahora como un elemento constitutivo de la paz del Rey, inherente a la misma. Que la palabra *symmachía* no figure en el relato jenofonteo, ni en el lenguaje epigráfico oficial[423], tiene desde luego su importancia, pero no debe cerrarnos a la evidencia de que una asociación de combate quedó legalmente instaurada con la cláusula juratoria y que las partes contratantes observaron su cumplimiento en los años venideros, como tendremos ocasión de comprobar. Lo que representaba una creación de derecho sui géneris por parte de los negociadores del 371, y sobre todo por parte de la muy creativa diplomacia ática, era la idea de fundir en una sola figura jurídica los elementos esenciales de dos instituciones que hasta la fecha podían concebirse a lo sumo como solidarias, la *eirene* y la *symmachía*, pero nunca como idénticas[424]. Helmut Berve habló por ello de una «Legierung von συμμαχία und εἰρήνη» en la paz general del 371[425], lo que me parece bien, por no decirlo con las palabras aún más exactas de Martin Jehne, a saber, «dass die Fridensteilnehmer damit einen regelrechten Verteidigungsbund schlossen»[426].

Decir que la sinmaquia (defensiva) para un griego extraía su sentido de negociarse en previsión de una guerra, mientras que la cláusula de garantía partía del supuesto ya asentado de la paz[427], no deja de ser un juego de palabras,

---

miembros de la segunda liga marítima: *cf.* ya Busolt, «Zweite athen. Seebund», 792-793; Sordi, «La pace di Atene», 54; Ryder, *Koine Eirene*, 133.

423. Así en el citado (*supra* n. 419) decreto IG II² 103, l. 23-26, encomiando el comportamiento de Dionisio y su hijo, porque βοηθ[οῦσιν τῆι | βασ]ιλέως εἰ[ρή]νηι, ἣν ἐποήσα[ντο Ἀθηνα | ῖοι] καὶ Λακεδαιμόνιο[ι] κ[α]ὶ [οἱ ἄλλοι Ἕλληνες].

424. Negociar una alianza al poco tiempo de pactar el fin de una guerra constituía una práctica no infrecuente en el derecho de gentes de época clásica (p. ej., *Stv.* 188-189, 242-244); como tampoco lo era asociar en el mismo instrumento diplomático el cese de las hostilidades (*spondai*) al establecimiento de la *symmachía* (p. ej., *Stv.* 175, 211, 217, 329). Ahí está, sin ir más lejos, la propuesta tebana a los corintios en 366/65 (*HG* 7,4,10), como ya en 481/80 la argiva a los lacedemonios (Hdt. 7,148-149).

425. Recensión de F. Taeger, «Der Friede von 362/1», *Gnomon* 9 (1933) 306, o «die mit k. e. verbundene Symmachie», 307; id., *Griechische Geschichte*, II. Freiburg 1952, 113: «Es war das erste Mal, dass ein gemeingriechischer Friede zugleich eine *Kampfgemeinschaft* nach aussen bedeuten sollte, die freilich beim Fehlen einer hegemonialen Macht von zweifelhaftem Werte sein musste» (cursiva mía).

426. *Koine Eirene*, 78, también 44, 92-93. En el mismo sentido, P. J. Stylianou, *A Historical Commentary on Diodorus Siculus Book 15*. Oxford 1998, 410, 520-521.

427. Así Ryder, *Koine Eirene*, 72-73.

pues lo cierto es que la investigación moderna admite de manera unánime que la entente del 371 constituía una respuesta en toda regla a la amenaza representada por la Tebas emergente de Leuctra[428]. Digamos, por tanto, que contenía también una intención disuasoria. Es más, ¿para qué cerrar otra paz común en Atenas si las partes contratantes no se podían reprochar unas a otras la violación de los juramentos intercambiados en Esparta tan solo unos meses atrás? Era la nueva coyuntura internacional la que inspiraba el pacto, y en la convocatoria ateniense había sin duda una actitud ventajista en lo concerniente a la liga marítima, ante todo cohonestar sus decretos fundamentales so capa de panhelenismo, lo que de alguna manera podría recordar a la convocatoria de Pericles en 450[429]; había asimismo un cierto oportunismo diplomático en relación con las ciudades peloponesias, como destaca Jenofonte (*HG* 6,5,1); pero había también, con no menos fuerza, una orientación antitebana a resultas de la inesperada derrota lacedemonia (*HG* 6,4,19-20), por no hablar de la autoexclusión beocia del tratado, hasta el punto de que podemos afirmar que la cláusula de sanción fue inserta, ahora no por casualidad con carácter obligatorio, en previsión de un conflicto armado con la nueva potencia beocia. Era esta, y solo esta, la que aconsejaba rearmar y reforzar el pacto por la paz[430].

Por lo demás, a dar el debido realce a la asociación de combate instituida en el 371 junto con el mandato sancionador tampoco ayudan desde luego las colecciones de Rudolf von Scala (*Staatsv.* 148) y Hermann Bengtson (*Stv.* 270). En ambos corpus el instrumento jurídico del 371 se alinea bajo el rótulo de «Allgemeiner Friede», y si bien Bengtson destaca la novedad de la cláusula de sanción, al no recoger en su comentario la posterior aplicación de la misma (las campañas de Ifícrates y Agesilao, por ejemplo), el lector puede obtener la impresión de que finalmente el elemento bélico-asociativo contenido en la paz común se quedó en una declaración inoperante de buena voluntad, algo puramente virtual[431]. En consonancia con ello, tiende a considerarse el tratado de alianza entre Atenas y Esparta en la primavera del 369 (*Stv.* 274) como el auténtico vehiculador de las relaciones de alianza entre ambas ciudades durante

---

428. Ver Busolt, «Zweite athen. Seebund», 792-793; Hampl, *Staatsverträge de 4. Jahrhunderts*, 20, 106; G. Glotz, R. Cohen, *Histoire Grecque*, III. Paris 1936, 152; R. Sealey, «Callistratos of Aphidna and his Contemporaries», *Historia* 5 (1956) 193; Bengtson, *Stv.*, p. 229; id., *Griechische Geschichte*. München 1977, 279; Ryder, *Koine Eirene*, 74 ss; R. Seager, «The King's Peace and the Balance of Power in Greece, 386-362 B.C.», *Athenaeum* 52 (1974) 54; J. Buckler, *The Theban Hegemony, 371-362 BC*. Cambridge Mass 1980, 68 ss, 88; Jehne, *Koine Eirene*, 78-79; S. Hornblower, *The Greek World 479-323 BC*. London 1991, 224; P. Carlier, *Le IVᵉ siècle grec jusqu'à la mort d'Alexander*. Paris 1995, 58.

429. Plu. *Per.* 17. Desde la perspectiva que aquí interesa, *cf.* Hampl, *Staatsverträge de 4. Jahrhunderts*, 7; Ryder, *Koine Eirene*, 4.

430. Apuntado por Hampl, *Staatsverträge de 4. Jahrhunderts*, 106, y Jehne, *Koine Eirene*, 4.

431. Así, G. E. Underhill, *Xenophon Hellenica. Notes*. New York 1979, 255, consideró de gran importancia la cláusula de garantía, aunque nunca llevada a la práctica.

la hegemonía tebana, soslayando dos años de gran interés en la historia del derecho internacional y la diplomacia en la Grecia del siglo IV. En fin, para crear más confusión, todavía colea hoy en algún autor la idea sostenida en su día por Heinrich Swoboda[432], y difundida por autores como Eduard Meyer y Victor Martín[433], aunque ya refutada por Georg Busolt[434], de que Esparta no se sumó formalmente a esta última renovación de la paz del Rey, entre otras cosas porque esta no habría sido más que una ampliación de la segunda liga marítima ateniense[435].

Así pues, fue precisamente en estos momentos cuando la *koiné eirene* recogió con decisión el valor de la prestación de ayuda convencional como garantía de la seguridad colectiva: las partes pactantes se comprometían a enfrentarse a cualquier Estado que atentase contra la integridad o autonomía de las mismas. Si bien cabe dudar de que la guerra de sanción hubiese quedado ya incorporada formal y explícitamente a los textos de paz común del 386 y 375[436], constituye un hecho irrebatible que a partir del 371 los sujetos pactantes estimaron conveniente reforzar el cumplimiento de las condiciones estipuladas mediante un compromiso recíproco y solemne de ayuda militar, un pacto armado por la paz[437]. La *koiné eirene*, por tanto, se hermanaba con el espíritu primariamente defensivo (preventivo) de la sinmaquia, y la vieja asociación de

---

432. «Der hellenische Bund des Jahres 371 v. Chr.», *RhM* 49 (1894) 321-339, y ya antes A. Schaefer, *Desmosthenes und seine Zeit*, I. Leipzig 1885, 80 n. 1.

433. *GdA*, V, 421-422; V. Martin, *La vie internationale dans la Grèce des cités (VIe-IVe s. av. J.-C.)*. Paris 1940, 276; también B. Niese, «Beiträge zur Geschichte Arkadiens», *Hermes* 34 (1899) 530; A. Momigliano, *La* κοινὴ εἰρήνη *dal 386 al 338 a. C.*, en id., *Terzo Contributo*. Roma 1966, 398 (*RFIC* 12, 1934, 488), y S. Accame, *La Lega Ateniese del sec. IV a. C.* Roma 1941, 159 ss; id., *Il predominio ateniese nel sec. IV av. Cr.* Roma 1979, 244 ss, 247, erróneo por completo.

434. «Zweite athen. Seebund», 794 n. 1; id., *Griechische Staatskunde*, II, reimp. München 1972, 1372 n. 1, seguido de Glotz-Cohen, *Histoire grecque*, 52; Hampl, *Staatsverträge de 4. Jahrhunderts*, 20 n. 1. Ver, en el mismo sentido, K. J. Beloch, *Griechische Geschichte*, III 1. Berlin und Leipzig 1922, 173 n. 2; Sordi, «La pace di Atene», 35 ss, la más concluyente; Ryder, *Koine Eirene*, 131 ss; Jehne, *Koine Eirene*, 75-76.

435. Con posterioridad no han remitido las dudas y equivocaciones, caso de R. Sealey, *A History of the Greek City States ca. 700-338 B.C.* Berkeley and Los Angeles 1976, 423; o D. Musti, *Storia Greca*. Roma-Bari 1989, 553; o C. Schwenk, «Athens», en L. A. Tritle (ed.), *The Greek World in the Fourth Century*. London and New York 1997, 95. Por su parte, Hornblower, *Greek World*, 311 n. 4, excluye a Lacedemonia, pero por razones distintas, exhumando una rebuscada lectura de D. M. Lewis de *HG* 6,5,37.

436. Así Jehne, *Koine Eirene*, 40-41, 44, 60-61, al que remito para la discusión de las fuentes y la bibliografía discrepante. Discrecional y voluntaria todavía en la paz común acordada en Esparta, en junio-julio del 371 (*HG* 6,3,18).

437. Ver, asimismo, D. J. Mosley, «Diplomacy and Disunion in Ancient Greece», *Phoenix* 25 (1971) 324; F. Adcock, D. J. Mosley, *Diplomacy in ancient Greece*. London 1975, 225; J. Cargill, *The Second Athenian League. Empire or Free Alliance*. Berkeley and Los Angeles 1981, 165; Jehne, *Koine Eirene*, 92-93, 101-102, este último con análisis de la estipulación en la paz general del 362.

combate se insertaba a partir de estos momentos en los más modernos movimientos irenistas de la Grecia clásica. De la misma manera, ni más ni menos, que en época helenística el espíritu unionista de los tratados de doble ciudadanía (en su denominación oficial *isopoliteia*, no *symmachía*) se verá reforzado en algunos casos con la inserción de una cláusula de prestación de ayuda militar (v. g., *Stv.* 644, l. 12, 39-43; 775, l. 4, 17-18).

2. Las condiciones de aplicación de la cláusula de garantía

La reunificación de Mantinea constituyó sin duda alguna la primera prueba de fuego que hubo de superar la paz recién nacida. Puede parecernos natural que el gobierno lacedemonio cediera en esta ocasión, como una cuestión de hecho, ante la fuerza de los acontecimientos arcadios. Sin embargo, los episodios militares inmediatos iban a demostrar que Esparta aún disponía de recursos y de ganas suficientes para intervenir fuera de sus fronteras, si fuera el caso, y sus antiguos aliados y enemigos lo sabían[438]. Si en el invierno del 371/72 Leuctra representaba un revés sin parangón, nadie podría predecir todavía que un año después los vencidos se iban a ver entre la espada y la pared de su propia casa. De ahí que no se deba restar valor a la política de Agesilao de aguantar y dejar hacer en consonancia con los principios autonomistas consagrados por el tratado de Atenas (*HG* 6,5,5). El escenario, sin embargo, sufrió un cambió a peor cuando estalló la *stasis* tegeata y los mantineos, lejos de dejar hacer ellos también, se inmiscuyeron en la lucha civil a favor del partido demócrata y confederal. Jenofonte (*HG* 6,5,10), sensible siempre a las razones de Esparta, refiere que los éforos llamaron entonces a filas contra Mantinea porque esta había sido hallada culpable de actuar contra los juramentos (παρὰ τοὺς ὅρκους) y porque conforme a los mismos procedía socorrer a las víctimas y exilados de Tegea, unos ochocientos individuos de la facción oligárquica (ἐδόκει βοηθητέον εἶναι κατὰ τοὺς ὅρκους). Era la primera aplicación de la cláusula de sanción, eso sí, de manera unilateral e inconsulta[439], con todos los riesgos diplomáticos que ello suponía, habida cuenta de que la *koiné eirene* ateniense ni regulaba el ejercicio de la hegemonía entre las partes contratantes ni tampoco instituía un *synedrion* decisorio[440].

---

438. D.S. 15,62,3; *HG* 6,5,19. G. L. Cawkwell, «Epaminondas and Thebes», *CQ* 22 (1972) 266: «the Spartan lion, wounded but not yet maimed».

439. Bien apuntado por Seager, «The King's Peace», 56; también Sordi, «La pace di Atene», 53.

440. *Cf.* Hampl, *Staatsverträge de 4. Jahrhunderts*, 107, muy acertado, así como la cita de Berve *supra* n. 425. Más bibliografía *infra* n. 482.

El Peloponeso era entonces un hervidero en el que se cocía un plato muy poco apetitoso para el gobierno lacedemonio: el movimiento confederal arcadio con el ingrediente de la democracia resurgente[441]. Orcómeno no quiso saber nada de federalismos ni de cesiones de soberanía a los órganos y magistraturas comunes recién creados, por lo que, conforme a su pretensión de autonomía, recibió el apoyo del ejército mercenario reunido en Corinto, a las órdenes del espartiata Polítropo (*HG* 6,5,11; D.S. 15,62,1). No cabe duda de que este envío de tropas pretendía ser asimismo una fiel aplicación de la nueva cláusula obligatoria inserta en la paz común del 371. Por su parte, Agesilao emprendió la campaña contra Mantinea ejerciendo la hegemonía sobre hereos y lepreatas (*HG* 6,5,11), una posición a la que aún tenía derecho su ciudad como cabeza de la liga del Peloponeso (de la superviviente), lo que no era obstáculo para que el supuesto de alianza se quisiese fundamentado en la *koiné eirene*. Lo mismo se podría decir de los peltastas orcomenios y los caballeros fliasios que se incorporaron al ejército del Europóntida en el curso de esta misma expedición (*HG* 6,5,17). Por lo demás, y si se me permite la expresión, la actuación de Agesilao durante la campaña fue de libro en lo que a los usos y costumbres de la guerra se refiere, sin excluir la decisión de devastar el territorio mantineo: desde el punto de vista jurídico, el βοηθεῖν παντὶ σθένει de la paz común, de espíritu defensivo, no tenía por qué limitarse a la prestación de ayuda en el territorio del aliado invadido, mantineo y orcomenio (*HG* 6,5,13-14; D.S. 15,62,2), ya que la *koiné eirene* no instituía una *epimachía* en el sentido restrictivo de este término[442]; admitía también, siempre a discreción de las partes, el acometimiento de operaciones contraofensivas, punitivas o aflictivas, contra el agresor (como veremos hará Ifícrates en Arcadia), según la práctica establecida en las relaciones internacionales de época clásica[443]. Y así lo entendieron también las fuerzas de Fliunte, presentes en el socorro de Orcomeno y en el contraataque a Mantinea (*HG* 6,5,14;17). Claro que, según el derecho griego internacional, ello comportaba el advenimiento del *phaneròs pólemos*, la guerra abierta[444].

---

441. Ver J. Roy, «Arcadia and Boeotia in Peloponnesian Affairs, 370-362 B.C.», *Historia* 20 (1971) 569-599, y H.-J. Gehrke, *Stasis. Untersuchungen zu den inneren Kriegen in den griechischen Staaten des 5. und 4. Jahrhunderts v. Chr.* München 1985, 154 ss.

442. Exactamente como en Th. 1,44,1 (*Stv.* 161). Aun acertando a ver el carácter aliancista de la paz común, resulta inexacto Momigliano, «La κοινὴ εἰρήνη», 399, cuando comenta que «l'ambito della 'sanzione' della κοινὴ εἰρήνη era quasi solo in teoria diverso dall'ambito di una comune ἐπιμαχία».

443. Sin ir más lejos, para este mismo siglo, consúltese en este mismo volumen «Tratados y relaciones de alianza en la guerra de Corinto (395-386 a.C.)», con el análisis del alcance y sentido del *boethein* como término técnico en el derecho de gentes griego (en particular n. 309).

444. Ver, también en este volumen, «395-390/89 a.C., Atenas contra Esparta: ¿de qué guerra hablamos?», con la bibliografía anterior, además de mi artículo «War, Peace and International Law in Ancient Greece», en K. Raaflaub (ed.), *War and Peace in the Ancient World*. Oxford

Es evidente, pues, que para Esparta la paz común ponía límites a las actuaciones de la liga del Peloponeso (así, ante Mantinea), pero también la reforzaba frente al federalismo arcadio y la amenaza de Tebas. El problema era que la espiral de la guerra de sanción constituía en sí misma un enorme riesgo para la realización de los principios irenistas y autonomistas proclamados en Atenas. Jenofonte se esfuerza en detallar la actuación conforme a derecho de Agesilao en Eutea (*HG* 6,5,12), lo mismo que la legítima defensa de Orcómeno ante las agresiones de Mantinea (*HG* 6,5,13-14), lo que no deja de ser verdad. Y, sin embargo, la impresión que se obtiene es que la política lacedemonia no renunciaba, porque no podía renunciar sin grave peligro para su propia existencia, al concepto tradicional del «equilibrio peloponesio»[445]. ¿Por qué, si no, los atenienses mantenían una cuidadosa neutralidad ante la crisis arcadia?

Tenemos constancia, en efecto, de que antes o durante la ofensiva militar de Agesilao una legación diplomática integrada por arcadios, eleos y argivos alcanzó Atenas, según Diodoro (15,62,3), para solicitar el cierre de una alianza contra los espartanos (ἀξιοῦντες συμμαχίαν ποιήσασθαι κατὰ τῶν Σπαρτιατῶν). Los comisionados hubieron de abandonar el Ática con las manos vacías y se dirigieron a Tebas, donde sus gestiones cosecharon mejores resultados (*Stv.* 273). Sobre la veracidad de esta maniobra diplomática no cabría dudar, tanto más cuanto que de ella se hace eco Demóstenes (16,12;19), amén de Elio Arístides[446]. Cuestión bien distinta es la de saber si los emisarios intentaron realmente negociar una nueva relación de alianza, al margen de la *koiné eirene*, como podrían dar a entender las palabras del siciliano (siguiendo a Éforo), o si lo que pretendían no era otra cosa que activar contra Esparta la cláusula de garantía[447]. En abono de esta última posibilidad estaría el hecho de que la propia Esparta, al verse invadida poco después, lograrán de Atenas el envío de un contingente armado en obsequio de la paz común. Al mismo tiempo, sería sorprendente que los mantineos atacados en su territorio renunciasen a esgrimir los juramentos de hacía un año. Por otra parte, Demóstenes habla de una invitación a movilizarse contra Lacedemonia (ἐπὶ τοὺς Λακεδαιμονίους ἰέναι), pero sin mencionar la formalización de un nuevo pacto, lo que deja las cosas abiertas. La retórica de Elio Arístides, muy alejado

---

2007, 215-219 (reed. en T. Gazzini, N. Tsagourias (ed.), *The Use of Force in International Law*. London and New York 2016, 3-22).

445. En general, de Ste. Croix, *Origins*, 89 ss, y más concretamente Seager, «The King's Peace», 56-57.

446. *Panath.* 299-300, aunque situando la solicitud de ayuda arcadia inmediatamente después de Leuctra: *cf.* Stylianou, *A Historical Commentary*, 424-425.

447. Es lo que propone Stylianou, *A Historical Commentary*, 426. La invocación del tratado del 371 en este contexto diplomático es defendida también por Beloch, *Griechische Geschichte*, III 1, 176, quien paradójicamente no aprecia el mismo potencial de alianza para las relaciones espartano-atenienses (ver *infra* n. 468). Jehne, *Koine Eirene*, 79, no entra en la cuestión.

en el tiempo, tampoco nos saca de muchas dudas, como no sea en el sentido de que los coligados peloponesios anticiparán a sus interlocutores la propuesta de atribución de la hegemonía (ἡγεῖσθαι) que pronto harían a los tebanos; pero el verbo también podría interpretarse aquí como invitación a ejercer el mando de la campaña por su condición de principales garantes de la paz. La misma ambivalencia rodea a su afirmación de que los atenienses prefirieron la soledad de Esparta a la alianza voluntaria de los peloponesios (ἀντὶ τῆς Πελοποννησίων ἑκουσίου συμμαχίας), ya que, como tendremos la oportunidad de comprobar, para la tradición griega posterior los acuerdos del 371 constituyeron una auténtica *symmachía*.

Visto todo lo cual, me parece que se impone la primera de las hipótesis, y no solo porque los dos autores citados resulten muy compatibles con el testimonio de Diodoro, sino también, y sobre todo, porque los eleos, al igual tal vez que los argivos, habían quedado excluidos de la paz común, esto es, carecían de relación convencional con los atenienses sobre la que fundamentar su solicitud de ayuda militar[448]. A los coligados no les quedaba, por tanto, más opción que comprometer al cabeza de la liga marítima en una guerra abierta contra Esparta, dando por superada la paz del Rey y por inservible su instrumento sancionador. Los arcadios y sus aliados, habida cuenta de sus pretensiones federalistas y anexionistas, así como el alcance de sus acciones contra Tegea, Orcómeno y Herea, se habrían sentido incómodos en el marco normativo (autonomista) del 371, con lo que para ellos la negociación de un tratado de alianza sobre nuevos principios resultaba perentoria. Por último, tampoco deberíamos pasar por alto la nueva condición de los arcadios en cuanto sujetos de derecho internacional, ya no ciudades (*poleis*) independientes que reclamasen el cumplimiento de las obligaciones pactadas por ellas mismas en el otoño del 371, sino Estado federal de nueva planta (*koinón*) que no tenía por qué sentirse atado a los acuerdos anteriores a su fundación.

Pero de la misma manera que meses atrás la *boulé* había declinado la petición de ayuda formulada por los tebanos tras Leuctra (*HG* 6,4,19-20) –¿qué sentido tenía concederla cuando ellos habían salido tan rotundamente vencedores de aquel choque?–, ahora que una gran entente se formaba en el Peloponeso contra Esparta y que la confederación beocia emergía con una enorme fuerza en la Grecia central, sin Jasón como contrapeso, resultaba peligroso inclinar todavía más la balanza en contra de los lacedemonios (asimismo Arist. 11,13). El espíritu de la *koiné eirene* ática no concordaba con los planteamientos de la gran coalición que se gestaba contra la liga del

---

448. *HG* 6,5,2-3. Buckler, «The Theban Hegemony», 72, habla de solicitud de una alianza defensiva, sin plantearse la cláusula de sanción, señalando el factor eleo como causa de la negativa ateniense. *Cf.* también J. Roy, «Problems of Democracy in the Arcadian Confederacy 370-362 BC», en R. Brock, S. Hodkinson (ed.), *Alternatives to Athens*. Oxford 2000, 311.

Peloponeso[449]. Era la política de Calístrato basada en la beligerancia medida en la Grecia continental y, en correspondencia con ella, en la aplicación en sentido defensivo o preventivo de las relaciones de alianza[450].

Claro que Atenas había apadrinado la paz, y esta condición moral de primer garante de la misma (*prostates*)[451], sin contar sus propios intereses, no le dejaba mucho margen para la neutralidad si las hostilidades iban demasiado lejos en el Peloponeso. Sobre todo, si alguna de las partes juramentadas resultaba perjudicada contra derecho. Que es lo que en efecto sucedió.

Muy a comienzos del año 369 la providencia defensiva jurada por los adherentes al pacto general iba a cobrar plena actualidad. Estaba presente en Atenas una legación diplomática integrada por los espartiatas Áraco, Ocilo, Fárax, Etimocles y Olonteo, más otros emisarios de las ciudades leales todavía a la liga del Peloponeso[452]. El motivo de su desplazamiento no era otro que la desoladora campaña de Epaminondas contra Laconia y Mesenia en el invierno del 370/69. Jenofonte detalla que los legados invocaron diversos precedentes de colaboración entre espartanos y atenienses, haciendo mella al parecer en la *ekklesía* el recuerdo de la negativa espartana a la destrucción de Atenas en el 404 (*HG* 6,5,35). Así y todo, se trataba de apelaciones más o menos retóricas a la historia, no argumentos de derecho internacional, los únicos que de verdad podían ser vinculantes para los oyentes. Las cosas solamente empezaron a sonar de distinta manera cuando los embajadores pasaron a dilucidar la cuestión *de iure*, como precisa Jenofonte:

> Pero el argumento de más peso fue que se debía ayudar conforme a los juramentos (κατὰ τοὺς ὅρκους βοηθεῖν δέοι); pues no era por haberlos agraviado por lo que los arcadios y sus aliados estaban haciendo una expedición contra los

---

449. La negativa ateniense a los arcadios nos prueba, así Sordi, «La pace di Atene», 61-62; Ryder, *Koine Eirene*, 74; también Seager, «The King's Peace», 58, que en la intencionalidad de la convocatoria del 371 (*HG* 6,5,1) no había el propósito de seguir debilitando a Esparta, sino de mantenerse en el fiel de la balanza apostando por el equilibrio internacional. Erróneo A. Momigliano, *Filippo il Macedone*. Firenze 1934, 77, al atribuir una pretensión hegemónica a Atenas en el Peloponeso.

450. *Cf.* Schaefer, *Demosthenes*, 81; K. J. Beloch, *Die attische Politik seit Perikles*. Leipzig 1884, 149. Sin abordarlo Sealey, «Callistratos», 193.

451. El concepto de *prostasía*, que Jenofonte no asocia a los atenienses en esta edición de la paz del Rey (ver *infra* n. 481), no es un término técnico equivalente a *hegemonía*, es una primacía política de hecho: ver Baltrusch, *Symmachie und Spondai*, 32.

452. Para la prosopografía de los embajadores lacedemonios, que por su número y calidad denotan la enorme importancia de la misión encomendada, ver D. J. Mosley, *Envoys and Diplomacy in Ancient Greece*. Wiesbaden 1973, 52, quien sin embargo comete un error de bulto al confundir los objetivos de esta embajada del invierno del 370/69 con los de la siguiente, de la primavera del 369, la cual debatiría como plenipotenciaria la cuestión de la hegemonía (*HG* 7,1,1ss).

lacedemonios, sino por ir estos en ayuda de los tegeatas, ya que los mantineos atacaron a los últimos en contra de los juramentos (παρὰ τοὺς ὅρκους)»[453].

Según refiere nuestra fuente, un murmullo se extendió por la asamblea a causa de tales alegaciones, afirmando unos que los mantineos habían ayudado con razón a los del partido de Próxeno muertos por los de Estasipo, y otros que habían faltado por llevar las armas contra los tegeatas.

He aquí, en estos primeros compases del debate, un buen testimonio de las dificultades que a un colectivo asambleario podían presentársele a la hora de depurar responsabilidades en una guerra civil y determinar con acierto el advenimiento del *casus foederis* y el derecho de intervención. Fueran cuales fueran los sentimientos políticos que la *stasis* tegeata suscitaba entre la ciudadanía ateniense, la invocación del supuesto de alianza por parte lacedemonia se apoyaba en la cláusula de sanción del 371[454], esto es, venía a reafirmar la validez y vigencia del citado juramento de prestación de ayuda a todos los participantes en la paz común (*HG* 6,5,1-3). La verdad es que argumentos no faltaban en este punto a la diplomacia espartana: Laconia estaba siendo directamente atacada por tebanos, argivos y eleos, sin que mediase agresión previa por su parte (al menos desde la fecha del cierre de la paz, que constituía el *terminus post quem* a todos los efectos: *HG* 6,5,37). Por otro lado, y aquí su posición no resultaba tan sólida a juicio de todos los oyentes[455], la legación espartiata hacía valer el principio de autonomía y la obligación convencional de garantizarlo a la hora de justificar su injerencia en defensa de los de Estasipo, cargando sobre los mantineos la culpa de violar los juramentos con su primera irrupción en armas en suelo tegeata (*HG* 6,5,8ss).

Si los recelos hacia Esparta no era fácil que remitiesen (*HG* 6,5,40), la discusión en la *ekklesía* quedó zanjada en pro de la obligatoriedad del socorro militar cuando tomó la palabra el corintio Clíteles. A este respecto, conviene aclarar algo que todavía no se ha dicho en la investigación precedente, a saber, que las condiciones diplomáticas de la negociación y sus consecuencias habían cambiado de manera muy significativa. La situación de los aliados peloponesios no era la misma que en la paz general anterior a Leuctra, en que los lacedemonios habían empeñado su palabra como garantía de los acuerdos en nombre de todos y cada uno de los miembros de su liga (*HG* 6,3,19). Ahora, por el contrario, Corinto era de pleno derecho una de las partes pactantes y negociadoras, pues había prestado juramento por sí mismo, al igual que los

---

453. *HG* 6,5,36. Trad. O. Guntiñas, *Jenofonte, Helénicas*. Madrid 1977, parcialmente revisada.

454. Así también Sordi, «La pace di Atene», 37-38; Buckler, «The Theban Hegemony», 88; Jehne, *Koine Eirene*, 79 n.190.

455. *HG* 6,5,36. Bien apreciado por Sordi, «La pace di Atene», 39-40, 53.

restantes Estados peloponesios (*HG* 6,5,1ss), con lo que podía considerarse sujeto activo de la relación obligatoria frente a los atenienses, los primeros garantes y custodios de la paz. Recordemos a este respecto que los atenienses y los demás griegos adheridos a la carta habían despachado tomadores del juramento (ὁρκωταί) a todas y cada una de las distintas ciudades contratantes, y entre ellas lógicamente a Corinto, para recibir de sus magistrados el sagrado compromiso de observar los acuerdos (*HG* 6,5,3). Dicho con otras palabras, para producir efectos jurídicos, la invocación del *casus foederis* –el consuetudinario καθότι ἂν ἐπαγγέλλωσιν / παραγγέλλωσιν[456]–, no correspondía a Esparta como único sujeto pactante del lado peloponesio, sino que ahora, y en igualdad de condiciones, cualquiera de las partes contratantes podía pedir para sí misma el consabido βοηθεῖν (así los tegeatas exilados y los orcomenios ante los espartanos en el 370). La asamblea popular, por tanto, debía oír y resolver, una a una, las reclamaciones de sus socios, al margen de la *ratio foederis* de los lacedemonios. Y el embajador corintio tenía, por su parte, otra historia que contar.

Clíteles se dejó de apelaciones retóricas y fue muy al grano; la diplomacia corintia sabía hilar muy fino, cuando quería. Puso de relieve todo lo que de proceder agresivo había del lado beocio contra terceros Estados, sin razón alguna que lo justificase:

> No obstante, los tebanos vinieron al territorio nuestro y están talando los árboles, incendiando las casas y arrebatando bienes y rebaños. ¿Cómo no vais a obrar contra los juramentos (παρὰ τοὺς ὅρκους), pues, si no nos ayudáis (ἐὰν μὴ βοηθῆτε) cuando somos agraviados tan abiertamente (περιφανῶς ἡμῖν ἀδικουμένοις)? Unos juramentos, por cierto, que vosotros mismos os encargasteis de que todos nosotros prestásemos ante todos vosotros (καὶ ταῦτα ὧν αὐτοὶ ἐπεμελήθητε ὅρκων ὅπως πᾶσιν ὑμῖν πάντες ἡμεῖς ὁμόσαιμεν)[457].

He aquí la indicación explícita de la prestación del juramento κατὰ πόλεις a la que acabo de referirme[458]. Por otra parte, las acciones denunciadas constituían el *casus belli* y el *casus foederis* por antonomasia. Clíteles hablaba del *phaneròs pólemos*, la guerra abierta en el sentido técnico que este término tenía en el derecho internacional helénico[459]. Pero con una diferencia esencial a

---

456. Ver, en este mismo volumen, «Καθότι ἂν ἐπαγγέλλωσιν / παραγγέλλωσιν. Sobre una estipulación del derecho griego de los tratados internacionales».

457. *HG* 6,5,37 (trad. Guntiñas, *Jenofonte*, parcialmente revisada).

458. *Cf.* Sordi, «La pace di Atene», 38, 60; Ryder, *Koine Eirene*, 132. Naturaleza multilateral de la *k.e.*, Ryder, *Koine Eirene*, xvi, y Jehne, *Koine Eirene*, 28. Sobre los precedentes en el tratado de Nicias, ver Baltrusch, *Symmachie und Spondai*, 177.

459. Lo que el orador remacha con el adverbio περιφανῶς: ver Busolt, *GG*, III 2, 776 n. 2, 902 n. 3; E. Bickerman, «Remarques sur le droit des gens dans la Grèce classique», *RIDA* 4 (1950) 103-104 (= F. Gschnitzer, ed., *Zur griechischen Staatskunde*. Darmstadt 1969, 477 ss);

su favor: si a los espartanos siempre podía reprochárseles, de una u otra manera, su injerencia militar en Arcadia, hasta el punto de poner en cuestión o incluso invalidar la legitimidad de su solicitud de alianza, la metrópoli ístmica tenía las manos completamente limpias en dicho conflicto. Sabedor de la razón jurídica que asistía a su ciudad en este punto, el embajador hacía valer el respeto absoluto de la paz por parte de su gobierno desde la conclusión de la misma (*HG* 6,5,37), estableciendo así las diferencias con los beligerantes de uno y otro bando.

La toma de posición de Corinto ante la crisis arcadia tiene su interés, puesto que ilustra a la perfección los cambios operados en el sistema de alianzas a raíz de Leuctra, así como el nuevo *status* internacional reconocido a los Estados peloponesios en la cumbre ática del 371. Era este, por lo demás, uno de los objetivos declarados de Atenas, según da a entender Jenofonte[460]. Lejos de resultar incoherentes o insolidarios, los atenienses no se habían quedado solos, ni mucho menos, al optar por la neutralidad. Si los mantineos se beneficiaron en el 370 del apoyo militar de eleos y argivos, Agesilao en cambio no pudo ni contar con la menguada leva de la liga del Peloponeso. Algunos de estos aliados, entre ellos los corintios, debieron de entender que el pacto por la paz y la autonomía era una cosa, y la política exterior de Esparta otra bien distinta. En sentido inverso, la movilización de corintios, epidaurios, trecenios, hermioneos, halieos, sicionios y peleneos (*HG* 6,5,29; 7,2,2; D.S. 15,65,6; Polyaen. 2,1,27), al producirse la invasión de Laconia, pondría de manifiesto la vigencia de la cláusula de garantía y señalaría a los atenienses el camino a seguir en estas negociaciones.

Ahora bien, la abstención bélica de estos aliados de Esparta en el 370 sería inconcebible antes de Leuctra, en virtud de la cláusula de obligada movilización a requerimiento del cabeza de la liga del Peloponeso (ἕπεσθαι, ἀκολουθεῖν). Contra ella se había pronunciado Autocles en el congreso de Esparta (*HG* 6,3,7-8), y todo parece indicar que su eliminación fue un objetivo prioritario de Atenas en su convocatoria del 371, como recalca Jenofonte (*HG* 6,5,1). De lo cual se desprende una conclusión de no poca monta, a saber: los términos de la cláusula de sanción, incompatibles con la concepción del supuesto de alianza hasta ahora vigente en la liga del Peloponeso, se imponían

---

Alonso, *Neutralidad*, 27 ss; id., «395-390/89 a.C., Atenas contra Esparta: ¿de qué guerra hablamos?», en este mismo volumen, más en detalle sobre el concepto de *phaneròs pólemos*. Todo esto se le escapa a Ch. Tuplin, *The Failings of Empire*. Stuttgart 1993, 111, en su análisis del discurso corintio.

460. *HG* 6,5,1, pese a las dudas y lecturas que suscite el texto: *cf.* Hampl, *Staatsverträge de 4. Jahrhunderts*, 22, 106; Underhill, *Xenophon Hellenica*, 254; Sordi, «La pace di Atene», 56 ss; Ryder, *Koine Eirene*, 74; Seager, «The King's Peace», 54; Jehne, *Koine Eirene*, 78; Tuplin, *The Failings of Empire*, 114-115 y n. 38.

como nueva praxis en las relaciones bilaterales de los peloponesios con los lacedemonios. ¿No era esto el principio del fin de la liga del Peloponeso?

Como ya sabemos, Fliunte presentaba un caso distinto, mucho más comprometido desde el principio con la causa espartana en el Peloponeso[461], y por ello mismo igual de discutible desde el punto de vista legal. Es esta la razón por la que su legado escogió para su intervención un registro muy político, podríamos decir que incluso un tono de *Realpolitik*, como si por un instante quisiese abstraerse del derecho al hacer su análisis de la coyuntura internacional. Procles hizo uso de la palabra y empezó recordando la función de cualquier sistema de alianzas y de la guerra preventiva en tanto que garantes del equilibrio internacional:

> Atenienses, creo que es evidente a todos que, si los lacedemonios dejan de ser un obstáculo, los tebanos marcharán contra vosotros los primeros. En efecto, creen que vosotros sois el único obstáculo a que ellos manden sobre los griegos. Si es así, marchando con las tropas yo pienso que vosotros no ayudáis más a los lacedemonios que a vosotros mismos (…). Sería incluso más conveniente para vosotros mismos que ayudéis mientras aún están aquellos con los que os podéis aliar (βοηθήσαιτε ἐν ᾧ ἔτι εἰσὶν οἳ συμμαχοῖεν ἄν), que el que os vierais obligados a luchar solos contra los tebanos una vez destruidos los lacedemonios[462].

En los párrafos sucesivos Procles se esfuerza por explicar la idea de reciprocidad inherente a cualquier relación de alianza, con el objeto de que los atenienses se aperciban de las ventajas de contar en el futuro con las contraprestaciones militares de Esparta y sus aliados:

> Asimismo, es necesario considerar lo siguiente: que conviene tanto a los particulares como a las ciudades apuntarse alguna buena acción cuando son muy fuertes, para que un día reciban ayuda de aquellos que fueron ayudados antes si se vuelven impotentes. Ahora un dios os ofrece la ocasión, si socorréis (βοηθήσητε) a los lacedemonios en su necesidad, de ganarlos como amigos (φίλους) inquebrantables para siempre (*HG* 6,5,40-41).

---

461. *Cf.* R. P. Legon, «Phliasian Politics and Policy in the Early Fourth Century B.C.», *Historia* 16 (1967) 324-337.

462. *HG* 6,5,38-39 (trad. Guntiñas, *Jenofonte*), y la huella del argumento de Procles en Arist. 11,52. En griego los términos técnicos del fliasio relativos a la posibilidad real de materializar la relación convencional de alianza con Esparta. Sordi, «La pace di Atene», 49 n. 1, 54, defiende que el *symmachein* solo significa aquí, al igual que en *HG* 6,3,18, la mera relación fáctica de cooperación militar, no una *symmachía* propiamente dicha. La cuestión es que la acción verbal indicada está enmarcada, por el propio Jenofonte, en un debate asambleario sobre la *koiné eirene* y la cláusula de sanción, con lo que no sin dificultad puede connotar tan solo «un rapporto di fatto». Contra, Stylianou, *A Historical Commentary*, 521.

Es muy cierto, y muy revelador, que el sustantivo *symmachos* no aparece aquí calificando a los atenienses, sino a los aliados de Esparta que permanecen leales a la liga del Peloponeso (*HG* 6,5,44), o eventualmente también a los miembros de la segunda liga marítima (*HG* 6,5,41); pero también es verdad que el término *philos* se emplea con valor equivalente al de aliado (así también *HG* 6,5,45;48; 7,4,4;8 y ya antes 6,3,14;17). La cadena de prestaciones y contraprestaciones que instituye cualquier relación convencional de alianza está enunciada con toda nitidez en las palabras posteriores del embajador, y el precedente de la segunda guerra médica no se saca a colación porque sí, sino porque representa un modelo de cooperación militar que ahora se propone actualizar (*HG* 6,5,43). Por su parte, el orador da por hecha la gratitud y el apoyo de los restantes miembros de la liga del Peloponeso a la ciudad de Atenas, en concordancia con las muestras de lealtad que ellos mismos están procurando en la presente situación de crisis a los lacedemonios[463].

No cabía la menor duda: el juramento hecho por los atenienses como elemento de la paz común exigía ahora su cumplimiento, y esta debió de ser la base legal en que se apoyó Calístrato de Afidna para defender el decreto de movilización[464].

Si en el invierno del 370/69 las tesis intervencionistas calaron hondo en el sentir popular, ello se debió a que en esta ocasión los atenienses y sus aliados estaban ligados de manera convencional a los corintios, a los lacedemonios y a los demás aliados participantes un año antes en la paz general auspiciada por la propia Atenas. Por todo ello, y sin necesidad de mediar intercambio de nuevos juramentos, un decreto aprobó en ese mismo invierno (diciembre-enero del 370/69) el envío de Ifícrates al Peloponeso al frente de un fuerte contingente militar de hoplitas y caballeros (*HG* 6,5,49), doce mil hombres, según Diodoro[465]. El estratego ateniense, tras demorarse en Corinto, avanzó hasta Arcadia, aunque renunciando a entrar en Laconia; condujo a sus tropas contra algunos puntos fortificados, seguramente en territorio de la confederación arcadia, aliada de Tebas; y finalmente acosó al ejército beocio en su retirada, ejerciendo la presión sobre todo en torno al monte Oneo, al paso del istmo,

---

463. *HG* 6,5,44. Todo este componente jurídico-político de los tres discursos que he puesto de relieve escapa a los análisis de Tuplin, *The Failings of Empire*, 110 ss, y E. Luppino-Manes, *Egemonia di terra ed egemonia di mare. Tracce del dibattito nella storiografia tra V e IV sec. a. C.* Torino 2000, 161 ss, 167.

464. D. 59,27: ver Schaefer, *Demosthenes*, 85; Meyer, *GdA.*, V, 426; Sealey, «Callistratos», 193; Buckler, «The Theban Hegemony», 88. S. Dusanic, «L'Académie de Platon et la paix commune de 371 av. J.-C.», *REG* 92 (1979) 341.

465. D.S. 15,63,2, pasaje en que el siciliano sigue muy de cerca a Jenofonte, *HG* 6,5,49, como prueba la perfecta igualdad en ambos autores del ἐψηφίσαντο βοηθεῖν πανδημεί.

aunque a todas luces sin gran éxito en sus escaramuzas[466]. Que políticamente el envío de socorro militar a Esparta revestía una importancia nada desdeñable, se pone de manifiesto por el hecho de que la leva para esta expedición estaba compuesta en exclusiva por hoplitas ciudadanos[467]. Tampoco se me antoja baladí el hecho de que durante sus operaciones en el istmo contra el ejército beocio en retirada Ifícrates ejerciese el mando, es decir, la hegemonía en sentido técnico, sobre contingentes así atenienses como corintios (*HG* 6,5,52), lo que difícilmente se explica sin la preexistencia de una relación formalizada de cooperación militar. Confirma esta suposición la logística de la campaña, que contó en todo momento, como se desprende de las fuentes, con las infraestructuras defensivas y habitacionales de Corinto[468]. Resulta llamativa, en cambio, la desprotección de Laconia por parte de Atenas, sobre todo si reparamos en la viabilidad de una expedición anfibia de socorro, como la peloponesia de este invierno (*HG* 7,2,2-3) o la ateniense en vísperas de la batalla de Mantinea (*HG* 7,5,7). ¿Fue más convincente Clíteles que sus colegas espartanos, como ya apunté, o se trató de una campaña diseñada en función de consideraciones puramente tácticas?

---

466. *HG* 6,5,49-52; D. 59,27; D.S. 15,65,6; Plu. *Pelop.* 24,10; Polyaen. 3,9,28; Nep. *Iphic.* 2,5; Paus. 9,14,6-7 (ver la corrección al Periegeta en Beloch, *Griechische Geschichte*, III 1, 179 n. 1; erróneo J. G. Frazer, *Pausanias's Description of Greece*, V. London 1898, 54; dubitativa D. Hamel, *Athenian Generals. Military Authority in the Classical Period*. Leiden 1998, 38 n. 18). Un análisis más ecuánime y perceptivo de la campaña y de la actitud del estratego en G. Grote, *A History of Greece*, VIII. London 1888, 225-226 y n. 3; Schaefer, *Demosthenes*, 85-86; y Buckler, «The Theban Hegemony», 88-89 y n. 30; también útil Tuplin, *The Failings of Empire*, 115-116. Erróneo en su apreciación Seager, «The King's Peace», 58.

467. Ver L. A. Burckhardt, *Bürger und Soldaten. Aspekte der politischen und militärischen Rolle athenischer Bürger im Kriegswesen des 4. Jahrhunderts v. Chr.* Stuttgart 1996, 102-103. También Berve, *Geschichte*, 116. Fuentes como Jenofonte o Polieno dan a entender que por parte ateniense no hubo ganas de rehuir el combate, al tiempo que la oratoria ática preservará con orgullo la memoria de esta acción de armas.

468. Hasta qué punto buena parte de la historiografía ha estado errada a la hora de determinar la fuente de obligación jurídica del *pséfisma* ático lo pone de relieve Beloch, *Griechische Geschichte*, III 2. Berlin und Leipzig 1923, 239, 245, para quien el pacto de alianza concluido en la primavera del 369 (*Stv.* 274) habría venido a formalizar o a prestar cobertura legal a la relación de cooperación militar materializada por adelantado en el invierno. Impecable, en cambio, Meyer, *GdA.*, V, 421-422: «Motiviert wurde die Hilfssendung mit der Verpflichtung, gegen jeden Friedensstörer einzuschreiten». La perfección del contrato de alianza no sucede, sino que precede a sus efectos, los sucesivos envíos de tropas a la otra parte. Despistados o equívocos a este respecto: Underhill, *Xenophon Hellenica*, 270; Ryder, *Koine Eirene*, 76, 133, lo que hipoteca su análisis global de esta *k. e.*; Adcock, Mosley, *Diplomacy*, 84; Sealey, *History*, 425; y N. G. L. Hammond, *A History of Greece to 322 B.C.*, 3th ed. Oxford 1986, 495, 497, en este último caso por excluir a Esparta de los acuerdos de paz en Atenas (ver *supra* n. 432-434). También J.-C. Riedinger, *Étude sur les Helléniques. Xénophon et l'histoire*. Paris 1991, 198.

3. Naturaleza de las fuentes para la historia diplomática del siglo IV

En otro orden de cosas, nos interesa ahora conocer la concepción que de esta campaña militar tuvieron los autores más próximos a la misma en el tiempo, sobre todo los del propio siglo IV, que son los que estuvieron más cerca de los acontecimientos y compartieron la cultura jurídica y el lenguaje diplomático de la época. Por desgracia, los oradores áticos tienden a la grandilocuencia, corriendo el riesgo de desvirtuar la realidad histórica, en favor de Atenas, claro está; aun así, dejan escapar algún dato de interés para nuestros propósitos. Isócrates (5,44) manifiesta que, atacados los lacedemonios por tebanos y peloponesios, solo los atenienses acudieron en su salvación, «haciendo alianza con ellos» (πρὸς ἐκείνους… ποιησάμενοι συμμαχίαν). En su pasaje más aprovechable, Demóstenes (59,27) confirma la narración de Jenofonte (*HG* 6,5,36), en el sentido de que hubo voces discrepantes en la asamblea con respecto al supuesto de alianza, como la de Neaira, pero no añade ningún dato de especial interés, a no ser tal vez el empleo del término técnico βοήθεια. Este mismo sustantivo podemos verlo en Esquines (2,164) y Diodoro-Éforo (15,63,1), mientras que la forma verbal, el consabido βοηθεῖν, está empleada por un anónimo papiráceo, que consigna la ayuda ateniense a los lacedemonios después de su derrota en Leuctra (*FGrHist* 105 F 5).

Se me antoja asimismo de cierta significación el hecho de que la relación convencional del 371 es presentada por estos autores como inserta en una serie de *symmachíai* perfectamente homologables entre sí, lejos por tanto de cualquier alusión a su supuesta singularidad jurídica (en el sentido de Busolt o Heuss). Es la manera de entender las cosas que apreciábamos en el discurso de Procles, con paralelismos en el glorioso pasado de Atenas y Esparta. Más aún, si ahondamos un poco, descubrimos que el reagrupamiento de esas dos ciudades en 371/70 se invoca, junto a los demás ejemplos, para ilustrar las paradojas de la política exterior, marcada por el principio de la conveniencia. Un motivo este que emparenta al citado texto papiráceo no solo con Isócrates[469], sino también con Demóstenes (18,98-99; 19,75) y Esquines (2,164-165). Mucha enjundia para nosotros tiene un fragmento de Calístenes de Olinto (*FGrHist* 124 F 8), perteneciente al primer libro de sus *Helénicas* (redactadas c. 343-335), aunque por desgracia poco explotado por la mayoría de los investigadores[470]. Dice así:

---

469. 5,44-5: bien visto por Buckler, «The Theban Hegemony», 295 n. 28.

470. *Cf.* L. Pearson, *The Lost Histories of Alexander the Great.* New York 1960, 31; L. Prandi, *Callistene. Uno storico tra Aristotele e i re macedoni.* Milano 1985, 47-48, para un tratamiento del pasaje del olintio desde el punto de vista de la historiografía o la retórica, pero no de la historia política.

Habiendo invadido los tebanos Laconia, los lacedemonios despacharon emisarios a los atenienses para hablar de la alianza. De manera deliberada pasaron por alto cuantos beneficios habían rendido los lacedemonios a los atenienses; en cambio, recordaron todas las cosas valiosas que recibieron de los atenienses, con el fin de moverlos mejor a la alianza[471].

Aquí ya no cabe la objeción de que falta el sustantivo *symmachía* para calificar la relación convencional resultante de la *koiné eirene*. Al menos para Calístenes, seguro lector de las *Helénicas* de Jenofonte, y que escribía a unos treinta años de los acontecimientos, la relación entre atenienses y lacedemonios en el invierno del 370/69 se trataba de una alianza en toda regla, que como tal fue esgrimida precisamente cuando se produjo el *casus foederis*, la agresión directa del territorio aliado.

Siguiendo con autores del siglo IV, la palabra *symmachía* aparece asimismo en un pasaje de Esquines (2,32-33) que podría muy bien aludir al pacto que nos ocupa. Habla de una referencia del orador al solemne reconocimiento de la propiedad ateniense sobre Anfípolis que el rey Amintas de Macedonia (junto con otros griegos) habría efectuado con ocasión de cierto congreso panhelénico por medio de un embajador plenipotenciario. La reunión en cuestión viene presentada en estos términos: συμμαχίας γὰρ Λακεδαιμονίων καὶ τῶν ἄλλων Ἑλλήνων συνελθούσης. El contexto de esta declaración ha sido objeto de debate por la crítica moderna, hasta el punto de haber sido identificado con la paz común del 375 (*Stv.* 265), con la del 371 en Esparta (*Stv.* 269), también con el tratado de alianza espartano-ateniense del 369 (*Stv.* 274), y de nuevo últimamente con la *koiné eirene* que nos ocupa[472]. La información que

---

471. Θηβαίων εἰς τὴν Λακωνικὴν ἐμβαλλόντων ἔπεμψαν Λακεδαιμόνιοι πρὸς Ἀθηναίους περὶ συμμαχίας λέγοντες. Καὶ ὅσα μὲν τοὺς Ἀθηναίους πεποιήκασιν οἱ Λακεδαιμόνιοι εὖ, τούτων ἑκόντες ἐπελανθάνοντο, ἃ δ' αὐτοὶ πρὸς Ἀθηναίων χρηστὰ ἐπεπόνθεισαν, τούτων ἐμέμνηντο, ὡς διὰ τούτων αὐτοὺς ἐπαξόμενοι πρὸς συμμαχίαν μᾶλλον. El pasaje es sacado a colación por un comentarista anónimo de Aristóteles (*Eth.Nic.* 4,3,25, 1124b), a la vista de que también el Estagirita se hace eco del debate asambleario, siguiendo por cierto la misma versión que la de su sobrino: cf. F. Jacoby, *FGrHist, II.C, Kommentar*. Berlin 1926, 416 ss; R. A. Gauthier, J. Y. Jolif, *L'Éthique a Nicomaque. Tome II: Commentaire*. Louvain-Paris 1959, 287; Tuplin, *The Failings of Empire*, 110-111.

472. J. Papastravou, «Τὸ ἐν Ἀθήναις συνέδριον τῶν συμμάχων τὸ κατὰ τὸ ἔτος 370 π. Χ.», *Hellenika* 10 (1937-1938) 53 ss, propuso el congreso de Atenas del 371. Un estado completo de la cuestión, con toda la bibliografía desde el siglo XIX, lo ofrecen M. Jehne, «Die Anerkennung der athenischen Besitzansprüche auf Amphipolis und die Chersones», *Historia* 41 (1992) 274 ss, 279, quien no descarta que en el tratado de alianza del 369 se retomase este acuerdo como parte de un paquete ya aprobado en 371, con lo que realmente parece excluir que el término *symmachía* en Esquines pueda también aplicarse a la *k. e.* ateniense; J. Shekel, *The North Aegean Wars, 371-360 B.C.* Stuttgart 1997, 39, 101 ss, 108 n. 152; y Stylianou, *A Historical Commentary*, 409-410, estas dos últimas llegando de manera independiente a la conclusión de que se trata de la conferencia de Atenas (también Hornblower, *Greek World*, 226). Stylianou argumenta que en 371 se había acordado justamente una *symmachía*.

ofrece Esquines sobre esta cumbre resulta muy coherente con la idea de que se trataba de una coalición armada, o sea, una auténtica *symmachía*, puesto que los participantes se obligaban a prestar ayuda a los atenienses en la recuperación de sus derechos sobre la plaza en disputa: ἐψηφίσατο Ἀμφίπολιν τὴν Ἀθηναίων συνεξαιρεῖν μετὰ τῶν ἄλλων Ἑλλήνων Ἀθηναίοις. No tendría nada de extraño que entre los decretos (o principios generales) de la liga marítima a los que prestaron juramento los compromisarios en Atenas, durante la cumbre del 371 (*HG* 6,5,2), hubiese uno de respaldo a las pretensiones de la metrópoli sobre su colonia tracia. ¿Por qué esperar a las negociaciones del 369 para arrancar a los peloponesios un voto favorable a la misma? Después de Leuctra la diplomacia ática trataba con Esparta desde una posición de fuerza suficiente como para plantear de manera abierta su vieja reivindicación territorial, al paso que la cuestión de Anfípolis no afectaba a los intereses directos del cabeza de la liga del Peloponeso[473].

Por su parte, los escritores griegos de los siglos posteriores no dudaron de que los atenienses llevaron a cabo la expedición de socorro a Laconia en su condición de *symmachoi* de los atacados, una idea que por ejemplo está muy clara en Elio Arístides (11,54-55). Pero no solamente en él. A su vez, Libanio califica de nuevos aliados a los atenienses que acorren y «salvan» a los espartanos tras la derrota de Leuctra y la defección de los arcadios. La afirmación se encuentra en su *hypóthesis* al discurso de Demóstenes *En favor de los megalopolitas*: Ἀθηναῖοι σύμμαχοι Λακεδαιμονίοις γενόμενοι διέσωσαν αὐτούς. También en el argumento de los cinco discursos leuctrios de Elio Arístides (11-15), el redactor, un gramático anónimo[474], hace un repaso de las relaciones entre espartanos, atenienses y tebanos desde la guerra del Peloponeso hasta el 371, para concluir con esta nota: «después de su victoria, [los tebanos] hicieron a su vez una campaña contra los lacedemonios, y los lacedemonios enviaron una embajada a los atenienses en procura de su alianza (καὶ Λακεδαιμόνιοι μὲν πρὸς Ἀθηναίους ὑπὲρ συμμαχίας πρεσβεύονται), lo mismo que los tebanos deseosos de impedirlo». Que el escoliasta no hizo aquí una lectura apresurada de Jenofonte, lo pone de manifiesto el hecho de que llegó a percatarse de la alusión a la comparecencia de observadores tebanos en la asamblea durante las negociaciones del invierno del 370/69 (*HG* 6,5,46), si es que no dispuso de otra fuente más explícita al respecto[475].

---

473. Jehne, *Koine Eirene*, 76, sostiene que en los *psephísmata* hemos de ver una nuda referencia a la autonomía precisada en la carta fundacional del 377 (así también Buckler, Sordi, Ryder). Ahora bien, el texto de Jenofonte habla de decretos, en plural, y estos parecen estar completando en sentido amplificativo la idea autonómica ya implícita en las *spondai* del Gran Rey.

474. *Cf.* Ch. A. Behr, *P. Aelius Aristides. The Complete Works*, I. Leiden 1986, 491 n. 1.

475. La presencia de embajadores tebanos tenía su lógica: *cf.* Buckler, «The Theban Hegemony», 88 y n. 28. Por lo demás, Pausanias (1,3,4) alude a la alianza espartano-ateniense, pero en

Como colofón a este repaso de las fuentes, hay que destacar por su relevancia la asociación de κοινὴ εἰρήνη καὶ συμμαχία que hace un historiador del siglo IV, Éforo (en D.S. 15,89,1), al referirse a la paz general subsiguiente, la acordada en 362/61[476]. Se puede discutir si en el texto oficial del tratado figuraba efectivamente el término *symmachía*, aunque sería extraño que así fuese y que un documento diplomático de la importancia del remitido a los sátrapas solo recogiese la denominación *koiné eirene* (*Stv.* 292). Importante para nosotros es el hecho de que en esta inscripción queda patente la inclusión de una nueva cláusula de sanción de carácter obligatorio (l. 12ss), como la del 371. Por tanto, son este vínculo aliancista y sus consecuencias político-militares a nivel internacional los causantes de que autores posteriores como Éforo, y también Polibio (4,33,9), se representasen una vez más la paz común a la manera de una alianza.

La historiografía del siglo IV y la memoria griega posterior, como estamos viendo, concibieron el pacto armado por la paz como una auténtica *symmachía* (con la señalada excepción de Jenofonte). Claro que los autores de este siglo en general acusaron un descenso notable respecto de los niveles de calidad y exactitud alcanzados por Tucídides en la historia política[477]. También es sabido que la oratoria ática se hacía en no pocas ocasiones una idea acrítica y atécnica de la historia diplomática, a mayor gloria de la patria. Estas carencias de nuestras fuentes resultan particularmente lamentables en el campo de las instituciones de derecho internacional, donde sin un lenguaje apropiado y sin un conocimiento cualificado no se puede dar cuenta de la naturaleza jurídica de las cosas. Ni siquiera Jenofonte acaba de convencernos como relator competente (e imparcial) de la paz común. Todo lo cual ha contribuido no poco a sembrar la confusión entre los autores modernos. La segunda paz general del 371, reforzada por un compromiso multilateral de ayuda militar, no era en sentido técnico una *symmachía*, y por ello los documentos originales evitan dicha denominación; pero tampoco se trataba de una simple *eirene*, sino de una *koiné eirene*, una paz multilateral garantizada por la fuerza de las armas, y aquí precisamente está el quid de la cuestión[478]. Los negociadores

---

el contexto de la batalla de Mantinea, vigente ya el nuevo pacto del 369: καὶ ὡς ἐς Πελοπόννησον ἐσέβαλον Βοιωτοὶ καὶ τὴν συμμαχίαν Λακεδαιμονίοις τὴν παρ᾽ Ἀθηναίων ἐλθοῦσαν.

476. Ver Jehne, *Koine Eirene*, 97 ss, con el estado de la cuestión, aunque sin aportaciones de sustancia para nuestra indagación.

477. «Die Standards waren einfach zu hoch», me respondió en una ocasión Fritz Gschnitzer (Heidelberg), cuando le pregunté por la causa del descenso de nivel del mismísimo Jenofonte, como historiador de la política y las relaciones internacionales, con respecto a Tucídides. Sobre la genialidad de Tucídides en este campo, leer a A. Momigliano, *The Classical Foundations of Modern Historiography*. Berkeley and Los Angeles 1990, 48.

478. He ahí el error de Ryder, *Koine Eirene*, 72, al invocar las conversaciones corintio-tebanas en 366 (*HG* 7,4,10), donde lo que se dilucidaba era la opción entre paz y alianza, no entre paz común y alianza.

tenían razones diplomáticas obvias para evitar el término «asociación de combate», pues la idea político-militar de «liga» resultaba ajena por completo a la voluntad acogedora y paritaria de la paz general; estaban además las consideraciones de articulación legal: una alianza era por lo general un tratado bilateral, con regulación expresa o tácita sobre la atribución de la hegemonía[479]. Ello quizá no fue óbice para que los pactantes se considerasen a sí mismos como *symmachoi* (literalmente, asociados en el combate) en el momento de activar la cláusula de garantía, y en este sentido la tradición posterior no yerra, además de que Jenofonte describe tal cooperación como un *symmachein*[480]. Decir que con este término se está haciendo referencia a una mera realidad de hecho (Sordi), tampoco resulta del todo exacto, pues la cooperación militar en el marco de la paz común no constituía un acontecimiento imprevisto y arbitrario, sino el cumplimiento de una obligación legal en toda regla, un vínculo de derecho perfectamente convencional. Estas paradojas, calculadas imprecisiones y hasta inconsistencias, o como se las quiera llamar, nos remiten en última instancia no solo a la peculiaridad del derecho internacional griego, sino también a las características políticas y diplomáticas del siglo IV, tiempo de tanteos y hallazgos a nivel interestatal, de los que la propia *koiné eirene*, con sus logros y limitaciones, era un buen ejemplo.

4. De la paz común al tratado de alianza de Atenas con Esparta (*Stv.* 274)

La paz general había sido desde el 386 un acuerdo garantizado por la primera potencia, Esparta (*HG* 5,1,36), pero la *prostasía* no constituía un término técnico para el derecho internacional helénico, sino un *status* político, un reconocimiento de hecho por parte de los actores implicados. Es esta la razón por la cual los lacedemonios ejercieron su condición de *prostatai* sobre la base jurídica de su *hegemonía* al frente de la liga del Peloponeso. Ahora bien, ¿quién era el *prostates* después de Leuctra? Jenofonte no tiene por tal cosa a la ciudad de Atenas –¿otra parcialidad del historiador?–, y en todo caso nada parece indicar que esta quisiera asumir en el momento de la verdad el liderazgo que unos y otros le demandaban[481]. Quizá la *prostasía* carecía de sentido desde el momento en que todas las partes estaban igualmente obligadas a reparar

---

479. Ver, en este volumen, «L'institution de l'hégémonie: entre la coutume et le droit écrit».

480. Ver *supra* nota 462.

481. Todo esto ha sido bastante soslayado por la investigación, un tanto crédula ante el espejismo del liderazgo ateniense en lugar del espartano, caso de Busolt, «Zweite athen. Seebund», 791; Beloch, *Griechische Geschichte*, III,1, 173; Meyer, *GdA.*, V, 409; Glotz-Cohen, *Histoire grecque*, 152; Sordi, «La pace di Atene», 38, 55 ss; G. L. Cawkwell, «Epaminondas and Thebes», *CQ* 22 (1972) 266; Seager, «The King's Peace», 57. Contra, Hampl, *Staatsverträge de 4. Jahrhunderts*,

los agravios cometidos contra el tratado. En todo caso, a la hora de aplicar los acuerdos del 371 no prevaleció ninguna instancia común de decisión o apelación, ningún *synedrion* similar al de una liga, como la peloponesia o la marítima ateniense[482]. Ya con ocasión de la entrada en vigor de la anterior paz general, una iniciativa diplomática tan sabia como la de Protoo había quedado ahogada por las risas de una asamblea de guerreros impacientes y arrogantes[483]. Ni que decirse tiene, ello favorecía la arbitrariedad y la descoordinación diplomática de los Estados integrantes del pacto armado por la paz. ¿Cómo decidir qué era y qué no era vinculante para todas y cada una de las partes contratantes? ¿Cómo dirimir la cuestión de la hegemonía? En la ejecución de la cláusula de sanción contra Mantinea en 370 la *apella* actuó por su propia cuenta, sin someter la decisión a consultas. Hombres como Agesilao podían creer, un poco por inercia, que Arcadia seguía siendo el patio de atrás de Lacedemonia. De ahí que muchos ciudadanos atenienses no se sintiesen corresponsables ante aquella política de hechos consumados, y menos todavía cuando la cuestión de fondo era una guerra civil entre oligarcas y demócratas tegeatas. Por lo demás, el cambio en la situación legal de los antiguos miembros de la liga del Peloponeso, como hemos visto, tampoco contribuía a la unidad de política exterior entre los aliados de Esparta. Claro que esto no representaba ninguna excepción, pues los miembros de la liga marítima no se sintieron concernidos por los asuntos peloponesios ni secundaron la expedición de Ifícrates, por lo que Atenas hubo de actuar aquí en solitario.

El tratado de *symmachía* entre Atenas y Esparta (*Stv.* 274), con sus respectivos aliados, quiso paliar en la primavera del 369 las lagunas y debilidades de la *koiné eirene*, sin que por ello esta quedase anulada o denunciada. Antes al contrario, salió de esta manera aún más reforzada. Había en efecto que reagrupar y coordinar las fuerzas, había asimismo que acordar una estrategia militar conjunta y dirimir las cuestiones de mando, en definitiva, se hacía preciso organizar en toda regla una relación más estrecha de cooperación política y militar frente a la irresistible ascensión de Tebas. Desde un punto de vista legal, un tratado de alianza bilateral y paritario como este comportaba también una relación más explícitamente sinalagmática, lo que no dejará de ser recordado en su día por los atenienses (*HG* 7,4,1-2). De ahí la negociación de un nuevo instrumento diplomático, más acorde con la nueva coyuntura internacional

---

107. Por su parte, Jehne, *Koine Eirene*, 74 ss, no aborda el asunto, y la palabra *prostasía* tampoco aparece en su índice temático.

    482. Ver Sordi, «La pace di Atene», 52; Ryder, *Koine Eirene*, 73; Jehne, *Koine Eirene*, 112; id., «Die allgemeinen Friedensschlüsse in Griechenland im 4. Jahrhundert v. Chr.», *HZ* 255 (1992) 112.

    483. *HG* 6,4,1ss: *cf.* Sordi, «La pace di Atene», 45; P. Cartledge, *Agesilaos and the Crisis of Sparta*. London 1987, 307-308. No tan afortunado en este caso Busolt, «Zweite athen. Seebund», 790-791, por suponer innecesaria la iniciativa de Protoo.

surgida del nacimiento de la liga arcadia, la invasión de Laconia y la independencia de Mesenia[484]. Parecido movimiento diplomático se observa dos años después, en 367, entre la misma Atenas y Dionisio de Siracusa (*Stv.* 280). Como aliado de Esparta[485], el tirano venía colaborando con la paz general del 371, y la prueba de que esta aún seguía vigente a ojos de sus adherentes está en el decreto honorífico del 368, al que ya he hecho referencia[486]. Con estos dos pactos, por no hablar de la liga marítima, Atenas buscaba apuntalar la seguridad común en un grado que la sola cláusula de sanción no había sido capaz de garantizar[487].

---

484. Es errónea la creencia de R. Sealey, *Demosthenes. A Study of Defeat.* London and New York 1993, 74, en el sentido de que las negociaciones de la primavera del 369 (*HG* 7,1,1-14), no dieron paso a un nuevo tratado, sino solo a un acuerdo sobre la hegemonía (como sugiere el equívocamente conciso pasaje de D.S. 15,67,1), y que ambas partes seguirían unidas por la cláusula de garantía. Esta es una hipótesis que yo mismo barajé al principio, pero el citado texto de las *Helénicas* no ofrece duda sobre la formalización de un nuevo tratado de alianza. La narrativa inmediata jenofontea (*HG* 7,1,15ss) pone además de relieve que una nueva relación quedó instaurada entre las partes tanto desde el punto de vista táctico como estratégico y diplomático.

485. *HG* 7,1,20-22; 28-29; D.S. 15,70,1. Ver, en este mismo volumen, «Para un corpus de los tratados de alianza de la Grecia clásica», nº 14, historial y fuentes de dicho pacto. Por lo demás, consultar F. Muccioli, *Dionisio II. Storia e tradizione letteraria.* Bolonia 1999, 222-223.

486. Ver *supra* n. 419 y 423. Además, *cf.* Hampl, *Staatsverträge de 4. Jahrhunderts*, 21 ss, y Jehne, *Koine Eirene*, 75 n. 167.

487. Este artículo fue inicialmente publicado en *Les Études Classiques* 71 (2003) 353-377.

FILIPO II, ATENAS Y EL DERECHO GRIEGO DE ALIANZAS (359-338 A.C.)

ABSTRACT: Philip II, Athens and the Greek law of alliances. This paper focuses on the treaties of alliance (*symmachia*) between Philip II and Athens, from the King's accession to power in 359 until the battle of Chaeronea in 338, including the peace of Philocrates in 346. The research studies not only the juridical instruments themselves, but also the legal and diplomatic relations ensuing from them, that is to say, their subsequent implementation on the international scene. In addition to Athens and Macedonia, two other main actors, Thebes and Olynth, are taken into account. The investigation is divided into the following sections: 1. The rise to power of Philipp II and the game of shifting alliances; 2. From the treaty of Philocrates to Chaeronea; 3. Coda.

Este trabajo es una continuación de otros anteriores sobre la sinmaquia (*symmachía*) y forma parte a su vez de un proyecto de estudio más amplio sobre los tratados de alianza en la Grecia clásica. Como en artículos precedentes, examino no solo la letra de los acuerdos, sino también la articulación y el funcionamiento de esos pactos durante un periodo concreto, en este caso el reinado de Filipo II de Macedonia (359-336). Intentaré, así pues, combinar el análisis técnico del instrumento diplomático (cláusulas, tipología, negociación del tratado, ratificación y publicación), típico de una historia del derecho internacional, con el estudio histórico-político de la relación convencional resultante, en sus coyunturas y condiciones de aplicación. Esto último es importante para conocer el alcance efectivo de las obligaciones entre las partes contratantes. En efecto, el articulado del tratado casi nunca regulaba de manera exhaustiva todos los supuestos y aspectos de la relación de alianza[488], ya

---

488. Ya visto por A. Heuss, *Stadt und Herrscher des Hellenismus in ihren staats- und völkerrechtlichen Beziehungen*. Leipzig, 1937, 8. Lo mismo vale para el derecho interno, como ha señalado R. Thomas, «Writing, Law, and Written Law», en M. Gagarin, D. Cohen (ed.), *The Cambridge Companion to Ancient Greek Law*. Cambridge 2005, 53: «Sometimes early written laws presuppose what is not written».

que presuponía una cultura jurídica interhelénica, de raíz y vigencia consuetudinaria, que iluminaba y completaba como una especie de derecho subsidiario o supletorio los contenidos del instrumento material. Entre las fuentes del derecho de gentes, por tanto, los griegos aceptaron la costumbre con el mismo rango positivo que los documentos acordados y escritos, un comportamiento que los empareja a muchos otros pueblos en la historia general del *ius gentium*[489].

Abordo la entrada en juego del sistema de alianzas desde el momento en que Filipo asumió la regencia, o la realeza[490], y llevo el estudio hasta la batalla de Queronea, en el 338, sin entrar en la liga de Corinto (337), bastante bien conocida (*Stv.* 403). Por las limitaciones de espacio inherentes a este artículo, no hago aquí un estudio exhaustivo de todos los instrumentos diplomáticos y su implementación, sino solo una serie de análisis tomando como botones de muestra los pactos militares más relevantes o mejor preservados.

1. El ascenso de Filipo y el baile de las alianzas

No se puede negar que la corte macedonia conocía bien la praxis griega de la *symmachía*, la asociación de combate. Cuando en el año 359 Filipo II ascendió al poder, el Argéada heredaba de su dinastía una política de alianzas basada en los principios de reciprocidad, equilibrio internacional, respeto a las potencias hegemónicas (Persia, Esparta, Atenas, Tesalia, Olinto), voluntad de autonomía y relativa libertad contratante, etc. Política de alianzas, eso sí, bajo el signo típicamente macedonio de la acomodación cambiante y oportunista a la coyuntura internacional, incluida la neutralidad, lo que reflejaba la debilidad de la monarquía, tanto de puertas adentro, como de puertas afuera (*cf.* Aeschin. 2,26-33). Sin ir más lejos, Perdicas III (365-359), forzado por Timoteo a entrar en alianza contra la confederación calcidea y Anfípolis (c. 364/63), cambiaba de bando a los pocos meses y mandaba tropas en ayuda de los anfipolitas contra los atenienses[491]. Era uno de esos giros tan característicos de la diplomacia macedonia, que nos trae a la memoria la política zigzagueante de Pérdicas II

---

489. Esto lo ilustro en dos trabajos reeditados en el presente libro: «Καθότι ἂν ἐπαγγέλλωσιν / παραγγέλλωσιν. Sobre una estipulación del derecho griego de los tratados internacionales», y «L'institution de l'hégémonie: entre la coutume et le droit *écrit*». Por eso, la afirmación de J. Triantaphyllopoulos, *Das Rechtsdenken der Griechen*. München 1985, 4, «haben die Griechen nie die Gewohnheit als Rechtsquelle anerkannt», podrá ser válida para el derecho civil o interno, no para el internacional.

490. Sobre la cuestión ver J. R. Ellis, «Macedon and North-West Greece», en D. M. Lewis *et al.* (ed.), *The Cambridge Ancient History*, VI. Cambridge 1994, 730, y S. Müller, «Philip II», en J. Roisman, I. Worthington (ed.), *A Companion to Ancient Macedonia*. Malden, Mass. 2010, 166.

491. G. T. Griffith, N. G. L. Hammond, *A History of Macedonia*, II. Oxford 1979, 186-187.

durante la guerra de Arquídamo[492]. Habida cuenta de estos antecedentes, no debería insistirse solo en la personalidad de Filipo, en su reconocida astucia, a la hora de explicar los meandros de su política exterior, sino que también convendría tener presente esas pautas de actuación tradicionales entre los Argéadas frente a las ciudades griegas, sinuosas pero inevitables para sobrevivir.

Sabemos que Filipo negoció su primer tratado de paz con los atenienses (εἰρήνην πρὸς αὐτὸν συνθέσθαι) hacia el invierno del 359/58 (D.S. 16,4,1), sobre la base de que estos dejarían de intervenir en Macedonia contra él, como acababan de hacer por medio del pretendiente Argeo. Por su parte, el Argéada se declaraba dispuesto a renunciar a Anfípolis, dejando el camino abierto a la reconquista ateniense (*Stv.* 298)[493]. Interesa destacar el hecho de que, para reforzar la *eirene*, el monarca solicitó al propio tiempo el anudamiento de una relación de alianza con la otra parte (συμμαχίαν ποιεῖσθαι), junto con la renovación de la tradicional amistad (καὶ τὴν πατρικὴν φιλίαν ἀνανεοῦσθαι) (D. 23,121). Es una pauta diplomática que Filipo mantendrá en sus dos tratados siguientes con Atenas, el de Filócrates (*Stv.* 329) y el posterior a Queronea (*Stv.* 402).

Como aliados formales del macedonio (συμμάχους), en efecto, se tendrán los atenienses a resultas del tratado (D. 2,7), incluidos los clerucos asentados en Potidea, cuya condición de tales es oportunamente recordada por Demóstenes (7,10)[494]. Este lazo adicional constituye un buen indicador de hasta qué punto a mediados del siglo IV se entendía como algo consustancial a la instauración de la paz el establecimiento de relaciones de ayuda militar. Creo que fue sobre todo la práctica de la *koiné eirene* la que había inculcado el principio de que el compromiso de mutua defensa, inserto en el texto del tratado como cláusula de garantía o sanción, debía reforzar el estado positivo de paz[495]. Por tanto, entre atenienses y macedonios ya no se suspendían las hostilidades mediante un simple pacto de no agresión con fecha de caducidad, al estilo de las *spondai* prevalentes en los siglos VI y V[496], sino que de manera formal se establecía un vínculo permanente de amistad y salvaguarda del orden interhelénico.

---

492. Alonso, *Neutralidad*, 511-517.

493. Acaso en virtud de un acuerdo secreto posterior (D. 2,6), hablado solo en el consejo (*FGH* 115 F 30), Atenas se habría comprometido en contrapartida a entregar Pidna: *cf. Stv.*, p. 267-268; P. Carlier, *Démosthène*. Paris 1990, 95-96. Contra, Griffith, *A History of Macedonia*, 238-242, con la bibliografía anterior.

494. Ver Griffith, *A History of Macedonia*, 237 n. 1, 244 n. 2. Por lo demás, Potidea misma se contaba entre los aliados de Macedonia (*Stv.* 300).

495. *Cf.* M. Jehne, *Koine Eirene. Untersuchungen zu den Befriedungs- und Stabilisierungsbemühungen in der griechischen Poliswelt des 4. Jahrhunderts v. Chr.* Stuttgart 1994, 77-78, 92-93, 101, 111-112, más completo que T. T. B. Ryder, *Koine Eirene*. Oxford 1965, 72-73, y, en este volumen, «La *koiné eirene* ateniense del 371, la cláusula de garantía y el sistema griego de alianzas».

496. Baltrusch, *Symmachie und Spondai, passim.*

Es evidente que cualquier alianza podía quedarse en mera retórica si los actores concernidos carecían de voluntad política para hacerla efectiva, como había puesto de manifiesto la institución de la paz común, y como se iba a repetir en la ocasión que nos ocupa. En la arriesgada campaña del 358 contra los ilirios, restitutoria y en gran medida defensiva (D.S. 16,4,4 y 7), no tomaron parte contingentes de la ciudad aliada. Es verdad que siempre regía un cierto margen de discrecionalidad en la interpretación del supuesto de alianza y que el pacto en cuestión, en función antiolintia, tenía la virtualidad de cubrir la retaguardia costera de Macedonia, cosa que se produjo, ya que la confederación no se movió durante las operaciones de Filipo en las tierras altas[497]. Tampoco los calcideos, aliados del rey a partir del 356 (*Stv.* 308), secundarían la expedición de este contra Cetríporis[498], ni los atenienses estarían entonces en condiciones de honrar su reciente tratado con el tracio (*Stv.* 309). La farsa, con todo, se hizo evidente cuando en el otoño del 357 el Argéada expugnó Anfípolis y declaró independiente la plaza (Polyaen. 4,2,17), para acto seguido arrebatar Pidna a su aliada, también por asalto (D.S. 16,8,2-3). A la denuncia del tratado y a la entrada en guerra de Atenas[499], a finales del 357, respondió el monarca coligándose con los calcideos, en el invierno del 357/56 (*Stv.* 308). Con la condición hablada o escrita de ceder Antemunte a la confederación (D. 6,20; Lib. *Arg.* D. 1), y de conquistar Potidea para ella (D.S. 16,8,3; D. 2,7; 23,107), cosas que cumpliría, Filipo arrancó de Olinto y sus congéneres el compromiso de que ambos aliados «lucharían en común contra los atenienses y que, si decidían otra cosa, en común la pactarían» (Lib. *Arg.* D. 1). Esta cláusula, no sin precedentes en la historia diplomática griega (*Stv.* 189, 193, 263, 293), respetaba el principio de igualdad entre los sujetos pactantes, el ἐξ ἴσου συμμαχεῖν que diría Demóstenes (D. 15,15), pero al mismo tiempo restaba autonomía a su política exterior, siendo en todo caso Macedonia la que saldría mayormente beneficiada (*cf.* D. 1,9; 1,12-13; 23,107-108). Por lo demás, no sería extraño que el texto de este acuerdo se redactase sobre el modelo que ofrecía el pacto entre Amintas III y la misma confederación, c. 393 (*Stv.* 231). También aquí una estipulación prohibía a las partes cualquier relación convencional, de paz o alianza, con otras polis vecinas (Anfípolis, Botiea, Acanto, Mende), a no ser que de común acuerdo decidiesen lo contrario.

Me parece asimismo digna de atención otra vicisitud del tratado del 359 entre los atenienses y el monarca macedonio. Cuando Filipo atacó Anfípolis en la primavera del 357, la colonia despachó a Hiérax y Estratocles a la metrópoli

---

497. Ellis, «Macedon and North West Greece», 732, 736. *Cf.* Griffith, *A History of Macedonia*, 239.

498. Bien anotado por Griffith, *A History of Macedonia*, 252.

499. Isoc. 5,2; Aeschin. 2,70; 3,54. *Cf.* Nep. *Timoth.* 3,1.

en demanda de ayuda militar (D. 1,8), aun a sabiendas de que aquella mantenía lazos de *symmachía* con el sitiador. La maniobra diplomática de Anfípolis adquiere pleno sentido si partimos de la hipótesis de que el *casus foederis* para el Argéada y Atenas se producía solamente con la invasión del territorio del aliado, y que ninguna cláusula restringía la libertad negociadora de las partes, al contrario del mencionado pacto con el *koinón* calcideo. Según mi interpretación, Atenas hubiese podido acordar paz y alianza con su colonia sin conculcar el tratado del 359 con Filipo, a condición de socorrer a la polis asediada y evitar acciones ofensivas contra Macedonia. Y de ahí que el rey se viese en la necesidad de comprar la neutralidad de Atenas, al no poder exigirla por tratado, recurriendo a la artimaña de ofrecer la plaza a cambio de Pidna. Por otra parte, aún más amenazante era la posibilidad de que cuajase una coalición entre olintios y atenienses, que los primeros sondearon al progresar el asedio de Anfípolis (D. 2,6; *cf.* D.S. 16,8,4).

En cambio, las relaciones de alianza entre calcideos y macedonios se desarrollaron al principio de manera satisfactoria para las dos partes. El estado fragmentario de la inscripción que recoge el texto del tratado (*Stv.* 308) nos impide conocer el tenor del *casus foederis*, pero no sería extraño que también en este punto la fórmula elegida, si no idéntica, fuese muy semejante a la pactada c. 393 por Amintas y la confederación, esto es, típicamente recíproca y defensiva: Ἐάν] τις ἐπ᾽ Ἀμύν- | ταν ἴηι ἐς τ[ὴν χώρην ἐπὶ π]ολέμοι | [ἢ] ἐπὶ Χα[λκιδέας, βοηθεῖν] Χαλκιδέ- | [ας] Ἀμ[ύνται καὶ Ἀμύνταν Χαλκιδεῦσιν] (*Stv.* 231, A 5-9). O similar, sin ir más lejos, a la recién estipulada por los mismos calcideos con Grabo de Iliria (*Stv.* 307.4-13). *De iure*, por tanto, el supuesto de alianza habría quedado limitado a la prestación de ayuda al aliado invadido. No obstante, y en congruencia con la interpretación griega del derecho de los tratados, era admisible una aplicación discrecional del instrumento jurídico en sentido extensivo, mediando el consentimiento de los coligados: la simple contraofensiva armada, lo mismo que la guerra ofensiva, podía ser una opción lícita de cualquier estrategia pactada, en procura de una reparación o de legítimas reivindicaciones[500]. La mera existencia de un pacto militar entre confederados y macedonios ya suponía en sí misma un elemento de disuasión formidable frente al enemigo, pero además sirvió al principio para satisfacer las ambiciones hegemónicas de Olinto en la Calcídica, así como para cubrir la expansión macedonia hacia el mar: si Potidea fue entregada por Filipo a sus aliados, el rey consolidó sus posiciones costeras con la ocupación de Crénides y Metona entre los años 356-354 (D. 1,9; 1,12-13; 4,4; 4,35; D.S. 16,8,6), a costa sobre todo de la talasocracia ática. Y aunque no hay explícita mención en las fuentes de acciones militares conjuntas, es lógico suponer que el ejército

---

500. Por caso, *Stv.* 189, 193. Para más detalles, *supra* n. 309.

macedonio, además de cobertura logística, recibiese en alguna medida apoyo armado de los olintios en el asalto a Potidea, vecina de estos[501]. De hecho, Demóstenes (2,14; 23,108) da a entender una colaboración activa con el rey en esta guerra contra Atenas. Por lo demás, siendo Filipo el «beligerante principal», como diría Bikerman[502], a él debió de corresponder la hegemonía durante la campaña potideata, así como el derecho a disponer con entera libertad del botín, la propia ciudad conquistada.

Un último apunte: el instrumento diplomático en cuestión nos preserva un dato relevante sobre el derecho internacional de la Grecia clásica, a saber, la cláusula de publicación del tratado. Se acordaba erigir estelas con el texto del acuerdo no solo en los respectivos santuarios con mayor visibilidad, una en Dión y otra en el templo olintio de Artemisa, sino también en Delfos, a modo de copia (στήλης ἀντίγραφα) (Stv. 389.8-10). Es casi seguro que esta última fue redactada siguiendo la fórmula no prefismática, por ser un documento conjunto, y que las autoridades délficas ejercieron el derecho de admisión con el ostensible propósito de bendecir la nueva entente[503].

Como es sabido, el cabeza de la liga marítima tardó en reaccionar, ocupado como estaba en la guerra de los aliados (357-355). Su alianza con Potidea no sirvió de nada, ya que las fuerzas de socorro llegaron a la polis calcidea cuando esta ya había caído, en la primavera del 356, al igual que sucedería dos años después con Metona (D. 4,35). Al menos en el terreno de la diplomacia amagaron los atenienses un contragolpe donde más podía doler al ambicioso monarca, en la periferia de los reinos bárbaros que rodeaban sus dominios (cf. D.S. 16,22,3). Con Cetríporis de Tracia, Lipeo de Peonia y Grabo de Iliria llegó en el verano del 356 la democracia ática a un pacto que contenía una réplica contundente a la cláusula ofensiva inserta en el tratado del Argéada con los calcideos:

> Juro por Zeus, por Gea, por Helios, por Poseidón, por Atenea y por Ares que seré amigo y aliado de Cetríporis y de los hermanos de Cetríporis, y que haré la guerra a Filipo junto con Cetríporis sin engaño con toda la fuerza que me sea posible, y que no pondré fin a la guerra con Filipo sin tener en cuenta a Cetríporis y a sus hermanos, y que colaboraré con Cetríporis en la conquista de todos los

---

501. Así Griffith, A History of Macedonia, 249 n. 1.

502. «Remarques sur le droit des gens dans la Grèce classique», RIDA 4 (1950) 119.

503. Correctamente, Bengtson, Stv., p. 281. Cf. Griffith, A History of Macedonia, 244-245. La misma formalidad se sigue en el tratado comercial entre el rey Leucón y Atenas (Stv. 306), concluido el 357, de acuerdo con el cual sendas estelas debían erigirse en Panticapeo y en el Pireo, y una tercera en el santuario común de Hierón, a la entrada del mar Negro (cf. A. Moreno, «Hieron: The Ancient Sanctuary at the Mouth of the Black Sea», Hesperia, 77, 2008, 667). Por lo demás, téngase presente «Olympie et la publication de traités internationaux», en este mismo volumen, con otros casos.

demás territorios que retiene Filipo, y que colaboraré en la toma de Crénides con Cetríporis y sus hermanos, y que entregaré…[504].

En la misma vena anti-filípica debió de negociarse la alianza con Neápolis, plaza ubicada también en la zona tracia de operaciones, durante el verano del 355 (*Stv.* 312). El estado fragmentario de la inscripción no permite asegurarlo, pero cabe suponer que también en este caso atenienses y neapolitas acordaron una acción exterior coordinada. Por insuficiente e inocua, la interpretación puramente defensiva de la sinmaquia (la epimaquia de Th. 1,44,1), había dado paso a nociones y formas de concertación bélica más estrechas y exigentes para los sujetos pactantes, ya en el siglo V, con todos los riesgos que ello comportaba. En tal caso, la cuestión era cuál de los dos actores sacaba mayor ventaja de la unidad de acción diplomática o si a los dos por igual convenía la supeditación de su política exterior a las directrices comunes, sin peligro de sujeción ni restricciones importantes a su autonomía[505]. Las relaciones de Filipo con Olinto pusieron de manifiesto que los calcideos se vieron al cabo atados contra sus verdaderos intereses, si no engañados (*cf.* D. 23,108), mientras que para los reyes bárbaros de Iliria y Tracia las servidumbres de la coalición con Atenas estaban muy justificadas habida cuenta de la gravedad de la amenaza macedonia. Que al poco tiempo terminaría por demostrarse irresistible (D. 1,13; schol. Aesch. 2,81), máxime ante la tardanza e insuficiencia de la ayuda ateniense (D. 3,5). También por esta razón no hubiese resultado gravosa para la política exterior de Neápolis una ligazón estrecha con la democracia ática, la cual de hecho se preocupó por reforzar las defensas de la colonia con tropas al mando de Cabrias en el 354/53 (Polyaen. 4,2,22) y por combatir a los mercenarios del Argéada en ese mismo suelo tracio (*FGH* 115 F 249).

Los olintios llegaron a una paz por separado con los atenienses bien entrado el 352 (*Stv.* 317), violando e invalidando así el tratado con el Argéada,

---

504. *Stv.* 309, l. 38-46: [Ὀμνύω Δία καὶ Γῆν] καὶ Ἥλιον καὶ Ποσει[δ]ῶ καὶ Ἀθηνᾶν καὶ | [Ἄρην, φίλος ἔσομαι] Κετριπόρι καὶ τοῖς ἀδελφοῖς τοῖς Κ- | [ετριπόριος καὶ σ]ύμμαχος καὶ πολεμή[σ]ω μετὰ Κετριπόρ- | [ιος τὸν πόλεμον τ]ὸν πρὸς Φίλιππον ἀδόλως παντὶ σθένε[ι] | [κατὰ τὸ δυνατόν, κ]αὶ οὐ προκαταλύσομαι τὸν πόλεμον ἄν- | [ευ Κετριπόριος κ]αὶ τῶν ἀδελ- φῶν τὸν πρὸς Φίλιππον κ[αὶ] | [τἆλλα χωρία, ἃ κατ]έχε[ι] Φίλιππος συνκα[τ]α[σ]τρέψομαι μ[ε]- | [τὰ Κετριπόριος κ]αὶ τῶν ἀδελφῶν καὶ Κρηνίδ[α]ς συνε[ξ]αι- | [ρήσω μετὰ Κετριπ]ό[ρ]ιος κα[ὶ τ]ῶν [ἀδ]ελφῶν καὶ ἀποδώσω τὰ | … Ver C. Veligianni-Terzi, Οι ελληνίδες πόλεις και το βασίλειο των Οδρυσών. Από Αβδήρων πόλεως μέχρι Ίστρου ποταμού. Thessaloniki 2004, 267-268.

505. Un modelo de equilibrio *inter partes*, de hecho y de derecho, había sido la cuádruple alianza, del 420, entre atenienses, argivos, mantineos y eleos (*Stv.* 193): *cf.* Busolt, *GG.*, III 2, 1227-1230. Pero la igualdad pactante y relacional distaba de ser la norma general: ver Emiliano J. Buis, «Sobre gnomos y gigantes: los tratados grecorromanos y la igualdad soberana de los Estados como ficción histórico-jurídica», *Lecciones y Ensayos* 89 (2011) 82-90.

aunque tal hecho no produjese *de iure* la guerra abierta con aquel[506]. Lejos de desearla, y a todas luces refugiándose en la neutralidad, los de Olinto evitaron por el momento reforzar la *eirene* con una *symmachía*. Pudo ser la invasión del territorio confederal calcideo por parte del rey, hacia la primavera del 351 (D. 4,17; 1,13), quizá tras la negativa olintia de devolver al monarca a sus dos medios hermanos (Ius. 8,3,10), la acción que desencadenase el comienzo de las hostilidades abiertas entre los dos antiguos aliados[507]; o pudo ser, más bien, la invasión de la *chora* olintia propiamente dicha, en el 349, la que produjo de forma irreversible la ruptura de la paz y el *phaneròs pólemos*[508]. Como es bien sabido, las hostilidades culminarían con la destrucción de Olinto en el 348. Para esta fecha la capital de la confederación había pasado de la citada paz con los atenienses a un pacto militar en toda regla con ellos, concluido el 349 (*Stv.* 323), y cuya cláusula de alianza quizá pueda ser parcialmente reconstruida con base en el testimonio admonitorio de Demóstenes (3,6): εἰ γὰρ μὴ βοηθήσετε παντὶ σθένει κατὰ τὸ δυνατόν...[509]. Los atenienses honraron el tratado con tres expediciones de socorro a la zona, a las órdenes de Cares y Caridemo[510], aunque a la postre todo resultaría en vano.

Los intereses en juego eran desde luego los que determinaban el grado de implicación y belicosidad previstas por tratado. Años antes, al desencadenarse la tercera guerra sagrada (355-346), Atenas había tomado partido por la causa de Filomelo y Onomarco, contra tebanos y macedonios, entre otros. Como primera providencia los atenienses habían cerrado un pacto con los foceos, en el 356 (*Stv.* 310), y quizá también con los aliados de estos, los locros opuntios (*Stv.* 311). Sin embargo, comoquiera que el contencioso délfico estaba manchado a los ojos de la opinión pública por acciones sacrílegas, y habida cuenta asimismo de que la guerra de los aliados arreciaba todavía, el gobierno de Éubulo se abstuvo al principio de intervenir con las armas en favor del bando condenado por el consejo de los anfictiones, y en parte también

---

506. Sobre el *phaneròs pólemos* ver más arriba «395-390/89 a. C., Atenas contra Esparta: ¿de qué guerra hablamos», al igual que mi ensayo «War, Peace and International Law in Ancient Greece», en K. A. Raaflaub (ed.), *War and Peace in the Ancient World*. Malden, Mass. 2007, 215-219 (reeditado en T. Gazzini, N. Tsagourias (ed.), *The Use of Force in International Law*. London and New York 2016, 3-22). Griffith, *A History of Macedonia*, 298-299, 303, 315, resulta en este punto más bien erróneo. Mejor K. J. Beloch, *Griechische Geschichte*, III 1. Berlin und Leipzig 1922, 493.

507. *Casus belli* para Filipo: Ellis, «Macedon and North-West Greece», 747-748.

508. Esta es la opción por la que parece inclinarse M. Zahrnt, *Olynth und die Chalkidier*. München 1971, 110, imagino que en atención al tráfico de embajadas (D. 9,11; *FGH* 115 F 127), no de heraldos.

509. Como bien vio Scala, *Staatsv.* 199. *Cf.* Bengtson, *Stv.*, p. 302.

510. D. 19,266; *FGH* 328 F 49-51: ver G. L. Cawkwell, «The Defence of Olynthus», *CQ* 12 (1962) 130-134, y T. T. B. Ryder, «Demosthenes and Philip», en I. Worthington (ed.), *Demosthenes: Statesman and Orator*. London and New York 2000, 56-57.

porque los resonantes éxitos de los dos generales foceos no hacían temer por la integridad de su país. Solo una vez que Onomarco hubo caído en el Campo del Azafrán y Filipo se hubo presentado en las Termópilas con intención de invadir Fócide, en agosto del 352, despacharon los atenienses un contingente de cinco mil hoplitas y cuatrocientos jinetes para defender el paso, como refuerzo a las demás tropas helénicas que allí se apostaron: espartanas, aqueas y fereas. Sin posible excusa, el *casus foederis* se había presentado en favor de los foceos. Fue el propio Éubulo, sostenedor de una política exterior básicamente defensiva (neutralidad en el conflicto laconio-megalopolita y aplicación estricta del instrumento de alianza en esta guerra anfictiónica), el político que con toda probabilidad apoyó la moción de engrosar la coalición de fuerzas antepuesta al peligroso avance de la falange macedonia y la caballería tesalia de los Alévadas[511]. En efecto, el texto del tratado con Fócide, oportunamente leído en la asamblea por Demóstenes (19,61), hablaba de φιλία, συμμαχία, βοήθεια.

Tras su retirada de las Termópilas, Filipo se encaminó a marchas forzadas hacia la Propóntide, a donde para sorpresa de todos llegó hacia el otoño del 352. Al este del río Nesto se extendía Tracia, dividida entonces en tres reinos (los de Cetríporis, Amadoco y Cersobleptes) y orlada de colonias griegas hasta la región misma de los estrechos. Conocedor de su importancia para los atenienses, y de su posición estratégica ante un eventual enfrentamiento con Persia, el monarca no desaprovechó la petición de ayuda cursada por Amadoco, Perinto y Bizancio, que se sentían amenazados por Cersobleptes, y en el otoño del 352 ponía sitio a Hereontico (D. 3,4), para acto seguido imponer sus dictados al rey tracio (*Stv.* 319)[512]. De los diversos aspectos que presenta esta campaña nos interesa ahora uno de sus efectos diplomáticos, la sinmaquia con los bizantinos (*Stv.* 318). En consonancia con su hábil política de atracción de nuevos bastiones de influencia en estas regiones (cesión de la plaza expugnada a los perintios, sumisión a su persona de diversos vasallos de Cersobleptes, entrega del hijo de este como rehén, renuncia a dejar guarniciones de ocupación en la zona), el Argéada ligó también a los bizantinos mediante un tratado de alianza en pie de igualdad y en función defensiva[513]. La guerra contra Olinto no había estallado todavía, y ninguna prueba mejor que esta política aliancista para dejar constancia ante los griegos de la Propóntide de que nada habían de

---

511. D.S. 16,37,3; 38,1-2; D. 4,17 y 41; 19,84; Iust. 8,2,8. Ver G. L. Cawkwell, «Eubulus», *JHS* 83 (1963) 48, seguido por Carlier, *Démosthène*, 101.

512. Ver J. R. Ellis, «Philip's Thracian Campaign of 352-351», *CPh* 72 (1977) 32-39; Griffith, *A History of Macedonia*, 282-283; Veligianni-Terzi, Οι ελληνίδες πόλεις και το βασίλειο των Οδρυσών, 274-278.

513. Griffith, *A History of Macedonia*, 564. Bengtson, *Stv.*, p. 293, la califica como epimaquia, lo cual es aceptable siempre y cuando sepamos que este no es un término técnico (por eso es incorrecto el título de *Stv.* 161), sino de la exégesis culta (historiográfica, retórica, filosófica). *Cf.* Ste. Croix, *Origins*, 328, y Baltrusch, *Symmachie und Spondai*, 18 n. 84, 71.

temer de Macedonia, en contraste con los abusos del cabeza de la liga marítima. Sin embargo, diez años después, al entrar en la pendiente de la guerra
con Atenas, Filipo emprenderá sin contemplaciones la conquista de toda la
Tracia oriental hasta el Bósforo, avance que iba a tropezar en la primavera del
340 con la resistencia de Perinto, a la que pondría sitio. Fue entonces cuando el
macedonio invocó contra derecho el *casus foederis* ante los bizantinos, no menos amenazados que sus vecinos y dispuestos a socorrer a estos últimos antes
que prestar su concurso al invasor extranjero:

> Y viendo que de entre todos los hombres somos los que en mayor me-
> dida consumimos trigo importado –recordará Demóstenes–, queriendo hacerse
> dueño de la importación de grano, avanzó hacia Tracia y en principio reclamaba
> de los bizantinos, que eran sus aliados, la colaboración en la guerra contra voso-
> tros; pero como no querían y afirmaban que no habían hecho la alianza en esos
> términos (diciendo en eso la verdad), Filipo levantó una empalizada frente a la
> ciudad, y emplazando máquinas de guerra, la asediaba[514].

Conste, en cualquier caso, que el manejo perverso del instrumento de
alianza por parte de una potencia hegemónica no representaba ninguna novedad en la historia diplomática del siglo IV. De hecho, había sido una constante en la política de Esparta y Tebas, como ya sucediera durante la centuria
anterior en el seno de la liga delo-ática y en la coalición de Estados liderada
por Tebas.

2. Del tratado de Filócrates a Queronea

La destrucción de Olinto el año 348 nos acercaba a un nuevo periodo de paz
entre macedonios y atenienses, sellada por el tratado de Filócrates (*Stv.* 329),
en el mismo año de finalización de la tercera guerra sagrada, el 346. Todos los
estudiosos de este importante acuerdo han llegado a la conclusión, apoyada en
el testimonio irrefutable de las fuentes, de que junto al cese solemne de hostilidades mediante las correspondientes libaciones (*spondai*), y junto al establecimiento de relaciones amistosas entre las dos partes (D.H. *Amm.* 1,11), quedó
instaurada una alianza en toda regla, y de ahí su denominación: εἰρήνη καὶ
συμμαχία[515]. El día 19 del mes de Elafebolión (abril) la asamblea popular hubo

---

514. D. 18,87. Las traducciones de Demóstenes son de A. López Eire, *Demóstenes. Discursos Políticos*, I-III. Madrid 1980-1985.
    515. D. 19,40-41;48;143; [D.] 12,22; Aeschin. 2,53; 3,67-68;72; etc. *Cf.* Scala, *Staatsv.* 204;
F. Hampl, *Die griechischen Staatsverträge des 4. Jahrhunderts v. Christi geb.* Leipzig 1938, 58-59;
Bengtson, *Stv.*, p. 312-313, 317; Ryder, *Koine Eirene*, 149, aunque dubitativo; Jehne, *Koine Eirene*, 121-122, que relaciona con acierto la estipulación aliancista con la cláusula de sanción

de plegarse y ratificar las condiciones transmitidas por Antípatro, Parmenion y Euríloco en nombre de su rey. Una de las cuales consistía precisamente en que la paz no sería aceptada si no iba acompañada de una sinmaquia bilateral con los atenienses (Aisch. 3,72). No me cabe duda de que la fundamentación política de la exigencia macedonia se sostenía sobre la práctica de la *koiné eirene* de garantizar con las armas las obligaciones contraídas por los sujetos pactantes. Si los atenienses obraban de buena fe y estaban dispuestos a honrar el pacto, no podrían sustraerse al deber de defender no solo a Macedonia, en caso de ser agredida, sino también a todos sus aliados en igual tesitura (D. 19,143 = *Stv.* 329, 5a)[516], e incluso a colaborar con el Argéada en el sostenimiento de la libertad de navegación en el Egeo contra los piratas (*Stv.* 329, 5c). El problema era, de nuevo, de qué manera y en qué situaciones debía implementarse la acción conjunta de carácter defensivo y sancionador. Y era en este punto donde los intereses de las dos partes se habían mostrado ya, y se mostrarían en el futuro, muy encontrados.

Una moción de Filócrates aprobada por decreto de la *ekklesía* el 16 de Esciroforión (junio-julio), cuando Filipo ya había jurado el tratado y se encontraba en la embocadura de las Termópilas, completó el texto de la alianza mediante una cláusula adicional que la hacía extensiva a los descendientes del rey (D. 19,48). Siempre con el respaldo de Esquines, el mismo Filócrates introdujo además una polémica disposición a modo de ultimato: «Si no hacen los foceos lo que es menester y no entregan el santuario a los anfictiones, el pueblo ateniense enviará una fuerza contra los que impidan que eso suceda» (D. 19,49). Esta disposición no se trataba de una estipulación adicional inserta en el tratado, como sugiere Bengtson al incluirla como parte del articulado (*Stv.* 329, 5,11b), sino más bien una primera aplicación del pacto recién jurado ante un supuesto concreto de alianza[517], y precisamente como logro político de la facción filipizante. No hay que olvidar que, por su parte, el Argéada invitaba entonces por carta a sus nuevos socios a honrar la sinmaquia recién concluida proponiéndoles como ajustada a derecho una acción militar conjunta para poner fin a los desmanes y la anarquía producidos por la última guerra sagrada. Conocemos los términos de la misiva por Esquines (2,137), quien

---

impuesta en la práctica diplomática de la paz común. Sobre su negociación y calendario, tensiones faccionarias y coyuntura diplomático-militar, leer a J. Buckler, *Philip II and the Sacred War.* Leiden and New York 1989, 114-142; Carlier, *Démosthène*, 141-168; Ryder, «Demosthenes and Philip», 58-72.

516. Es probable, como apunta la exégesis de Hampl, *Staatsverträge de 4. Jahrhunderts*, 59 n. 3, que Demóstenes esté parafraseando aquí la cláusula defensiva.

517. Ni más ni menos que el decreto ateniense del 370/69 aprobando el envío de Ifícrates al Peloponeso en socorro de espartanos y arcadios, y, con anterioridad, la orden eforal disponiendo las expediciones contra Mantinea y en favor de Orcómeno: consultar en este volumen «La *koiné eirene* ateniense del 371, la cláusula de garantía y el sistema griego de alianzas».

recordaría que Filipo había pedido a los atenienses que entrasen en campaña con toda su fuerza armada para socorrer a los justos: ἐξιέναι πάσῃ τῇ δυνάμει βοηθήσοντας τοῖς δικαίοις. La petición venía formulada en términos medidamente técnicos, de donde se colige que Filipo estaba haciendo una paráfrasis *ad casum* de la cláusula de alianza inserta en el tratado recién jurado. Otra cosa es que la demanda de ayuda (βοήθεια) fuese incontestable en aquellas circunstancias, que no lo era. No menos interesante resulta constatar que en la misma sesión asamblearia del 16 de Esciroforión se hallaban presentes embajadores de la confederación focea, con la cual seguía vigente la alianza del 356 (*Stv.* 310), como meses atrás había puesto de manifiesto el envío de tropas en su ayuda al mando de Próxeno (Aisch. 2,132-134). A estos emisarios los traía la necesidad de saber si sus ciudades podrían contar con el concurso militar del aliado ante la aparición del macedonio en las Termópilas (D. 19,58-62). Que la *ekklesía* podía todavía desdecirse tras una nueva convocatoria y resolver el *casus foederis* en favor de los foceos –nótense D. 19,50 y *Stv.* 329, 7– era algo que los filomacedonios temían llegase a suceder por influencia de Demóstenes (19,123). Es esta la razón precisamente por la cual Esquines decidió permanecer en Atenas abjurando de su cargo en la tercera embajada despachada al campamento de Filipo para comunicarle las mencionadas resoluciones arrancadas al pueblo por los de Filócrates[518].

Lo que finalmente sucedió es bien indicativo de las peripecias e imponderables de coyuntura interna y externa a los que estaba sujeta la historia de cualquier tratado internacional en la Grecia clásica. Y ello no fue otra cosa que la paralización de toda iniciativa militar como consecuencia de la lucha política doméstica, con lo que los atenienses se abstuvieron de cualquier intervención en la Grecia central (Aischin. 2,137-138), fuera en apoyo de Filipo, fuera en defensa de Fócide, teniendo que contemplar impotentes la capitulación de Faleco[519], así como el diecismo de las polis foceas y la reafirmación de los lazos del macedonio con Tebas. Lo que por tanto se impuso en la conciencia de los atenienses fue la idea de que el reciente pacto con el macedonio, defensivo en la letra y el espíritu, no podía servir a los intereses expansionistas de aquel, ni siquiera contra Fócide[520].

La paz de Filócrates resultó una paz desventajosa para los atenienses, pero sin duda una paz inevitable y hasta cierto punto conveniente, dada la coyuntura

---

518. Una secuencia detallada de los acontecimientos en Carlier, *Démosthène*, 163-167.

519. D.S. 16,59,2-3; D. 19,59; Aischin. 2,138; 2,142; Iust. 8,5.

520. Según Carlier, *Démosthène*, 345 n. 21, «malgrè G. T. Griffith, op. cit., p. 339, il ne semble pas que l'alliance voulue par Philippe ait été seulement une alliance défensive, car l'intérêt d'une telle alliance pour le roi de Macédoine aurait été très faible». Pero, lo quisiera o no Filipo, el supuesto de alianza fue formulado seguramente en términos defensivos (ver *supra* n. 517, y Jehne, *Koine Eirene*, 122 n. 38); otra cosa habría sido nociva para Atenas. Ver ya Beloch, *Griechische Geschichte*, 504.

diplomática y militar. En cualquier caso, era difícil que durase mucho tiempo, a no ser que la democracia ática se plegase a los dictados del nuevo señor de la guerra, y en efecto no tuvo larga vida. Excusado es decir que la cooperación militar entre ambos aliados brilló por su ausencia, y ello pese a que los términos de la sinmaquia eran exquisitamente paritarios. Con todo, como miembros de la anfictionía, los atenienses hubieron de adherirse a los acuerdos emanados del consejo délfico, bajo la presidencia de Filipo, al término de esta última guerra sagrada[521]. La verdad es que el nuevo *statu quo* se parecía más a una *pax Macedonica* que a una paz de aliento panhelénico. Bien distinta, por cierto, de aquella paz del Rey que en el 386 se había alcanzado merced a la injerencia y mediación del soberano aqueménida (*Stv.* 242), demasiado distante para inquietar en exceso a las ciudades griegas. Pese a cuantas declaraciones y bandos se hicieran en el 346, en favor de la concordia (*homónoia*) entre los griegos y en contra del enemigo hereditario del Asia (así Isócrates en su *Filipo*), las espadas seguían en alto y todo lo convenido no podía ser sino una simple tregua. Si no de derecho, de hecho la lógica provisional de las viejas *spondai* seguía vigente.

No muchos años después, a la altura del 340, eran ya bastantes los griegos que veían en Filipo la verdadera amenaza para la preservación de un orden internacional libre de servidumbres externas, y no pocos los que abogaban por un acercamiento a la corte de Susa venciendo los escrúpulos del viejo espíritu panhelénico (entonces teorizado por Isócrates y su escuela). Por su parte, la diplomacia argéada, curtida por siglos de humillación e injerencia griegas (calcidea, tesalia, ateniense, lacedemonia, beocia), conocía todas las triquiñuelas del lenguaje diplomático y estaba muy al tanto de los manejos de las facciones democráticas que le eran hostiles. Llegado el momento de justificar una escalada de la tensión, Filipo no se recató de denunciar ante la asamblea ateniense las amistades peligrosas a las que ahora se volvían los juradores de la paz de Filócrates y de la sinmaquia que debía respaldarla[522]. En una epístola redactada por algún escribano ducho en el arte del embrollo, se inculpaba a los atenienses de insidias y traición:

> Aparte de eso, habéis llegado a un desprecio del derecho y a una hostilidad tales, que hasta habéis mandado embajadores al rey de Persia para que le

---

521. *Cf.* Carlier, *Démosthène*, 167-168; Ellis, «Macedonian Hegemony Created», en D. M. Lewis *et al.* (ed.), *The Cambridge Ancient History*, VI. Cambridge 1994, 760-761. Por cierto, este reordenamiento convencional fue interpretado por algunos autores, siguiendo a Diodoro (16,60,3-4), como expresión de una nueva paz común (*Stv.* 331), pero que la mayoría ha negado. Entre ellos, las dos principales autoridades en la materia: Ryder, *Koine Eirene*, 100, 145-146, y Jehne, *Koine Eirene*, 125-126, quienes recogen la bibliografía anterior en línea también contraria. Ver además Buckler, *Philip II and the Sacred War*, 141.

522. Digo juradores o partes juramentadas, y digo bien. El término signatario o firmante sería en el caso helénico coloquial, no técnico: el tratado no se firmaba, se juraba.

convenzan de que me haga la guerra; lo cual no podría dejar de causar el mayor asombro. Pues antes de que él hubiera tomado Egipto y Fenicia, vosotros establecisteis mediante decreto que, si aquél intentaba algún plan novedoso, se me convocase a mí lo mismo que a todos los demás griegos para ir contra él. En cambio, ahora sobreabunda tanto vuestro odio contra mí, que negociáis con él una alianza defensiva[523].

Bien sabía el Teménida que, por mucho que invocase la alianza instituida con los atenienses en el 346 (*Stv.* 329, 5.a: ἐάν τις ἴῃ ἐπὶ τὴν χώραν... βοηθήσω κτλ.), nada en derecho impedía a estos pactar con Artajerjes III Oco un acuerdo de mutua opitulación, de la misma manera que el propio Filipo lo había hecho tres años atrás con ese mismo soberano (*Stv.* 333). Puestos a extremar las cosas, mientras no se ejerciese violencia directa contra los dominios o los aliados de Macedonia incluidos en el mencionado texto del 346, el estado de guerra no tenía por qué sobrevenir de manera irreversible entre las dos partes ni los juramentos tenían por qué verse quebrantados. No sobrevino desde luego al producirse la legítima respuesta de Atenas a la invasión de Casopia por los ejércitos macedonios en el invierno del 342, con la consiguiente amenaza para las regiones ribereñas del golfo de Corinto ([D.] 7,32; D. 9,27; 9,34). Consistió dicha respuesta en el envío de un contingente en refuerzo de Acarnania y Ambracia (D. 9,72; 48,24), así como en el cierre de una gran coalición defensiva entre Atenas y los Estados peloponesios: aqueos, arcadios, argivos, megalopolitas y mesenios (*Stv.* 337). Un año antes, en el 343, había cuajado una entente con la ciudad de Mégara (*Stv.* 332), a costa del partido filipizante encarnado por el notable Pteodoro (D. 19,295)[524]. En sentido inverso, también Filipo podría argüir en el 340 que, si enviaba refuerzos a Cardia frente a los ataques de Diopites, tal proceder se debía a que la ciudad era su aliada desde antes del 346 ([D.] 12,11), dando por supuesto que la defensa de esta no era incompatible con el tratado de Filócrates.

Se dio entonces una interesante constelación diplomática de la que conviene destacar sus rasgos idiosincrásicos, respondentes a la singularidad del derecho de gentes griego. Un pacto por la paz y de mutua defensa unía

---

523. [D]. 12,6-7. La traducción «una alianza defensiva» de López Eire, *Discursos*, I, 274, puede justificarse en la lección O (ἐπιμαχίας), que es por la que opta S. H. Butcher, *Demosthenis Orationes*, I. Oxford 1903, 159, a quien sigue el filólogo español, pero no en la lección de F e Y (συμμαχίας), que es por la que opta Maurice Croiset, *Démosthéne. Harangues*, II. Paris 1975, 149. En su caso, por tanto, la traducción «une alliance défensive» incurre en sobreinterpretación. Yo creo que la *lectio difficilior* es ἐπιμαχίας, no solo atendiendo a la propia tradición textual, sino también al hecho de que, dialécticamente, Filipo nunca habría estado interesado en subrayar de manera tan explícita e innecesaria el carácter defensivo del pacto ateniense con el persa. Mejor, por tanto, traducir: «negociáis con él una alianza militar».

524. Para las operaciones conjuntas en Eubea, con apoyo militar megarense (*FGH* 103 F 19), ver Ellis, «Macedonian Hegemony Created», 771-772, 775.

solemnemente a macedonios y atenienses, pero estos últimos recelaban cada día más de las intenciones de Filipo y en absoluto se mostraban dispuestos a secundar sus planes de pacificación con la fuerza de su flota y su infantería. Por ejemplo, la cláusula de policía de los mares inserta en el pacto del 346, ya mencionada (*Stv.* 329, 5.c), era susceptible de dar cobertura legal a las naves macedonias para surcar el Egeo a sus anchas y anclar en cualquier puerto aliado, con el peligro de que sobornasen a los isleños y los apartasen de los atenienses ([D.] 7,14)[525]. Estos, por consiguiente, se limitaban a evitar el *casus belli* con su poderoso socio, ganando tiempo como lo hacía él y fortaleciendo la panoplia disuasoria en el terreno diplomático. Lo que Éubulo no había logrado que cristalizase en el 347/46, a saber, una gran alianza de Atenas y los miembros de la liga marítima con los Estados peloponesios, en el marco de una nueva *koiné eirene*[526], fue alcanzado en el 342 merced a la febril actividad negociadora de Demóstenes. Sucedía, sin embargo, que desde el año anterior o incluso antes Argos, Élide, Megalópolis y Mesenia eran a su vez aliados del Argéada, como se desprende del discurso *Sobre la embajada fraudulenta* (D. 19,260-262; *cf*. 6,19-26), y como dejan ver Isócrates (5,74) y Pausanias (4,28,2). Se ve confirmado por una carta enviada por el monarca en vísperas de su segunda campaña focea so capa de guerra anfictiónica contra Anfisa, la cual provocaría el reagrupamiento defensivo de noviembre del 339 entre Tebas y Atenas. Merece la pena recoger dicha epístola –por más que inauténtica en el tenor literal transmitido–, en la cual se llamaba a la guerra a los aliados peloponesios invocando la justicia del *casus foederis*:

> El rey macedonio Filipo a los demiurgos y los consejeros de sus aliados peloponesios y a todos los demás aliados, salud. Toda vez que los locrios llamados ozolas, que habitan en Anfisa, tratan con insolencia el templo de Apolo en Delfos y, penetrando con armas en el territorio sagrado, lo saquean, quiero con vosotros acudir en socorro del dios y rechazar a los que violan alguno de los principios de piedad establecidos entre los hombres; de forma que salidnos al encuentro armados en la Fócide, con provisiones para cuarenta días… Y a los que no se unan con todas sus fuerzas, les aplicaremos las sanciones establecidas por nosotros +consejeros+. Que os vaya bien (D. 18,157).

---

525. A este respecto se plantea una interpretación del tratado de acuerdo con la costumbre no escrita, a lo que me refería al principio de este artículo. Acerca de la admisión de la flota aliada en puerto, y también acerca de la duración temporal de la ayuda armada (así D. 18,157, citado a continuación), no reguladas por tratado, ver «Καθότι ἂν ἐπαγγέλλωσιν / παραγγέλλωσιν. Sobre una estipulación del derecho griego de los tratados internacionales», § 3 y 4, en el presente volumen.

526. Para un análisis detallado de esta iniciativa, P. Carlier, «Eubule diplomate», en P. Goukowsky, C. Brixhe (ed.), *Hellènika Symmikta. Mélanges P. Charneux*. Nancy 1990, 28-34.

El Teménida no vio correspondida su petición: las polis y confederaciones del Peloponeso se mantuvieron neutrales en el 339/38 y desde luego no acudieron a Queronea. A esas alturas nadie estaba dispuesto a dejarse engañar por el contencioso anfictiónico y las envenenadas querellas de los anfictiones. Eran los hechos los que hablaban por sí mismos, más que el lenguaje especioso de la diplomacia, y aquellos decían que las armas macedonias invadían Beocia y amenazaban el Ática. No solo eso, ponían en peligro el propio equilibrio internacional si al final Macedonia se convertía en la única superpotencia, como señaló Griffith[527]. Por tanto, no ha lugar el *casus foederis*; no ha lugar la opitulación al aliado. Desconocemos si los tebanos habían reanudado sus vínculos de sociedad bélica con los argivos, megalopolitas y mesenios, tan estrechos en la década de los sesenta, y relajados al verse absorbidos por la tercera guerra sagrada (Paus. 4,28,1-2). Su actitud, con todo, convida a pensar que en la hora de Queronea algunos de ellos no estaban obligados por tratado, otros se escudaron en sus relaciones de alianza con ambos bandos para no tomar las armas (Paus. 4,28,2), y acaso unos pocos se movilizaron después de todo (D. 18,237)[528]. Quizá otra cosa habría acontecido en el caso de que tras la batalla el ejército victorioso hubiese marchado contra el Ática: no cabría descartar entonces que por vía marítima, de una u otra manera, los atenienses hubiesen sido socorridos desde el Peloponeso. Era un riesgo adicional para persuadir al vencedor de que debía imponer la paz sin llevar la victoria de Queronea hasta sus últimas consecuencias[529].

Un tercer actor, por tanto, podía ser *symmachos* de dos Estados enfrentados a condición de que las partes contratantes conservasen su autonomía y decidiesen con todo rigor la idoneidad del supuesto de alianza, o lo que es lo mismo, a condición de que sus relaciones convencionales se rigiesen de acuerdo con una concepción restrictiva o defensiva de la sinmaquia (si se quiere, una epimaquia en el sentido de Th.1,44,1; 5,27,2; 48,2; Arist. *Pol.* 3,9, 1280b). Claro que en una situación de doble alianza también cabía la posibilidad de excusarse y mantener la neutralidad, como según la tradición local habrían hecho los mesenios (Paus. 4,28,2). Ya durante el periodo de la hegemonía tebana (371-362) los atenienses habían cerrado sucesivamente sendos tratados de ayuda militar con los lacedemonios (*Stv.* 274) y con los arcadios (*Stv.* 284), quienes por su parte se hallaban en guerra, sin que ninguno de los dos Estados peloponesios denunciase su tratado con Atenas[530].

---

527. *A History of Macedonia*, 591-592. Sobre la concepción y práctica del equilibrio de potencias en la Grecia antigua, ver A. Giovannini, *Les relations entre États dans la Grèce antique, du temps d'Homère à l'intervention romaine (ca. 700-200 av. J.-C.)*. Stuttgart 2007, 14 n. 1.

528. Así Ryder, «Demosthenes and Philip», 82. Ver asimismo Beloch, *Griechische Geschichte*, 565.

529. Griffith, *A History of Macedonia*, 591, parece opinar de manera distinta.

530. Ver Bengtson, *Stv.*, p. 242.

¿Cómo se podían conciliar en la Grecia clásica obligaciones convencionales que en el derecho internacional de nuestros días resultarían incompatibles? Si los argivos, mesenios y megalopolitas, aliados de Filipo desde el 343[531], se comprometían un año después a combatir también en defensa de los atenienses (*Stv.* 337), aun a sabiendas de que las relaciones entre estos últimos y el monarca empeoraban a ojos vista, ¿no se derivaría una situación diplomáticamente insostenible, por no hablar de un conflicto de obligaciones? ¿Qué tratado prevalecería y por qué? Algunas de las respuestas a estas preguntas ya han quedado apuntadas en las líneas precedentes, aunque otras convendrá abordarlas con más detenimiento.

Norma fundamental del derecho de gentes griego era aquella que establecía el comienzo del estado de guerra entre dos pueblos con la invasión del territorio del uno por el otro (por tierra o por mar). A no ser que un estado quisiera hacer explícita su enemistad por anticipado con una declaración de hostilidades en toda regla[532], lo normal era que el acto de agresión directa contra la integridad territorial de la ciudad o la confederación de ciudades inaugurase el estado de beligerancia entre las partes. Por el contrario, cruzar las armas en un escenario que no fuese el propio suelo no tenía por qué acarrear ninguna consecuencia jurídica para los sujetos implicados en la refriega –otra cosa podían ser sus repercusiones políticas y diplomáticas–, y mucho menos si la implicación de uno de ellos derivaba de un compromiso pactado. Entre los helenos, por consiguiente, el estado de paz comportaba en sustancia la ausencia de guerra directa y el intercambio amistoso de relaciones (*epimeixía*) sin necesidad de heraldo, y de ahí que el tratado de cese de hostilidades fuese concebido por ellos como un pacto de no agresión[533].

Se comprenderá entonces por qué razón la interpretación restrictiva de la sinmaquia como epimaquia se había constituido desde la época arcaica como el instrumento de alianza más respetuoso para con las normas ideales de la comunidad interhelénica. Su instrumentación estaba exenta de todo ánimo hostil o anexionista hacia la ciudad contra la que surtía efecto y al mismo tiempo era del todo compatible con el mantenimiento de la paz e incluso con una hipotética alianza con el Estado agresor. He aquí la razón, como apuntaba Victor Martin[534], por la cual el pacto armado en función defensiva representaba la figura de asociación internacional que repugnaba menos al particularismo helénico. Elemento definitorio de su identidad, el *casus foederis* por

---

531. D. 19,260-261: *cf.* Bengtson, *Stv.*, p. 326.

532. Es probablemente el caso de Atenas con Filipo en el 340 (Did. in D. 68).

533. Ver Busolt, *GG.* III 2, 775-776, 902-904 n. 3; Bikerman, *Remarques sur le droit des gens*, 102-105; Alonso, *Neutralidad*, 27-60. Para un estudio de caso, en este volumen, «395-390/89 a. C., Atenas contra Esparta: ¿de qué guerra hablamos?».

534. *La vie internationale dans la Grèce des cités (VIe-Ve s. av. J.-C.).* Paris 1940, 128.

antonomasia se presentaba en el supuesto de agresión directa y violación de las fronteras del aliado.

3. Demóstenes, en la teoría de las relaciones internacionales

Nadie mejor que el orador de Peania, a falta de un Tucídides, para compendiar la doctrina diplomática griega en materia de alianzas. En su discurso *Sobre la paz*, pronunciado a raíz del tratado de Filócrates, advierte a sus conciudadanos de que un eventual conflicto de Atenas con Tebas por causa de Oropo no entrañaría una conflagración general que alterase el *statu quo*:

> Ni tampoco en el caso de que combatiéramos con los tebanos por Oropo o por algún interés particular nos pasaría nada, en mi opinión; pues creo que quienes prestasen ayuda, la proporcionarían a nosotros y a aquellos en el caso de que alguien invadiese nuestro territorio o el de ellos, pero no se aliarían a ninguno de los dos para realizar campañas de ataque. Porque éste es el carácter de las alianzas cuya consideración merece la pena, y el asunto es así por naturaleza; no hasta el mismo límite cada uno es condescendiente, ni para con nosotros ni para con los tebanos, por lo que se refiere a que estemos a salvo o dominemos a los demás, sino que el hecho de que estemos a salvo es cosa que todos desearían por bien de sí mismos, mientras que ni uno solo querría que a fuerza de dominar a otros termináramos por ser dueños de ellos mismos[535].

Admirador de Tucídides (Plu. *Dem.* 6,1), y en cierta medida heredero suyo, Demóstenes combinaba en sus análisis de política exterior la visión realista de las relaciones interestatales (equivalente al realismo moderno en la TRI)[536], de inspiración filosófica y naturalista, con la sensibilidad por el derecho interhelénico (si se quiere, por los νόμοι κοινοὶ τῶν Ἑλλήνων), condición sine qua non para la coexistencia de las polis, las confederaciones y los reinos en la Grecia antigua[537].

---

535. D. 5,16-17. La misma doctrina en Isócrates 5,43-44.

536. Para una aproximación al debate internacionalista, con sus implicaciones para la Grecia antigua, ver P. Low, *Interstate Relations in Classical Greece: Morality and Power*. Cambridge 2007, 7-32.

537. Con este apunte sobre la complejidad y riqueza del pensamiento de Demóstenes quiero matizar el sugestivo análisis, aunque algo dicotómico, de V. Ilari, *Guerra e diritto nel mondo antico*. Roma 1980, 211-216, sobre el orador, al abordar «il diritto di guerra tra la concezione "tecnica" (giuridico-diplomatica) e concezione "ideologica" (panhellenismo e difesa della democrazia): Isocrate, Eschine, Speusippo e Demostene». A mi juicio, este último oscila entre ambas concepciones y no se deja encasillar en la segunda tendencia.

El gran orador no renunciaba al derecho ni minusvaloraba su papel como mediador en las relaciones interestatales, siendo sus discursos testimonios fidedignos de dicha función. Claro que, al mismo tiempo, Demóstenes era capaz de escrutar, más allá del lenguaje correcto y biensonante de la diplomacia, los intereses en juego, los secretos inconfesables del poder, los equilibrios inestables de cada coyuntura. En su época esto no significaba otra cosa que captar el ascenso imparable de Macedonia y el fin de la soberanía de los Estados griegos[538]. En este sentido resulta paradójico, al tiempo que una gran lección de historia diplomática, el hecho de que el crítico más implacable para con el tratado de Filócrates, formalmente paritario, fuese años más tarde el muñidor de la alianza con Tebas (*Stv.* 345), a todas luces desigual para Atenas. Desigual pero no desventajosa, porque las concesiones a los tebanos en materia de hegemonía y financiación de la guerra, vergonzantes a juicio de Esquines (3,106), servían al propósito de proteger el Ática de una invasión que se daba por hecha (D. 18,177-179). Cosa para la que, al menos, sí surtieron efecto[539].

Flexible y graduable, por tanto, el derecho griego de alianzas se enderezaba al fin último de salvaguardar la autonomía de la polis y el equilibrio entre los actores internacionales. He ahí su razón teleológica de ser[540].

---

538. Lo que E. J. Buis, «Ancient Entanglements: The Influence of Greek Treaties in Roman 'International Law' under the Framework of Narrative Transculturation», en T. Duve (ed.), *Entanglements in Legal History: Conceptual Approaches*. Berlin 2014, 175-177, ha planteado tan a propósito para la Roma tardorrepublicana, capaz de guardar las formas diplomáticas griegas en sus tratados y relaciones con las ciudades helenísticas, sin por ello perder la posición de supremacía, bien podría decirse antes de Macedonia bajo Filipo. El inteligente empleo por parte del Teménida del instrumentario jurídico helénico le permitió hacer entrar en su órbita de influencia a casi toda Grecia, proceso que culminó en la operación magistral de la liga de Corinto (*Stv.* 403). Esta combinación, imbatible, de superioridad militar y habilidad diplomática era lo que, en el fondo, sacaba de quicio a Demóstenes. *Cf.* el equilibrado juicio de Müller, «Philip II», 167, 177.

539. Como escribió Beloch, *Griechischte Geschichte*, 565, «vielen in Athen schienen diese Bedingungen unwürdig; aber wie die Sachen lagen, war das thebanische Bündnis damit immer noch billig erkauft».

540. Este artículo fue inicialmente publicado en *Revista Jurídica de Buenos Aires* 42 (2017) 369-389.

BIBLIOGRAFÍA ADICIONAL

Baltrusch, E., Wendt, C. (ed.) (2011): *Ein Besitz für immer? Geschichte, Polis und Völkerrecht bei Thukydides*. Baden-Baden.

Barta, H. (2010): «9. Anfänge des Völkerrechts», en id., *„Graeca non leguntur"? Zu den Ursprüngen des europaischen Rechts im antiken Griechenland*, Bd. 1. Wiesbaden, 442-511.

Bayliss A. J. (2013): «Oaths and Interstate Relations», en A. H. Sommerstein, A. J. Bayliss (ed.), *Oath and State in Ancient Greece*. Berlin, 147-306.

Bederman, D. J. (2001): *International Law in Antiquity*. Cambridge and New York.

Bolmarcich, S. (2007): «Oaths in Greek International Relations», en A. Sommerstein, J. Fletcher (ed.), *Horkos. The Oath in Greek Society*. Exeter, 26-38.

Buis, E. (2018): *Taming Ares: War, Interstate Law, and Humanitarian Discourse in Classical Greece*. Leiden.

Couvenhes, J.-C. (dir.) (2016): *La symmachia comme pratique du droit international dans le monde grec. D'Homère à l'époque hellénistique*. Besançon.

Devere, H., Mark, S., Verbitsky, J. A. (2011): «A History of the Language of Friendship in International Treaties», *International Politics* 48, 46-70.

Drauschke, M.-K. (2019): *Die Aufstellung zwischenstaatlicher Vereinbarungen in griechischen Heiligtümern*. Hamburg.

Eckstein, A. M. (2006): *Mediterranean Anarchy, Interstate War, and the Rise of Rome*. Berkeley and Los Angeles.

Fornis, C. (2007): «La configuración política y jurídica del *synédrion* de Corinto (395-394 a. C.)», *RIDA* 54, 65-82.

Giovannini, A. (2007): *Les relations entre États dans la Grèce antique. Du temps d'Homère à l'intervention romaine (ca. 700-200 av. J.-C.)*. Stuttgart.

Howlett, C. F., *et al.* (ed.) (2022): *The Oxford Handbook of Peace History*. Oxford.

Hunt, P. (2010): *War, Peace and Alliance in Demosthenes' Athens*. Cambridge.

Lang, M., Barta, H., Rollinger, R. (2010): *Staatsverträge, Völkerrecht und Diplomatie im alten Orient und in der griechisch-römischen Antike*. Wiesbaden.

Lanni, A. (2008): «The Laws of War in Ancient Greece», *Law and History Review* 26, 469-489.

Low, P. (2007): *Interstate Relations in Classical Greece. Morality and Power*. Cambridge.

Piccirilli, L. (ed.) (2002): *La retorica della diplomazia nella Grecia antica e a Bisanzio.* Roma.

Raaflaub, K. A. (2009): «Conceptualizing and Theorizing Peace in Ancient Greece», *TAPA* 139, 225-250.

Rawlings, L. (2007): *The Ancient Greeks at War.* Mancheser 2007.

Rhodes, P. J. (2008): «Making and Breaking Treaties in the Greek World», en P. de Souza, J. France (ed.), *War and Peace in Ancient and Medieval History.* Cambridge, 6-27.

Rung, E. (2008): «War, Peace and Diplomacy in Graeco-Persian Relations from the Sixth to the Fourth BC», en P. de Souza, J. France (ed.), *War and Peace in Ancient and Medieval History.* Cambridge, 28-50.

Scheibelreiter, P. (2013): *Untersuchungen zur vertragsrechtlichen Struktur des delisch-attischen Seebundes.* Wien.

Wilker, J. (2012): *Maintaining Peace and Interstate Stability in Archaic and Classical Greece.* Mainz.

ÍNDICES

---

541. En todos los índices los números en cursiva remiten a las notas a pie de página (*1-540*). Páginas y notas se registran según su orden de aparición, con lo que un número de nota superior (*477*) puede aparecer citado antes que un número de página inferior (230). Téngase en cuenta asimismo que un mismo pasaje o un mismo término puede ser citado dos veces en la misma página o nota.

Demosthenes (D.)

1,8: 237; 1,9: 236, 237; 1,12-13: 236, 237; 1,13: 239, 240; 1,23: 236; 1,107-108: 236; 2,6: *493*, 237; 2,7: 235, 236; 2,14: 238; 2,23: 236; 2,107: 236; 3,4: *241*; 3,5: 239; 3,6: *311*, 240; 4,4: 237; 4,17: 240, *511*; 4,35: 237, 238; 4,41: *511*; 5,16-17: 151, 156, 202, *535*; 6,19-26: 247; 6,20. 236; 7,10: 235; 7,14: *162*, 247; 7,14-15: *237*; 7,32: 246; 8,14-15: 31; 9,11: *508*; 9,27: 246; 9,34: 246; 9,47-49: 206; 9,72: 246; 12,6-7: 523; 12,11: 246; 12,22: *515*; 15,7-8: 156, 202; 15,15: 58, 151, 169, 183; 16,8-10: 30; 16,11-12: 28; 16,12: 29, 217; 16,14-15: 156, 202; 16,19: 217; 16,27: *38*; 18,72-78: *239*; 18,87: *514*; 18,88: 31; 18,96: *319*, *364*, *396*; 18,98-99: 226; 18,139: *239*; 18,156-158: 31; 18,157: 78, 247, *525*; 18,177-179: 251; 18,230: 31; 18,237: 248; 18,244: 31; 18,302: 31; 19,40-41: *515*; 19,48: *515*, 243; 19,49: 243; 19,50: 244; 19,58-62: 244; 19,59: *519*; 19,61: 241; 19,75: 226; 19,84: *511*; 19,123: 244; 19,143: *515*, 243; 19,260-261: *531*; 19,260-262: 247; 19,260ss: 31; 19,266: 510; 19,277: 180, *399*; 19,295: 246; 20,31ss: *367*; 20,52: *339*; 20,59: 175; 20,60: 175; 20,69: 175; 20,76: 174; 23,108: 238, 239; 23,116-117: 180; 24,11-13: *163*; 24,12: 77; 48,24: 246; 49,10: 28; 59,27: *464, 466*, 226.

Didymus (Did.)

In D. 68: *532*.

Diogenes Laertius (D.L.)

3,19: 196.

Diodorus Siculus (D.S.)

11,3,4-5: *245*, *263*; 11,44,6: *288*; 11,46,4-5: *288*; 11,62,3: 100; 11,80: 25; 11,81,2: 87; 11,84: 199; 12,1: 25; 12,4,5: 101; 12,75,6: *263*; 12,75,7: 123; 12,80,4: *302*; 13,4,2ss: 26; 13,7-8: 25; 13,11,5: 58; 13,19,4: 63; 13,32,4-6: 25; 13,33,1: 63; 13,34,4: 25; 13,39,4: 25; 13,40,5: 25; 13,45,1: 25; 13,61,1: 25; 13,63,1: 25; 13,81,2: 25; 13,106,8:

25; 14,17,5: *143*; 14,17,9: 26; 14,17,10: 205; 14,34,2: 144, *306*, 172; 14,63,4: 27, 170; 14,70: 27, 170; 14,79,4: 169; 14,81,1-2: 26, 148; 14,81,2: 160, 161; 14,81,2-3: 152, 189; 14,81,3: *385*; 14,81,4: *388*; 14,82: *337*; 14,82,1: 27, 157, 160, 161; 14,82,1-4: 159; 14,82,3: 27, 172, 173, 204; 14,82,4: *207*, 191; 14,82,5-6: 170; 14,82,5-7: *353*; 14,82,5-9: 165; 14,82,6: 168; 14,82,7-9: 168; 14,82,8: *302*; 14,82,10: 170; 14,83,2: *339*, *385*; 14,83,4-7: 192; 14,84,1-2: 165, *385*; 14,84,4: *358*; 14,84,4-5: 192; 14,84,5: 27, *349*; 14,85: *356*; 14,85,4: *365*; 14,86,6: 157, *385*; 14,91,3: *389*; 14,92,1-2: 363; 14,92,3: 172, 181; 14,94,2: 175; 14,94,4: *358*; 14,95,3-96,1: 27; 14,97,5: 155, 172; 14,98: 174; 15,9,1-2: 174; 15,28,4: *129*; 15,43,5: *365*; 15,47,7: 27; 15,58: 29; 15,60,2: 28; 15,61,2ss: 29; 15,62,1: 216; 15,62,2: 216; 15,62,3: 29, *438*, 217; 15,62,3ss: 29; 15,63: 28; 15,63,1: 226; 15,63,2: *465*; 15,64,2: 29; 15,64,6: 29; 15,65,6: *466*; 15,66,1: 29; 15,66,6: 28, 222; 15,67,1: *484*; 15,68,1: 29; 15,70,1: 27, *485*; 15,75,2: 351; 15,78,2-3: 30; 15,81,3: 29; 15,82,1: 30; 15,84-85: 29; 15,85,2: 29, 30; 15,89,1: *419*, 229; 15,89,1-2: 29; 16,4,1: 235; 16,4,4: 236; 16,4,7: 236; 16,8,2-3: 236; 16,8,3: 236; 16,8,4: 237; 16,8,6: 237; 16,22,3: 238; 16,24,4: *38*; 16,27, 3-5: 30; 16,28,4: *344*; 16,29: 30; 16,37,3: 30, *511*; 16,38,1-2: *511*; 16,39,2: 29; 16,57,4: 30; 16,59,1: 30; 16,59,2-3: *519*; 16,60,3-4: *521*; 16,63,1: 30; 18,12-13: 62; 18,15,7: 62; 18,17,6: *138*; 18,17,6-7: 63; 19,70-71: 65; 19,71,7: *129*.

Dionysius Halicarnassensis (D.H.)

Amm. 1,11: 242; *Ant.Rom.* 7,66,5: 29; 19,9,1: 75; 19,9,3: 75.

Euripides (E.)

Fr. 578: *34*.

Hecataeus

FGrHist 1 F 119: *200*.

Plato (Pl.)

Lg. 683d-e: *320*; 684b: *320*; 698d-e: 271; 731b: *320*; 955b: *320*; Mx. 244d: *319*; 245b-c: *365*; 245e: 182; R. 474b-c: *144, 320*; 559e-560a: *320*; 560c-d: *320*; 572e: *320*; 573e: *240*; 590e: *320*; Tht. 142a-b: *339*; 142a-c: *364, 396*.

Plutarchus (Plu.)

Ages. 6,4-6: 77; 6,5-6: *306*; 7,4: 64; 15,6: *334*; 16,2: *352*; 16,3: 173; 16,4: *339*; 17,1: 199; 18,1: 168; 22,1-2: 180; 23,1: *365*; 23,3: 182; 30,4: *312*; 33,3: 27; 35: 29; 37,1: *348*; Alc. 20,2: 26; Arist. 9,1: 64; 12: 64; 16: 64; 23: *288*; 24: 64; Art. 20,5: *334*; 21: 192; Dem. 6,1: 250; Dio. 5,1-7: 196; 5,7: 196; Flam. 17,2: *183*; Lys. 14,4: 194; 16,1: *352*; 27: 146; 27,1: *334, 385*; 27,2-4: *306*; 27,3: *306*; 28: 148; 28,5: 152; 29,1: 152; Mor. 193B: 28; 193C: *196*; 193C-D: 29; 197B-C: *183*; 213B: 192; 247A-D: *179*; 296B-D: *179*; 772D: 94; 810F: 29; 814B: 29; 863B-F: *260*; 868F: *253*; 961B: 85; Pel. / Pelop. 24,5: 28; 24,10: *466*; 27,3: *277*; 35,2: *277*; Per. 8,5: 103, 193; 17: *429*; Pho. 23-25: 62; Per. 17; Them. 6,3: 123; 7,2-3: *262*; 17,2: *63*; 20,3: *253*; 25,1: *258*.

Polyaenus (Polyaen.)

1,48,3: *334*; 2,1,17: *352*; 2,1,27: 222; 2,1,31: *352*; 2,3,5: 29; 3,9,24: 171; 3,9,28: 28, *466*; 3,9,39: 171; 3,9,48: 171; 3,9,49: 171; 3,9,54: 171; 3,11,6: 178, 199; 3,11,15: 178, 199; 4,2,17: 236; 4,2,22: 239; 8,3,33: 94.

Polybius (Plb.)

1,42,1-2: *198*; 2,62,1: 63; 3,23,2: 81; 3,25,1ss: 81; 4,33,9: 29, 229; 4,77,6ss: 26; 5,3,1: 26; 18,44,4: 80.

Simonides (Simon.)

Epigrammata 45 (fr. 103 Diehl): *219*.

Strabo (Str.)

7,7,1: *200*; 8,1,3: 95; 8,4,8: *207*; 8,5,5: *200*; 8,6,20: *185*; 8,6,25: *339*; 9,1,6: *194*.

Theopompus (Theopomp. Hist.)

FGrHist 115 F 30: *493*; F 127: *508*; F 249: 239.

Thucydides (Th.)

1,9,2: *200*; 1,15,2: *128*; 1,18,2: *137*; 1,23,6: 125; 1,26,1: 61; 1,27,2: 61, 64; 1,28: 146; 1,29: 63; 1,29,1: *382*; 1,30,2: 58; 1,35,1-2: 187; 1,37-38: 126; 1,38,2-3: 61; 1,41,1: *114*; 1,44,1: 134, 139, 146, *309*, 151, 187, *442*, 248; 1,45: *316*; 1,45,3: 187; 1,53,4: *316*, 187; 1,60: 193; 1,66: 188, 193; 1,67,1: 88; 1,67,2: 87, 103; 1,69,3: 102; 1,71,4: *309*; 1,71,4-7: 146; 1,71,7: 88; 1,73,4: 89; 1,75,2: *288*; 1,76,1: *185*; 1,82,5: 89; 1,86,1: 89; 1,86,5: 156, 202; 1,87-88: 153, 190; 1,89,2: 62; 1,95: 62; 1,95,6-7: *288*; 1,96: 64; 1,96,1: 98, *288, 295*; 1,97,1: *129*, 137; 1,98,4: 52, 69; 1,99,2: 58, 137; 1,102: 162; 1,102,4: 25, 124; 1,103,1: *176*; 1,103,3: 86; 1,104: 100; 1,107,2: 26, 144; 1,107,5-7: 25, 59; 1,108,5: 199; 1,114,2: 153, 189; 1,115,1: *182*; 1,117,3: *295*; 1,120,2: *185*, 102; 1,122,3: 88, *185*; 1,146: 125, 153, 190, 195; 2,2,3: 153, 188, 190; 2,7,1: 190; 2,7,2: 25; 2,7,3: 64; 2,9,2: 26, *181*; 2,9,2-3: 144; 2,9,4: 87; 2,9,5: *295*; 2,11: 64; 2,11,9: 138; 2,12: 153, 189; 2,18,3-5: 62; 2,21,1: 153, 189; 2,22,2-3: 25, *321*; 2,22,3: 188; 2,71-75: *410*; 2,81: 62; 2,93: 194; 3,8-15: *63*; 3,9,1: 52, *114, 291*; 3,9-10,1: 135; 3,10,2-4: *292*; 3,10,2-13,1: 135; 3,10,3: *215*; 3,10,4: 57, *133, 172, 213*, 129, *309*, 151, *315*; 3,11,3: *133, 172, 213*, 129, *294, 309*, 151, *315*; 3,30,1: 64; 3,31,1: 64; 3,55: *114*; 3,55,4: 138; 3,67,7: 63; 3,68,1: 63; 3,73,2: 138; 3,75,1: 138; 3,86,2: 25; 3,101,2: *302*; 4,59-64: 93; 4,61: 80; 4,78,2: 52, 69; 4,78,4: *321*, 188; 4,91: 59; 4,93: 59; 4,93,4: 165, 169; 4,96,8: 26, 59, 144; 4,100,1: 59; 4,118,6: *181*; 5,14,4: 190; 5,16,2-3: 153, 189; 5,17,2: 48; 5,18,2: 48; 5,18,10: *90*; 5,22,2: *325*, 190; 5,23,2: *309*; 5,23,5: 49; 5,25,3: 186; 5,27,2: 90, 146, 151, 162, 248; 5,28,2: 90, 190; 5,29,1: 25; 5,31: 48; 5,31,1: 25, *328*; 5,31,5: 25; 5,31,6: 25; 5,32,2: *302*;

PAPIROS

Dionisio I de Siracusa: 27, 72, *153*, *157*, 107, 151, 169-170, 181, 196, *423*, 232.

Diopites: 246.

Diótimo: 169.

Epaminondas: 28-29, 93, 156, 202, 219.

Epícrates: 180.

Equemo: *180*, 94.

Esfodrias: 194.

Ésimo: *323*, *383*.

Esquines: 243-244.

Estasipo: 220.

Esteneledas: 89.

Estratocles: 236.

Eteónico: 194, 199, 201.

Etimocles: 219.

Etolo: *180*.

Eubulides: 158,180.

Éubulo: 240-241, 247.

Eufrón: 30.

Euribíades: 64, *345*.

Euríloco: 243.

Eurimedonte: 26, 134.

Evágoras: 174, 177, *398*.

Faleco: 244.

Farace: 169-170, 194, 219.

Farnabazo: 27, 170, *349*, 176, *358*, 177, 192-193, 199.

Farnaces I: 75.

Fébidas: 194.

Fidón: 94, 123.

Filipo II: 31, 76, 78, *210*, 109-110, 151, 164, 168, 233-251: *passim*.

Filipo V: 77, 80.

Filócrates: 180, 243-244.

Filomelo: 240.

Flaminino: *95*, 79-80, 82, *183*.

Gelón de Siracusa: 61, 111-112, 117, 120, 122, 167.

Gilipo: 25, 63, 138.

Gilis: 200.

Grabo: 237-238.

Grocio, Hugo: 52, 68.

Heráclida: *180*, 94, 123, *345*.

Hermócrates: 80, 93, *212*.

Hermógenes: 179.

Hiérax: 236.

Hillo: *180*, 94.

Hobbes, *Leviatán*: 79.

Ifícrates; 28, 78, 165, 169, 171, 178, *363*, 198, *398*, *400*, 200, 210, 213, 216, 224-225, 231, *517*.

Ifito: 43, *119*.

Inaro: 100.

Ismenias: 142-143, *302*, 145, *317*, 168, 171, 173.

Isócrates: 196, 245.

Jantipo: 62, 99.

Jarmandro: 196.

Jasón de Feras: 28, 218.

Jenopites: 119.

Jerjes: 94, 111, 107, 112-113, 116, 121-123, 125-127, 132, 193.

Klausewitz: 206.

Leónidas: 116, *345*.

Leontíades: 145.

Leotíquidas: *345*.

Leóstenes: 62.

Leucón: *503*.

Licofrón: 170, 173.

Licomedes: 59, 93, *281*, 168.

Lipeo: 238.

Lisandro: 63, 142, 144-146, 148, *310*, 152, 160, *361*, 189-190, 194.

Maquiavelo, *El Príncipe*: 79.

Mardonio: 72, 114.

Mausolo: 77, 109.

Meandrio: 86.

Medio de Larisa: 168, 170, 173, 177.

Medoco: 174.

Megábatas: 77.

Menelao: 115.

Menón: *138*, 63.

Mermnada: *118*.

Milón: 194.

Minos: 115.

Neaira: 226.

Neferes (Neferitis I): *211*,169.

Nicanor de Estagira: *95*.

Nicias: 63, 76.

Nicodemo: *388*.

Nicofemo: 192, *388*, 199.

Cos: 109.

Cranios: 86.

Cranón: *138*, 63, 173.

Crénides: 239, *504*.

Creta, cretense: 71, 75, 81, 93-94, 111-112, 115-116, *254*, 125, 130.

Cromión: 199-200.

Cromno: 29.

Dánaos: *284*.

Delfos, délfico: 34, *59*, 45, 47-48, *95*, 100, 115, 118, 121, 125, 127, 167, 204, 238, 240, 247.

Delion: 165.

Delos: *129*, 61-62, 64, 98, 134, 137, 164.

Demetrias: 78.

Dión: 238.

Dódona: 45.

Dorio: 25, 61, 93, 103, 116, *320*.

Éfeso: *361*.

Egeo: 77-78, 81, 98, 101-104, 107, 109-110, *352*, 174, *355*, *358*, *360*, 178, 182, 192, 196-199, 202, 243, 247.

Egina, egineta: *129*, 77, 87, 103, 106, 123, *265*, 193-198, *392-393*.

Egipto, egipcio: 22, *211*, 100, *283*, 170, 174, 246.

Egospótamos: 78, 104, 174, 198.

Eleusis: 73, 199.

Eléuteras: *381*.

Eleuterna: 75.

Élide, eleos: 25-26, 29-31, 33-50, 59-61, 63-64, 73, *157*, *180*, 88, 91, *196*, 105-106, *228*, 121, 144, *306*, 156-157, 162, 183, *360*, 204-205, 217-220, *448*, 222, *505*, 247.

Eníadas: 172, 199, 205.

Eniania, enianes: 142, 148, 152, 170, 177, 191.

Eolia, eolio: 61, 132, 171.

Epidamno: 63, 146.

Epidauro, epidaurio: 90, 92, 106, 171, *364*, 197-198, *396*, 204, 222.

Epiecea: 165, 200.

Epílico: 104.

Eretria: *157*, 107, 151, 155, 157-158, 175, 177, *360*.

Erxadieo: 25-26, 129-130, 133, *289*, 147.

Escilunte, esciluntio: *88*.

Esciros: 107, 182.

Escotusa: 173.

Esparta, espartano: *passim*.

Estrato: 171, 205.

Eta, eteo: 142, 148.

Etolia, etolio: 26, *95*, 75, 102, 129, 171, *351*, 181, 205.

Euaimon: 23.

Eubea, euboico: 116, 152, 159, 168, 173, 177, *360*, 191, *524*.

Europa: 80, 100, *219*, 108.

Eutea: 217.

Ewa, ewaoioi: 33-35, 38, *41*, 40, 49.

Eyón: 99.

Faris: 86.

Fársalo: 168, 170, 173.

Fasélide: 81, 101.

Feacia: *200*.

Fenicia, fenicio: 100, 107, 246.

Feras (Mesenia) 192.

Feras, fereo (Tesalia): 170, 173, 241.

Festos: 72.

Fía: 199.

Fliunte, fliasio: 30, 60, *157*, *196*, 171, *360*, *400*, 201, *407*, 216, 222, *462*.

Focea, foceo: 23, 60-61.

Fócide, foceo: 26, 30, 141-148, 151, *317*, 158, 160, 165, 168, 171, 240-244, 246.

Frigia: 192.

Frigias: *321*, 188.

Gela: 41, 93.

Gerantras: 86.

Golfo de Corinto: 61, 86-87, *184*, 100, 102-104, 172, *398*, 199, 204, 246.

Golfo Sarónico: 193-197.

Gortina, gortinio: 72, *154*, 75, 130.

Grecia central: 100, 102, 144-146, 182, 199, 218, 244.

Haliarto: 142, 151-152, 154, 160, 165, 170, 188-190, 194, 197.

Halieis, halieo: 73, 222.

Hatti, hitita: 22, *118*.

Hélade: 95, 111-128, *254*, 132.

Índice analítico[542]

542. Especialmente para los vocablos técnicos e instituciones, consultar también el índice de términos y locuciones en griego.

TÉRMINOS Y LOCUCIONES EN GRIEGO[543]

Tratados y relaciones de alianza

---

543. Las palabras y expresiones griegas aquí indizadas pueden aparecer en el libro de tres maneras: en el original griego, en transliteración o solo en traducción. Téngase asimismo en cuenta el índice analítico.

φανερὸς πόλεμος: 14, 99, *233*, 110, 185-188, 190, 195, 198-199, 201, 205-206, 216, 221, *459*, 240, *506*.

φανερῶς: 105.

φιλία, φίλος: 24, 38, 41, 46, 70, *181*, 224, 241, τὴν πρὸς Ξέρξην φ. 114, φίλην τε καὶ σύμμαχον εἶναι Λοκρίδα 142, Ἀργείους δὲ ἀγαγόντες εἰς τὴν ποτὲ φ. 154, φίλους εἰς τὸν ἅπαντα χρόνον 223, τὴν πατρικὴν φ. ἀνανεοῦσθαι 235, φίλος ἔσομαι] Κετριπόρι *504*. Ver también νομίζω.

φιλίως: διάκεινται δὲ πρὸς αὐτοὺς ἀεί ποτε φ. 143.

φιλότης: 33, 40-42, *60*, 46, ἐπὶ φιλότατι πιστᾶι κἀδόλοι 41.

φόρος: 98, 137-138, *296*, *358*.

φρουρά, φρουρός: 95, 106, 159, φ. φαίνειν 142, 172, 201, *404*.

φυλακή: ἐν τῇ θαλαττῇ φ., τῆς κατὰ θάλατταν φ. 110.

χρόνος: ἐς τὸν ἀεὶ χ. 149, 157-158, εἰς τὸν ἅπαντα χ. 223.

χώρα: 30, 59, 78, 81, *229-230*, *234*, 150, 163, 166, 185, 195, 240, ἡγεμονίαν δὲ ἔχειν ἐ]ν τῆι αὐτῶν (*sc.* χώρᾳ) ἑκά[στους 60, τὰν αὐτῶν (*sc.* χώραν) ἔχοντες 90-91, δῃοῦντας τὴν βασιλέως χ. 98, γεγραμμένον ἐν ταῖς σπονδαῖς διὰ τῆς ἑαυτῶν (*sc.* χώρας) ἑκάστους μὴ ἐᾶν πολεμίους διέναι 106, ἀπαλλάσσεσθαι ἐκ τῆς Ἀργείων χ. 124, οἱ Θηβαῖοι ἀντεμβαλόντες εἰς τὴν Φωκίδα ἐδῄουν τὴν χ. 142, οἱ δὲ Λοκροὶ δῃουμένης τῆς χ. 143, ἀμφισβητήσιμος χ. 145, ἐάν τις ἴῃ ἐπὶ τὴν χ. 147, *309*, 246, τὴν ἱερὰν χ. 247.

χωρίον: [τἄλλα χωρία, ἃ κατ]έχε[ι] Φίλιππος *504*.

ψηφίζω: ἢν μὴ ψηφισαμένων τῶν πόλεων ἁπασῶν τὴν δίοδον εἶναι *228*, πάντες δ᾽ ἐψ. βοηθεῖν αὐτοῖς 148, δόξαντος δ᾽ εὖ λέγειν αὐτοῦ ἐψ. ταῦτα 163, οἱ δ᾽ Ἀθηναῖοι καὶ οἱ ἄλλοι ψηφισάμενοι *422*, καὶ οἱ σύμμαχοι ψηφισάμενοι *422*, ἐψ. βοηθεῖν πανδημεί *465*,

ἐψηφίσασθη... παρακαλεῖν ὁμοίως ἐμὲ καὶ τοὺς ἄλλους Ἕλληνας ἅπαντας ἐπ᾽ αὐτόν 246.

ψήφισμα: 46, 50, *358*, 196, 209, *468*, 473, 243.

ὠφελέω: *309*.

Otros conceptos

ἀγορά: 49.

ἀγών: 42, 48, 205.

ἀγωνίζομαι: 48.

ἀγωνοθησία: 48, 50.

ἀδελφός: *504*.

αἰχμάλωτος: 196.

ἀκρόπολις: 95, 159, 171.

ἀπάτη: 142-143.

ἄστυ: 234.

ἀσυλία: 124.

βοιώταρχος: 29, 164, 169.

βουλευτήριον: 47, 113.

βουλή: 50, 124, 218.

δᾶμος: 42.

δένδρον: 221.

δημιουργός: 247.

διαλλαγή: 70.

διαρπάζω: 221.

δοῦλος: 85.

ἔκγονος: *153*.

ἐκεχειρία: 121, 124.

ἑλληνικόν, τό: 118-120, 124, 128, 206.

ἐμπόριον: 99.

ἐπ᾽ Ἀλφειῷ: 44.

ἐπιθειασμός: 205.

ἐπιτειχισμός: 147, 197.

ἔπος: *69*, 122, *263*, 127.

ἤπειρος: 88.

ἐπιμελέομαι: 221.

ἔφορος: 195.

θέμις: *122*, 128.

θεωρέω: 48.

θησαυρός: ver *thesaurus*.

θύω: 48.

ἱαρόμαορ: 38.

ἱερὸς βίος: 121.

TÉRMINOS LATINOS

ADDENDA

77: las polis del Egeo: con motivo del desplazamiento de Aristágoras a Esparta (Hdt. 5,38,2); con ocasión de...

91: They shall offer settlements...: The Lacedaemonians and Argives agree to a treaty and alliance for fifty years upon the terms following. They shall offer settlements...

206: Hdt. 7,159.

166: Isoc. 6,51: tr. José M. Guzmán.

172: HG 4,6,4; 7,1: tr. Orlando Guntiñas, ligeramente modificada.

CORRIGENDA

57: ἠγεσθαι: ἠγεῖσθαι.

59: ἡγεῖσθα: ἡγεῖσθαι.

228: διὰ τῆς γῆς σφετέρας: διὰ τῆς γῆς τῆς σφετέρας.

133: Ἴ[ωσιν]: Ἴωσ[ιν].

139: Ἀθεναῖοι: Ἀθηναῖοι.

309: τὴν χώραν τῶν: τὴν χώραν τὴν.

163: el ejército peloponesio... Laconia: texto del autor, sepárese de la cita de Jenofonte.

163: συάπτειν: συνάπτειν.

349: ἄδρας: ἄνδρας.

Se terminó de imprimir este libro
el día de 7 de noviembre de 2024,
en los talleres gráficos
de Podiprint